KB269351

촛불 민주화 시대의 그리스도인
— 무엇을 알고 행하며 희망하는가?

국립중앙도서관 출판예정도서목록(CIP)

촛불 민주화 시대의 그리스도인 : 무엇을 알고 행하며 희망
하는가? / NCCK 신학위원회 엮음 ; 이정배 외 29인 함께 씀.
  — 서울 : 동연, 2017
      p. ;   cm. — (NCCK 북시리즈 ; 009)

ISBN 978-89-6447-374-0 03200 : ₩16000

기독교 사회학[基督敎社會學]

235.82-KDC6
261.8-DDC23                            CIP2017023181


NCCK 북시리즈 009

# 촛불 민주화 시대의 그리스도인
— 무엇을 알고 행하며 희망하는가?

2017년 9월 7일 인쇄
2017년 9월 13일 발행

엮은이 | NCCK 신학위원회
지은이 | 이정배 외 29인 함께 씀
펴낸이 | 김영호
펴낸곳 | 도서출판 동연
등  록 | 제1-1383호(1992년 6월 12일)
주  소 | 서울시 마포구 월드컵로 163-3
전  화 | (02) 335-2630
팩  스 | (02) 335-2640
이메일 | yh4321@gmail.com




ISBN 978-89-6447-376-4  03200
ISBN 978-89-6447-310-8(세트)

NCCK 북시리즈 009

# 촛불 민주화의 시대 그리스도인

무엇을 알고 행하며 희망하는가?

NCCK 신학위원회 엮음
이정배 외 29인 함께 씀

동연

종교개혁 500주년을 맞아 한국기독교교회협의회(NCCK) 신학위원회가 소중한 책을 출판했습니다. 하나님을 찬미합니다.

신학위원회는 500년 전의 기억을 되살리거나 기념하는 것에 그치지 않고 아주 소중한 통찰과 질문을 우리 앞에 던져놓았습니다. 종교개혁을 이끈 "세 개의 'Sola' 명제"에 대해 질문하고, 또한 촛불로 대변되는 대한민국의 민주주의에 교회는 어떻게 응답하고 행동할 것인가를 질문하여 그 결과물이 나온 것입니다.

종교개혁의 가장 소중한 의미는 누구나 하나님 앞에서 '평등하다'는 선언입니다. 사죄를 선포하는 사제와 지배하는 권력에게 민중은 언제나 대상이었으나 루터, 쯔빙글리와 칼뱅 그리고 수많은 개혁자들은 민중의 주체성을 강조했습니다. 이렇듯 종교개혁이 선을 긋고 차별하는 것은 아니었지만, 오늘날 종교개혁의 의미와는 다르게 중세 가톨릭교회와 대립된 개신교의 느낌이 너무나 강합니다. 이것은 또 다른 선긋기입니다. 이 선긋기는 교회와 세속의 선으로 점점 길고 높은 담장이 되고 있는 느낌입니다.

선긋기 안에서는 예수 그리스도의 생명이 살아날 수 없습니다. 선긋기를 즐겨하는 교회공동체는 존재할 수 없습니다. 그 속에 생명이 없기 때문입니다.

신학위원회가 내어 놓은 40개의 주제들은 교회에 주어진 아주 긴박한 과제입니다. 더 많은 이야기와 깨달음이 있어야 하겠지만, 이 40개의 주제를 제대로 이해하고 실천함으로도 우리는 많은 변화를 경험하게 될 것입니다.

500년, 한번 쉬어가는 시간입니다. 죽음조차 불사했던 기억으로만 끝내지 말고 죽음조차 불사하며 하나님이 사랑하시는 '이웃'을 위해 살아가는 그리스도인이 더욱 많아지기를 기대합니다.

2017년 9월

한국기독교교회협의회(NCCK) 총무

김영주

2017년 종교개혁 500주년이 되는 이 해 10월이 되면 한국 개신교가 많이 달라지고 자정능력 역시 많이 생길 것이라 기대했다. 숫자 500이 주는 무게감에 더해 세월호 참사 이후 한국교회가 보여준 민낯이 너무도 부끄럽고 초라했던 탓이다. 이렇듯 '혹시나' 하며 2017년을 시작했으나 현실은 '역시나'였고 오히려 날개 없는 천사처럼 추락하는 소리들이 이/저곳에서 굉음처럼 들린다. 반성과 성찰은커녕 자신들 잘못을 합리화하는 궤변들만 난무하니 예수님 오실 때까지 개혁은 물 건너 간 듯싶다. 앞서 교종은 '교회의 복음화 없이 세상의 복음화 없다'고 말하며 가톨릭교회의 개혁을 촉구했건만 개신교는 목하 권력욕과 이기적 욕망에 사로잡혀 자신들 미래를 준비하지 못하고 있다. 오히려 후배들의 미래를 빼앗고 있으니 참으로 큰일이다.

참으로 오랜만에 NCCK 신학위원회로 복귀했다. 교수 초년시절 신학위원회에서 활동했고 이후 생명윤리위원회, 종교간 대화위원회에 적을 두었다가 학교를 떠난 지금 신학위원장 자격으로 처음 몸담았던 곳으로 다시 돌아 온 것이다. 신학위원회 분위기도 초창기 시절과는 많이 달랐다. 신학과 목회가 별도의 사안일 수는 없겠으나 신학위원회에서조차 목회적 관심이 지배적이었다. 하지만 신학과 목회가 동질화될 경우, 그것은 신학과 목회 모두를 위해서 불행한 일이다. 역할에 있어 서로 다른 부분이 있는 탓이다. 종교개혁 500년을 맞아 필자를 신학위원장에 세운 뜻이 있다고 생각했다. 현실이 절망스러울수록 글로써 세상을 흔들 책임이 신학자의 몫이라 여긴 것이다. 제사장들이 타락했을 때 당대의 신학자들이었던 서기관들이 묵시문학을 집필하며 역사의 방향을 이끌었던 역사를 다시 생각해야만 했다. 교회 내적 문제를 덮기 위해 적을 밖에 두고 공격하는 못난 교회 행태들이 반복되는 현실에서 신학자는 광야의 외치는 소리가 되어야 할 것이다.

본 책에서 우리는 40개의 주제어를 정해 30여 명의 학자들이 풀어 설명했다. 동시대를 사는 기독교인들이 옳게 알아 바르게 행동할 수 있는 길을 제시코자 함이다. 잘못된 앎이 폭력을 낳고 갈등을 부추기는 상황을 수없이 목도했던 까닭이다. 세상은 날로 변하나 우리들 교회 가르침은 제자리에 머물고 있으니 평신도들이 혼돈과 방황이 극에 달했다. 예수가 답이라 믿는 우리는 그 답만을 읊조릴 것이 아니라 그가 답이라면 우리들 문제가 무엇인지를 여실히, 치열하게 물어야 옳다. 그래야 그 답이 진실로 생명이 될 수 있을 것이다. 이 책은 종교개혁 500년을 맞아 목회자는 물론 평신도들을 위해 쓰였다. 이 시대를 살아가는 데 있어 신앙적 실천을 옳게 안내할 목적에서이다. 탈핵, 소수자, 동물권, 동성애, 소수자, 이주민, 장애인, 촛불 민주주의, 자본주의, 환경, 이웃종교, 사이버세계 등 당면한 현실적 주제들을 기독교적 시각에서 어찌 이해하고 대처할지를 묻고 답했으니 귀하게 사용되었으면 좋겠다.

본 책은 다음의 방식으로 구성, 편집되었다. 우선 신학위원회 소속 신학자들이 몇 차례 모여 시대적합한 주제어들을 선정했다. 이 과정에서 가감되어지는 지난한 토론 과정이 있었음을 밝힌다. 교파들 성격에 따라 혹은 개인적 신앙의 편차로 의견 일치가 쉽지 않았다. 솔직히 말하면 40개의 주제어를 집필하는 과정에서도 이런 차(差)가 해소되지 못해 신학적 일관성을 유지하지 못한 한계가 있다. 글쓰기의 방식에 있어서도 차이가 커 편집자들이 손대지 못한 경우도 있다. 그럼에도 불구하고 나름 성실한 답변을 하고자 애썼음을 자랑하고 싶다. 신학위원회 위원들 중에서 원할 경우 두 항목씩 쓰기로 했고 적임자가 없는 경우, 위원회 밖의 전문가들에게 한 주제씩 부탁하는 방식으로 진행했다. 30여 명의 신학자들에게 글을 부탁하여 독촉하고 제출 받고 수정을 요하는 것은 참으로 지난했다. 지금껏 수 십 권의 책을 만들어 보았으나 가장 어렵게 만든 책이라는 생각이 들 정도이다. 여하튼 이 귀한 작업에 동참해준 분들에게 성심을 다해 감사의 마음을 전한다. 함께 짐을 져준 홍정호, 한문덕, 손승호 박사님 그리고 김태현 목사님이 많이 고맙다. 특히 한문덕, 홍정호 이 두 분의 수고로 본 책이 만들어졌다. 실린 글들 중에서 더러는 기존의 글을 수정하여 재수록한 것들이 있음을 밝힌다.

끝으로 이 책 출판을 위해 여러 교회들의 후원이 있었던 줄 안다. 본 책 출판의 의미를 이해하여 응원해준 교회와 성도님들께 고개 숙여 인사 올린다. 출판을 선뜻 맡아주신 동연의 김영호 장로님에게도 감사의 말씀 전한다. 아무쪼록 종교개혁 500년을 기념하며 출판된 본 책이 한국 개신교회, 특별히 평신도분들을 위해 큰 역할이 있기만을 기도할 것이다.

2017년 8월 15일
NCCK 신학위원장 이정배 두 손 모음

# 차 례

# 하나님 가족 세우기

동양사회에서는 일찍이 사람을 간(間)존재로 인식하였다. 자연과 당연(當然) 사이(間)에서 살아가는 간 존재이기 때문이다. 개체는 자연히 생득(生得)적으로 생존을 위해 이기적일 수밖에 없다. 굳이 『이기적 유전자』를 들추지 않아도 일상에서 경험하는 바이다. 그런데 사람은 홀로 사는 독존체(獨存體)가 아니라 더불어 살아갈 수밖에 없는 공존체(共存體)이기에 당연히 이타성을 가져야만 한다. 이기와 이타 사이의 균형을 이룰 때 공존의 시너지는 극대화되는 것이며, 지속가능한 삶을 살 수 있는 건전성을 확보할 수 있는 것이다. 그래서 일찍이 자연과 당연의 조화가 빚어 낸 것이 부부, 부자, 장유, 붕유, 군신의 오륜과 별, 친, 서, 신, 의(別, 親, 序, 信, 義)라는 다섯 가지 덕목을 조합함으로 자연과 당연의 절묘한 조화를 꽤한 것이다.

그런데 불행하게도 현금의 세계는 이기가 이타의 범위를 넘어섰음을 여러 현상들을 통해 알 수 있다. 자아의 생존이 우선시되었기에, 자신의 이익을 극대화하는 신자유주의가 전 세계를 강타하고 있다. 그 결과 전통적인 공동체의 붕괴, 가족의 해체, 개인 자유의 극대화, 집단 간의 갈등과 대립의 수위가 높아지고 있으며, 결혼보다는 동거 비율 또한 증가하고 있다. 저출산과 실업률이 높아지는 등등의 현상들로 인해 사회 불안이 가중되고, 커져만 가는 빈부의 격차로 사회 불평등 요인이 만연하고 있다. IS(Islam States)와 같은 극단적 종교정치집단을 통해 전쟁까지도 사적 영역으로 편입된 것을 알 수 있다. 그 예로 이와 같은 왜곡된 종교이데올로기를 위해 IS에 소속된 자식이 부모를 고발하고 공개처형에 앞선 최근의 뉴스 보도를 참담한 심정으로 볼 수밖에 없는 실정이다.

## 새로운 가족의 탄생은 가능한가?

가족에 대해서 되돌아보도록 한 모 방송국의 프로가 생각난다. 한 집에 산다고 가족일까? 일인 세대를 넘어 '일인 가족'이란 말이 언제부터인가 평범한 단어처럼 들린다. 그러다 보니 한 집안에 함께 산다는 것이 불편하게 느껴지는 사람들이 늘고 있다. 종종 현대인의 가족은 생물학적으로는 부모관계이지만 한 가족이면서 남남 같은, 서로를 이해하기엔 너무 먼 타인처럼 느끼고 한 공간에 있는 것 자체가 부담스럽고 불편하기까지 한 상황이 전개되고 있다. 대화를 어떻게 이어갈지, 말을 어떻게 건넬지를 고민해야 하며, 혹은 문 밖 출입이 없이 자식이 운둔형 외톨이인 '히키코모리'가 되가는 건 아닌지를 걱정해야 하는 가정도 있다. 이와 같은 현상은 현대 핵가족화로 인한 이웃이나 친척들 그리고 가족과의 단절, 21세기 정보 통신 기술 발달 등으로 인한 급속한 사회 변화, 학력 지상주의에 따른 압박감 등에서 기인한다. 2016년 현재 청년실업률이 역대 최고 수준인 9.2%를 기록하면서 이른바 7포 세대―연애, 결혼, 출산, 인간관계, 주택구입, 희망, 꿈을 포기한 세대―에 돌입했고 설령 취업이 된다 하더라도 임시직, 계약직 속에 불확실한 앞날을 안고 사는 것이 비단 청년세대의 고민만이 아닌 전 세대에 걸친 한국 사회, 한국 가족의 현실이다. 그뿐이랴. 부부간의 문제는 더 심각할 수 있다. '성(性)에 대한 자기결정권'이 법적으로 인정되었다. 더 이상 부부이기 때문에 부부관계를 부담 없이 즐길 수 없게 된 것이다. 배우자에게 강요해서도 안 된다. 서로의 인격과 결정권을 존중해야 한다. 어떻게 해야 친근하고 사랑이 넘치는 가족으로 거듭날 수 있을까를 고민해야 한다. 서로 이질적인 물질이 결합하여 새로운 재질을 만드는 합금기술이 필요하듯, 사람들 사이에도 새로운 조합의 틀이 필요할 때이다.

단순한 혈연관계인 가족에서 벗어나야 한다. 가족에게 돈과 공부가 전부는 아니다. 부모는 경제력, 자녀는 공부력에 가족전체가 승부를 걸 수 없는 그 이상의 무엇이 필요한 생명체이기 때문이다. 가족은 구성원 전체로 구성된 생명체이다. 가족이란 이 생명체의 건강한 생명력을 위해 서로 기여하는 바가 있어야 한다. 왜냐하면 가정과 가족은 세워지는 것이기 때문이다.

## 하나님의 가족

바울 사도는 복음을 통해 유대인과 이방인, 약속의 백성과 외인이라는 구분을 넘어 '하나', '한 공동체'로서의 새로운 비전(엡 2:19)을 제시했다. 이 새로운 가족으로의 조합의 핵심은 하나님이다. 그래서 새 가족의 이름도 하나님의 가정, 하나님의 가족(오이케오이 투오 데우, *οἰκεῖο* ι τοῦ θεοῦ)이다. 권속으로 번역한 헬라어는 오이케이오스(oikeios, 형용사 현재 미완료)이다. 이 단어는 집, 거처, 머무는 곳, 가족, 백성 등의 뜻을 가진 오이코스(oikos)에서 유래된 말이다. '오이케이오스'는 갈라디아서 6장 10절에서는 '가정'으로, 디모데전서 5장 18절에서는 '자기 가족'으로, 에베소서 2장 19절에서는 '권속'이란 뜻으로 사용됐다. 권속이란 오이케이오스는 형용사로 "가정에 속하다" 또는 "가정에 관련되다"라는 뜻을 가지고 있으며, '친밀한' 또는 '적합한'이라는 뜻도 가진다 한다. 히브리서 3장 1절은 교회를 집으로 이해하는 것을 바탕으로 '오이케이오스' 단어를 사용했고, 갈라디아서 6장 10절은 믿음의 가정들에게 선행에 힘쓸 것으로 사용하였다. 에베소서 2장 19절에서는 사도의 편지를 읽는 사람들이 모두 하나님의 가족이라고 언급할 때 '오이케이오스' 단어를 사용했다. 이런 측면에서 디모데전서 5장 8절에서 오이케이오스는 사회적인 도덕규범으로써 성도들이 친족 가족들을 돌보아야 한다는 성도의 삶의 규범을 제시했다.

이와 같은 가족, 권속으로서의 오이케이오스의 용례를 정리해보면, 안으로 성도는 먼저 자기 가족을 성실하게 돌보아야 하며, 믿음의 가정들은 믿음의 가정들을 상대로 서로에게 선행을 해야 한다. 혈연관계 안에서의 가족이 가족 안에서, 비혈연 관계로서의 가족이 더 큰 가족, 교회로서의 가족(경제적인 약자인 과부와 같은 가족)에게 돌봄과 선행을 우선시해야 한다. 혈연관계, 인척관계. 지연관계를 넘어선 모든 이들이 성도라는 이름으로 하나님의 가족으로 연합할 수 있어야 하는데, 거대 연합 이전에 먼저 혈연관계로서의 협의의 가족을 넘어서야 하는 것이 관건이다. 왜냐하면 이제 가족은 하나님의 가족이란 영적 탄생을 거쳤기 때문이다.

## 하나님의 가족은 상호 복종할 때 가능하다

하나님의 가족은 하나님의 뜻을 따라야 한다. '하나님의 권속'을 언명한 곳은 에베소서이다. '하나님의 권속'은 사도 당시 뿐 아니라 오늘 우리들에게도 큰 비전이 아닐 수 없다. 그런데 하나님의 권속이 된 성도들이 따라야 하는 하나님 집의 가훈은 '피차복종'이다(엡 5:21). 그리스도를 경외하는 모든 성도는 하나님의 가족의 일원으로 '피차복종'해야 한다. 에베소서 5장 21절 이하는 피차 복종의 내용을 이야기하고 있다는 것을 염두해 두고 읽어야 한다. 복종이란 무엇인가? 복종은 헬라어로 휫포타소($\upsilon\pi o\tau\acute{\alpha}\sigma\sigma\omega$)인데, 이 동사는 "~밑에 두다, 종속시키다", "복종하다", "스스로, 자발적으로 항복하다" 특히 하나님의 명령에 대한 복종 즉 하나님에 대해서 감수해야 하는 '어떤 마땅한 태도'를 말한다. 휘포타소는 능동, 수동, 중간태 어느 쪽으로도 해석 가능한 용법의 단어이기 때문에 "피차 복종하라"라는 말도 문맥상 세 가지로 받아들여 해석할 수 있을 것이다.

하나님의 가족이 된 성도로서 자기 남편에게 자기 아내에게, 자기 부모에게 자기 자녀에게, 고용주에게, 고용인에게 어떤 자세를 취할 것이지는 명약관화하다. 상대를 위해 자기 자신을 복종시키는 것이다. 세상에서의 복종은 자신을 위해 상대를 복종시키는 방향에서 쓰였다면, 하나님의 권속은 상대를 위한 복종이어야 하는 것이다. 그러기 때문에 피차 복종에는 겸손의 영성이 각자에게 체득 되어 있어야 한다. 아울러 나보다 상대를 더 낮게 여길 수 있어야지만 사랑하는 상대를 위해 복종할 수 있는 일이다.

아내와 남편인 부부가 서로 복종해야 한다. 왜냐하면 하나님의 돕는

배필로서 서로에게 동등한 존재로 붙여주셨기 때문이다. 부모와 자녀가 서로 복종해야 한다. 왜냐하면 자녀는 부모와 동일한 인격체이기 때문이다. 주인과 종(현대적 의미로서의 고용주와 고용인)이 서로 복종해야 한다. 왜냐하면 주인과 종관계이지만 모두는 하나님의 형상으로 지음 받은 귀한 존재이기 때문이다. 그래서 피차복종은 하나님의 가족이기 때문에 기쁘게 따를 수 있는 룰로서 충분한 가치가 있는 것이다. 아내만이 남편에게 복종하는 것이 아니다. 자녀이기 때문에 부모에게, 고용인이기 때문에 고용주에게 복종하는 것이 아니다. 피차복종은 자연적인 것이 아니다, 오히려 당연의 차원이다. 마땅히 남편은 아내에게 복종해야 한다. 마땅히 부모는 자녀에게 복종해야 한다. 마땅히 주인은 종에게 복종해야 한다. 이것이 당연의 룰이다. 하나님의 가족을 세우는 '피차 복종'으로써의 하나님의 뜻은 익숙하지만 새롭게 다가오는 성도의 가족윤리가 되는 것이다. '피차복종'은 상대의 존엄함과 존재의 가치, 상대의 삶에 대한 존중을 모두 인정하며 세워주는 사랑이다. 하나님의 권속은 이 사랑 위에 세워지는 그리스도의 몸이다. 이제 가족은 그리스도의 몸으로 승화되어야 한다. 마치 어린 애벌레가 성년이면 다른 차원의 생명인 나비가 되어야 하는 것처럼 말이다.

**참고문헌**

EBS 가족 쇼크 제작팀. 『가족 쇼크』. 월북, 2015.
이제상·송유미 저. 『가족의 실패』. 형설출판사, 2015.

장 영 주

(구세군사관대학원대학교 교수, NCCK 신학위원)

# 교회와 국가의 관계 고찰

1934년 독일 고백교회는 국가 사회주의의 출현과 히틀러의 전제정치에 항거하고, 나치 정권에 결부된 교회내적인 도전에 저항하여 바르멘에서 자신들의 신앙적 입장을 고백한다. 그중의 일부는 아래와 같다.

"내가 곧 길이요 진리요 생명이다. 나로 말미암지 않고서는, 아무도 아버지께로 올 사람이 없다"(요한 14:6). "내가 진정으로 진정으로 너희에게 말한다. 양 우리에 들어갈 때에, 문으로 들어가지 않고 다른 곳으로 넘어 들어가는 사람은, 도둑이요 강도다. 나는 문이다. 누구든지 이 문으로 들어오면 구원을 받고…"(요한 10:1, 9) 성서에서 우리에게 증언된 예수 그리스도는 우리가 들어야 하며, 사나 죽으나 신뢰하고 복종해야 할 하나님의 유일한 말씀이다. 우리는 마치 교회가 그 선포의 원천으로서 이 하나님의 유일한 말씀 외에 그리고 그것과 나란히 다른 사건들, 권세들, 형상들 및 진리들도 하나님의 계시로서 인정될 수 있고 인정해야 하는 것처럼 가르치는 잘못된 가르침을 배격한다.

_ 1934년 독일 고백교회의 〈바르멘 신학 선언〉 가운데서

한국교회도 1972년 '10월 유신'으로 본격화된 박정희 정권의 살벌한 장기 집권 독재 체제에 맞서 이듬해인 1973년 봄, 이 땅의 신앙 양심을 대표하는 사람들이 죽음을 무릅쓰고 "한국 그리스도인의 신앙선언"을 발표한다. 일부를 인용해 보겠다.

현재의 한국의 독재정치는 법과 설득에 의한 통치를 파괴하고 있으며, 현재는 폭력과 위협만으로 통치하고 있다. 사회는 정글세계로 돌아가고 있다. 실로 하나님 이외에는 법을 초월할 수 없다. 이 세상의 권력이란 하나님이 정의와 질서를 인간사회에 유지하려고 권력자에게 위탁한 것이다. 누구든지 법을 초월하고 신이 위탁한 정의를 배반한다면 그것은 하나님에 대한 반역이다.
_ 1973년 〈한국 그리스도인의 신앙 선언〉 가운데서

두 선언에서 보듯이 그리스도인은 하나님의 유일한 말씀으로 예수 그리스도를 섬기고, 하나님의 법을 유일한 권력의 원천으로 본다. 이런 그리스도인들에게 국가는 늘 양면의 모습을 지닌다. 국가는 때로 하나님의 도구로 사용되지만, 한편 국가는 때로 하나님의 뜻에 반하는 일들을 저지른다. 본 글은 교회와 국가의 관계에 대해 성서가 무엇이라고 말하며, 그리스도교 역사 속에서 교회와 국가는 어떤 관계를 맺어 왔는지 살피고, 현대 세계 질서 속에서 신앙의 의미는 무엇이며, 교회의 존재의의는 무엇인지 살피려고 한다.

## 국가권력에 대한 성서의 교훈

인간 사회 안에서 지배와 억압을 부정하고, 따라서 하나님 앞에서 그 백성이 모두 동등한 주체로 인정되어야 한다는 성서의 정신은 초기 이스라엘 공동체의 평등주의와 그것을 뒷받침하는 하나님의 주권 개념에서 분명하게 드러난다. 하나님의 주권 개념이 갖는 의미는 사사 기드온 이야기(사사기 6-8장)에서 그리고 현실적 요구로서 왕권체제의 수립 요구에 맞선 사무엘의 경고(사무엘상 8:4-17)에서 분명하게 드러난다. 성서는 고대 근동에서 신의 주권이 지상 국가의 이념을 정당화해준 것을 거부하고, 백성을 위하여 권력을 제한하여야 한다는 입장을 보여 준 것이다. 성서는 하나님의 주권에 의한 제한된 왕권 개념을 제시하고 있다.

하나님의 주권에 대한 구약성서의 입장은 신약성서에서 예수 그리스도의 하나님 나라 선포로 재확인되고 강화되었다. 예수 그리스도의 말씀과 삶의 핵심으로서 하나님 나라는 궁극적 목적으로서 종말론적 성격을 지녔고, 그 나라와 지상의 나라는 화해할 수 없는 것이었다. 세상의 통치자들에 대한 비판(마가 10:42), 빌라도와의 대화 가운데 자신의 나라는 세상에 속하지 않는다고 한 것(요한 18:36)은 하늘의 나라와 땅의 나라에 대한 예수 그리스도의 입장을 분명히 보여 준다. 가이사의 것과 하나님의 것에 대한 논란(마가 12:13-17; 마태 22:15-22; 누가 20:20-26)은 흔히 땅의 나라와 하늘의 나라가 병존하는 현실을 인정한 것으로 해석되기도 하지만, 사실은 황제의 것에 골몰하는 사람들 앞에서 하나님의 것을 강조한 것으로 봐야 한다.

사도 바울은 기본적으로 종말론적 이상으로서 그리스도의 주권에 의한 세상의 통치를 주장하였지만(고전 15:24; 골로 2:10, 15 등) 또 다른 한편 권위에 대한 복종을 주장하였다(로마 13:1-7). 이로부터 로마의 '황제숭배'는 거부하지만 제국 내의 '공공질서'를 용인하는 초기 그리스도인들의 태도가 결정되었다.

권위에 대한 복종을 말한 사도 바울의 주장은 끊임없는 주석상의 문제(권위의 근거와 목적에 관한 문제)를 안고 있지만, 그 주장은 가이사의 것과 하나님의 것을 구분한 예수님의 말씀과 더불어 교회역사에서 국가권력에 대한 그리스도인의 태도와 관련하여 중대한 영향을 끼쳤다. 하나님의 주권 또는 그리스도의 주권과 더불어 국가권력이 병존할 수 있다는 입장이 형성되었다. 그 입장은 초기 교회 호교론의 차원에서 자연법(이성)과 신법(계시)의 결합으로 정당화되었다.

### 그리스도교 역사에서의 교회와 국가

초기 교회에서의 긴장된 두 경향은 아우구스티누스에 이르러 하나의 역사철학 안에서 통합된다. 유명한 『하나님 나라』(426년경)에서 아우구스티누스는 기본적으로 종말론적 입장을 견지하여 궁극적으로 하나님 나라에 대한 전망을 그리고 있지만, 다른 한편으로 현존하는 역사를 그 궁극적 목적을 향하여 가는 여정에 있는 것으로 보았고 이에 따라 세속국가에 의의를 부여하였다. 궁극적인 하나님 나라에 비춰 세속국가는 불완전(선의 결핍으로서의 악)하지만 궁극적인 목적을 실현하는 데 기여할 수 있다고 본 것이다.

중세기에 이르러 교회가 유럽세계를 통일하고 그 정점에 자리 잡게 되었을 때 세속국가와 신국은 정연한 위계질서 안에 통합된다. 물론 현실의 양상은 복잡하지만 적어도 기독교적 세계관의 차원에서 양자는 완전한 통합을 이룬 셈이다.『신학대전』을 통해 중세 사상을 집대성한 토마스 아퀴나스(1224/25년?~1274)는 '신법–자연법–실정법'의 위계 안에서 교회의 세속국가 지배를 정당화하였다. 기독교적 세계관의 보편화를 이룬 셈이지만, 이로써 기독교 본연의 종말론적 전망은 사실상 폐기되었고 하나님나라는 곧 교회 안에서 전적으로 성취된 것으로 받아들여지게 되었다.

토마스 아퀴나스에 이르러 기독교적 세계관이 확립되고 보편적 교회의 지배가 완성되는 것과 동시에 기성 '교회'(Church)와는 구별되는 '종파(Sect)'들이 출현하여 세속국가와 신국을 구별하는 초기 교회의 성서적 입장으로 환원하고자 하는 운동이 일어났다. 여러 종파들은 세속국가를 변화시키기보다는 스스로 초기 교회의 '사랑의 공산주의'를 실현하는 데 더 큰 관심을 기울이는 경향을 띠게 되었다.

또 다른 한편 기독교적으로 포섭된 자연법과 구별된 본래의 자연법 사상을 재조명하는 경향 또한 대두하였고, 이는 후에 근대 국가를 정당화하는 근거로서 역할하게 된다.

종교개혁은 기본적으로 성서적 입장으로의 회귀를 강조하였지만 어떤 면에서는 재가톨릭화하는 경향을 띠게 되었다. 종교개혁을 따른 교회는 로마교회에 의해 지배되는 세속국가라는 유일한 질서를 거부했다는 점에서는 분명히 다르지만, 각 주권국가 안에서 하나님의 통치 이념을 강조하면서 세속국가와의 관계를 지속하려 했다는 점에서 중세기의 교회를 닮아갔다. 루터(1483~1546)의 '두 왕국론'(또는 '두 정부론'), 칼뱅(1509~1564)의 '그리스도의 주권론'은 그러한 맥락에서 재조명될 수 있다.

근대의 정치적 혁명과 더불어 '정교분리'의 원칙이 확립된다. 이것은 일차적으로는 교회로부터 국가의 분리를 뜻하며(중세적 질서의 종식) 또한 역으로 국가에 의한 교회의 간섭(신앙의 자유 침해 등)을 배제하는 것을 뜻한다. 그러나 교회이든 국가이든 모두 세계 안에 존재하고, 또한 한 사람은 신앙인이자 동시에 시민으로서 존재하기에 그 '분리'의 의미를 어떻게 해석해야 할지는 계속되는 논란거리이다. 종교인은 정치에 무관심해도 되는가? 거꾸로 국가는 사회적 공공성을 해치는 종교를 방치해도 되는가?

여기서 우리는 양자의 상호관계에 대한 기본적 전제를 확인할 필요가 있다. 인권의 보장과 사회적 공공성/공동선의 실현을 목표로 하는 점에서 양자는 분리되어 있으되 협력할 수 있으며, 역으로 양자 가운데 어느 편에서 그 목표를 저해한다면 피차간에 저항과 간섭은 피할 수 없다는 것이다. 이 점에서 '정교분리'의 원칙은 사회적으로 용인될 수 있는 각자의 역할을 분명히 하면서 피차간 부당한 간섭을 배제해야 한다는 것으로 이해할 수 있다.

## 오늘의 세계 현실에서 하나님 나라에 대한 믿음이 갖는 의의

현대 세계의 질서 안에서 하나님 나라에 대한 신앙은 부질없는 환상일까? 만약 그것이 부질없는 환상에 지나지 않는다면, 그리스도인과 교회는 존재 의의를 상실할 것이다. 구원과 자유의 총괄 개념으로서 하나님 나라는 단순한 관념이 아니라 기존의 세계 역사를 종결짓고 새로운 세계 역사를 창조하는 실재로서 의미를 지니고 있다. 그것은 역사의 완전한 단절과 전적으로 새로운 세계의 도래를 뜻한다는 점에서 종말론적 성격을 지니고 있지만, 지금 여기 현실의 변화를 추동한다는 점에서 구체적인 성격을 띠고 있다. 그리스도인들로 하여금 끊임없이 더 나은 세계로의 희망을 고무하는 근거가 된다는 점에서 그것은 실질적 의미를 지니고 있다.

물론 그 희망은 역사적 국면에 따라 매우 다르게 이해되어온 것이 사실이다. 정확하게 말하면 그 실현방법에서 역사적 국면에 따라 다르게 이해되어 왔다고 할 것이다. 그 사실은 그리스도인들로 하여금 당대의 역사적 · 사회적 현실 및 그로부터 제기되는 보편적인 가치에 대해 정당하게 평가할 수 있는 안목을 갖추도록 요구한다.

오늘 우리 시대에 하나님나라는 어떻게 구현하여야 할까? 신학자 칼 바르트(1886~1968)가 말했던 "한 손에 성경, 한 손에 신문"이라는 경구는 오늘 우리에게 여전히 유효하다. 우리는 각자 처한 현실에서 하나님나라의 의를 실현할 구체적 방법을 끊임없이 모색하여야 한다.

## 참고문헌

죠지 V. 픽슬레이/정호진 옮김,『하느님 나라』, 한국신학연구소, 1986.
E. 트뢸치/현영학 옮김.『기독교 사회윤리』. 한국신학연구소, 2003.

최 형 묵<br>(NCCK 정의평화위원회 부위원장/천안살림교회 목사)

**관 용**

# 관용과 그리스도교

## 한국 사회와 다원주의

풍경 하나. 2017년 2월 17일 그리스도교신학대학의 손원영교수가 파면되었다. 2016년 1월 개신교인이 김천 개운사에서 불상을 훼손하는 일이 벌어졌다. 절은 미신이며 우상숭배라는 이유에서였다. 손교수는 훼불행위를 대신해서 사과하고 이를 돕기 위해 모금에 나섰다. 이 대학의 이사회는 손교수의 이런 행동이 우상숭배에 해당하는 죄를 지었다고 파면했다. 신앙인으로서 한국 사회에서 종교 갈등을 조금이나마 해소하고 종교 평화의 길을 닦고자 시작했던 작은 일이, 학자로서 교수로서 사형집행에 해당하는 '파면'으로 돌아왔다.

풍경 둘. 2017년 6월 17일 한국 기독교장로회인 섬돌향린교회의 임보라목사는 공문 하나를 받았다. 대한예수교장로회 합동측 총회 이단대책위원회가 보낸 공문이었다. 공문은 총회의 헌의를 수임 받아 섬돌향린교회와 임보라 목사의 이단성 여부를 조사하는 중이라고 했다.

임목사가 퀴어성서주석 번역본 발간에 참여했다는 이유에서다. 이 공문은 지금까지 발행된 책이나 설교까지 포함해서, 이단 사상으로 제기된 내용 일체를 제출할 것을 요청했다. 회신이 없는 경우 그동안 확보한 자료로 이단성 여부를 결정하겠다고 통보했다.

우리는 일상의 삶에서 판단하고 평가하는 것에 맞추어 행동한다. 그렇게 판단하고 평가하고 행동해야 하는 일상적인 대상과 영역은 굉장히 넓고 다양하다. 그런데 우리들은 특정 주제나 문제에 대해 그것이 동일한 사안임에도 불구하고 서로 다른 입장을 갖는 것이 낯설지 않다. 정치 이념, 경제 체제, 문화 성향에서 진보적 입장과 보수적 입장은 각기 씨실과 날실이 되어, 당면한 통일, 북한, 노동, 다문화, 종교, 성정체성 등 많은 문제들에 대해 나름의 판단과 행동의 지형도를 짠다. 일상적으로 접하는 정치적, 경제적, 사회적, 문화적, 종교적 문제에 나름의 기준을 가지고 직면한 문제에 판단을 내리는 행위는 당연하고 자연스럽다. 여기에는 그리스도인도 예외는 아니다.

한국의 그리스도인은 다른 한국인들처럼 당면한 문제에 대한 나름의 가치 판단을 하고 행동 양식을 결정한다. 실제로 한국 개신교인이나 개신교회는 한국 사회의 여러 문제에 대해 나름의 입장을 지니고 있다. 그것이 신앙적 신학적 기준에 따라 보수적인 입장이건 자유주의적 입장이건 마찬가지다. 2017년 종교개혁 500주년에 한국 개신교는 '우상'과 '이단'부터 '종북'과 '성정체성'까지 다양한 문제를 만난다. 개신교 내부에는 이런 문제에 대해 서로 다른 다양한 입장들이 공존하고 있다. 특별히 '이웃종교'나 '소수자'와 같은 특정 문제들에 대해서 침예하게 갈리고 있다.

자신의 신앙 잣대를 가지고 특정 문제에 대해 판단하는 행위는, 종종 다른 개신교인이나 다른 그리스도인, 이웃 종교인, 종교를 가지지 않는 한국인을 판단하고 평가하고 대응하는 행위로 확장되곤 한다. 개신교인 한편에서는 이 이웃종교를 비롯한 여러 가지 문제에 개방적인 태도를 보인다. 이와 달리 일부 개신교인은 '이웃종교'나 문화나 인종, 성정체성에 따른 '소수자'를 향한 적대적 평가와 공격적 행위를 한다. 때로는 '혐오'로 표현되는 이런 태도가 사회적으로나 논리적으로 합리적인지, 또 신학적으로나 신앙적으로 적절한지 진지하게 물어봐야 할 것이다. 특히 특정 문제와 관련해서 자신의 신학적 입장을 기준으로 이단으로 판정하는 것은 보편적이고 일반적인 기준에서 이루어져서, 좁게는 한국 개신교 내부에, 넓게는 한국 사회 일반에 적절하게 받아들여질 수 있는지 되돌아야 봐야 할 것이다.

그리스도교 외부의 관점에서 보면, 특별히 다문화 다종교 사회인 한국 사회의 맥락에서 '이단'의 문제는 교회 내부의 시선에서 보는 것과는 다르다. 신학적 입장에서 특정 문제를 가치 판단하고 이와 관련해서 개인이나 집단을 '이단'으로 규정하는 일은 기본적으로 그리스도교 내부의 문제일 뿐이다. '이단'의 문제는 한국 사회 전체의 평가나 관심 대상이 아니다. 특정 개인이나 집단이 자신들의 교리적 입장에서 내린 판단은, 그 교리적 입장에 동의하지 않는 사람들에게 설득력을 갖지 못한다.

그럼에도 불구하고, 일부 개신교인들은 자신의 신앙적 확신을 일반화해서 개인이나 다른 집단을 판단하고 평가하고 규제하는 준거로 삼고 있는 것이 한국 개신교의 상당한 현실이다. 더 나아가 이런 태도는 개신교를 벗어나 특정 개인이나 특정 집단, 이웃 종교에 대해 규범적인 태도로 확장된다. 한국 개신교인에 의한 특정 개인이나 집단, 또는 특정 이념에 대한 '반대집회'나 '혐오시위'에서 '혐오발언'이나 '공격적인 태도'는 한국 사회에서 더 이상 낯선 것이 아니다. 이것이 한국 사회를 위해서도 적절한 일이 아니며, 그리스도교 신앙으로도 적절한 태도가 아니다.

한국 사회는 다원화된 사회다. 종교적으로도, 정치적으로도, 문화적으로도, 인종적으로도 그렇다. 여러 종교가 이웃으로 함께 있으며, 다른 신앙을 가진 사람들이, 다른 정치적 지향성이나 다른 이념적 경향을 갖고 한 사회를 이루고 살아가고 있다. 또한 결혼이나 노동 계약을 통해 이주민이나, 박해를 피해 온 난민 등, 상당수의 외국인들이 한국 사회 안에 들어와 있다. 한국 사회는 '백의민족'이라는 단일민족의 통념과 신화를 넘어서 다민족 다문화 사회를 향해 나가고 있다.

이런 다문화, 다민족 사회의 맥락은 한국 개신교인에게 올바른 신앙인으로 살아가는 법에 대해 다시 질문하게 한다. 특별히 일부 개신교인이 보여주는 이웃종교나 특정 이념, 소수자에 대한 배타적인 태도를 볼 때 더 그러하다. 다름과 차이를 '용인'하는 '관용'의 정신이 더 요청된다. 특별히 '관용' 자체가 종교개혁으로 인해 비롯되었다는 것을 염두에 둘 때, 개신교회가 관용을 강하게 주장했던 역사적 경험을 기억할 때, 더더욱 그러하다. 개신교를 낳은 종교개혁은 그 정신의 한 가운데 '관용'이 있다. 한국의 개신교인이 '관용'의 삶을 살아가는 것, 그것이 종교개혁 정신을 따르는 것이다.


## 관용과 그리스도교

'관용'은 일반적으로 '너그럽게 받아들인다'라는 뜻이다. '관용'에 해당하는 영어 단어인 '톨러런스'(tolerance)는 라틴어 '똘레라레'(toler-are)에서 왔다. 우리말 용례에서, '관용'은 보다 구체적으로는 "아랫사람의 실수나 잘못을 너그럽게 용서해준다"라는 의미를 갖는다. 그런데 '똘레라레'가 '참다'나 '견디다'를 의미하기 때문에, '참고 받아들인다'의 의미를 지닌 '용인'이 '관용'보다 더 적절한 용어일 수도 있다. '관용'은 불어인 '똘레랑스'로 더 잘 알려져 있다. '관용'의 개념은 종교개혁 이후 서구 그리스도교 맥락에서 형성되었는데, 특별히 프랑스에서 벌어진 역사적 사건과 밀접한 관련을 갖기 때문이다.

그렇다면 그 역사적 기원은 '관용'의 태도와 어떤 관련을 갖는가? 일반적으로 사용하는 '관용'은 일차적으로 '종교'에 관련된 사회적 문제였다. 그 출발이 종교개혁 이후 가톨릭과 개신교 사이에서 발생한 문제였기 때문이다. 즉 '관용'(tolerance)은 그 기원이 서구 그리스도교에 있다. 왜냐하면 종교개혁 이후 신앙의 차이에서 발생했던 문제를 해결하고 극복하기 위한 과정에서 생겨난 것이기 때문이다. 따라서 '관용'은 그 출발부터 사회적 가치를 갖는다.

그리스도교가 로마 제국의 국교가 된 이래, 서구에서 그리스도교는 지배종교였다. 하지만 16세기에 발생한 종교개혁으로 인해서 가톨릭 단일 신앙으로 통일된 유럽 사회는 분열되었다. 권력과 영토와 신앙이 개신교가 확장되는 과정에서 가톨릭과 개신교로 나뉜 것이다. 가톨릭과 개신교의 분열은 서로 악으로 규정하면서 상대를 부정하면서 종교분쟁을 넘어서 종교전쟁으로 확산되었다.

종교개혁 이후 개신교과 가톨릭이 갈등하고 있었던 프랑스에서 1572년 '성바돌로메 축일'에 대학살 사건이 발생했다. 가톨릭교도들이 단 하루 동안 개신교도들 3천 명을 학살했던 사건이다. 종교개혁 이래 종교적 정당성이라는 이름 아래 벌어진 집단 광기와 잔인한 인간 행위에 대한 반성이 시작된 것은 이 비극적인 사건 이후이다. 1598년 4월 13일 앙리 4세는 낭트에서 종교 자유를 위한 칙령을 공포했다. 이 '낭트 칙령'은 프랑스의 개신교도인 위그노에게 종교의 자유를 광범위하게 부여한 것으로, 예배의 자유와 완전한 시민권을 허용했다. 신앙선택의 자유와 소수자들에 대한 차별을 금지하는 '똘레랑스'의 시작이었다. 프랑스판 '차별금지법'이 시작된 것이다.

물론 차별금지와 종교자유를 위한 똘레랑스가 이후 지속적으로 확대된 것은 아니다. 1685년 10월 루이 14세는 낭트 칙령을 완전히 철폐하면서, 프랑스 개신교도들의 정치적 시민적 자유를 완전히 박탈했다. 이 결과 40만 명 이상의 프랑스 개신교인인 위그노들이 영국과 프로이센, 네덜란드 등으로 이주했다. 이런 역사적 반동 작용을 거치면서 서로 다른 종교를 용인하는 '똘레랑스'는 그 정의의 외연과 함축이 지속적으로 확장되었다.

공적인 맥락에서 보면, '관용'은 처음에 종교에 대한 군주의 개인적인 태도에 한정되었다. 즉 종교개혁 이후 가톨릭과 개신교가 그리스도교 안에서 둘로 나뉘어져 있을 때, 국가를 통치하는 군주가 그리스도교의 분열에 어떻게 대응하느냐 하는 문제에 직결된 것이다. 군주는 자신의 신앙인 가톨릭이나 개신교를 백성들이 따르도록 강제할 것인가, 아니면 백성들 스스로 결정하도록 놔둘 것인가의 물음에 직면했다. 이때 '관용'이란, 군주가 공적으로 종교에 관련해서 탄압하거나 억압하지 않는 군주 개인의 정치적 태도였다. 한 영토 안에서 종교적 차이가 국가를 분열시킨다고 믿고 있었던 당시에, 다른 종교를 용인하는 '관용'은 새로운 시대의 서막이었다.

이후 '관용'의 의미는 종교의 자유뿐만 아니라, 여러 '차이'를 그 자체로 받아들이는 것으로 확대된다. 18세기말에 이르러, 국가가 종교에 대해 공적으로 강제하지 않는다는 의미에서 일반 개인의 사적 태도로까지 확장되었다. 즉 종교적 사상과 행동이 다른 것에 대한 용인과, 일반적인 세속적 사유까지 확장되었다. 더 나아가 종교적이건 사상적이건 차이를 용인하지 않는 구체적인 행위인, 화형이나 살인, 박해, 다양하게 고통을 주는 행위, 세속적 금지 사항을 금하는 것까지 확장되었다.

오늘날 '관용'은 인간관계에서 바람직한 개인적 태도를 지칭한다. 이것은 다양한 영역에서 용인하는 것으로 확장되었다. 이제 관용은 진리의 이름으로 다른 사람이나 다른 집단의 사유나 행위를 억압하거나 박해하지 않고 존중하는 태도를 가리킨다. '관용'은 상호간 존중하는 태도이며, 다른 사람의 견해나 관점, 신앙, 생활방식을 존중하는 태도이며, 다원주의 사회에서 평화를 유지하는 적극적인 태도이다. 특별히 다원화된 현대사회에서 '관용'은 평화적인 사회 질서를 유지하고, 사회 구성원의 진보와 행복을 보장하는 수단으로 이해된다. 이런 '공공의 유용성' 측면으로 인해, '관용'은 현대 사회에서 가장 높은 가치로 대접받는다. 이렇게 종교나 사상, 인종, 문화, 취향 등 그 어떤 다른 것이라도 있는 그대로 받아들이는 자세가 '관용'이다. 동아시아 전통에서 보면, 다른 것을 나두고 획일화하지 않고 평화롭게 공존한다는 '화이부동'(和而不同)에 가깝다.

## 관용과 그리스도인

현대의 다원주의 사회에서 '관용'은 자명한 것으로 간주된다. 그렇지만 관용은 우리가 동의하지 않더라도 어쩔 수 없이 감내하거나 복종해야만 하는 그런 원리가 아니다. 오히려 그리스도인에게 '관용'은 신앙의 핵심 지표이기도 하다. 그리스도인에게 관용은 우리가 동의할 수 없는 것, 반대하는 것에 대해 무관심이나 무기력이 아니라, 차이와 다름을 존중하는 보다 적극적으로 신앙을 실천하는 행위이다. 이렇게 관용이 그리스도인들이 소중히 가꾸어야 할 핵심적 가치인 것은 '창조의 다양성'과 '성서의 가르침'을 볼 때 더욱 그러하다.

첫째, 다양성은 창조세계가 갖는 본질이다. 창조는 신적 단일성을 스스로 포기하고 다양성의 가치를 드러내는 삼위 하나님의 사건이다. 세계 속의 무수히 다른 생명의 모습들은 하나님의 형상의 다양한 표현으로, 우리에게 경탄을 주는 아름다움이다. 그리고 이렇게 다양한 모습으로 창조된 모든 생명체는 함께 살아가도록 운명 지워진 존재들이다. '관용'을 통해 타인과 다른 생명에 대한 적극적 존중은 그리스도인으로 하나님의 창조질서의 아름다움을 구현하는 신앙적 행위를 실천하는 것이다. 다름과 차이는 창조세계의 본질이다. 이 다름과 차이를 넘어서 서로 어깨동무하고 동반하고 동행하도록 부름 받은 존재들이 그리스도인들이다.

둘째, '관용'은 성서의 가르침 가운데 핵심이라고 할 수 있다. 근대 시기 이후 '관용'은 그 자체가 하나님의 계명이며, 참된 교회의 특징으로 간주되기도 했다. 우리는 하나님의 '관용' 받은 존재이며, 더 나아가 모든 사람과 모든 존재가 하나님으로부터 관용을 받은 것이다. 하나님께서 다른 존재를 관용할 때, 우리 역시 다른 존재를 관용하는 것은 당연하다. '관용'이 주는 현실적인 가르침은 '내가 남의 처지에 서 보는 것, 내 자신을 사랑하듯 이웃을 사랑하는 것, 남이 우리에게 행하지 않기를 바라는 것을 남에게 행하지 말라는 것이다'(마 7:12, 눅 6:31).

한국 개신교는 여전히 우리 사회의 뜨거운 감자다. 인구의 4분의 3이 비개신교인인 상황에서 일부 개신교인들은 한국이 그리스도교 국가인 것처럼 행동하기 때문이다. 그리스도교 신앙 전통은 부족 중심주의에서 인류 중심주의 거쳐, 모든 생명을 포함하는 창조 중심주의로 확장되어 왔다. 그럼에도 불구하고 한국 개신교인의 비관용적 행태를 볼 때, 그들 안에 뿌리내린 부족 중심주의를 본다.

일부 개신교인이 다른 사상이나 이념, 종교와 소수자에 대해 비판하고 배척하는 입장의 근거로 삼는 자신들의 신앙적 입장이나 신학적 입장은 결코 보편적으로 일반화되거나 정당화될 수 없다. 왜냐하면 이들이 갖는 신앙적 입장을 포함해서 모든 종교적 언명은 객관적으로 검증 가능한 그래서 동의가 가능한 인식 언어가 아니라 고백언어이기 때문이다. '우리 엄마가 세상에서 제일 좋다'거나 '우리 남자(여자) 친구가 세상에서 제일 멋있다(예쁘다)'는 주관적인 고백일 뿐이다. 이것을 객관적이고 보편적인 주장이라고 말할 수는 없듯이, 신앙고백이나 이에 근거한 교리도 마찬가지이다. 모든 종교적 주장은 자신이 최종적 진리를 담보하고 있다고 주장하지만, 논리적으로 특정 신앙이나 종교가 다른 신앙이나 종교보다 더 우월하다고 증명할 수 없다. 모든 교리적 주장이나 신학적 주장은 순환논리 위에서 전개된 것이고, 그것은 고백 언어와 같을 뿐이다. 그러니 이런 주장을 보편적이고 객관적인 것으로 생각해서, 다른 신앙과 종교, 이념, 문제를 판단하는 기준으로 삼고 다른 사람들도 동의하라고 주장하는 것은, 강요일 뿐이다.

일부 개신교인들의 혐오발언이나 반대집회의 이면에는, 고백 언어와 인식 언어를 구분하지 않고 동일 선상에서 주장하는 일방적 논리가 작동하고 있다. 그리스도교가 국교였던 나라에서도 개신교와 가톨릭이 동일한 신앙고백 언어로 자기주장을 하면서 갈등과 전쟁으로 많은 피를 흘렸는데, 하물며 개신교가 전 인구 가운데 다섯 명 중 한명도 되지 않으면서, 개신교 국가처럼 자기주장을 강요하는 것은 적절한 것이 아니다.

차이와 다름을 용인하는 '관용'은 이것들을 차별과 억압, 배제의 근거로 삼지 말라는 것이다. 더 나아가 그 차별과 억압, 배제를 가능케 하는 개인적, 사회적, 제도적 장애를 제거하는 노력을 요청하는 것이다. 그리스도인에게 '관용'이란 이런 것이다. 차별과 배제하는 것을 넘어서서, 그런 것을 가능케 하는 제도와 구조를 철폐하도록 부름 받은 존재가 그리스도인이다. 그리스도인이어서 관용이 아니라, 관용을 통해서 참다운 그리스도인이 되는 것이다. '관용'을 통해 그리스도인이 되는 것, 그것이 종교개혁 정신으로 오늘 다시 살아가는 것이다.

## 참고문헌

헨드릭 반 윤/김희숙·정보라 옮김.『똘레랑스』. 길, 2000.
하승우.『희망의 사회 윤리 똘레랑스』. 책세상, 2003.
필리프 사시에/홍세화 옮김.『민주주의의 무기, 똘레랑스』. 이상북스, 2010.

신 재 식

(호남신학대학교 교수, NCCK 신학위원)

# 노동에 대한 신학적 이해

인간은 노동을 통하여 자기 자신을 확인하면서 성장·성숙하고, 이웃과 연대하며 봉사하기 때문에 인간다운 삶을 영위한다. 그러므로 인간은 누구나 노동할 의무와 권리를 갖는다. 노동은 넓은 의미로 인간의 활동, 특히 직업적 활동을 모두 포괄하며, 좁은 의미로 생산적 활동을 지칭한다. 생산적 활동이라고 하더라도 그 의미는 다양하다. 농어촌의 문화권에서 생활하는 사람의 노동 형태와 고도의 산업 시설을 통한 생산직에서 노동하는 것은 아주 다르다. 그리고 후기산업화 시대 지식정보화 사회나 오늘날 많이 논의되고 있는 제4차 산업혁명 시대에서의 노동의 의미는 엄청나게 변화할 수밖에 없다. 그러나 어떠한 문화권 하에서의 노동이든 다 같은 인간의 활동이며 인격과 직결되는 것으로서 인간의 존엄성과 직결된다. 노동이 단순히 생산의 목표와 도구가 되어 노동하는 인간을 무시하거나, 노동의 가치와 등급을 자본적 가치에만 기초를 두고 그를 인간의 가치와 계급으로 연결시키는 것은 부당하며, 인권 침해를 동반하는 것으로서 이렇게 되면 인간도 노동도 옳게 평가받지 못하게 된다.

이 글에서는 노동에 대한 신학적 이해를 위하여 먼저 성서에서 말하는 노동의 의미를 살펴보고, 종교개혁가 특히 칼빈의 직업소명설을 중심으로 개신교의 노동에 대한 신학적 이해를 정리하고자 한다. 끝으로 후기산업화 시대 지식정보화 시대의 노동의 미래에 관해 문제를 제기하고자 한다.

## 노동에 대한 성서적 이해

성서가 인간의 노동을 이해하는 데 있어 인근 문화와 구별되는 고유의 가치관은 인간의 일과 활동을 모두 하나님과의 관련 안에서 본다는 점이다. 이것이 하나님의 백성인 이스라엘의 고유한 노동관이라고도 할 수 있다.

하나님이 인간을 창조하신 후 그들에게, 다른 피조물들과는 구별되는, 고유 사명을 주셨다는 것이다. 창세기 1장과 2장에 나타나는 사상은 인간이 하나님을 닮은 존재요, 그의 생명에 동참하는 자라는 점과 그를 대신하여 세상의 모든 것을 다스리는 인간은 피조물에 속하면서 동시에 모든 피조물을 초월하여 하나님의 위임을 받아 세상을 '정복하고', '부리고', '돌보는' 존재라는 것이다(창 1:28; 2:15). 그리고 마침내 주님의 안식에 이른다. 이는 노동의 완성을 의미하며, 진정한 쉼에 대한 여유로서 이것이 그리스도교의 특성이다(창 2:2).

창조질서 안에서 볼 때 하나님이 이루신 일은 "보시기에 좋았다"(창 1:10, 13, 18, 22, 25). 이 좋은 일에 인간은 동참하는 것이고, 하나님을 닮은 존재로서 하나님이 이루신 일을 받들고 보존해야 했다. 그러나 인간은 이 삶의 질서를 거역하여 스스로 고통과 죽음에 떨어졌음으로 본래의 창조질서는 인간 안에서 파괴되고 상실되고 있다. 이 결과로 현실적 인간 세상 안에서는 하나님의 일과 인간의 일이 구분되며, 인간의 처지는 구원과 완성으로의 일과 하나님의 일을 거부하는 반항과 자기 상실로 규정된다.

인간의 노동이란 그 자체로서는 어떤 가치나 의미가 결정되지 않고, 창조주가 세워 놓으신 의미와 목적에 부합되는지 여부에 따라 옳고 그른 성격과 가치가 결정된다. 성서는 이것을 하나님의 일과 인간의 일로 구분하여 표현하고 있다. 하나님의 일과 그 결과는 두 가지로 볼 수 있는데, 그 한 가지는 창조주로서 생명을 주시고 인간을 지켜 주시는 것이다. 인간이 범죄하여 죽게 되었어도 그들을 찾아 주시고 지켜 주셨다. 하나님 계획의 목표는 인간의 구원이다. 이는 신약성서 안에서도 잘 드러나고 있다. 인간이 창조주이시고 구원자이신 하나님의 뜻을 따라 행하면 그의 일은 의미 있는 것으로 하나님의 일에 동참하는 것이며, 하나님의 뜻을 이루는 것이다. 반대로 하나님의 뜻을 벗어난 행위들은 무의미하고 죄스런 행동들로서 불행의 근원이 된다.

위에서 본 바와 같이 인간의 활동이나 노력들은 그 자체로 중립적이라 할 수 있다. 이스라엘에게 있어서 인간의 노동이 죄의 벌이라든지 나쁜 것으로 이해하지 않는 것은 주지의 사실이다. 문화적·사회적 여건에서 즉 이집트에서의 억압과 노역이라든지 노예제도의 문화 안에서 노예들을 혹사하는 것과 같은 상황은 일 자체보다 당시의 문화적 배경과 사회의 연관성에서 나타나는 표현들로서 노동의 고역을 죄의 벌로까지 연결시킨 것이다. 인간의 노동이 저주받은 것이 아니고 인간들의 죄스런 상황과 억압적 노동이 인간을 비인간화하고 인간을 소외시킴으로써 노동하는 인간이 불행하게 되는 것이다.

## 노동에 대한 신학적 이해

이러한 성서적 노동관은 종교개혁가 특히 칼뱅의 노동관에서 여실히 드러난다. 루터와 더불어 종교개혁을 주도한 장 칼뱅은 인간의 구원이 신의 뜻에 따라 이미 결정되어 있다는 '예정설'을 주장하였다. 그는 신으로부터 선택받은 자와 그렇지 못한 자가 이미 예정되어 있으며, 신이 내린 직업에서 성공하는 것이 바로 구원의 징표라는 "직업 소명설"을 제시하였다. 즉 모든 직업은 신이 우리에게 내린 소명이며, 인간의 직업은 지상에서 신의 영광을 실현하는 수단이라는 것이다. 따라서 그는 신의 은총을 확인하려면 근면, 검소, 성실 등을 바탕으로 많은 부와 재화를 얻으려고 노력해야 한다고 주장했다. 이러한 그의 주장은 금욕주의적 직업윤리를 확립함으로써 자본주의 정신의 기초가 되었다. 후에 막스 베버는 자본주의 정신의 뿌리로 종교개혁과 함께 칼뱅이 제시한 금욕적인 프로테스탄트 윤리를 지적하였다. 근대에 들어 자본주의는 칼뱅의 직업 소명설과 금욕 정신을 통해 더욱 체계화되었다. 칼뱅은 직업에 대한 소명 의식을 강조하였다. 그는 개인의 운명은 신의 섭리에 의해 예정되어 있으며, 신이 부여한 자신의 직업에 성실하게 임하여 얻은 부는 신이 주신 구원의 징표라고 생각하였다. 따라서 인간은 신의 은총을 확인하기 위해 열심히 일하여 부를 쌓아야 한다고 보았으며, 이러한 자본의 축적이 신의 뜻에 어긋나지 않음을 주장하였다. 그리하여 개인의 이윤 추구에 대해 부정적 태도를 취했던 중세 교회와 달리 부를 쌓으려는 개인의 노력을 도덕적·종교적으로 합리화하였으며, 나아가 근면하고 검소한 금욕적 생활 자세도 중요하게 생각하였다.

사람들이 발전시킬 수 있는 인간의 노동, 노동의 힘은 바로 피조물의 생명을 위해 제공한 하나님의 노동과 같은 것이다. 그것은 하나님의 노동이다. 인간이 정확하게 행동하려면 하나님의 행동과 일치하면 된다. 인간의 노동이 의미를 가지는 것은 그것을 통해 피조물의 생명을 지탱하는 하나님의 노동이기 때문인 것이다. 하지만 다른 모든 것과 마찬가지로 이 인간의 노동도 죄로 인해 타락했다. 하나님의 노동과 분리되어, 인간의 노동은 고통, 걱정, 부정의 그리고 억압의 원천이 되었다. 인간에게 각자의 노동을 할당함으로 하나님이 사람들에게 이 땅 위에서의 목적을 부여했다. 인간은 노동하기 위해 창조되었다. 여기 이 땅에서 인간은 노동의 운명을 감당하기 시작했다.

문제는 게으름이라는 본성과 반대되는 것이 나타났다는 것이다. 게으름은 인간 소외의 한 형태이다. 그것은 신의 소명을 거부하는 것이고, 하나님과 불화하는 것이다. 노동은 인간이 그것을 통해 하나님을 따르는 것을 완수하는데 있어 필수적 활동이고, 그것 없이는 사람도 될 수 없고 기독교인도 될 수 없기에, 일자리가 없다는 것은 우리가 싸워야하고 힘을 다해 고발해야 할 사회적 재앙이다. 그러기에 인간에게 노동을 할 수 없도록 하는 것은 범죄이다. 실제로 그것은 사람의 생명을 빼앗는 것과 마찬가지이다. 더구나 칼빈은 다른 사람의 노동을 오용하거나 착취하는 것 또한 범죄라고 했다.

인간은 하나님께로부터 일할 수 있도록 창조되었고, 세상을 지배하고 보존하라는 사명을 받았다. 그러므로 인간이 죄를 짓지 않았더라도 일을 했어야 할 것이고, 노동을 통해 재화의 취득과 인생의 성취감을 맛보았을 것이다. 노동은 인간의 기본 소명이다. 인간의 실존과 노동을 분리하여 노동을 죄의 벌로 생각하는 것은 아담의 범죄와 그 벌에 대하여 지나치게 단순한 해석을 하는 것이고, 노동을 기피하는 생각이다.

노동은 자연 안에서, 자연과의 관련 속에서 행사되는 것으로 우리는 창조질서에 순응해야 한다. 창조의 질서에 순응해야 한다는 것은 필연적이며 동시에 당위에 속한다. 필연적이라는 이유는 인간의 현세적 조건과 육체를 떠나서 있을 수 없으며 육체는 자연 질서를 내포하고 있기 때문이다.

하나님 앞에 모든 인간은 동등하다. 각자의 활동하는 일로 인하여 차등대우나 평가를 받아서는 안 될 일이다. 구약성서에 보면 인간의 다양한 직업 활동들을 열거하고 귀한 것으로 평가하고 있으며 의미 있는 것으로 기술하고 있다. 신약성서 안에서도 직업의 귀천이나 차등 평가는 없다. 인간의 일이나 노력은 그 자체로는 의미가 큰 것이 아니고 그 일을 하는 사람의 자세가 중요한 것으로 드러난다.

인간의 생활은 매일 노동으로 이루어지며, 노동에서 인간은 독특한 존엄성을 얻는다. 하나님을 닮은 인간이 자기 본연의 임무인 노동을 함으로써 총체적이며 가장 인간다운 사명을 다한다고 본다. 그러므로 참된 신앙인이라면 노동과 예배를 별개의 것으로 완전히 분리하지 않고 예배의 다른 한 양식임을 인식하며 노동의 신성함을 인정한다.

노동이 인격적 행위이며 소명의 수행이므로 인간은 노동의 결실이나 노동의 대가에 대한 기본적 권리를 갖는다. 노동이 인간 삶의 표현이며 자기 소명의 이행이므로 노동의 권리와 의무는 동시에 나타난다. 그리고 노동을 원활하고 유효하게 이행하기 위한 조건도 요구하거나 갖출 권리와 의무가 있으며 이를 위한 기본적 권리를 인정해야 한다. 쾌적한 노동 조건이라든지 노동에 대한 정당한 보수는 삶을 영위할 수 있는 정당한 수준이어야 한다.

## 후기산업화 시대의 노동의 개념

지식정보화사회라고 하는 후기산업화 시대는 신자유주의적인 무한경쟁과 '노동유연화'의 시대라는 점에서 새로운 노동문제에 대한 이슈가 제기된다. 시장의 자율시스템에 따라 가장 효율적인 생산과 소비가 진행된다는 믿음 속에 인간의 노동 또한 무한경쟁의 시스템에 내맡겨지고 이른바 구조조정(structural adjustment)이란 이름아래 경영 효율화를 위한 고용시스템을 만들기 위해 해고와 취직이 자유로운 노동유연화 정책을 취하게 되었다. 산업사회의 공장 생산 시스템에서 지식정보산업과 서비스산업 위주로 산업 구조가 개편되면서 불안정한 임금계약자들을 양산하고 있다. 노동의 유연성은 주주들에게 돌아가는 단기적 이익의 보장과 서비스업 구조에 부응하기 위해 리엔지니어링된 결과이다. 이것은 또한 인간적 고려가 아닌 기술적 사고의 결과이다. 각 개인이나 공동체의 가치와 목적에 상관없이 자본을 위한 논리를 만들어 낸 것이다. 하지만 이러한 노동의 유연성은 실직이란 사회적 불안과 두려움을 유발하고, 노동자들의 소득을 저하시키며, 결국에는 자본주의 경제 자체도 활성화되기 어려운 결과를 낳게 된다.

기술이 지배하는 후기산업화 시대에는 전통적인 생산요소라고 여겨졌던 토지, 노동, 자본 보다는 지식과 기술과학이 더 중요한 가치 창출의 요인이 되었다. 인터넷이라는 새로운 생산요소가 추가되어 현대인은 예외 없이 모두가 스마트폰, 컴퓨터, TV를 통해 인터넷과 연결되어 있으며, 이를 통해 세상과도 관련을 맺는다. 노동 역시 인터넷에서 종속된 형태로 나타나기 시작한다. 예를 늘어 인도에 있는 콜서비스센터는 미국의 유명기업 휴렛팩커드 회사의 고객지원 서비스를 대신한다. 인적 자원이 풍부하고 노동력이 싼 곳으로 기업들이 이동하는 것이 자연스러운 일이 되고 있다. 이러한 기술의 발전과 노동의 국제화 속에 전통적인 노동윤리는 전혀 작동할 수 없는 현실이 된다. 더구나 오늘날 많이 논의되고 있는 제4차 산업혁명은 로봇으로 대표되는 신기술이 인간의 노동을 대체함으로써 수많은 직업이 아예 없어진다고 예측되고 있다. 이러한 기술정보화 시대에 노동의 의미는 새롭게 신학적으로 모색되어야 할 것이다.

## 참고문헌

요한바오르2세.『노동하는 인간』. 1981.
이봉석. "신자유주의와 과학기술시대 노동신학의 필요성 연구", 「기독교사회윤리」 제34집(2016), 69-102.
이은선. "칼빈과 청교도의 경제윤리". 「한국개혁신학」 Vol.6 No.1, 147-148.

김 영 철

(경기도교육청 연구위원, 생명평화마당 사회위원장)

# 지팡이가 자식보다 낫다?

우리 사회의 노인 인구가 늘어나고 있고, 교회도 어르신들의 숫자가 많아지고 있고 특히 농촌교회는 더욱 심각하다. 노인 문제는 사회 문제이면서 동시에 교회 문제가 되고 있다.

## 노인들의 형편

첫째, 어르신들은 외로움을 많이 탄다.

어르신들은 시간은 남고 할 일은 없다. 같이 만나 이야기를 나눌 상대가 별로 없다. 배우자를 잃고 혼자 지내는 어르신들은 더욱 그러하다. 어르신들은 '심심하다'는 말을 많이 한다. 그래서 여기 저기 전화를 하는 게 일이다. 하지만 전화를 반갑게 받아주는 이가 많지 않다. 요즘 자녀들은 대부분 맞벌이 부부이기 때문에 시간이 부족하다. 부모한테서 전화가 자주 걸려오면 업무에 지장이 많이 때문에 귀찮게 생각하고 성의 없이 끊어 버린다. 궁금한 것은 많은데 누구 한 사람 자세히 말해

주는 이가 없다. 그러면 서운해 한다. 어르신들은 나이 들면서 '서운한 마음'을 많이 갖게 된다. 자식들이 조금만 소홀히 해도 몹시 서운해 하고, 오해를 하게 된다. 그러면서 '자식들도 다 소용없다'고 푸념하기 일쑤이다.

둘째로, 어르신들은 존중받고 싶어 한다. 어르신들은 사회적인 활동을 그만두었기 때문에 자칫 퇴물이나 귀찮은 존재로 여겨지기 쉽다. 아무도 관심을 가져 주는 이가 없고, 불러 주는 이도 없다. 어르신들 스스로도 쓸모없는 존재라고 생각한다. 특히 은퇴 후 몇 년 동안은 후유증이 대단하다.

셋째, 어르신들은 건강이 염려된다. 노화 현상으로 무릎과 허리가 아프기도 하고, 치매 전조 현상으로 정신이 오락가락하기도 한다. 때로는 예배 시간을 잊어버리기도 한다. 가장 심각한 것은 낙상의 위험이다. 어르신들은 뼈가 약하기 때문에 살짝만 넘어져도 크게 다친다. 또한 어르신들은 약에 대한 상식이 부족하여 약만 먹으면 병이 낫는 줄 알고 약을 너무 많이 드셔서 약중독으로 병원에 실려 가는 분들이 의외로 많다.

전도서에서는 노년의 허약한 모습을 비유로 생생하게 그려내고 있다. '그런 날에는 집을 지키는 자들(다리 혹은 손)이 떨 것이며, 힘 있는 자들(허리)이 구부러질 것이며, 맷돌질하는 자들(이빨)이 적으므로 그칠 것이며, 창들로 내다보는 자들(눈)이 어두워질 것이며, 길거리 문들(귀)이 닫힐 것이며, 맷돌소리가 적어질 것이며, 새의 소리로 말미암아 일어날 것이며, 음악 하는 여자들(목)은 다 쇠하여질 것이며'(전 12: 3- 4).

또한, 어르신들은 용돈이 궁하다. 어르신들은 돈벌이가 마땅치 않기 때문에 대부분 자녀나 손주들이 주는 용돈으로 생활하든지 노령연금으로 근근이 살아간다. 자녀들의 생활이 어려운 경우에는 더욱 궁핍하다. 정부에서 시행하는 공공근로에 목을 매기도 한다. 용돈이 넉넉하지 못하니까 사회적인 활동을 하기도 어렵고, 사람들을 만나는 것도 꺼려지고, 심리적으로 위축되기 마련이다.

어르신들은 도움이 필요하다. 어르신들이 흔히 '지팡이가 자식보다 낫고, 유모차(노인 보조 보행기)가 영감보다 낫다'고 하지만 다 헛말이다. 자식이 옆에 있는 것이 든든하다. 하지만 자식들과 떨어져 사는 어르신들이 많다. 외출을 하거나 여행을 할 때 혼자 다니는 것은 대단히 위험하다. 누군가가 옆에서 도우미 역할을 해야 한다.

어르신들은 정보에서 밀려나 있다. 어르신들은 현대사회에서 정보 취약계층이다. 어르신들도 대부분 휴대전화를 갖고 있긴 하지만 간단한 조작 방법도 서툴러서 제대로 활용하지 못한다. SNS나 인터넷을 사용하는 경우는 극히 드물고, 책이나 신문, 잡지 같은 활자매체보다 TV에 익숙하다. 당연히 정보에 어둡고, 시대의 흐름에 둔감하기 마련이다. 게다가 숱한 외래어나 각종 신조어는 어르신들을 더욱 정보에서 멀어지게 한다. 이 때문에 선거철이 되면 노년층은 마치 보수 세력을 지지하는 계층으로 인식되고, 젊은 계층과 심각한 세대 격차를 보인다. 정보에 어둡기 때문에 사기 전화나 노인들을 상대로 사기판매에 속아 넘어가기 쉽다.

어르신들은 집에서 지내기를 원한다. 어르신들은 새로운 환경에 쉽게 적응하지 못한다. 도시의 아파트보다 조금 불편하더라도 오랫동안 지내오던 집을 좋아한다. "고기도 저 놀던 방죽이 좋다"라는 말처럼 어르신들은 지금까지 살던 집과 고향을 떠나기 싫어하신다. 오히려 고향을 떠나 살다가도 나이 들면 옛적 고향과 친구들을 찾아오기도 한다.

## 성경의 가르침

성경에는 노년에 활동한 인물들이 나온다. 아브라함은 75세에 하나님의 부름을 받아서 고향을 버리고 약속의 땅으로 갔고, 모세는 80세에 하나님의 명령을 받아서 노예생활을 하는 히브리 동족들을 구하러 애굽으로 떠났다. 압살롬의 반란으로 피난 온 다윗 왕을 환대한 바르실래도 80세 노년이었다(삼하 19:31-32). 스데반 집사를 죽이는 데 행동대장으로 활약했던 '청년' 사울은 부활하신 예수님을 만난 후 노년에 이르기까지 예수님을 전하는 이방인의 사도로 활약했다. 빌레몬서에서 사도 바울은 자신을 '나이가 많은 나 바울'(9절)이라고 자신을 소개하고 있다.

성경은 노년들의 지혜가 얼마나 소중한가를 일깨워 준다. 르호보암 왕은 북왕국의 장로들이 선정을 베풀어달라고 요구했을 때 먼저 나이든 신하들에게 의견을 물었다. 나이든 신하들은 북왕국 장로들의 요구를 들어주라고 간했다(왕상 12:6-7). 이때 르호보암 왕이 나이든 신하들의 의견을 수용했더라면 남왕국과 북왕국이 갈라지는 일이 없었을지도 모른다. 어르신들의 지혜가 그만치 귀하다는 증거이다.

구약 시가서에는 솔로몬의 저작으로 알려진 책이 잠언, 전도서, 아가 세 권이 있다. 최종진 교수는 솔로몬이 젊었을 때는 남녀 간의 사랑을 노래한 아가를 썼고, 장년에는 잠언을 썼고, 노년에는 전도서를 썼다고 했다. 전도서는 인생의 황혼에 다다른 솔로몬 왕이 터득한 풍부한 지혜를 청년들에게 전해주는 내용이다. 인생의 허무와 하나님 경외라는 두 가지 주제를 축으로 해서 젊었을 때에 하나님을 잘 섬기는 것이 인생의 본분임을 설득력 있게 가르치고 있다. 신앙은 '기억과 전승'을 통해서 후대로 이어진다.

어르신들을 교회에서 적극 활용한 예로 초대교회의 과부 제도를 들 수 있다. 초대교회는 과부 직분이 있었던 흔적이 성경에 남아 있다. 나이든 과부 중에서 자녀나 부양가족이 없는 경우 교회에서 부양을 책임지는 대신 교회 일에 전적으로 헌신하도록 배려했다(딤전 5:3-16). 이는 교회가 생활이 곤궁한 과부를 도와주는 한편 과부들에게는 하나님의 일을 한다는 자부심을 갖도록 하는 일거양득의 효과가 있다. 교회가 어르신들을 도울 때 자존심을 세워 주면서 돕는다는 점에서 우리가 눈여겨봐야 할 대목이다.

## 어르신들을 위한 교회의 과제

먼저, 교회는 어르신들의 쉼터가 되어야 한다. 어르신들은 딱히 갈 곳이 없기 때문에 공원이나 경로당 같은 곳을 찾아가거나 아니면 집에서 TV를 벗 삼아 지내는 수밖에 없다. 이런 어르신들에게 교회는 좋은 휴식처요 친교의 장소가 될 수 있다. 어르신들이 교회에 와서 예배를 드리면서 한편으로는 친구들을 만나 이야기를 나눌 수도 있다. 교회에서는 어르신들을 위한 공간을 따로 마련해서 예배 후에 같이 이야기를 나눌 수 있도록 배려하는 것도 좋다.

교회 형편이 닿으면 노인대학 운영을 권하고 싶다. 노인대학에는 예산과 프로그램이 필요하기 때문에 면밀하게 장기적인 계획을 세워서 진행해야 한다. 아니면 다른 곳에서 운영하는 노인대학에 다니도록 안내해 주는 것도 좋다. 노인대학이 아니더라도 노년교재로 어르신들을 위한 성경공부를 하는 것도 고려해 볼 만하다.

젊은 세대는 어르신들을 존중해야 한다. "너는 센 머리 앞에서 일어서고 노인의 얼굴을 공경하며 네 하나님을 경외하라 나는 여호와이니라"(레 19:32). 교회 안에서 어르신들이 소외당하거나 무시낭하는 일이 없도록 세심하게 배려해야 한다. 어린이나 젊은 사람들이 어르신들에게 깍듯이 인사하는 것부터 시작해야 한다. 그리고 존댓말을 써야 한다. 어르신들이 똑같은 말을 여러 번 해도 귀찮아하는 기색을 보이지 않도록 주의해야 한다. 이런 것은 목회자가 먼저 본보기를 보여야 한다. 평소에 목회자가 어르신들을 배려하고 존중하는 태도를 보이고 종종 설교를 통해서도 어르신들을 위하도록 권고해야 한다. 사도 바울은 젊은 디모데에게 "늙은이들을 꾸짖지 말고 권하되 아버지에게 하듯"(딤전 5:1 앞) 하라고 했다.

또한 젊은이들이 어르신들은 잘 돌보아 드려야 한다. 교회에서 어르신들이 계단을 오르내릴 때 옆에서 부축해 드리는 것이 필요하다. 예배 시간에 옆에서 성경, 찬송을 찾아드리는 일도 필요하다. 식사할 때 음식을 챙겨서 갖다 드리는 일도 필요하다. 어르신들은 목욕탕에 혼자 다니면 위험하다. 목욕탕 바닥이 미끄럽기 때문에 넘어지기 십상이고 혼자 때를 벗기기도 어렵다. 젊은이들이 정기적으로 어르신들을 모시고 목욕을 가는 것도 좋다.

젊은 사람들이 어르신들에게 이야기를 많이 해 주는 것도 어르신들을 기쁘게 하는 좋은 방법이다. 하루 동안 겪었던 사소한 일, 가족들 사이에 일어난 일, 주변에서 벌어진 일 등을 어르신들에게 소상하게 이야기해 주면 좋아하신다. 모세는 이스라엘 백성들을 애굽에서 탈출시킨 후에 장인 이드로를 만나서 그동인 진행되었던 과정을 자세히 들려준다(출 18:8). 모세도 나이가 들었지만 더 나이 드신 장인어른을 기쁘게 해 드렸다.

어르신들 스스로 깨우쳐야 할 점도 한두 가지 있다. 먼저, 어르신들은 스스로 자긍심을 가져야 한다. "백발은 영화의 면류관이라 공의로운 길에서 얻으리라"(16:32). 어르신들의 좋아하는 노래 중에 "내 나이가 어때서"가 있다. '내 나이가 어때서 / 사랑하기 딱 좋은 나인데' 이 대목을 살짝 바꾸어서 부르면 은혜가 된다. '내 나이가 어때서 / 예수 믿기 딱 좋은 나인데(기도하기 딱 좋은 나인데)' 실상 젊은 사람들은 직장 생활하랴 자녀들 키우랴 정신없이 바쁘기 때문에 신앙생활에 시간을 내기 힘들다. 반면에 어르신들은 남는 게 시간이다. 그 시간을 신앙생활에 쏟아 부으면 보람이 있고, 기쁨이 넘치게 될 것이다.

어르신들에게서 살아온 내력을 구술 받는 것도 좋은 방법이다. 어르신들은 자기 이야기를 하는 것을 좋아하신다. 어떤 때는 몇 시간이고 쉬지 않고 쏟아내기도 한다. 생애를 구술하는 동안 실패의 경험을 받아들이고, 상처나 아픔이 아물기도 한다. '이야기 치료'의 방법이다.

또한, 어르신들에게 현실을 받아들이도록 권고해야 한다. 요즘에는 자녀들이 부모를 모시기 힘들어서 요양원으로 모시는 경우가 많다. 그러나 어르신들은 요양원에 가는 것을 싫어하신다. 마치 자식들이 자신을 버리는 것으로 생각하고 요양원을 현대판 고려장 정도로 여긴다. 자녀들의 입장도 딱하다. 부모를 모시고 싶어도 맞벌이 부부가 많기 때문에 여의치 못하다. 그나마 자녀들이 합의해서 요양원에 모시는 것도 다행이라고 할 수 있다. 요양원에 가느냐 마느냐 하는 문제로 나이 드신 부모와 자녀 간의 갈등이 심각하다.

이런 경우 어르신들에게 현실을 받아들이라고 권하는 것이 필요하다. 자식들의 형편이 어쩔 수 없으니 마음에 내키지 않더라도 자식들의 뜻을 따르는 수밖에 없다는 것을 깨닫게 해야 한다. "네가 젊어서는 스스로 띠 띠고 원하는 곳으로 다녔거니와 늙어서는 네 팔을 벌리리니 남이 네게 띠 띠우고 원하지 아니하는 곳으로 데려가리라"(요 21:18).

노년은 무대에서 퇴장하는 쓸쓸한 시간이 아니고 열매가 무르익는 가장 성숙한 때이다. 어르신들은 "푸른 감람나무"(시 52:8)와 같다. 감람나무는 더디 성장하고 오래 살아서 수백 년, 수천 년이 된 나무도 있다고 한다. 현재 겟세마네 동산에 있는 감람나무는 예수님 당시의 감람나무라고 한다. 연륜이 깊을수록 신앙도 더욱 깊어지고 견고해진다. 그런 의미에서 어르신들은 교회의 보화이다.

## 참고문헌

예장통합농어촌선교부.『장수를 축복으로 만드는 교회 이야기』. 한국장로교출판사, 2017.
기독교대한감리회 교육국. <노년활동자료집>
기장총회교육원.『은빛세대 날아오르다』. 만우와장공, 2016.

오종윤

(군산 대은교회 목사, NCCK 신학위원)

# 네가 동물의 고통을 아느냐

## 모든 동물은 평등하다?

최근 우리 사회에서 자주 회자되고 있는 키워드 중의 하나가 '반려동물'이다. TV 프로그램에서도 "세상에 나쁜 개는 없다" 또는 "개밥 주는 남자" 등이 그것을 다루고 있다. 한걸음 더 나아가서 '개만을 위한 TV채널'이 나올 정도이다. 어떤 면에서 애완동물이라는 용어가 우리들 귀에 익숙해진 것도 오래된 일은 아닌데 최근에는 반려동물이라는 용어로 더욱 우리 삶에 실제적으로 경험되어지고 있다.

동시에 오늘의 반려동물이 내일의 유기견으로 전락하는 경우도 우리 주위에 빈번한 현상이다. 이것을 증명하는 여러 통계치들이 있다. 미국의 경우 매년 3천만 마리의 개와 고양이가 주인에게 유기된 뒤에 폐기처분 된다. 해가 갈수록 우리 주위에 점점 익숙해져가는 조류독감이나 구제역등으로 인해 집단적인 '동물의 홀로코스트'로서의 대량살육이 빈번해 지고 있고 이러한 현상에 대해 인간 중심주의로서의 동물학대에 대한 자성의 소리 또한 만만치 않다. 배터리 닭장, 수퇘지 등의 꼬리 자르기나 거세 암퇘지용 좁은 우리 등 도살장에서 나오는 쓰레기 동물부속물을 먹이로 주고 키우는 공장형 집단동물사육이 문제시 되고 있다. 항생제 투성이의 사료들로 키운 반려동물이나 집단 어류양식을 통해 시중에 나오는 동물과 어류가 결국은 인간의 먹거리와 연결되어 있음은 익히 알고 있기 때문이다. 아이러니한 것은 2016년 4월 11일자 중앙일보 기사 「돈 있으면 뭐하겠노 고기 사묵겠지~ 한국은 육식주의 국가?」에 따르면 한국은 경제협력개발기구(OECD) 국가들 중에서 1인당 육류소비량이 상위권에 속하며 아시아 지역에서는 한국의 1인당 육류 소비가 51.5kg으로 중국(49.8kg), 일본(35.7kg)을 앞질렀다는 것이다.

어찌됐든 인간들의 욕심을 채우기 위해 값싼 경제적 논리를 가지고 동물들에게 종차별적이고도 비양심적인 고통을 주는 것을 남용하는 인간들의 횡포는 결국 구제역에 걸린 소, 고름우유, 항생제 투성이인 식용동물과 어류들, 조류독감 걸린 닭 등에 이르기까지 부메랑으로 인간의 고통과 죽음까지도 유발시키는 원인이 된다. 인간의 건강을 위한다고 하는 설득력도 없는 명목과 무분별하고 잔인한 동물실험들이 자행되어지고 있으며 이 동물실험의 결과가 인간을 위한 것이라는 것은 납득하기 어렵다. 도리어 동물실험을 통해 나온 많은 의약품들이나 화장품 등이 인간에게 해가 되는 경우가 많음이다. 비인간적인 처우와 대우를 받고 고통받아 죽은 동물들의 부속물들로 만들어진 비위생적인 각종의 반려동물 사료 유입도 심히 우려된다. 이 모든 것은 무엇보다도 인간을 우선시하는 인간중심주의에서 기인한다.

오늘날은 이러한 동물들의 고통과 처사에 대해 대항하는 '동물복지론'이나 '동물권'에 대한 주장들이 더욱 구체적으로 나오고 있다. 생활 속에서도 슈퍼의 달걀이나 닭고기 상표에 '동물복지'를 통한 상품 표기가 점점 늘어가고 있다.

특별히 '동물권'은 고통의 차원에서 '모든 동물은 평등하다'라는 피터 싱어의 입장을 지지한다. 신학자 마커스 보그는 '하나님이 세상을 이처럼 사랑하사'라는 성서의 문구에서 '세상'(world)은 단지 인간만을 의미하는 것이 아니라 하나님이 창조하신 세상의 모든 피조물을 포함한다는 것을 역설하고 있는데 필자 역시 이 의견에 동조한다. 그런데 이 '세상'인 '모든 피조물'들이 고통을 당한다고 할 때 특별히 본 글에서는 '인간 아래의 동물'로서 고통당하는 피조물들에 대해 어떻게 인간이 그들에 대해 고민하고 배려하고 돌보며 실천해야 할 것인지를 생각해 보자는 것이다.

이때에 '인간 아래의 동물'이란 '동물 위의 인간', '고통이 무시되는 동물'을 의미한다. 이러한 동물들을 위한 대안으로써 이기적인 인간중심주의를 벗어나 호르크 하이머의 이론을 빌려서 '확장된 인간중심주의'-인간중심주의와 종평등주의의 중간영역-의 입장에서 동물권을 인정하고 이타성을 가지고 돌보자는 것이다. 여기에서 언급하는 이타성이란 고통당하는 동물들에게 화해와 공감을 가지고 '자기 종족의 이익을 다른 종족의 이익보다 중요시 여기는' 종차별주의(specism)가 아닌 종평등주의의 입장으로 나아가자는 것이다. 위에서 언급하는 확장된 인간중심주의는 인간의 권리를 주장하는 것이라기보다는 인간의 책임을 강조하는 것으로써 이기적인 인간중심주의와는 다른 컨셉이다. 특별히 그는 이 주장을 생명 연대를 위한 보편적 도덕 원리로서의 그의 '동고'이론, 다시 말하면 공감의 이론으로 설명하고 있다.

그럼에도 불구하고 전체적인 그의 이론 중의 보완되어야 할 점은 '실천성'으로 이 점은 동물권의 창시자격인 피터 싱어의 동물의 도덕적 지위에 대한 실천성 강조가 그 역할을 하고 있다. 물론 싱어는 공리수의의 입장에서 인간뿐만 아니라 동물 역시 고통을 느끼는 '쾌고지수능력'(sentience)과 '최소한의 고통을 줄이는 것'에 강조점을 갖는 '이익평등고려의 원칙'의 입장을 가진다. 이와 같이 포유류와 조류의 경우는 인간과 동일한 고통을 경험한다. 심지어 무척추동물 중에 두족류인 오징어, 문어도 고통을 느낀다. 동물권을 생각하면서 우리가 생각해야 할 것은 그 동물들은 '고통을 느끼는 피조물로서의 동물'이며 동시에 동물에 대한 '인간의 이타성'이 철저히 요구된다는 것이다. 왜냐하면 동물은 스스로 자신들의 권리를 요구하거나 불공평한 착취에 대항할 능력이 없기 때문이다.

필자는 이러한 맥락 범위 내에서 '교감'(sympathy)이라는 용어를 표현하고 싶다. 이 교감은 호르크 하이머가 말하는 동고(同苦, mitleid, symphie)와는 유사한 면이 있지만 함축하는 의미가 다르다. 필자가 말하고자 하는 교감은 인간 아래에 있는 동물을 벗어나 인간과 함께 하는 사랑, 공감 그리고 실천을 동반한 동물을 위하고 동물과 함께 하는 청지기로서의 인간의 교감이다.

본 글에서는 고통당하는 피조물을 향한 인간의 교감을 통한 동물권 인식에 대해 동물권의 권리 이해, 동물권의 한계 그리고 인간과 함께 하는 생명 존중으로서의 동물에 대해 생각해보려고 한다. 그리고 동물과 함께 하는 이 교감은 하나님이 창조하신 이 세상을 청지기로서 동물을 돌보는 인간의 모습을 통해 함께 너불어 살아가는 생명연대로서의 그물망을 촘촘히 만들어 갈 것이다. 동물권에서 주장하는 동물해방은 인간해방이다. 이 동물해방은 동물을 해방하는 것만이 아니다. 왜냐하면 동물 지배는 인간 특히 여성, 약자의 지배와 연관되어 있으며 이것은 자연지배 논리의 부정적 결과로서 기인한다. 결국 고통받는 피조물로서의 동물과 인간이 밀접한 관계성을 가지고 상대간의 화해를 전제한 공존이 이루어질 때에 생명을 존중하고 경외하는 '살리는 해방'이 이루어질 것이다.

## 동물권의 권리 이해와 한계점

동물권 운동은 개개 동물의 보편적 가치를 인정하고 단순한 동물의 보호차원이 아닌 권리 인정을 말한다. 동물권 운동의 창시자는 윤리학자인 피터 싱어로 알려져 있다. 생태계의 지배자인 '인간중심주의'에서 파생된 종차별주의를 비판하는 측면에서 "모든 동물은 평등하다"라고 주장하는 싱어는 동물과 인간이 동등하며 동물은 인간과 마찬가지로 고통을 느끼는 존재라고 주장한다. 이런 면에서 동물권 운동은 동물의 도덕적 지위를 주장한다. 이와 같은 운동은 인간이 자행하는 동물의 착취를 고발하고 종결시키려는 의도성을 갖는다. 특별히 공리주의에 입각한 동물권을 지지하는 입장의 근거이론에서는 '고통을 최소화하고 쾌락을 최대화하는 것이 윤리의 목표'이다. 이런 견지에서 동물도 "감각을 가진 존재"이며 "윤리적 고려의 대상"이다. 동물권과 함께 대두되는 동물복지론은 동물권 운동의 주장보다는 인간이 동물을 보살펴야 할 의무에 관해 더욱 관심을 가진다. 때때로 동물에 대한 인간의 이타성을 주장하는 면에서는 동물권 운동가들이 동물 복지론자의 모습을 가지기도 한다.

여하튼 동물권이나 동물복지론의 입장에서 반려동물을 생각해 보자. 인간은 상황에 따라서 가족으로 여긴 반려동물을 서슴없이 유기하는 철저한 인간중심주의를 반성하지 않을 수 없다. 매년 반려동물에서 순식간에 유기동물로 버려지는 경우의 수가 적지 않음을 우리는 안다. 이런 면에서 동물의 문화화가 안 되는 경우에 동물은 인간에 의해 도태되거나 유기되어진다. 이렇게 동물은 '인간의 문화화가 안 되는 타자'로서 인간에게 '생소한 타자'가 된다. 이것을 역으로 이야기하면 인간으로서 취급받지 못하는 존재이거나 정상적인 동물로서 취급받지 못하는 동물도 비슷한 연상에서 생각해 볼 수 있겠다. 즉 식물인간이나 선천적으로 심각한 장애가 있는 인간 그리고 심각한 질병에 걸린 동물, 폐기동물 취급을 받는 동물 등이 그것이다. 이런 경우도 인간은 이기적인 인간중심주의 선상에서 생각하는 경우들을 우리는 본다. 동물해방이 인간해방이라고 주장하는 동물권 이론 내에서 '가장자리 인간'으로서의 인간도 '생소한 타자'이다.

동물학자들은 생태학적인 관점에서 죽이고 죽는 자연의 상호유기 관계를 유념하기보다는 동물 개별 종들에 대한 권리와 선호에 집중하는 경향이 있다. 그런데 인간에게 동물성 단백질을 섭취하는 것은 신체 구성을 유지하는 것에 필요한 일이다. 따라서 동물학자들의 동물권 획득을 위한 수단으로 채식주의(vegetarianism)나 치즈와 달걀도 먹지 않는 완전한 채식(veganism)을 할 것을 강조 또는 강요(?)하는 것은 지양되어져야 할 필요가 있다. 물론 열악한 환경에서 극도의 스트레스를 받고 자란 집단 사육 동물의 섭취는 지양되어져야 한다. 동시에 무자비한 동물착취는 반드시 근절되어야 한다. 그러나 그 동물이 동물복지에 입장에서 다뤄진 동물이라면 과도한 동물 섭취를 제한하는 쪽으로 사람들에게 제안되어져야 할 것이다.

최근 우리 사회에 이슈가 되는 '반려동물'을 다시 한번 생각해 보자. 동물의 권리와 동물의 영역을 인정하는 면에서 동물권을 이해한다면 반려동물은 '동물의 문화화' 그리고 '동물의 인간화'가 유도된 문명에 길들여진 동물이라는 측면 역시 배제할 수 없다. 다시 말하면 반려동물은 인간의 입장에서 보면 인간문명에 길들이게 하는 인간화된 동물로 유도될 수 있다. 동물로서의 동물성을 인정하지 않는다는 것이다. 그렇기 때문에 인간처럼 똥오줌을 가리는 배변훈련을 시킨다거나, 번식을 방지하는 난소적출 수술 등을 인간은 아무 개념 없이 실행된다. 동물이 인간화되는 것이다. 이것은 인간의 입장에서 보는 동물의 애견화이며 동물을 포함한 자연을 지배하고자 하는 인간중심주의적인 발상이다. 물론 친구로서, 가족으로서의 긍정적인 측면이 반려동물에게 분명 있지만 본래의 동물권의 개념에서는 반려로 동물을 가지고 있는 인간들이 생각해 볼 문제이다.

## 생명존중의 차원에서 본 동물권

하나님의 피조물로서의 동물들의 동물권은 결국 탈인간중심주의에서 벗어나는 동물의 영역 확보와 권리 확보 그리고 인간 해방에도 영향을 끼칠 것이다. 그것을 위해 다음과 같은 것을 제안한다.

첫째, 오늘날과 같이 생태계가 심각하게 파괴되는 상황에서 결과적으로 동물 생태계 역시 위협받는 것은 자명한 일이다. 인간은 동물권 확보를 위해 급속한 도시화와 문명화로 인한 생태계 파괴에 급제동을 해야 할 것이다. 인간과 더불어 사는 생명연대의 존재로서의 동물들의 생존권을 확보해 줘야 한다. 그들의 영역을 인정해주고 살아야 할 터전 즉 동물권의 권리, 권역으로서의 영역을 제공해야 한다.

둘째, 동물 실험을 금지해야 한다. 그것이 어렵다면 최소화해야 한다. '인간을 위한' 동물실험이 얼마나 망상인지를 깨달아야 할 것이다. '인간을 위한' 명목상의 동물실험이 결국 인간들에게 긍정적인 적용은 커녕 또 다른 무서운 부작용을 일으킨다는 것을 무시할 수 없다. 실례로 동물실험을 거친 수천가지의 의약품들이 인간에게 해롭다고 판명되어 시장에서 회수되었고 그중 동물천식치료제인 이수푸렐은 영국에서만 3,500명의 사망자를 낳았다. 대안으로 인공지능을 통한 시뮬레이션이나 조직 배양 등이 동물실험을 대신해야 한다.

셋째, 인간의 경제놀이인 현 자본시스템에 동물이 산업이 됨을 인식해야 한다. 경제와 자본 이익을 최우선으로 삼는 현대인에게 동물이 경제성에 이익이 되지 않으면 주저 없이 도태시키는 인간중심주의에 제동을 걸어야 한다. 실례로 구제역에 걸린 소들을 대거 제거한 기업들의 실제적 이유는 소들의 전염 위험보다는 '생산성'이 떨어지는 구제역을 앓은 소들이 자본이 되지 않는다는 경제 손실 때문이었다. 동물을 학대하고 죽음으로까지 몰고 가는 동물서커스나 사냥 ,투우, 모피산업도 모두 지양돼야 한다.

넷째, 인간과 동물은 하나님의 피조물로서 함께 생명연대를 만들어가야 한다. 특별히 이 시대를 살아가는 고통받는 하나님의 피조물로서 인간중심주의의 입장에서 종차별주의의 모습을 가져서는 안 된다. 인간계와 동물세의 차원의 다름이 있다할지라도 함께 인정하며 연대해아 한다.

다섯째, 하나님이 우리에게 주신 황금률의 원칙을 인간뿐만 아니라 동물에게도 적용해야 한다. '네 이웃을 네 몸과 같이 사랑하라'하신 그 '이웃'은 단지 인간으로서의 이웃을 넘어선 동물로서의 이웃, 자연으로서의 이웃을 '내 몸과 같이 사랑'해야 하지 않을까. 히브리적 사고에서 '이웃'이란 개념이 "옆에 있는 모든 존재"라고 할 때에 마커스 보그의 '이웃'개념과 별반 다르지 않다. '하나님이 세상을 이처럼 사랑하셨다'는 그 세상은 단지 인간만을 의미하는 것이 아닌 이 땅의 모든 피조물을 의미한다.

마지막으로 하나님이 맡기신 이 땅의 청지기로서 인간은 동물을 이타적으로 돌보고 사랑해야 할 것이다. 실천적인 덕목으로는 최소한의 동물성 단백질 섭취하기, 야생동물 배려하기, 유기방목 제품 구입하기, 야생동물의 서식지와 인간의 공동체를 파고하는 비닐봉지 사용 자제 및 공기를 오염하는 화석연료 사용 금지 등으로서의 생태발자국 줄이기―인간이 소비하는 물품의 생산과 폐기에 드는 비용을 토지로 환산한 지수―에 힘써야 한다. 하나님의 피조물로서의 인간이 주체가 되어서 하나님의 또 다른 피조물로서의 동물을 확장된 인간중심주의 선상에서 청지기 입장에서 보살펴야 한다. 즉 인간이 주체가 되어 객체인 동물을 종평등주의의 입장에서 상호 교감하며 실제적으로 도와야 한다. 결국 인간과 함께 하는 동물로서 하나님 지으신 창조세계에서 고통을 벗어나서 아름다운 순환공동체를 만드는 행복한 세상을 만들어 가야 한다. 노력과 배려, 실제적 돌봄이 동반된 사랑의 교감이 인간과 함께 하는 동물(with human)로서의 동물권의 시발점이 될 것이다. 인간과 동물이 같은 하나님의 피조물로서 화해와 상호교감을 통해 서로를 살리는 생명의 연대가 절실하다. 이런 면에서 동물과 인간은 창조세계 안에서 서로의 해방에 깊이 연결되어 있다. 하나님의 피조물 특별히 이 땅을 살아가는 고통받는 피조물로서 서로를 살려야(giving life)할 것이다. 결국 동물해방은 인간의 자연지배 논리의 결과로서의 고통을 지양하는 공동 목적을 가진 인간해방의 짝이다.

## 참고문헌

피터싱어.『동물해방』. 연암서가, 2013.
캐서린 그랜트 저.『동물권, 인간의 이기심은 어디까지인가?』. 이후, 2012.
앤드류 린지.『동물신학의 탐구』. 대장간, 2014.

상영주

(구세군사관대학원대학교 교수, NCCK 신학위원)

# 좋은 섹슈얼리티와 나쁜 섹슈얼리티

2017년 7월 15일 "나중은 없다. 지금 우리가 바꾼다"라는 슬로건을 내세우고 제18회 퀴어문화 축제가 서울 시청 앞 서울광장에서 열렸다. 2000년 대학로에서 50명이 성소수자들의 자긍심 고취와 일반인들의 성소수자 이해를 위해 처음 시작한 후 올 해는 총 101개가 넘는 부스가 설치되었고, 주최 측 추산 5만 명, 경찰 추산 1만 5천 명이 참가했다. 퀴어축제 하면 언제나 기독교 보수단체들의 맞불집회가 떠오른다. 이 것이 우리가 동성애 또는 성소수자에 대해 발화해야 하는 맥락이다.

## 가정과 섹슈얼리티: 기독교 우파들의 전략

비온뒤무지개재단 상임이사 한채윤은 교세가 줄고, 한국 사회에서 차지하는 정치적 입지가 흔들리는 개신교가 자신들의 세력을 규합하기 위해 성소수자들을 "공동의 증오"세력으로 상정하며 "거룩한 혐오"를 발명했다고 주장한다. 이를 위해 개신교는 2007년 차별 금지법 반대를 주도하고, 2010년 반동성애 운동을 조직적으로 전개했으며 2015년 퀴어퍼레이드 때부터 반대집회를 열기 시작했다는 것이다. 한채윤의 분석은 한국개신교 안에도 다층의 결이 있다는 사실을 수복하지 않았다는 점에서 아쉽지만 그 핵심은 탁월하다.

공동의 적대 세력을 상정하여 자신들의 정치적 입지를 규합하고자 가정과 성에 대한 쟁점을 선점한 미국의 기독교 우파의 전략을 살펴보아도 한국의 상황과 비슷하다. 듀크대 여성학 교수 캐시 루디는 미국의 기독교우파의 반동성애 전략을 분석했다. 미국 사회에서 남성을 공적 영역인 일터에, 여성을 사적 영역인 가정에 분리·배치시킨 일·가정 영역 분리 도식은 19세기부터 시작되었으나 2차 세계대전 중에 징병된 남성 노동력을 보충하기 위해 470만 명의 여성이 노동인구로 동원되면서 잠시 흔들렸다. 그러나 전쟁이 끝난 후 1950년대의 미국의 전후 문화는 여성과 흑인을 견제하고 전통적인 가족을 강조하기 시작했다고 한다. 이는 전쟁으로 인해 흔들렸던 경제 영역과 젠더화된 사회양식을 안정시키기 위해 전략적인 선택이었다는 것이다. 여성들은 본질적으로 영성이 깊어 가정에서 하나님을 매개하는 역할을 하여 공적인 영역에서 일하는 남성과 자녀들을 위로하는 사명이 있다. 가정은 험한 세상에서 안식처로 기능해야 한다. 루디는 이런 의미에서 이성애 중심 핵가족 제도를 고수하는 가정예찬론의 맥락에서 반동성애 운동을 해석해야 한다고 보았다. 그렇다면 이러한 우파전략을 피하면서 동성애 문제에 접근할 방법은 없는가? 이 방법을 살펴보기 전에 우리가 동성애에 대한 윤리적 판단을 할 때 어떤 원천을 근거로 하는지 먼저 기술하겠다.

## 성서, 전통, 세속 학문, 오늘날의 경험

개신교 신자들은 동성애에 관해 말할 때 언제나 그 판단의 마지막 권위는 자신들의 삶의 규범인 성서에서 가져온다. 이런 이유로 반동성애 진영과 친동성애 진영은 동성애 쟁점에 대한 성서해석의 진위를 다투고 있다. 몇 가지 동성애 관련 성경 본문을 다루어 보겠다.

창세기 19장 1-29절에 나오는 소돔과 고모라 이야기에서 전통적으로 소돔과 고모라의 죄의 핵심에는 동성애적 강간이 있다고 해석되었다. 그러나 친동성애 진영에서는 소돔의 죄악을 가난하고 궁핍한 자를 도와주지 않았다고 전하고 있는 에스겔 16장 49절을 들어, 이들의 죄는 오히려 낯선 이들에 대한 혐오, 환대에 대한 도덕적인 요청들을 위반한 것과 관련이 있다고 본다. 또한 영접하지 않은 도시와 소돔의 죄악을 연결시킨 누가복음 10장 10-12절(마 10:15)에서도 소돔의 죄는 환대와 관련이 있다는 점을 부각시킨다. 그러나 롯이 성교의 경험이 없었던 딸들을 내어주었다는 사실은 소돔의 죄가 단순히 환대에 대한 문제가 아니라 성교에 대한 문제와 관련이 있다는 추측을 가능하게 한다. 설사 소돔의 죄악이 동성애적 강간과 관련이 있다고 하더라도 이것은 오늘날에 일반적으로 쓰이는 동성애 관계가 아니라 정복국의 남성들이 피정복국의 남성들에게 항문성교를 강제하는 것과 관련이 있다는 사실에 주목할 필요가 있다. 이것은 피정복국의 남성들을 여성의 지위에 위치시켜 모욕을 주는 행위였다는 의미에서 결국 소돔의 근본적인 죄악은 부적절한 환대의 맥락에서 볼 수 있는 것이다. 그러나 여기서 다시 우리는 소돔의 죄악을 "가증한 일"(토에바, 겔 16:50)로 언급한 것은 레위기 성결법(레 18:22)에서 동성애 행위들을 묘사하는 구절들을 환기시키기에 충분하다는 주장에 맞닥뜨린다.

반동성애 진영에서는 남성 대 남성의 성교는 가증한 행위이고, 그 가증한 행위를 한 사람은 사형에 처한다는 성결법(레위기 18:22; 20:13)이 동성애 금지에 대한 판단 근거라고 한다. 이에 대해 친동성애 진영에서는 이런 성결법은 남창을 도입한 우상숭배의 제의적 맥락에서 나온 것이므로 현대적 의미의 동성애라고 볼 수 없고, 강간이나 절도와 같은 윤리적인 범죄가 아닌 정액 배출이나 월경 등의 제의적 정결과 불결의 관점에서 봐야 한다고 주장한다. 이런 동성애 친화적인 주장에 대해 '가증한 것'(토에바)이라는 단어는 도덕적 행위에 적용된 경우가 많다는 것과 동성애자를 사형에 처하라는 처벌은 목욕과 희생 제물을 통해 정결을 요구한 제의적 맥락에서 불결한 자들에게 처해진 벌과는 그 결이 다르다는 물음이 제기된다.

바울은 로마서 1장 26-27절에서 "순리대로 쓰지 않고 역리로 쓰는" 성관계, "남자가 남자와 더불어 부끄러운 일"을 하는 것에 대해 하나님 앞에서 불의한 것이라고 경고하고 있다. 이러한 경고를 반동성애 진영에서는 규범으로 받아들인다. 그러나 친동성애 진영에서는 바울이 이러한 경고를 하는 이유는 그가 남자/여자의 상보성이란 프레임을 창조 질서로 받아들이고, 그 프레임 안에서 동성애를 부자연스러운 것, 타락의 결과로 판단하고 있기 때문이라는 주장을 편다. 따라서 바울의 본문을 현재의 잣대로 판단하는 것은 시대착오적이라는 것이다. 또 다른 동성애 친화적인 해석은 이렇다. 많은 사람들이 이 본문을 창세기의 맥락에서 읽어내어 이성애 제도는 창조질서에 속하는 자연스러운 것이고, 동성애 관계는 타락 후 있는 그 질서가 붕괴된 후 일어난 부자연스러운 것이라고 해석한다. 그러나 이런 부자연스러운 동성애 관계는 정말 창조질서에 속한 것인가? 이것은 바울 당시 그레코로만 세계의 이성애 제도 안에서 구성된 성관계 규범의 반영이 아닐까? 그 당시 남성이 여성같이 수동적인 성적 행위에 연루되어 여자 같은 낮은 지위에 처해지는 것은 매우 부자연스러운 일이었기 때문이다. 많은 학자들은 성서에서 동성애를 단죄하는 것은 성적 위계에 대한 위반 때문이라는 것에 동의한다. 동성애 행위에 대한 성서적 금지들은 동성애 단독적인 사안에 대한 경고가 아니라 이성애적 결혼을 규범으로 구성하는 과정의 일부로 봐야 한다는 것이다.

앞에서 살펴본 것처럼 친동성애적 주석이나 반동성애적 주석 어느 것 하나 우리의 의문을 불러일으키지 않는 해석은 없다. 여기서 우리가 내릴 수 있는 잠정적인 결론은 기독교 윤리학자 팔리의 주장처럼, 성서 어디에도 동성애 관계와 행위에 대한 절대적인 금지나 축복에 대한 탄탄한 근거는 존재하지 않는다는 것이다. 따라서 우리는 동성애 이슈에 대한 비판적 성찰의 근거로 성서 이외의 다른 원천들을 참고할 필요가 있다. 이런 맥락에서 팔리의 제안은 매우 유익하다. 그녀는 동성애 이슈를 비판적으로 성찰할 때 성서 외의 다음의 세 가지의 원천들이 도움이 될 것이라고 제안했다. 우선, 전통이다. 교회의 가르침들, 법규들, 실천들이 신앙 공동체의 지속적인 삶을 만들어 내고, 이것들이 흐르는 세월 속에서 전통으로 형성되는 것이다. 그러나 이 전통은 고정되어 있는 것이 아니라 각 시대의 새로운 질문들을 통해서 새롭게 형성될 수 있다는 점에서 살아있는 전통이다. 전통적으로 기독교의 성윤리는 생식과 남/여 보완성을 지키는 의미에서 보수되었다. 성의 목적은 생식이며, 불완전한 존재인 남자와 여자가 결혼해서 보완되는 것이 창조질서라고 보았다. 이 둘을 만족시키는 것이 이성애 결혼제도이기 때문에 기독교 전통은 이성애 제도와 밀접한 관련을 맺을 수밖에 없었다. 그러나 임박한 종말론적 세계관 속에서 살았던 초기 기독교 공동체가 독신을 인정했다는 점에서 기독교의 모든 성윤리가 이성애제도로 환원되는 것은 아니다. 또한 20세기 섹슈얼리티 담론은 섹슈얼리티를 생식이 아니라 즐거움의 원천으로 보기 시작하며 전통과 새롭게 대화하고 있다.

다음은 세속 학문들이다. 생물학, 심리학, 사회학, 문화인류학, 정신분석학 등의 연구 결과로 동성애자들은 정상성에서의 '이탈', 치료받아야 할 병리학적 연구 대상이 아니라는 주장에 힘이 실렸고, 동성애에 관한 편견들이 깨지기 시작했다. 예를 들어 게이 남성들과 게이가 아닌 남성들과 심리학적으로 다르지 않다거나 게이 부모들의 자녀들이 게이가 아닌 부모들의 자녀들보다 게이가 되는 경우가 더 많지 않다든가, 대부분의 아동 성추행범들은 기혼의 남성 이성애자라든가, 게이나 레즈비언의 자녀양육이 성공적이라는 연구결과가 있다. 팔리는 이런 연구들이 동성애에 대한 도덕적 지위에 관한 질문들을 막지는 못하겠지만, 적어도 사회적 편견에 저항하고, 미래 사회의 입법을 위한 중요한 데이터를 제공하는데 도움을 준다고 보았다.

이런 세속학문들은 동성애의 유전적 원인과, 동성애를 후천적으로 선택하는 것에 대한 다각적인 분석을 진행하고 있다. 동성애가 유전적 원인이라면 자연스러운 것이므로 동성애자들의 안녕과 복지에 유익이 되는 점도 있겠지만, 오히려 동성애자들을 유전적 질병을 가진 비정상성의 범위에 포함시킬 수 있는 위험에 처할 수 있는 단점이 있다. 이런 맥락에서 많은 학자들은 동성애의 생물학적 원인을 찾는 것보다는 동성애자들이 사회적으로 구성되는 과정을 추적하여 그 사회학적 함의에 주목한다. 서구 문화는 상이한 시기와 상황들 속에서 기득권을 유지하기 위해 언제나 그럴싸한 이유를 대서 힘없는 사람들을 배제해 왔다는 것이다. 그 이유는 때로는 인종이 될 수도 있고, 때로는 성적 지향이 될 수도 있는데 이런 주변이 없으면 기득권은 유지되지 않는다는 것이 핵심이다.

마지막 세 번째는 오늘날의 경험이다. 팔리는 성서, 전통, 세속적인 학문들 모두는 과거와 현재의 경험을 성찰한 것이므로 오늘날의 경험 또한 성 윤리 판단 근거에 포함되어야 한다고 주장한다. 오늘날의 경험이 비록 비체계적이어서 지난한 해석의 과정을 거쳐 판단의 근거로 기능해야겠지만 무시할 수 없는 자원이다.

## 정의로운 사랑

한국과 미국 기독교 우파가 만들어 놓은 프레임, 동성애 혐오 세력들 대 동성애 지원 세력들 간의 강고한 전선 속에서 우리가 놓치는 것이 있다. 그것은 우리가 동성애 이슈에 접근할 때, 동성애가 죄냐 아니냐, 동성애자는 태어난 것인가, 선택에 의한 것인가는 물음에서 출발하는 것이 아니라, 섹슈얼리티에 관한 전반적인 이해를 신학적으로 해명하는 관심에서 출발해야 한다는 것이다. 루디는 진보적인 기독교 진영에서는 차이에 대한 관용만을 이야기할 뿐, 이 차이를 가로질러 건강한 기독교 공동체를 이루기 위한 구체적인 성 윤리에 대한 실천적 논의들을 적극적으로 개진하지 않았고, 이 사이에 기독교 우파는 가정과 성에 대한 주도권을 완전히 선점했다고 전하고 있다.

성은 기본적으로 하나님의 선한 창조, 성육신 사건, 몸의 부활을 믿는 기독교인들에게 하나님이 주신 선하고 좋은 것이다. 사랑하는 누군가가 몸을 만져주고, 사랑하는 누군가의 몸을 만지고, 성적으로 연합한다는 것은 기쁘고 즐거운 일이다. 또한 성은 우리를 타자와 진정으로 연합할 수 있게 한다. 이를 기초로 우리는 그리스도가 우리가 삼위일체 하나님과 연합하기 위해 자신을 내어놓으신 그 진정한 사랑을 부분적으로 체험할 수 있다. 또한 신학자 새라 코클리의 말처럼, 우리들의 섹슈얼리티, 성적인 욕망은 피조물의 하나님에 대한 욕망을 반사하는 것이다. 따라서 모든 욕망은 하나님을 향하는 우리의 욕망의 수준에서 성찰되고, 교정되어야 한다. 이런 의미에서 루디의 제안은 도움이 되는데 그녀는 우리의 성행위는 하나님과 관련이 있고, 이것으로 우리가 하나님을 기쁘시게 할지, 아닐지, 즉 좋은 성 행위와 나쁜 성 행위가 있다는 것이다.

따라서 기독교인이라면 동성애자들을 정죄하고, 배제하기 전에 우리의 성 행위가 하나님을 기쁘게 하는 좋은 성 행위인지를 따져보아야 한다. 팔리는 모든 성 행위에 적용될 수 있는 일곱 가지 윤리적 규범을 제안한다.

첫째, 타인에게 해악을 끼치지 말라는 것이다. 섹슈얼리티는 몸과 관련이 되어있고, 그것은 취약하기 때문에 성 행위 속에서는 물리적으로나 정치적으로 힘이 있는 편이 그렇지 않은 편에 성적 착취, 강간, 구타 등의 상해를 입힐 수 있는데 이는 절대로 하나님이 기뻐하시는 섹슈얼리티의 모습이 아니다.

둘째, 타인을 수단으로 취급하지 않고 그 자체로 귀하게 여기는 상태에서 자유로운 동의로 시작해야 한다. 성관계를 맺는 사람들 사이에서는 자칫하면 성적인 쾌락을 위해 서로를 도구로 이용하는 위험에 처할 수 있다.

셋째, 상호성이다. 서로가 서로를 존경하면서 누구는 능동적으로 누구는 수동적으로 행하는 것이 아니라 서로가 서로를 존경하면서 "능동적인 수용"과 "수용적인 능동성"의 관계를 추구해야 한다.

넷째는 평등인데 이것은 세 번째 규범인 상호성의 필수적인 조건이다. 나이, 사회, 경제적 지위, 성역할 등에 있는 비대칭적인 불평등을 가로질러 평등한 관계를 맺어야 한다는 것이다.

다섯째는 헌신이다. 섹슈얼리티는 양성되고, 유지되어야 하지만 동시에 훈련되고 통제되어야 한다. 타인에 대한 지속적인 헌신은 타인에 대한 존경에 기반한 자유로운 동의와 진정한 상호적 관계를 위해 필요하다. 짧은 관계 맺기와 여러 사람과의 관계는 타인을 도구나 수단으로 취급하고, 자유로운 동의나 상호적 관계를 위반할 위험에 처하게 한다.

여섯째는 결실이다. 이 결실은 생물학적 자녀를 돌보는 것을 넘어 타인의 자녀들을 돌보고, 연합을 한 두 사람이라는 폐쇄적인 관계에서 벗어나 타인과 타인의 돌보는 것을 모두 포함한다.

마지막으로 일곱 번째는 사회적 정의이다. 이것은 여섯 번째 항목이 더 넓은 사회적인 차원으로 확장된 것이다. 정의로운 사랑이란 둘만의 나르시시스적 폐쇄 회로에 갇히는 것이 아니라 이 관계가 타인들을 위해 열려서 모든 사람들의 안녕과 복지를 염려하고 이를 위해 힘써서 사회의 정의에 관심을 기울이는 것이다.

기독교 우파들이 짜놓은 프레임을 따라가면 동성애 찬성 진영 대 반동성애 진영이라는 선명한 이분법으로 서로를 배제하고, 갈등할 수밖에 없다. 한국 개신교인들은 아마도 스탠리 그렌츠가 제시한 동성애적 성향은 인정하되 그 행위는 장려될 수 없다는 환영과 거절 사이의 중간 지점에 있든지, 아니면 심상정 의원의 말처럼 동성애는 찬성과 반대의 문제가 아니라 정체성에 대한 문제이기 때문에 성소수자의 자유와 인권을 보장해야 한다는 입장을 지니고 있을 것이다. 중요한 것은 이런 다양한 입장차 속에서 섹슈얼리티의 성례전적인 특성을 인지하고, 좋은 섹슈얼리티 관계 맺기를 적극적으로 노력해야 하는 것이다.

## 참고문헌

Margaret A, Farley. *A Framework for Christian Sexual Ethics*. New York, London: Continuum. 2006.
캐시 루디/박광호 옮김. 『섹스 앤 더 처치』. 한울아카데미, 2012.
스탠리 J. 그렌츠/김대중 옮김. 『환영과 거절 사이에서: 동성애에 대한 복음주의적 응답』. 새물결플러스, 2016.

\

최 유 진

(숭실대학교 겸임교수, NCCK 신학위원)

# 온생명 마을교회를 꿈꾼다

## 마을의 정의

사전에서 정의하는 마을은 한자로는 동(洞)·리(里)·촌(村)으로 불리는데, 마을은 "주로 시골에서 여러 집이 한데 모여 사는 곳"처럼 "사람이 자연적으로 모여 생활을 이루는 취락 지역"을 이르는 순 우리말이다. "마을이 세상을 구한다"라는 생각을 가진 마하트마 간디가 설계한 마을은 이상향에 가까웠다. 그는 마을이 자체의 급수시설을 가지고 있어야 하고 극장, 학교, 공화당을 두어야 한다고 했다. 그는 모든 마을 주민이 교육을 받을 수 있어야 한다며 가능한 한 모든 활동은 협동체제로 수행되기를 바랐다. 마을 정부는 해마다 최소한의 자격 요건을 갖춘 마을의 성인 남녀들이 선출한 다섯 명으로 된 판차야트(마을회의)가 운영하는 것이 이상적이라고 보았다. 마을을 자치(Swaraji)가 작동하는 이상적 마을공화국으로 보았던 것이다.

생태학자 로버트 길만(Robert Gilman)은 이른바 생태공동체 마을

(Eco Village)을 인간적 규모로서, 생활요소가 완결적으로 갖추진 곳으로 보았다. 그는 마을을 인간의 활동이 자연과 조화를 이루면서 건강한 인간성을 개발하는 지속가능한 공동체로 정의 내렸다.

## 마을의 등장과 마을 생태계의 의미

최근 우리 사회에서 다시 마을이 등장하고 있다. 왜 갑자기 마을의 귀환, 마을의 탄생과 같은 새로운 사회적 흐름이 일어날까? 오늘 산업화 시대의 모든 문제는 참다운 공동체가 파괴되었기 때문에 일어나는 현상이다. 그동안 우리는 생산과 능률과 효율에 길들여져 와서 돌봄과 양육에 대한 상상력이 고갈되어 위험사회, 피곤사회, 탈진사회가 되어가고 있다. 문제의 핵심을 보는 사람들은 모든 치유는 공동체로부터 오는 것이고, 마을과 같은 공동체만이 진정한 힐링 캠프라 진단하고 있다. 이처럼 마을과 마을 운동의 등장 배경에는 고립, 차별, 배제, 모멸의 산업사회를 넘어서야 할 초청과 환대 그리고 돌봄이 있는 공동체에 대한 사회적 요청이 있는 것이고, 이러한 유기체적 공동체 형성의 핵심에 바로 마을공동체가 있다고 보는 것이다.

이렇게 새로운 시대적 대안으로 마을이 새롭게 등장하는 이 시대에 우리는 이러한 새로운 마을을 어떻게 이해해야 할 것인가? 우리는 마을을 학습 문화 복지라는 하나의 생태계로 이해하기 시작할 때 마을을 보다 잘 이해 할 수 있다고 생각한다.

첫째, 마을을 하나의 생명적 학습 생태계로 이해하는 것이다. 이는 마을 전체를 서로 협력, 상생, 공진화하는 하나의 생넝적 학습망으로 연결되어 있는 생태계로 보는 관점이다. 이 학습 생태계는 끊임없는 상호작용을 하고 창발적으로 자기조직화한다. 그동안 산업화 시대에 교실이라는 칸막이에 갇힌 학습은 더 이상 이러한 생명적 상호작용과 창발적 자기 조직화와 상생적 공진화가 불가능하다. 우리는 미래 교육의 핵심적 공간을 학교와 교회가 아닌 마을로 보면서 지역사회와 마을이야말로 가장 중요한 학습 생태계로 보려는 것이다. 그러므로 미래 교육은 학교나 교회 안에 자폐되어 있는 교육이 아니라 마을의 근접 공간 자체를 학습 생태계로 만들어 나가는 교육이 되어야 할 것이다. 이는 마을 전체—즉 마을의 학교와 도서관과 지역아동센터 등—를 하나의 평생 학습 생태계로 보고, 이것을 하나의 생태계로 연결해 나가는 과정을 의미한다. 이러한 의미로 최근 몇몇 교회에서는 매년 여름 마을 학습 생태계 형성을 위해 "마을 전체가 배움터 이다!"라는 교육 철학으로 여름 성경학교 대신 마을학교를 열고 있다.

둘째, 마을을 복지 생태계로 보아야 한다. 최근 각 마을과 지역사회의 공부방, 도서관, 복지관, 주민자치센터 등의 교육 복지 생태계가 서로 그물망처럼 연결되기 시작하고 있다. 그런데 마을에서 이러한 복지 공동체를 세우는데 가장 중요한 요소가 바로 사회적 자본이다. 오늘 한국 사회를 살아가는 한국인은 서로를 믿지 않는다. 친구나 이웃도 쉽게 믿을 수 없다. 그래서 서로 협동하거나 공유하지 않는다. 그래야 겨우나 혼자라도 안심하고 먹고살 수 있다는 이기심이 작동한다. 친구나 동지는 내가 아쉬울 때 어쩔 수 없이 필요하다. 그렇게 살다 보니 한국인은 힘들 때 의지할 친구나 동료 하나 없다. 이러한 상호 불신의 문제를 해결하기 위해 먼저 해야 할 일이 있는데, 그것은 '먹고 살아야 한다'는 강박증, 두려움, 공포심으로부터 우선 해방시켜줘야 한다는 것이다. 그러자면 먹고사는 전쟁의 경쟁 상대인 이웃을, 친구를, 타인을 서로 믿지 못해 공동체에 다가가지 못하는 그 불신과 협동, 공유의 부재를 넘어 우선 서로 믿고, 서로 약속한 규범을 잘 지킬 수 있는 사회적 자본을 키워야 한다. 그러므로 마을의 공동체사업(Community Business)의 성공적 추진의 최우선 필수조건은 신뢰, 협동, 연대, 참여, 규범, 네트워킹 같은 사회적 자본(Social Capital)이다. 우리는 이러한 사회적 안전망과 사회적 자본의 기초 위에서만 새로운 대안 공동체를 그려 나갈 수 있을 것이다. 사회적 자본을 기초로 한 마을의 협동조합과 사회적 기업을 통해 복지 생태계를 만들어 나가는 것이 바로 두 번째로 마을에 난 새로운 길이다.

세 번째, 마을을 문화 생태계로 보아야 하겠다. 이 문화 생태계를 만들어 나가는 핵심적 도구는 바로 스토리텔링 즉 이야기이다. 마을에서 끊임없는 소통을 기반으로 이야기가 있는 마을을 만들고, 이러한 스토리텔링(이야기)을 기반으로 한 마을의 잔치와 축제를 만들어 나가는 것이 바로 마을의 문화 생태계이다. 그리고 이러한 마당이 마을에 열리기 시작하면 그곳에는 자발적이고 역동적인 토론과 학습모임이 시작되고, 신용과 신뢰의 협동적 사회적 자본들로 생명들이 잉태되고, 출산되는 사회적 자궁들과 생명망이 만들어지기 시작할 것이다. 이같은 활발한 소통과 협력을 바탕으로 우리 마을의 이야기를 만들어 나가면서 마을마다 마을의 이야기 마당들이 활짝 펼쳐져 나가는 시대가 되어야 할 때이다.

마을이 바로 사회적 자궁이 되고, 사회적 자본이 되기 시작하면서 서로 소통, 협동, 상생하게 될 때, 마을 주민들은 이런 마을 이야기를 엮어 신나는 이야기를 만들어 나가기 시작할 것이다. 그리고 마을에 신나는 이야기가 소통되기 시작할 때 마을은 살아있는 생명 축제의 장과 마당으로 변하기 시작할 것인데 이것이야말로 바로 새로운 마을의 시대가 오고 있는 징표가 될 것이다.

## 온생명 마을교회를 꿈꾼다!

새로운 시대적 대안으로 마을이 등장하는 이 시대에 교회는 지역사회와 마을을 어떻게 보고 또 어떠한 교회공동체의 미래와 대안을 만들어 가야할까? 우리 교회공동체가 지역과 마을 친화적인 교회공동체를 이루려면 우선 우리의 신앙적 가치관과 의식이 새롭게 변화되어야 한다.

"온생명"을 주창한 물리학자 장회익은 이제 인류의 문명이 개체로서의 작은 단위의 '나'에서 공동체적 삶에서의 '좀 더 큰 나' 그리고 궁극적으로 온생명으로서의 '나'가 함께 의식의 주체로 떠오르는 온생명 문명으로 나가게 된다고 이야기하고 있다. 그런데 인류의 개생명과 낱생명이 스스로의 생명의 지속이 가능하려면 반드시 온생명과 연결되어 있어야 한다. 즉 개생명이 그 낱생명 안에 낱생명적 수준을 넘어서는 온생명적 수준을 담아내기 시작할 때, 다시 말해 온생명이 요구하는 생명의 중추 신경계의 역할을 감당하는 자각이 일어나기 시작할 때, 각 낱생명들은 온생명적 창발적 역할을 감당하기 시작한다. 즉 낱생명이 온생명과 연결될 때만 스스로 생명망을 짜 나가는 창발적 온생명적 공동체를 만들어 갈수 있다는 것이다.

마을공동체를 제대로 이루려면 이와 같은 온생명적인 새로운 각성이 필요하다. 장신대 기독교교육학과 교수인 김도일 교수는 "교회는 삼위일체 페리 코레시스의 하나님이 상호 내주, 상호 침투, 상호 의존하시는 것처럼 마을에서 마을의 주민과 함께 살며 마을 속으로 들어가 상생하고 복음의 생명을 전파하는 하나님 나라의 전위부대와 같은 역할을 해야 할 것이다. 특히 교회는 가정과 마을을 생명망으로 짜는 건전한 교회론 신학을 정립하여야 할 것이다"라고 이야기하고 있다. 다시 말해 우리가 마을을 이루려면 우리 한 개인이라는 개체 생명이 개생명으로 고립 자폐되어 있는 것이 아니라 삼위일체 하나님이 상호 내주, 상호 침투, 상호 의존하시는 것처럼 각 개인과 가정과 교회와 마을이 온생명망적 자각으로 깨어 일어나 마을의 생명망을 짜야 한다는 것이다.

한국교회는 낱교회를 넘어 온생명적 생태계를 가지고 있는 지역의 교회가 되어야 하고, 목회자와 교인들은 개교회를 넘어 마을의 목사와 교인들이 되어야 하고, 교회의 목표는 성장이 아니라 온생명적 지역 섬김으로의 변화를 요청 받고 있다. 세상과의 소통에 기초한 신앙공동체로서의 교회, 이러한 신앙에 의해 만들어질 새로운 교회 생태계로서의 온생명망 교회, 온생명망 목회는 복지, 교육, 문화를 네트웍하며 교회와 지역사회가 "온 그물망처럼 연결되어" 하나의 온생명적 새 생태계를 이루어나가야 할 것이다.

2017년 3월 10일 대통령이 전격적으로 탄핵이 되었고, 그 후 구속되었다. 이제 우리의 역사는 급속도로 새로운 시대와 사회로 들어갈 것이다. 대통령 탄핵을 이룬 광장의 촛불은 이제 지역의 촛불이 되어 마을의 마당으로 내려올 것이다. 광장에서 지역과 마을의 마당으로 내려온 이 촛불은 우리 사회의 횃불이 되어 지역과 마을의 삶의 생태계를 완전히 새롭게 할 것이다. 우리는 이러한 광장의 촛불이 지역의 촛불이 되어 마을의 마당으로 내려오는 이 시대에 탄생되어야 할 새로운 마을교회를 온생명 마을교회로 부르려고 한다.

온생명 마을공동체의 작은 씨알이 되어 생명 마을을 이루려면 각 개인과 가정과 교회와 마을이 깨어난 한 알의 씨알로서 서로 생명망으로 얽혀있다는 온생명망적 자각이 있어야 한다. 개인이 진정한 생명의 씨앗이 되어 마을과 같은 작은 단위로부터 협동과 자치의 생명 생태 공동체를 익히는 생활 훈련을 하면서 지역과 마을의 생명망을 짜고 생명을 살리는 온생명 마을공동체의 작은 씨알들이 되기 시작할 때 이 온생명 마을은 시작될 것이다.

촛불 광장과 마을 마당의 시대, 온생명 마을교회의 가장 중요한 새로운 삶의 흐름과 스타일이 바로 타자와의 연대이다. 온생명적 세계에서 타자는 나를 확장시키는 도구가 아니다. 오히려 타자는 언제든 우리에게 호소하고 명령하는 존재로서, 그 낯설고 약한 타자의 호소에 우리가 언제나 귀 기울이고 응답해야만 하는 온생명적 신성을 지닌 존재이다. 그러므로 온생명적 스타일로 각성된 온생명 씨알들은 반드시 이 시대의 타자로서의 가난한 자와 깊은 연대를 가지며, 온생명적 삶의 새로운 라이프 스타일로 각성해 나가야 한다. 이는 우리가 온생명 마을교회의 한 씨알 지체로서 가난한 자와 작은 자들과 온생명적으로 연대하지 않는 한 다시 말해 타인과 이웃으로 나가는 깊은 연대 없이는 절대로 우리의 인격과 신앙과 교회가 온생명적으로 성장할 수 없기 때문이다.

이러한 생명과 정의와 평화를 외치는 가난한 저항하는 온생명 마을교회의 특징을 우리는 다음과 같이 요약할 수 있을 것이다. 1) 온생명 마을교회는 마을공동체로부터 어린이 어르신 청소년 등 온 세대가 만나는 세대 공감의 축제와 만남의 장이다. 2) 온생명 마을교회는 사회적 경제와 공유 경제 등 공동체적 삶을 추구하며 가난한 이웃들과 연대하고 힘센 지배자들에게는 저항하는 정의와 평화를 회복하는 마을교회이다. 3) 온생명 마을교회는 헬조선, N포시대, 인구 절벽, 불안사회에 청년협동조합과 돌봄 공동체와 마을 학교 등의 대안을 제시하고 온생명을 추구하는 마을교회이다. 4) 온생명 마을교회는 공동육아와 바른 먹거리와 같은 풀뿌리 마을을 꿈꾸며 마을을 생명 이야기로 가득 채우는 마을교회이다.

촛불 광장과 마을의 마당이 열리는 시대, 우리 교회와 마을에 새로운 생명의 학습-문화-복지 생태계가 등장하고, 마을 주민들과 광장 시민들은 새 시대를 여는 이러한 광장과 마을에 동참하고, 참여하기 시작하고 있다. 이러한 생태계의 전폭적인 변혁의 시기에 우리 마을과 교회들이 서로 생명을 살리는 생명망으로 짜여 나가면서, 이 지옥과 같은 헬조선의 시대를 생명을 살리는 온생명 교회와 마을의 물결로 뒤덮어 나가는 하나님 나라의 성령의 바람이 되길 꿈꾸며 기도해 본다.

## 참고문헌

이원돈. 『마을이 꿈을 꾸면 도시가 춤을 춘다』. 동연, 2011.
장회익. 『삶과 온생명』. 솔, 1998.
김도일. "가정, 교회, 마을의 생명망 조성을 통한 교육공동체 형성에 관한 연구", 「선교와 신학」 제41집.

이 원 돈

(부천 새롬교회 목사, 생명평화마당 교회위원회 위원장)

# 정의와 환대를 실천하는 목회

2015년 인구센서스 결과, 개신교가 불교를 제치고 종교인구 1위가 되고, 10년 전 인구 조사 때보다 1.5% 정도 상승했다고는 하나, 목회현장에서 체감하는 교인 수 감소는 절망적일 정도다. 더 나쁜 징후는 청년층 교인 수 감소의 기울기가 가파르다는 것이다. 이 글에서는 이런 시대 상황을 인지하여 다음 세대를 위한 목회를 위해 여성주의 신학자 레티 러셀의 교회론을 소개할 것이다. 러셀의 여성주의 교회론인 정의와 환대의 공동체는 일차적으로 기성 교회에서 소외되고, 자신의 존재감을 찾지 못했던 여성들을 위한 대안적인 교회, 대안적인 리더십 등을 제안하고 있다. 그러나 그녀의 이러한 제안들은 포스트모던과 세속화, 탈제도화 시대에 기성 교회에서 주변화되고 있는 현 한국교회의 다음 세대들에게도 확장 가능한 대안이라고 생각한다.

## 여성주의 목회 이미지: 둥그런 식탁

러셀은 식탁의 원리가 여성주의 교회론의 비판석인 원리, 즉 성서와 전통을 이해하고, 재해석하는 프리즘이며 방법론을 테스트하는 원리라고 제안한다. 이런 식탁의 원리는 러셀 자신이 뉴욕 이스트 하렘에 있는 승천 장로교회(The Presbyterian Church of the Ascension)에서 성만찬상에 둥그렇게 둘러앉아 빵을 떼고 포도주를 나누던 목회 경험에서 비롯된 것이다. 식탁의 원리는 하나님께서 아웃사이더들을 그분의 환대의 식탁에 초대하여 둥글게 둘러앉게 한 것에 주목하는 것이다. 이것은 교회의 삶이 주변부에 있는 사람들과 어떻게 연결되고 있는지, 즉 "내 가족 중 지극히 작은 자"가 얼마나 정의와 희망을 필요로 하는지를 지속적으로 묻게 만든다(마 25:40). 교회가 그리스도를 따르는 순도는 얼마나 지역사회의 소외된 사람들에게 개방되어 있는가에서 평가될 수 있다.

## 환대: 선택교리의 재해석

러셀이 교회와 목회 실천을 '환대의 식탁'이라고 상정했을 때 가장 문제가 되는 교리는 선택교리였다. 그녀는 선택교리는 하나님의 은혜의 선물인 동시에 배제의 기제가 된다고 보았다. 처음에 선택론은 예수 자신이 하나님께 선택받았고, 그 선택으로 모든 사람들을 환영해야 한다는 가르침이었으나, 상황에 따라 배제와 차별을 정당화하도록 왜곡되었다는 것이다. 한편으로 하나님에 의해 선택받는다는 것은 이 땅과 모든 하나님의 피조물을 돌보기 위한 파트너로 선택되었다는 뜻이지만, 다른 한편으로는 왕이나 선택받은 사람들이 선택되지 않은 사람들을 지배한다는 뜻을 지닌다는 것이다. 그녀는 성서 안에서 선택받은 자가 선택받지 않은 사람들의 지배자가 되는 왜곡의 사이클의 반복을 추적한다.

예를 들어, 이스라엘 백성은 야훼 하나님이 다른 민족들의 신과는 다른, 매우 독특한 신이라는 것을 강조하는 맥락에서 선택을 받아들였다. 팔레스타인의 춘추천국시대와 같은 상황 속에서 야훼 하나님과 맺은 계약은 그들의 자존감과 정체성의 요체가 되었다. 그러나 아모스서는 이스라엘의 특권으로서의 선민사상을 비판하며, 하나님에 의해 선택된 것은 선택된 자만을 축복하고, 축하하는 것에 그치는 것이 아니라, 필요한 사람에게 정의와 돌봄을 실천할 의무가 있다는 것을 예언하고 있다. 그렇지 않을 경우 하나님의 심판이 야기된다는 것이다. 그러다가 에스라, 느헤미야와 같은 포로기 이후 이스라엘 재건의 맥락 속에서는 선택이 더 협소하게 해석되었고, 이것은 다시 룻기와 요나서에서 비판되었다는 것이다.

이렇듯 선택에 대한 이해를 중심으로 경계 있는 공동체가 열린 공동체로, 열린 공동체는 다시 경계를 가진 공동체의 사이클이 반복적으로 나타난다. 공관복음서에서 예수는 유대적 종교 공동체의 경계를 열어 놓았는데, 이것은 전통적인 유대 공동체가 중시하던 정의, 자비, 믿음의 비전을 재확증함으로써 그렇게 했다. 예수의 하나님 나라의 비유는 하나님의 선택이 예수 시대의 주변부에 있는 사람들, 예를 들어, 가난한 자, 토지 없는 자, 종교적으로 정결치 못한 자, 여성들, 외국인들을 공동체 중심으로 부르는 선택이다. 또한 이방인들에게 복음을 전한 바울은 '포용'에 대한 논쟁을 시작하게 된다. 초기 교회는 자신의 목회를 인종, 사회적 지위나 젠더에 관계없이 모든 사람들에게로 확장하도록 부름받았다(갈 3:28).

그러다가 교회들이 발전하면서 생존을 위해 씨름하는 가난하고 소외된 사람들 중 다수는 하나님의 환영을 들었고, 그 초청을 받아들였다. 예를 들어, 베드로전서와 야고보서는 지지와 후원이 필요한 추방된 외국인들이나 디아스포라 공동체에게 보낸 편지이다. "하나님에 의해 선택받은 사람들"인 공동체가 다시 생존하기 위해 강력한 정체성을 정립해야 하는 환경에 처해진 것이다. 에베소서는 다시 개방된 공동체를 강조하며 보편적인 선택을 말한다. 땅의 기초를 놓기 전에 이미 그리스도 안에 있도록 선택된 존재는 하나님이 전 세계를 돌보신다는 사실을 알게 하기 위함이라는 것이다. 교회는 새로운 이스라엘, 주님께 따로 떼어둔 총회가 아니라(신 23:3, 암몬과 모압은 여호와의 총회에 들어오지 못한다), 모두에게 제공된 새로운 유산을 보여주기 위해 세계에 파송된 새로운 인류의 시작이다(엡 1:1-14). 경계를 깨고, 개방된 공동체로 자리매김하는 공동체는 신약성서에 등장하는 부활의 증인 공동체의 특징이다. 앞서 구약성서에 등장하는 공동체에 대한 이해와 같이 신약성서에 나타난 교회 이해도 상황 가변적일 수 있다는 사실을 염두에 두어야 한다.

러셀은 각 시대의 사회적, 정치적, 경제적, 종교적 구조들로 인해, 성서 안에 나타난 '선택' 개념의 복잡성과 다양한 모순성이 지워졌고, 선택은 사회 안의 지배적인 사람들의 종교적 정치적 특권을 보호하기 위해 사용되는 이데올로기들이 되었다고 주장한다. 따라서 선택의 교리는 정체성, 선교, 교회의 부름의 원천으로뿐만 아니라, 배제, 지배, 특권의 수단으로서도 기능했다는 것이다.

러셀은 성서 전통과 교회 전통 안에 있는 선택에 대한 이와 같은 지난한 연구 속에서 공통적으로 드러난 세 가지 요점을 설명한다. 첫째, 선택교리는 이 세계 사람들의 정체성 형성을 위해 필수적인 교리이다. 하나님께서 자신과 같이 보잘 것 없는 사람들을 선택하셨다는 사실은 사람들에게 자신이 하나님의 자녀이고, 가치 있는 존재라는 사실을 알게 해준다. 둘째, 선택교리 연구 결과, 오늘날의 다원적인 세계에서 교회가 선교적 사명을 수행하기 위해서는 '일치와 다양성'보다는 '환대와 다양성'이란 관점으로 이행해야 한다는 것이다. 그래서 우리는 선택을 그리스도 안의 일치를 위한 기초로 보는 것에서 벗어나, 일치의 기초를 '함께 고통당함'(compassion)과 '환대'라는 은유로 보자고 제안한다. 셋째, 선택교리에서 말하는 환대는 다양성에 열려있는데 이는 환대가 중심으로부터 주변으로 초점을 옮김으로써 공동체의 형성을 돕기 때문이다. 그러나 교회가 자신들을 주변부와 연결하기 위해서가 아니라, 낯선 이들에게서 자신을 보호하기 위해서 주변부와 경계에 신경 쓰는 경우가 종종 있다. 이들은 우리가 어떻게 열려있고, 환대하는 공동체를 만드느냐보다는 누가 공동체 안에 있느냐, 밖에 있느냐를 따진다. 차이에 대한 두려움은 선한 영적인 측면을 교회에, 악한 물질적인 측면을 세계에 연결시키는 이원론적 관점에 의해 강화된다. 이런 이원론적 사고방식은 주변부로의 외연 확장이 경건을 연습하는 부르심이라는 생각을 거부하게 만든다. 참된 환대와 타자를 위한 공감을 희생하고 만들어낸 일치는 '영문 밖에서 수난 당하신' 예수 그리스도를 거절하는 것과 같다(히 13:11-12).

## 정의의 연결(justice connection)

러셀의 교회론을 살펴보면 목회는 연결하는 일이나. 교회는 믿음과 삶이 연결되고, 성과 속이 연결되고, 교회와 지역주민이 서로 연결되는 공동체이다. 주일에 예배드리고, 설교 말씀을 듣고, 주중에 믿음을 지키기 위해 일상에서 씨름하는 연결이 이루어질 때 하나님의 부르심을 살아나가게 되는 것이다. 이런 의미에서 교회는 믿음과 투쟁의 공동체이다. 이 씨름은 정의를 위한 투쟁이다. "교회는 교회와 사회의 변두리에 있는 사람들과 연대하고 복음 메시지의 의미를 식별하는 씨름의 한복판에서 그리고 그 씨름을 통하여서 하나님이 현존하신다는 믿음을 살아나간다." 교회 조직이 얼마나 충실한지를 측정하기 위해서는 특정한 기구적 구조나 고백적 전통에 얼마나 부합하는가를 따지는 것과 더불어, 그 공동체의 삶이 그들의 삶을 파트너들과 함께 나누는 하나님의 새로운 가정의 징표를 얼마나 충실히 증언하는가도 따져봐야 한다.

러셀은 이러한 정의의 연결이란 관점에서 전통적인 세 가지 교회 이해를 재해석해 낸다. 그 세 가지 교회 이해는 교회란, '구원의 장소', '그리스도의 현존의 징표', '말씀과 성례전의 공동체'이다.

첫째 러셀은 '구원의 장소'인 교회를 해석할 때 '구원'이라는 단어가 가진 다층의 의미를 설명한다. 원래 이 단어는 "해방", "복", "정의", "의"라는 다양한 의미를 가지고 있었으나, 개인주의적이고 영적으로 그 의미가 축소되었다고 본다. 소테리아의 번역어인 라틴어 살루스는 내세에서 영혼의 영원한 운명을 의미하는 말이고, 이 살루스는 교회의 성례전적 삶을 통해 교회에 의해 매개되었고, 이것은 "교회 밖에는 구원이 없다"라는 뜻으로 이해되었다. 만약 우리가 러셀이 말한 해방, 복, 정의,

의라는 총체적인 구원의 의미로 구원의 장소인 교회를 재해석하게 된다면 어떻게 될까? 러셀은 3세기 키프리안이 박해의 한복판에서 믿음을 지키기 위해 교회를 '구원의 방주'로 표현하고 "교회 밖에는 구원이 없다"라고 한 말을 "가난한 사람들 밖에는 구원이 없다"라는 말로 재해석한다. 가난한 사람들이 구원의 매개자들이 되는 이유는 그들의 의 때문이 아니라 그들이 우리로 하여금 구원과 해방이 정의에 대해 주리고 갈급한 사람들의 관점에서 의미하는 바를 이해할 수 있게 돕기 때문이라고 말한다. 가난한 사람들은 구원의 장소이다. 왜냐하면 그리스도가 거기에 계시겠다고 약속하기 때문이다. 가난한 사람들에 대한 하나님의 우선적 선택은 정의를 향한 선택이다. 러셀은 가난한 사람을 구원의 장소로 보는 것을 종말론적으로 전피조물로 확장하여, 에드워드 스힐레베익스의 공리, "세계 밖에는 구원이 없다"를 덧붙이고 있다.

두 번째 전통적인 교회 이해는 교회가 그리스도 현존의 징표라는 견해이다. 이것은 예수 그리스도가 이 땅에 오셔서 보여주신 하나님 나라와 관련이 있다. 복음서가 전하는 대로, 예수 그리스도는 하나님 나라의 도래에 대한 증인인 동시에 그 나라가 형성된 인격이기 때문이다. 예수 그리스도가 보여주신 하나님의 나라는 이 세계의 질서가 역전되는 정의와 사랑의 나라이다. 불의한 이 땅의 질서를 전복시키는 하나님의 다스림 속에 예수 그리스도의 해방하는 현존이 있다. 그러나 러셀은 하나님의 왕국. 또는 다스림(Kingdom of God, Reign of God)이란 은유는 "왕권, 지배, 종속"이란 가부장적 위계적 실천의 뜻을 내비치고 있기 때문에, "하나님의 가정"(household of God)이란 말로 대체한다. 이것은 그녀가 교회론의 원리로 제시한 식탁의 원리와도 관련이 있다. 러셀은 성서 속에서 하나님의 환대의 메시지를 전하기 위해서 '집' 또는

'오이코스' 은유를 많이 사용하고 있고, 하나님 나라 비유에서 '식탁의 친교' 이미지를 사용한 것에 주목한다. 예수 그리스도가 오심으로 보여 주신 하나님의 가정, 하나님의 오이코스는 이 세계 안과 이 세계를 넘어서서 전 피조세계를 돌보시는 하나님의 살림 행위이고, 이것은 새 창조를 지시하고 있다. 우리는 예수 그리스도의 이야기를 통해 이러한 새 창조, 즉 하나님의 가정으로서 우리 안에 계시는 그리스도의 현존을 찾게 되는 것이다. 그러나 그녀의 '하나님의 가정' 유비는 여성들을 다시 사적영역으로 가둘 위험이 있다고 비판받는다.

러셀은 교회가 그리스도의 현존을 드러내기 위해서는 정의의 실천이 필요하다는 것을 강조하면서 교회의 네 가지 표징들인 '일치성, 거룩성, 보편성, 사도성'에 '정의로운 연결'이라는 표지를 덧붙이고 이 네 가지 표징들을 정의의 관점에서 재해석한다. 첫째, 교회의 일치(unity)는 성령의 선물이며 그리스도의 현존이다. 하나님은 예수 그리스도 안의 화해 사역에 의해서 인류와 연합하셨고, 그 사실 때문에 교회는 다양성의 장벽을 넘어서 일치를 만들어 갈 수 있다. 따라서 교회에 맞지 않는 사람들을 주변화해서 이룬 획일적인 일치는 모두를 하나님의 집으로 환영하는 그리스도의 환대에 걸맞지 않다. 둘째, 교회의 거룩성 역시 그리스도의 현존과 교회를 변혁시키는 성령의 능력에서 비롯된다. 교회는 성령의 능력으로 하나님과 의와 정의의 관계를 맺으며 살 수 있다. 거룩함의 의도는 교회 자체를 넘어서서 연장된다. 거룩성은 영육이원론, 성속이분법, 개인과 공동체의 이분법을 거부하고, 지금까지 이분되어 있는 것들을 묶어주는 연결의 영성으로 우리를 인도한다. 셋째, 교회 안의 그리스도의 보편성이란 그리스도의 선물은 온 세계에 있는 그리스도의 현존의 보편성과 예수 그리스도의 이야기와 가르침들에 대한 증언들로서 교회의 정통교리 둘 다를 지시한다. 예수 그리스도 안의 하나님은 온 피조세계를 새롭게 하시는 분이시다. 따라서 보편적이라 함은 모든 신음하는 부분들 안에 있는 모든 피조물과 연결되는 것을 의미하고, 많은 다른 교회들과 세계의 많은 다른 사람들의 필요를 책임지는 것을 의미한다. 전통적인 가부장적 지배의 패러다임 안에서 보편성은 교회가 모든 종교들과 모든 사람들을 지배하기 위한 권한으로 이해되었는데 러셀은 이를 거부하는 것이다. 넷째, 교회의 사도성은 교회의 삶 속에서 그리스도 고유의 이야기에 대한 참된 증언으로서의 그리스도의 현존의 징표이다. 사도적 증언은 그들 자신의 시간 속에서 그리스도와 사도들의 성서적 이야기를 지속적으로 살아나간 사람들의 삶의 질의 관점에서 이해해야 한다. 바울 서신에서 사도란 증인 또는 선교사, 좋은 소식을 말하기 위해 보내진 사람들이란 뜻이다. 그리스도의 사도성의 징표는 하나님의 선교에 대한 참여의 징표이다.

러셀은 앞의 네 가지 교회의 표징만으로 교회에 그리스도가 현존하는지를 식별하는 것이 어렵다고 간주한다. 왜냐하면 지상의 가시적 교회들은 그리스도께서 하신 약속, 즉 가난한 자와 함께 하신다는 약속과 하나님 나라의 완성을 위해 다시 오실 것이라는 약속에서 그 본질을 이해해야 하는데, 교회는 세상에 속하지 않으면서 세상 안에 있어야 하는 것을 잊고, 그 반대로, 세상에 속하면서, 세상의 일을 돌보지 않는 이중의 죄를 짓고 있기 때문이다. 그러므로 교회의 다섯 번째 표징인 정의가 필요하다. 우리 시대에 교회 안의 그리스도 현존 유무를 식별하기 위한 표징으로 정의연결이 첨가되어야 한다.

이상으로 다음 세대를 위한 목회실천을 위해 러셀의 환대와 정의를 실천하는 교회론을 살펴보았다. 포스트모던, 세속화, 탈제도화 시대인 오늘날의 교인들은, 특히 청년들은 다양한 진리 기준과 다양한 경험이 난무하는 세상 속에서 자신들에게 의미 있고, 가치 있는 예전과 실천을 찾아 헤맨다. 소위 '정상성'에 들지 못하는 소수자들은 한국교회에서 배제되고, 교회에 정착하기 어렵다. 예들 들어, 한부모와 그 자녀들, 이주 노동자와 다문화 가정, 동성애자들이 그들이다. 이런 한국교회의 배타성을 깨뜨리고, 다양한 경험을 환대하고, 정의로운 실천을 도와주는 교회는 교인들, 특히 신앙의 권위를 성찰하고 있는 청년들에게 매력적으로 다가갈 것이다. 환대와 정의의 공동체라는 통찰이 다음 세대를 위한 한국교회의 개혁에 실질적인 도움이 될 것이라고 생각한다.

그러나 우리는 여기에서 자신의 죄에 대한 진지한 대면 없이 정의 연결에 참여하는 것이 가능한가라는 질문을 제기하게 된다. 러셀의 정의와 환대의 교회론에서 가장 중요한 것은 그리스도의 메시아 사역에 동참하기 위해, 가난하고 소외된 사람들을 환대하며, 정의를 위해 투쟁하는 것이다. 다른 사람들을 환대하기 위해서는 자신이 그리스도에게 환대받는 거듭남의 경험이 필요하고, 이 거듭남의 경험은 자신의 죄를 철저하게 고백함 없이는 불가능하다. 러셀의 정의와 환대의 공동체로서의 교회론에는 우리 죄를 철저하게 대면할 수 있도록 돕는 장치가 있는가? 많은 교회들이 제도화된 교회를 비판하고, 교회의 수평적인 측면에 집중하여 개혁하려고 한다. 그러나 수평적인 개혁에만 집중하면, 우리가 환대하는 사람들은 환대의 주체로 서는 동인을 잃고, 계속해서 타자로 남을 수 있는 위험에 처할 수 있다. 이것은 환대의 주체와 타자가 구분되어 교회의 역동성을 해칠 위험이 있다. 이것은 다시 교회의 생존을 해치는 부메랑이 되어 돌아올 수도 있다.

## 참고문헌


Letty M. Russell, *Church in the Round: Feminist Interpretation of the Church*. Louisville, Ky: Westeminster/John Knox Press, 1993.

양희송.『가나안 성도, 교회밖 신앙』. 포이에마, 2014.

정재영.『교회 안나가는 그리스도인: 가나안 성도를 어떻게 이해할 것인가?』. IVP, 2015.



최 유 진

(숭실대학교 겸임교수, NCCK 신학위원)

# 목회자가 바뀌어야 한국교회가 산다


## 한국교회의 위기와 목회자 윤리

한국교회에 대한 부정적인 인식이 우리 사회에 확산된 것은 이미 오래전 일이다. 그 저변에는 한국교회 목회자들의 부패한 모습이 가장 큰 이유 중의 하나로 분석되고 있다. 대다수의 목회자들이 정말 모범적이고 훌륭한 삶의 자세를 보이고 있음에도 불구하고, 소수의 부정적이 사례들이 나타나면, 목회자 전체의 모습으로 오인되는 경향이 있음을 무시할 수 없다. 그러므로 목회자 한 사람 한사람이 한국교회를 대표하고 있다고 보고, 한국교회를 위해서나, 한국교회 목회자들을 위해서도 윤리적 태도에 각별한 관심을 기울일 필요가 있다고 본다.

특히 종교개혁 500주년을 맞이하여 한국교회의 변화에 초점을 맞추고자 다방면으로 노력하는 요즈음, 독일 출신의 말테 목사의 다음과 같은 지적은 매우 유의미하다. "한국교회, 500년 전 가볼릭교회의 부패 모습과 닮아있다"(베리타스, 2017. 6. 23일자, 이지수 기자).

말테목사는 한국기독교목회자 협의회 제19회 전국수련회 및 제 11
차 정기총회 강연에서 다음과 같이 지적한다. 즉, 종교개혁 500주년을
맞이하는 오늘의 한국교회와 500년 전 부패한 가톨릭교회의 모습과
10가지 공통점이 있다고 한다. 1) 율법주의적 예배 이해, 2) 돈으로 하
나님의 은혜를 얻으려는 올바르지 않은 재물 이해 3) 선행으로 구원에
이르려는 오해 4) 지옥과 죽음에 대한 두려움 악용 사례 5) 사제와 평
신도를 절대적으로 구별하는 교권주의 6) 뇌물로 교회 고위직을 얻는
성직 매매 7) 목사들의 잘못된 돈 사용 8) 교회의 사유화 9) 목회자들
의 도덕적 성적 타락 10) 목사들의 낮은 신학적 수준을 언급하였다. 그
무엇 하나 아니라고 반박할 수가 없다.

말테목사가 지적하기 전에도 한국교회의 위기를 느끼는 목회자들
은 많이 있었고, 기회가 있을 때마다 한국교회의 문제점을 지적하고 한
국교회의 갱신을 위해 제안을 하곤 했다. 이글에서는 목회자들의 윤리
문제를 언급하고자 한다. 수년 전부터 유명 교회의 목회자가 타락한 모
습을 미디어에서 지적할 때마다 마음이 무거웠기 때문이다.

한국교회의 부패상을 지적하고 변화를 의도했던 것은 교회 내의 자
발적인 움직임보다는 먼저 사회 매체였다. 김대중의 국민정부 시절이
었던 것으로 기억된다. MBC 방송의 "그것이 알고 싶다"에서 망우동에
있는 "금란교회"를 다루었다.

사실 교회의 불의한 모습은 교회 내부에 있는 사람이 제보하기 전에
는 알 수가 없다. 교회가 매우 심각한 부패 현상을 보이는 것은 그 문제
를 공론화하는 장을 마련하기 어려웠기 때문이다. 목회자들은 일찍이
성도들이 목회자의 태도에 시비를 걸지 못하도록 성서를 인용하여 성
도들을 다스려 놓았기 때문이다. 이와 관련된 대표적인 성구들은 다음

과 같다. (1) "교회 내부의 문제를 세상 법정으로 가지고 가지 말라"는 바울의 조언(고전 6:1-10)과 (2)"너희가 사람의 과실을 용서하면 너희 천부께서도 너희 과실을 용서하실 것이다"(마 6:14)라든가, (3)"일흔 번씩 일곱이라도 용서하라"는 예수님의 절대적인 명령(마 18:22)이다. 이러한 구절들로 인해 목회자의 비리나 부정행위를 보아도 지적하지 못하고 오히려 감추고 아닌 것처럼, 없었던 일인 것처럼 지내며 교회의 부패를 더욱 심화시킨 것으로 보인다.

금란교회의 경우는 그 교회의 장로가 담임목사의 성적, 재정적 부패를 제보하면서 MBC방송국에서 조사한 결과가 방송으로 나갔던 것이다. 20여 년 혼외 관계를 지속하고 있다는 성적 타락과 교회 재정을 횡령했다는 두 가지 내용이다. 이 방송이 나가자 금란교회 교인들의 태도가 놀라웠다. 사람들이 기대하는 대로 성적, 재정적 부패의 모습을 보인 담임목사를 치리하는 것이 아니었다. 오히려 그들은 방송국 앞에서 진을 치고 금란교회와 담임 목사의 명예를 훼손했다고 수 개월간 농성을 했다. 그리고 담임목사는 김대중을 공산주의자라며 그 정부에서 일어난 이 사건에 대해 "공산주의는 기독교를 미워합니다"라고 말함으로써 교회 목사의 비리를 지적하는 것이 사회 정의의 문제가 아니라 반공이념으로 대결하도록 부추겼다.

결국은 MBC가 잘못을 시인하는 식으로 마무리되었고, 아마도 그 이후로 공영방송에서는 다시는 교회의 부패를 다루지 않겠다고 결의한 것 같다. 공영방송에서 이러한 사실을 보도하려고 했을 때는, 교회의 부정적위 일들이 개선될 것으로 기대했지만, 당황스러울 정도로 의외의 반응을 보이자, 그것도 매우 비이성적이고 매우 강경한 태도에 돌연 놀랐고, 교회를 다루어봤자 사회 개선을 위해 유익하지 못하다고 판단한 것 같다.

그 이후 가끔 JMS교단의 정명석(SBS 〈그것이 알고 싶다〉)이나 만민 중앙교회 이재록(MBC 〈PD 수첩〉)과 같은 소위 이단 집단은 가끔 다루긴 했지만, 공식적인 교회의 문제들은 깊이 다루지 않고 뉴스에서 간단히 언급하는 식으로 보도하는 정도였다. 가령 삼일교회 전병욱 담임목사(2010)와 분당중앙교회의 최종천 담임목사의 성추행문제(2011)나, 목동제자교회 정삼지 담임목사의 횡령문제(2011), 여의도순복음교회 조용기 목사 등. 최근(2017)에는 성락교회의 문제가 〈그것이 알고 싶다〉(SBS)에서 다루어졌다. 놀랍게도 세간에 비리와 부패 목회자로 언급된 교회들은 다르지만, 지적된 문제점은 담임목사의 성적 타락과 재정적 타락이라는 점에선 공통적이다.

## 목회자의 윤리적 부패 원인과 그 해결책

대형 교회나 소형 교회나 차별 없이 불미스러운 것은 목회자의 윤리적 부패이다. 가장 많은 사례는 주로 성관계나 재정관계에서 발생한다. 성관계와 관련된 부패의 모습은 성추행, 성폭행, 혼외관계들이고, 재정관계와 관련된 부패의 모습은 횡령과 사기 등이다. 이런 일들이 있을 때마다 한국 사회는 교회에 대해 실망한다. 이 점을 시정하지 않는다면 한국교회의 이미지 쇄신은 불가할 것이다. 교회의 이미지를 회복하기 위해서는 목회자나 일반신도 차별 없이 이 두 가지 면에서 깨끗함을 유지해야 할 것이다.

이런 불미스런 일들을 보여준 목회자들의 공통점을 본다면 목회자로서 짧은 기간 동안 콘 교회성장을 이루었거나, 오랜 목회활동 속에서 대형교회로 발전시킨 장본인들이다. 성적인 타락은 성경에도 나오듯이 십계명 중 여섯 번째 계명(간음하지 말라)을 어긴 것이다. 신앙인이 지켜야할 기본적인 법도 지키지 못한다면 목회자는커녕, 신앙인이라고 말할 수도 없다. 소위 불륜이라고 언급하는 성윤리 범죄자는 교회 추방이나 파면이라는 강한 징계로 다스려 스스로 되지 않는 자기 절제를 법적인 구속 방법을 통해서라도 지키도록 하면 좋겠다.

고린도전서 5장에서도 알 수 있듯이 교인이 그리스도인의 자유를 잘못 이해해서 해서는 안 될 관계를 가졌을 경우, 용서나 무마가 아니라, 그 장본인이나 교회를 위해 "교회에서 내어 쫓으라"고 권면하지 않았던가!(고전 5:1-13).

경제윤리 면에서 목사들이 타락하는 것은 두 가지 요인이 있다. 하나는 모든 사람들에게 있는 "탐욕" 때문이라 할 수 있다. 돈을 많이 가지면, 더 많은 권력을 휘두를 수 있고, (좋은 의미로도) 더 많은 일을 할 수 있기 때문에 교회를 운영하는 목사의 입장에서도 더 많은 돈을 향한 갈구가 있을 수 있다. 그래서 교인들에게 헌금(특히 십일조)을 강조하고, 그 사람들로 만족이 안 되어 더 전도하라고 한다. 이 정도의 탐욕을 발휘하는 것으로는 죄라고 할 수는 없을지도 모르겠다. 그러나 교회 재정이 크면 클수록, 재정에 대해 비밀스럽게 다루고, 그런 과정에서 비리가 생길 가능성이 매우 커진다는 사실이다. 더 나아가 공금 횡령이나 사기 등에 걸린 목사의 말을 들어보면, 목사 개인의 재산과 교회의 공적 자금을 구분하지 않고 있다는 점이다(2007년 「신동아」와 인터뷰한 김홍도 목사의 발언에 잘 나타난다. "교회와 담임목사는 한 몸이다. 내 문제는 곧 교회 문제이고, 목사를 위해 쓰는 돈은 교회를 위해 쓰는 돈과 같다"). 최근에 밝혀졌던 성락교회의 경우도 비슷하다. 이들은 교회에서 월급을 받지 않는다고 주장한다. 교회가 내 건데, 왜 직원같이 월급을 받느냐고. 교인들에겐 헌금을 강요할 때, "하늘에 적금을 붓는 거라고, 하늘에 쌓는 거라고, 많이 낼수록 축복받는다"라고 말하지만, 결국은 교인들이 낸 헌금을 쓰는 자는 담임목사 자신이라고 생각하는 것이다.

그러므로 목회자가 성윤리든, 경제윤리든, 잘 지키는 사람이 되도록 하기 위해서는 교회 내부에 철저한 원칙과 감시가 있어야 할 것이다. 한국교회 130년 역사에서 이런 통제와 감시 시스템이 잘 가동되지 않은 것은, 우리나라 정치사와 맥을 같이 하는 면이 있다. 일본 강점기 시대는 말할 것도 없고, 해방 후 이승만, 박정희. 전두환, 노태우에 이어지는 군사독재 정권의 연속 속에서 교회도 알게 모르게 독재적 시스템으로 유지되어 왔던 것이 아닌가 싶다.

물론 교단마다 총회와 노회가 조직되어 있고, 민주적인 교회법도 있지만, 개교회 안에서, 특히 교회 규모가 너무나 클 때, 힘 있는 교회를 치리할 능력이 총회나 노회는 좀 약한 것 같다. 세속 정치 영역에서는 오히려 정치지도자들이 잘못된 관행을 탈피하고 보다 민주적인 정치를 해보려고 시도하고 어느 정도 성과를 얻은 것에 비해, 교회는 세상 정치만큼도 노력을 안 하거나 못했던 결과물로 보인다. 지금부터라도 목회자의 윤리 회복을 위해 만전을 기해야 할 것이다.

한국교회와 목회자들이 부패한 데에는 민주적인 경제 시스템이 제대로 구축되어 있지 않다는 점이다. 목회자가 (비록 교회를 개척했을지라도) 교회 헌금은 자신의 개인 돈이 아니라 교회 공금이라는 의식을 가져야 하며, 교인들도 자신이 얼마의 헌금을 냈든, 모여진 헌금은 하나님의 일을 위해 사용되어야 한다는 의식을 철저히 가져야 한다. 그리하여 예산과 결산을 올바로 하고, 투명하게 관리해야 한다. 목회자들에게 지불되는 것을 "사례비"라고 하지 않고, 월급이라고 해서, 봉사에 대한 사례금이 아니라, 신학을 전공한 사람이 전공영역의 직장에서 일하고 받는 노동비용으로 보아야 한다. 그리하여 대학원 이상 정도가 사회에서 받는 수준으로 월급을 책정하고, 세금도 내는 것이 합당해 보인다. 그 월급 안에서 식사비, 도서비, 교통비, 의복비, 교육비 등 개인과 가정에서 드는 비용을 감당할 수 있도록 충분히 주는 것이 사비와 공금을 구별하도록 해 준다. 아무리 교회를 개척한 담임 목사라도, "교회 돈이 내 돈"이라고 생각하는 것은 위험하다.

목회자의 돈 사용이나 언행 등이 문제가 될 때에는 누구라도 지적을 해주고 고칠 수 있도록 하는 분위기가 조성되어야 할 것 같다. 그러나 한국교회는 그동안 목회자에 대항하지 못하도록 하는 분위기가 교회 안에 강했다. 특히 다음과 같은 문학적 표현이 한국교회엔 만연되어 있다. "하나님의 사람인 목회자에게 대항했다가는 지옥에 떨어진다"라는 협박 공갈의 말이 그것이다. 이 점은 말테 목사가 지적한 대로 지옥이나 죽음을 강조함으로써 교인들을 옭아매는 것이다. 그래서 어떤 교회의 재정부장 장로가 법학을 하고 우리나라 법원의 최고수장이 되었는데도, 목사가 재정을 횡령하는 것에 대해 아무런 제재도 하지 못한 경우도 있었다.

이런 경우 루터의 만인사제론이 의미가 있다. 목회자만 하나님의 사람이 아니라 모든 그리스도인이 하나님의 사람이며, 목회자만 성령을 받은 것이 아니라 모든 그리스도인이 성령을 받은 영적인 존재라고 했던 루터의 만인사제론은 지금도 유효하다. 목회자나 장로, 일반 신도든 누구든지 잘못된 일에 대해서는 서로 알려서 회개할 기회를 주고, 그럼에도 불구하고 개진할 태도가 없다면 제명으로 가는 것이 옳다고 본다.

목회자가 성서를 이용하여 성도들을 위협하거나 공갈을 치는 것으로 인해 일반교인들이 두려움을 느끼고 잘못을 지적하지 않고 "용서와 사랑"으로 오히려 담임목사의 추행이나 비리를 감추고 그런 일이 없다고 함으로써 공범 역할을 하기도 한다. 이러한 위험에서 탈피하려면 신도들도 성서 연구를 하여 그런 일로 속지 않도록 해야 한다. 언제부터인가 한국교회에서는 담임목사나 부목사가 가르치는 성서공부 시간을 제외하고 성서학자의 성서연구는 듣지 못하게 하는 경향이 있는데, 이러한 경향은 신도들로 하여금 다양한 성서해석을 듣지 못하게 함으로써 우민화를 의도한다고 보인다. 그러므로 교회 개혁을 위해서는 장로들과 신도들의 성서 연구는 더욱 활발해질 필요가 있다. 한국 개신교가 가톨릭이나 불교인들에 비해 성서 연구나 책읽기 면에서 현저하게 떨어져 있다.

중세기 로마교회에서 성서를 읽고 해석할 수 있는 권한을 사제들만 갖고 일반신도들은 사제들의 해석만 들을 수 있도록 구별 지은 것이 사면부 판매를 주관했던 교황청의 타락의 원인으로 볼 수도 있다. 아무도 그것이 신의 뜻과 어긋난 죄라는 사실을 지적하지 못했기 때문이다. 루터가 성서학자였기에 그 문제를 지적하고 개혁의 길을 갈 수 있었던 것이다.

목회자 개개인도 개인의 윤리적 생활을 위해 노력해야 하지만, 목회자가 타락의 길을 가지 못하도록 통제하고 저지하는 것은 한국교회를 사랑하는 사람들이 해야 할 의무인 것이다.

## 참고문헌

김판임. "루터의 만인사제론과 한국교회의 개혁과제". 제21회 바른교회 아카데미 연구위
　　원회 세미나 자료집(2017.2.13-14). 6-17.
안명준 외.『한국교회의 문제점과 극복방안』. 이컴비즈넷, 2006.

김 판 임

(세종대학교 교수, NCCK 신학위원회 부위원장)

# 기독교 사회복지의 실천

선교사를 통해 기독교가 조선 땅에 들어온 이후 한국교회는 세계 선교 역사에 괄목할 만한 성장을 이끌어냈다. 한국교회는 오순절 성령강림을 체험한 초대교회의 모형으로 평가되기까지 해서 전 세계 기독교의 주목을 받았다. 하지만 요즘 한국 기독교와 교회에 자성의 목소리가 높아져가고 있다. 루터의 종교개혁의 정신이 한국교회에 필요하다는 목소리에 너나 할 것 없이 공감하고 있다. 한국교회에 다양한 비판의 목소리가 쏟아지는 이유는 이미 다수의 글과 언론을 통해서 공유된 공감 사항이기 때문에 굳이 여기에서 더 자세하게 언급할 필요는 없을 것이다. 현실의 문제를 루터의 종교개혁 500주년에 즈음한 역사적 맥락에서 한국 기독교와 교회의 문제를 사회복지적 관점에서 잠시 언급해 보고자 한다. 그래서 한국교회가 지역사회에 녹아나는 기독교 사회복지를 현재 한국교회의 문제 해결의 한 가지 대안으로 제시해 보고자 한다.

## 기독교 사회복지의 동력: 성서의 정신과 루터의 사회복지 사상

성서는 창세기부터 인간의 복지에 대해 관심을 보이고 있다. 하나님이 최초의 인간 아담과 하와가 살게 한 곳은 완전한 사회복지가 실현된 곳이었고, 에덴동산에서 추방은 인간은 자신들이 누려야 할 복지를 갈구했다. 하나님이 이집트에서 노예로 살아가던 히브리 민족을 약속의 땅으로 인도하면서 주신 계약은 그들에게 다시 한번 복지의 세상에서 살게 해 주시겠다는 것이며, 이를 신명기 6장 3절에서 다음과 같이 선언하신다. "이스라엘아 듣고 삼가 그것을 행하라 그리하면 네가 복을 받고 네 조상들의 하나님 여호와께서 네게 허락하심 같이 젖과 꿀이 흐르는 땅에서 네가 크게 번성하리라."

그러나 하나님이 제시하는 복지가 구약에서 성취되지 않으면서 가나안 복지를 완성시켜 줄 메시야를 오랫동안 대망하게 되었고, 그 대망은 신약의 예수 그리스도를 통해 성취된다. 그래서 신약은 세상에 오신 하나님의 아들을 가리켜 "하나님이 약속하신 대로 이 사람의 후손에서 이스라엘을 위하여 구주를 세우셨으니 곧 예수라"(행 13:23)고 했다. 그 예수가 이 땅에 오신 것은 "섬김을 받으려 함이 아니라, 도리어 섬기려고 심지어 자기 목숨을 많은 사람의 대속물로 주려 함이라"(막 10:45)고 했다. 이 땅에 섬김을 보이고 마지막에는 대속물로 자신을 주기 위해 오신 그분은 사역의 시작부터 하나님의 나라 즉 완전한 복지가 이뤄지는 나라가 도래했음을 전파한다. 예수의 선포와 치유의 사건은 모든 인류가 오랫동안 꿈꿔오던 하나님의 나라, 인간에게 완전한 복지가 실현되는 나라가 이미 도래했음을 보여주는 사건이었다. 그래서 예수는 당신의 오심에 대해 유대인들의 지역사회 교육기관인 회당에서 이렇게 선언하신다. "주의 성령이 내게 임하셨으니 이는 가난한 자에게 복음을 전하게 하시려고 내게 기름을 부으시고 나를 보내사 포로 된 자에게 자유를, 눈 먼 자에게 다시 보게 함을 전파하며 눌린 자를 자유롭게 하고 주의 은혜의 해를 전파하게 하려 하심이라 하였더라"(눅 4:18-19).

인간에게 하나님 나라의 도래를 선포한 예수 그분은 거기서 멈추지 않고 당신을 믿고 따르는 모든 이들에게 당신이 이 땅에서 보이신 대로 다른 이들을 섬기는 삶을 살라고 당부하셨다. 예수께서 선한 사마리아 사람의 비유를 말씀하면서 마지막에 "가서 너도 이와 같이 하라"(눅 10:37)는 말씀은 이 땅에 하나님의 나라, 복지를 실현하러 오신 당신의 사역을 모든 기독교인들이 수행해야 하는 당위성으로 받아들이기를 원하신 것이다

루터가 종교개혁을 주도하기 전까지만 해도 중세교회는 선행과 공로에 의해 구원이 가능하다는 구원관이 지배적이었다. 그러나 루터는 이신득의 이론을 통해서 자선활동이 구원의 방편이 될 수 없다는 것이 성서의 원리임을 분명히 했다. 루터의 이신득의 이론은 자선과 공로에 의해 구원을 받게 된다는 구원관으로 부를 축적한 중세 교회, 반대급부로 노숙인들을 다량 양산했던 당시 사회의 부조리에 도전하는 강력한 동력이 되었다. 기독교인이 가난한 자를 멀리하지 않고, 사회적 약자를 위한 자선행위에 적극적으로 참여해야 하는 이유는 죄인이 구원받음에 대한 은혜의 감사표현으로 수행되어야 한다고 지적했다. 그래서 루터는 기독교인이 자신의 구원을 위해서 선을 행하는 어리석은 속박에서 벗어나 구원에 대한 감사의 표현으로 이웃을 섬겨야 한다고 강조했다.

루터는 기독교 윤리의 중심은 그리스도가 행하신 일을 모방하는 것

이 아니라 그리스도를 닮아가는 것이어야 하는데, 그 이유는 그리스도께서 우리 인간의 죄를 담당하기 위해 십자가의 죽음을 당하셨기 때문이라는 것이다. 그러므로 모든 사람들은 종교적인 소명 의식을 갖고 "택하신 족속이고 그의 소유된 백성"(벧전 2:9)으로서 노동을 해야 한다고 함으로 노동을 부름 받은 성직자들의 소행과 같은 선상에서 조명함으로 걸인의 양산을 막으면서도 사회 속에서 약자의 위치에 있는 이들을 도와야 하는 이론적 틀을 제공했다.

루터는 "선행에 관한 논문"에서 모든 선행은 신앙 안에서 이뤄져야 하되, 자선행위는 구원받은 성도들에게 자연스럽게 뒤따르는 행동이라고 했다. 성도들이 자선행위를 하는 것은 그 것이 의무이기 때문도 아니고 구원의 방편이기 때문도 아니며 신앙 자체가 자선행위를 가르치기 때문이라고 했다. 구원받은 성도라면 누구든지 이웃 지향적이 되어야 하기 때문에 이웃에 대한 섬김과 사랑의 자선행위를 실천하는 것은 자연스런 일이라는 주장에서 오늘날 기독교 사회복지의 정의를 지역사회를 아우르는 그리스도 사랑의 실천으로 확대했다.


1885년 4월 언더우드와 아펜젤러 목사가 인천 제물포에 첫발을 내디딤으로 조선 땅에 기독교교가 본격적으로 시작되었다. 그래서 한국인들이 기독교의 선교에 대해 상식적으로 이해하는 것은 언더우드와 아펜젤러 목사에 의해 조선 땅에 기독교가 시작된 것으로 알고 있다. 그러나 이들에 앞서 1883년에 의주에서 박해를 피해온 서상륜, 상우 형제에 의해 소래 교회가 창설되었다는 점에 대해서는 큰 관심을 두지 않았다. 여기서 우리가 주목할 것은 언더우드와 아펜젤러가 조선 땅에 들어오기 전에 조선 사람에 의해 세워진 교회가 소래교회였고, 소래교회는 지역사회를 위해 활발한 활동을 했을 뿐만 아니라 조선 땅에 온 선교사가 정착하는 데도 중요한 역할을 했다는 점이다.

소래교회가 지역사회를 위해 공헌한 것 중에서 가장 괄목한 것은 소래교회가 설립된 지 10년 후인 1895년에 해서제일학교를 설립한 것이다. 이 학교는 성경만 가르칠 뿐만 아니라 지리와 한글을 교육했고, 후에는 4년제 보통학교로 정식 인가를 받았다. 세브란스 첫 졸업생 김필순, 경신 첫 졸업생 서병호, 세브란스 원장을 지낸 김명선, 김필례을 필두로 김마리아, 김함라 같은 여성 지도자들뿐만 아니라 민족운동가 허성묵, 허웅숙 등 많은 인물들이 이 학교를 통해서 배출되었다. 소래 교회가 지역사회에서의 역할이 확대되면서 교인 수가 200명으로 증가하여 교회가 비좁게 될 정도였다.

교회가 성장하게 된 원동력은 헌신적인 신앙생활뿐만 아니라 구제활동과 농촌계몽 활동 등으로 주색잡기, 투전, 미신 등이 없어지게 만든 지역사회 봉사활동 때문이었다. 소래교회의 성장으로 소래가 거점이 되어 인근 장연읍을 비롯해서 송화, 은율, 풍천, 문화, 해주, 옹진, 등 일곱 지역에 수십 개의 교회가 서게 됨으로 조선 땅에 개신교의 성장에 자국민의 기여도가 간과할 수 없을 정도로 영향력이 컸다.

조선 땅에 본격적으로 교회가 확장되는 원동력은 서양 선교사들의 선교활동이라는 점에는 두말할 여지가 없다. 유념할 것은 서양 선교사들이 조선에서의 선교에 활용한 방법은 직접적인 대면전도보다는 사회복지 활동을 통한 우회방법이 더 효과적이었다는 점이다. 당시 낙후한 의료사업에 혁혁한 공을 세웠던 알렌의 광혜원, 레이놀즈의 예수병원, 근대적 교육을 도입한 헐버트의 육영공원, 아펜젤러의 배재학당, 스크랜턴의 이화학당, 언더우드의 경신 여중고(후에 정신여중·고) 등 의료

기관과 교육기관이 곳곳에 세워지면서 조선 사람들을 일깨우는 서양선교사들의 사회복지 활동은 조선에 개신교회의 영향력이 스며들게 했다.

기독교의 사회복시 활동은 일세 강점기를 넘어 6.25동란을 겪으며 한국인들에게 기독교를 통한 섬김과 봉사의 중요성을 각인시키고도 남음이 있었다. 한국교회가 오늘날과 같이 기독교 역사에서도 독보적인 위치를 점하게 된 원인을 기독교 사회복지활동의 영향력을 무시하고 성령 운동이나 교회성장 운동, 제자훈련 등으로 한정해서는 설명의 한계를 갖게 될 것이다.

## 한국교회의 한계성

21세기에 들어서면서 한국교회가 갖는 공통의 과제는 교회 성장의 둔화를 넘어서 교인 수의 감소 문제이다. 우리에게 기독교를 전해주었던 서양 국가들에서 기독교의 양상을 보면 현재 당면한 한국교회의 문제는 이상할 것도 아니다. 문제는 우리에게 다가올 문제를 예측하고, 거기에 대한 대응책을 어떻게 마련할 것이냐이다.

그동안 한국교회는 다양한 방법을 동원해서 교회 성장을 이뤄왔지만, 이제 우리는 교회의 위기라고 표현할 정도의 상황에 직면해 있다. 현재 한국교회가 위축되어가는 원인에 대해 대형교회의 세습, 목회자와 기독교인들의 일탈 행위에 따른 비윤리성, 극단적인 기독교의 행태, 상업주의에 편승한 기독교의 정체성 해이 등 다양한 원인을 제시한다.

그런데 100년 전으로 돌아가 보면 조선 땅에 기독교를 전파했던 대부분의 서양 국가도 그 당시에 폭발적인 교회 성장을 구가했던 시기였고, 성령 운동과 선교활동이 활발했었다. 마치 한국교회가 1980년대

전후로 누렸던 성령운동, 교회성장과 함께 선교활동이 활발했던 양상과 비슷하게 전개되었다. 이런 문제를 직시한 선교학자 네슬리 뉴비긴은 "교회가 세상 가운데에서 적극적으로 복음을 전하기 위해서는 아직도 지역적 이웃(geographical neighborhood)을 섬기는 것은 중요하다"라고 했다. 루터의 신앙에 뒤따르는 자연스런 이웃 섬김의 논리와 맥락을 같이 하는 것이다. 문제는 어떻게 섬기느냐이다.

필자의 조사에 의하면 현재 우리나라에서 시행하는 사회복지 시설의 43%는 기독교 계통의 기관에서 운영하고 있다. 아직도 우리 사회에서 교회가 사회를 섬기는 일에는 앞장서고 있다는 증거이다. 그럼에도 불구하고 과거 구한말 시대, 일제 강점기, 6.25 전쟁 이후에 보여주었던 기독교의 영향력은 약화 되었다. 이러한 원인에 대해 필자는 다음 몇 가지로 진단을 한다.

첫째, 정부 기관이나 비기독교 기관에서 수행하는 사회복지 서비스에 비해 교회 기관에서 제공하는 사회복지 서비스의 경쟁력이 떨어진다는 점이다. 과거에 서양 선교사와 서양 자선기관이 지원하는 선진국형 사회복지 서비스는 한국 사회의 복지를 선도하는 역할을 했지만, 그 후로 기독교 사회복지는 답보상태에 머물러 있다. 반면에 정부기관이 주도하는 복지기관들은 꾸준한 프로그램 개발과 선진국 복지제도를 들여오면서 괄목할 만한 발전을 이뤄내고 있는 현실과 대조를 보이고 있다. 비록 한국의 사회복지 수준이 에스핑 엔더슨이 분류하는 복지국가 수준에는 미치지 못하지만, 그럼에도 불구하고 한국 사회의 사회복지 서비스 수준은 그 어느 때보다 발전했다는 점에는 누구도 부인하지 못할 것이다. 여기에 비춰 교회에서 운영하는 기관의 사회복지는 헌신과 희생의 정신을 빼면 경쟁력 면에서 뒤처지는 것이 현실이다.

둘째, 전문성이 떨어지는 결과 교회의 사회복지는 시대의 욕구에 부응을 하지 못하고 있다.

셋째, 시대에 욕구에 부응하지 못하는 한국교회는 아직도 교회 성장을 지향하는 1980년대 방식에서 벗어나지 못하고 있다. 그러다보니 교회에서 수행하는 사회복지는 복지라기보다는 봉사에 치우쳐 있고, 그나마 수행하는 복지사업도 구한말 시대 또는 6.25 전쟁 후에 대응하기 위해 시작한 사업을 그대로 유지하는 수준에 머물고 있다. 그리고 교회는 여전히 사회복지시설 운영을 전도의 수단으로 여기고 있다는 점도 사회복지 시설 활용의 발전을 저해하는 요인으로 작용한다.

넷째, 더 염려스런 문제는 기독교 기관에서 수행하는 대다수의 사회복지 시설이나 프로그램이 자체 비용으로 조달하는 기관보다는 정부의 지원에 의존하는 기관의 수가 절대적으로 많다보니 정부의 사회복지서비스 대행기관의 역할에 머물고 있다는 점이다. 기독교란 명칭을 삭제하면 사회복지 서비스를 제공하는 비기독교 기관과 차별성이 없게 됨으로 교회가 사회복지 사업을 수행해야 하는 당위성이 사라지게 된다.


국가가 선진화 될수록 사회복지의 주체는 국가로 넘어간다. 우리 사회도 예외는 아니다. 국민소득 30,000달러시대를 목전에 둔 우리나라도 사회복지의 주체는 국가가 되었다. 그러다보니 지금까지 수행해 온 교회의 시혜적 사회복지로는 소외계층의 욕구를 충족시킬 수 없는 상황에 직면해 있다. 이제는 구한말 시대부터 이어온 교회의 사회복지에 대한 영향력을 논하기에는 빛바랜 앨범을 들춰보는 것 같다. 이제라도 교단별로 교회별로 각기 수행하는 사회복지 사업을 하나로 통합해서 클라이언트들의 욕구를 충족시키고 시대의 요구를 수용하는 보다 효과적인 사회복지 서비스를 제공할 수 있는 체제가 도입되기를 기대해 본다. 그러나 이런 기대가 이뤄질 수 있는 가능성이 일어날 확률은 전혀 없기에 현재의 상황에서 한국 기독교와 교회들이 지향하기를 바라는 사회복지 사업의 방향을 다음과 같이 제안해 본다.

먼저 한국 기독교와 교회는 구한말, 일제 강점기 그리고 6.25 전쟁 이후 얼마동안 기독교가 한국 사회에 영향력을 끼칠 수 있는 원동력이 무엇이었는지를 성찰할 필요가 있다. 전도를 많이 해서 성도들의 수가 절대 다수를 차지했기 때문도 아니고, 각 지방마다 도시마다 대형 교회들이 우후죽순 같이 세워져서도 아니다. 시대의 요청에 따라 국민들이 욕구에 기독교와 교회가 적절하게 대응을 했기 때문에 기독교인뿐만 아니라 비기독교인들도 교회를 존중했고, 교회 활동에 적극적으로 지지를 했다. 특히 구한말 시대에 사회 지식층들이 대거 기독교로 개종한 가장 큰 이유는 암울한 민족을 살릴 수 있는 길을 기독교에서 보았기 때문이다. 교회는 서양에서 들어왔지만, 조선인들 위에 군림하지 않고 철저히 섬김을 통해서 미래가 보이지 않던 조선 땅에 비전을 공유했다.

루터는 중세 기독교의 절대 권력 앞에 굴하지 않고 진실을 말했다. 진실은 교회가 백성들 위에 군림해서 지배하고 통치하던 기득권을 내려놓고 철저히 섬기는 것이 하나님의 뜻이며, 성서의 가르침이라는 것이었다. 루터는 기독교 권력을 가진 이들에게 나눔을 실행하라고 요구했다. 권력은 함께하는 연대가 있는 경우에만 존재할 수 있고, 주권은 봉사가 있는 곳에서만 존재할 수 있다고 함으로 교회 공동체가 섬김으로 나오는 길만이 교회가 새롭게 갱신할 수 있다고 했다.

기독교 각 교단과 각 교회에서 수행하는 사회복지 사업이 아무리 잘 된다고 해도 국가가 주도하는 사회복지 사업에 경쟁력을 갖추기는 어렵다. 국가의 경제가 성장해 갈수록 교회의 복지활동 범위는 점점 더 위축될 것이기 때문이다. 교회의 복지활동의 위축은 사회에 대한 영향력이 약화되고, 그 결과 교인 수가 줄어가는 현상에 대응하지 못하는 결과를 가져올 수도 있다. 그럼에도 불구하고 교회와 기독교가 해야 하는 일은 철저한 섬김으로 복지 서비스를 제공하는 것이다. 신자와 비신자, 수급자와 비수급가, 장애인과 비장애인 등등 계층과 대상을 구분하지 말고 누구든지 욕구가 있는 이들에게 문을 개방하고 섬김의 정신으로 필요한 서비스를 제공하는 교회 사회복지 실천은 기독교 영향력의 약화와 앞서가는 국가 주도의 사회복지 서비스에 대응할 수 있는 방안이 될 것이다. 이 땅에 완전한 복지의 세상을 열어주기 위해 오신 예수, 500년 전에 비텐베르크 성당에 95개 조문을 내걸으며 당시의 기독교의 잘못된 행태를 비판하며 철저한 섬김과 봉사 정신으로 교회가 사회에 문을 열기를 바라는 그 열망이 우리 시대에 적용되기를 기대해 본다.

**참고문헌**

박영호, 『기독교 사회복지』. CLC, 2009.
박종삼, 『교회사회봉사의 이해와 실천』. 인간과 복지, 2000.
이덕주, 『한국교회 처음 이야기』 서울: 홍성사, 2006.

김 종 선
(구세군사관대학원대학교 교수)

# 비정규직 노동자들의 고통과 한국교회

우리사회에서 비정규직은 1997년 IMF 이후에 급격히 늘어났다. '기업이 살아야 노동자가 산다'는 명제는 가난을 경험한 세대에 손쉽게 각인되었고, 다수를 위해 소수의 희생은 불가피한 것으로 인식되었다. 그리고 그런 분위기는 IMF 극복 이후 개선될 임시조치라는 암시도 주어졌다. IMF 이후 20년이 지난 지금, '임시조치'였던 비정규직제도는 어떤 모습이 되었을까? 우리의 과제는 무엇인가?

## 비정규직 노동자 현황

통계청의 2016년 8월 「경제활동인구조사 근로형태별 부가조사」 (표1)에 따르면 전체 노동인구의 32.8%가 비정규직이다. 3명 중 1명이 비정규직이라는 말이다. 정부의 통계는 사내 하청을 비정규직에서 제외시켰다. 명백한 비정규직인 사내하청 노동자를 비정규직으로 잡은 한국노동사회연구소에서 밝힌 자료는 비정규직 노동자가 전체 노동인구의 44.5%이다. 여기에서도 통계상 잡히지 않는 비정규직이 있음을 감안하면 전제 노동자의 절반이상이 비정규식으로 봐야 한다.

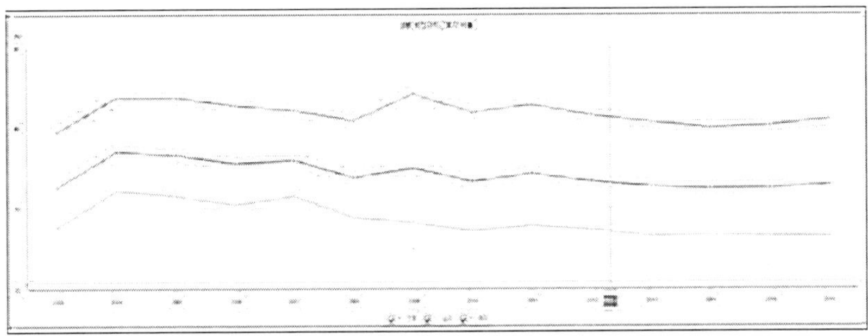

표1) 2016년 8월「경제활동인구조사 근로형태별 부가조사」

2015년 OECD,「Labour Force Statistics」통계를 기준으로 주요 국과 비교해 보면 한국의 비정규직 비율은 상당히 높다. 2015년 한국 22.28%, 일본 7.5%, OECD 평균은 OECD 평균이 11.41%이다.

고용의 형태로 정규직과 비정규직을 구분한다. 일반적으로 정규직은 고용기간의 종료를 미리 정하지 않고, 전일제로 근무하고, 사용자와 노동자가 직접 고용계약을 맺고 일하는 노동자이다.

비정규직 노동자는 크게 한시적, 시간제, 비전형 노동자로 나눌 수 있다. 한시적 노동자는 근로계약기간을 정한 기간제 노동자, 근로계약기간을 정하지 않았으나 계약의 반복 갱신으로 계속 일할 수 있거나 비자발적 사유로 계속 근무를 기대할 수 없는 비기간제 노동자가 있다. 시간제 노동자는 1주에 36시간 미만 일하기로 정해져 있는 노동자를 말하며, 비전형 노동자는 파견 노동지, 용역 노동자, 특수형태 노동자, 재택, 가내 노동자, 일일단기 노동자를 포함한다. 물론 자발적 비정규직 근로를 택할 수도 있으나 일거리의 안정적 확보라는 측면에서 혹은 고용의 안정성 측면을 고려할 때 이는 논외로 한다.

모든 노동은 동일노동, 동일임금의 원칙이 적용되어야 한다. 대기업과 중소기업 간의 격차도 엄청나지만 이는 이 주제에서 벗어나기 때문에 제외하도록 한다. 가장 큰 문제는 같은 직장 내에서 비정규직은 근무환경이 월등히 나쁨—고용의 안정성, 각종 수당, 복지 제공 등—에도 불구하고 같은 업무에 종사하는 노동자 간 임금 격차가 크다.

통계청의 2016년 8월「경제활동인구조사 근로형태별 부가조사」(표2)에 따르면 2007년부터 2016년까지 비정규직은 정규직의 70% 전후의 임금을 받고 있다.

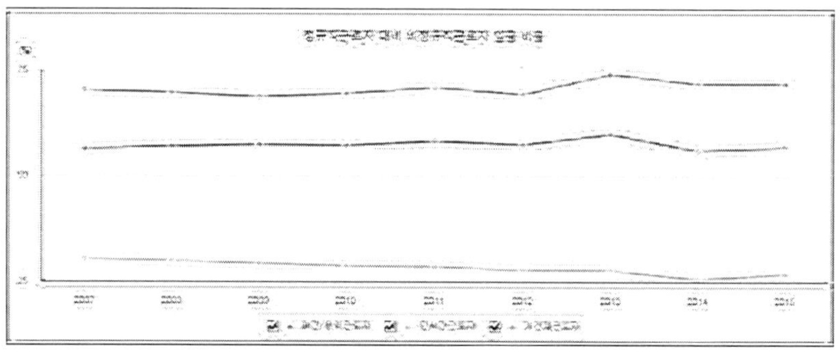

표2) 2016년 8월「경제활동인구조사 근로형태별 부가조사」

## 비정규직 문제는 정의롭지 못한 우리사회의 단면

비정규직 제도에 대한 목적을 이렇게 정의한다.

비정규직 제도는 노사 양측의 권익이 고려됨으로써 노동유연화정책이 추구하는 본래의 목적 즉, 사용자에게는 비용절감 및 노동인력조정의 신축성을 제공해 주고, 노동자에게는 시간 스케줄, 능력, 기술수준에 따라서 근로할 수 있게 해주며, 국가경제 전반적으로는 노동의 효율적 이용과 생산성의 향상을 꾀할 수 있다.

현실은 그렇지 못하다. 사용자 즉 기업은 경영 상황에 따라 인력을 조정할 수 있다면 좋다. 그러나 위의 정의에서도 언급되었듯이 노동자에게 합당한 임금과 근로환경을 제공하지 않으면서도 목적이 비용절감에 치중한 것이 현재 이 제도의 가장 큰 문제이다. 장기적 경영 계획에 따라 정규직 채용이 불가할 때 고용불안을 감수하고 취업한 인력에게 더 많은 보상, 즉 임금 외의 금전적 보상을 해야 하는 것이 정의이다. 국가 역시 노동시장의 효율적 이용이라는 전제로 이 제도를 시행해야겠다는 기조를 잡았다면 기업이 제도를 악용할 수 없도록 감시하고 동시에 고용불안에 대한 기업의 보상과 국가적 대비책을 마련해야 함에도 우리의 현재 상황은 그렇지 못하다. 현재의 비정규직 제도는 절대적 약자인 노동자의 희생만을 강요하는 제도, 정의롭지 못한 사회의 단면이다.

전통적으로 비정규직은 노동시장의 주변계층이라고 할 수 있는 저학력, 미숙련, 여성, 청년 및 노년 노동자와 계절적인 영향을 받는 서비스업 종사자, 단순노무 종사자, 건설노동자 등이 종사할 확률이 높다. 이들은 정규직에 비해 상대적으로 낮은 임금과 열악한 근무조건, 그리고 극심한 고용불안에 시달리고 있고 사회보험과 각종 기업복지 급여에 있어서도 부분적 혹은 전면적으로 배제되고 있다. 최근에는 고학력 비정규직 노동자의 비율도 점차 증가하고 있는 추세이며, 특별히 생애 최초로 직장을 가지는 청년들의 비정규직 비율이 높아지고 있다. 이런 정황이 확대될 경우 사회적 불안이 급증하게 된다.

사람은 노동을 통하여 자기를 실현해 나갈 수 있어야 한다. 노동자를 소외시키는 노동은 악마적이다. 비정규직의 확장은 임금의 차별뿐만 아니라 언제 해고될지도 모르는 불안정한 고용으로 자기 인생의 미래를 희망적으로 설계할 수 없게 만든다. 2013년 말 정부기업인 수자원공사에서 10년 이상을 일했던 일하던 청소용역 노동자들을 문자 한 통화로 12월 31일 해고했다. 말이 노동유연성이지 기업이 해고를 쉽게 함으로 노동자의 삶은 보장되지 못하는 현실이다.

비정규직 노동자들의 상당부분이 조직화되어 있지 않으며, 이들의 경제적·사회적 이익을 대변할 수 있는 방법이 구조적으로도 봉쇄되어 있다. 양대 노총이 존재함에도 비정규직은 정규직 노동조합에 의해 외면되었고 오히려 불이익을 당하는 경우가 있었다. 비정규직의 증가는 노동계급 내부의 이질성을 심화시키고, 기업규모나 업종에 따라 분절되어 있는 기존의 노동시장을 취업형태에 따라 또 다시 분절시킴으로써 경제적 및 정치적 주체로서 그들의 영향력을 약화시킨다.

더욱이 기업의 구조조정이 이뤄질 경우 가장 먼저 비정규직 노동자가 그 대상이 된다는 인식, 나를 대신해 희생할 수 있는 '무리'가 존재한다면 그 사회가 안정적이며 정의롭다라고 말할 수 있을까? 그들이 처분되고 다른 비정규직 노동자로 대체되더라도, 언젠가는 희생자의 자리에 정규직이 설 수 밖에 없다. 제도의 불의를 묵과하면 언젠가는 그 불의가 자신에게 닥칠 수 있는, 고위험의 사회가 비정규직이 양산되는 사회이다.

## 교회 구성원의 절반이 비정규직

그리스도교 신앙은 하나님께서 창조하신 피조물은 누구라도 행복한 삶을 살 수 있는 세상을 도모해야 한다. 노동에 대한 정당한 보상이 이뤄져야 한다. 동일노동, 동일임금은 사회 전반에서 구현되어야 하며 더 나아가 비정규직에 대한 보상과 보호는 더욱 정밀한 제도로 계획되고 시행되어야 한다.

지난해 연말 결산 결과 전년대비 20%이상 헌금이 줄어들었으며, 지속해서 감소 현상을 보이고 있는 것을 감안한다면 교회 헌금이 줄어들기 이전보다 절반 수준까지 떨어진 것이 아니냐는 위기를 이야기하기도 한다. 교회 재정 확보는 교인들의 헌금 이외에는 거의 없다. 교인들의 주머니 사정이 안 좋아지면 헌금이 줄기 마련이고, 교회는 재정적으로 어려움을 겪을 수밖에 없다.

2016년 1월 5일자 기독공보는 교회재정 감소에 대한 기사를 냈다. 이 기사는 교회재정이 2015년 대비 20% 이상 줄었다고 보도한다. 신자 숫자 감소 대비 재정 감소는 설명하기 어렵다. 이는 신자 삶의 전반이 어려워졌다는 것으로 이해되며 비정규직 노동자의 급격한 증가와 관련된 것으로 이해될 수 있다. 이런 점에서 비정규직 노동자의 문제는 오늘날 교회의 문제이자, 목회의 문제로 인식되어야 한다.

오늘 우리 사회에 봉급생활자(매월 월급여를 받는 노동자)의 절반 이상이 비정규직이다. 우리 사회 노동자의 절반이 비정규직이라면 산술적으로 교인의 절반이 비정규직이라고 봐아 한다. 이런 점에서 비정규직 노동자들의 문제는 오늘 한국교회가 직면해야하는 문제이다. 기사에 따르면 이미 한국교회는 그 고통의 문턱에 진입했다. 교인들의 주일 성수의 어려움, 교회생활에서 봉사와 헌신의 미온적인 태도 그리고 헌금의 감소로 인한 교회 운영상의 어려움 등 한국교회 안에서 나타나고 있는 이 현상들은 비정규직 문제와 직결되어 있다. 노동이 인간의 자존감을 세우는 소명이라는 노동 본래의 자리를 상실하게 되고, 기업의 이익을 실현하는 수단으로 전락하게 됨으로 사회전반에 절망감과 좌절감에 빠지게 되는 악영향을 끼치게 된다.

더하여 오늘 한국교회 안의 비정규직의 문제도 살펴보고 성찰해야 한다. 이미 알려진 대로 대형교회는 비정규직을 사용하고 있고, 기독교 학교를 포함하여 기독교와 관련된 많은 영역에서 비정규직이 만연한 현실이다. 교회가 고용정책의 부당성을 고발하지 않고 그에 따른 사회의 부조리에 동참하거나 침묵한다면 그 일은 교회와 선교의 위축으로 되돌아오게 될 수밖에 없다. 교회는 불안정한 고용과 저임금이라는 차별의 장벽에 가로막혀 절규하는 비정규직 노동자들의 눈물에 그리스도의 사랑으로 응답해야 한다.


## 참고문헌

NCCK 정의평화위원회 편. 『한국교회와 비정규직-신학적 성찰』. 한국기독교교회협의회 간행물


남 재 영

(대전 빈들감리교회 목사, NCCK 정의평화위원회 위원장)

# 가난에 대하여

시인 기형도의 "엄마생각"이라는 시가 있다.

열무 삼십 단을 이고/ 시장에 간 우리 엄마/ 안 오시네, 해는 시든 지 오래/ 나는 찬밥처럼 방에 담겨/ 아무리 천천히 숙제를 해도/ 엄마 안 오시네,/ 배추잎 같은 발소리 타박타박/ 안 들리네, 어둡고 무서워/ 금 간 창틈으로 고요히 빗소리 빈방에 혼자 엎드려 훌쩍거리던/ 아주 먼 옛날/ 지금도 내 눈시울을 뜨겁게 하는/ 그 시절, 내 유년의 윗목

시에 등장하는 인물은 시인의 어머니와 어린 시절의 시인 단 둘이다. 한 부모 가정이다. 어머니는 열무 삼십 단을 이고 시장에 갔고, 그 사이 어린 아이는 엄마를 기다리며 빈 방에 홀로 남아 숙제를 한다. 해가 시들도록 아이는 오래도록 홀로 있고, 찬밥처럼 방에 담겨 누구에게서도 돌봄을 받지 못하고 방치되어 있나. 금이 간 창틈은 삶의 환경이 어떠한지 드러내고, 배추잎 같은 발소리에는 너덜너덜한 삶의 피곤함

이 묻어있다. 온기가 사라진 윗목에서 홀로 무서움과 외로움을 달래야 하는 아이의 심정이 고스란히 시 안에 담겨 있다.

가난이란 무엇이며, 가난한 사람들은 어떻게 사는가? 그리스도교는 가난을 어떤 관점에서 보아야 하고, 가난의 문제에 대해 어떻게 대처해야 하는가? 위의 시에서 보는 것처럼 가난은 단순히 돈이 없다는 문제에서만 그치지 않는다. 피할 수 없는 궁핍한 삶은 한 인간을 삶과 죽음의 갈림길에 서게 만들기도 하고, 헤어 나올 수 없는 절망감에 빠지게 만든다. 외로움과 무서움을 동반한다. 가난은 매우 큰 불편함을 동반하고, 사회적 관계를 끊게 만들며, 일상적인 생활에서 끊임없이 상대적 박탈감에 시달리게 만든다. 삶의 무의미에 처하게 되는 것이다.

요한복음에서 예수는 자신이 이 땅에 오신 목적을 자신의 양이 생명을 얻을 뿐만 아니라 더 풍성하게 얻게 하심이라고 말하고 있다(요 10:10). 누가복음에서 가난한 사람이 복이 있다(눅 6: 20)고 예수께서 말씀하신 것은 가난을 긍정한 것이 아니다. 가난한 사람들이 더욱 더 풍성한 하나님의 나라를 갈망하고, 다가오는 하나님의 나라에 더욱 개방되어 있기 때문이다. 성경 전체는 가난의 극복에 대해서, 모두가 극심한 빈곤으로 날마다 고통당하는 삶으로부터 탈출하는 것에 대해서 말하고 있다. 그렇다면 무엇을 어떻게 해야 하는가? 이것을 위해 우선 빈곤이 무엇인지 알아야 한다.

### 가난이란?

우리가 문제로 삼고 있는 빈곤은 본인의 의사와는 무관하게 살림살이가 넉넉지 못해 몸과 마음이 괴로운 상태라고 할 수 있다. 그런데 어느 정도의 살림살이가 있어야 빈곤을 벗어날 수 있는가? 사회와 시대에 따라 살림살이의 품목이 달라지고, 지역과 문화에 따라 일반적으로 받아들여지는 생활양식 또한 다르기 때문에, 빈곤의 기준을 정하는 것은 쉽지 않은 일이다. 피터 타운센드(peter Townsend, 1928-2009)는 "어떤 사람이 자신이 속한 사회의 통상적인 생활양식 가운데 어떤 요소가 부족해 박탈감을 느끼며, 소득이 낮으면서 동시에 그 박탈의 정도가 아주 심한 경우에 그는 빈곤 상태에 있는 것"이라고 빈곤을 규정한다.

빈곤에 대한 이러한 정의는 최소 생필품의 절대량을 계산하는 방식이 아니라, 사회의 중간층이 누리고 있는 표준적인 생활수준으로부터의 상대적 거리를 고려했다는 점에서 의의를 지닌다. 즉 빈곤을 정의하면서 단순히 경제적 궁핍이라는 한 측면이 아닌 사회적 관계나 감정과 같은 보이지 않는 요소를 포함하는 인간 삶의 총체적 관점을 고려했다. 이런 점들을 반영하여 유럽의 국가들은 '빈곤'(poverty)이란 용어 대신 보다 포괄적인 개념으로 '사회적 배제'(social exclusion)라는 용어를 사용한다. 즉 빈곤은 단순히 저소득의 상태가 아니라, 주거, 고용, 교육, 건강, 시민권 및 정치 참여의 기회 등 사회가 해결해야 할 다양한 결핍의 문제와 연결되어 있다는 것이다.

그런데 왜 사람은 가난해지는 것일까? 첫째는 노동력이 약화되거나 상실될 때 가난해 진다. 병에 걸리거나 산업재해, 사고와 같은 불행을 당하는 경우, 점점 나이가 들어 노동력이 약화되는 경우에 빈곤의 상태로 떨어지기 쉽다. 둘째는 애초부터 노동의 기회를 갖지 못하는 경우에도 마찬가지이다. 전 세계적으로 만연해 있는 실업, 실직의 현상이 대표적인 예이다. 셋째 일을 하긴 하지만 임금수준이 너무 낮아 소득이 부족할 때도 가난해진다. 흔히 근로빈곤층(working poor)으로 일컬어지는 이들은 낮은 기술 수준으로 일용직이나 임시직 같은 불안정한 일자리를 가지게 되어 가난을 면치 못하게 된다. 이밖에 노동의지가 박약하거나 게을러서 일을 하지 않는 경우에도 빈곤하게 될 것이다.

이 같은 빈곤의 원인들을 살펴보면 질병이나 재해 및 사고, 노령, 실업, 질 낮은 일자리와 같은 것들은 당사자 개인이 마음대로 통제할 수 없는 것들이다. 본인이 게으르고 노동의지가 없는 경우는 빈곤의 원인을 개인에게서 찾을 수 있겠지만 사회의 구조적 특성 즉 자본주의 체제에서 필연적으로 나타나는 불평등의 한 극단적인 양태가 바로 빈곤의 원인이 되기도 한다. 즉 오늘날 자본주의 체제에서는 자본가와 노동자 간 불평등한 계급적 관계가 늘 재생산될 뿐 아니라, 각종 자원(재산, 권력, 학벌, 연줄, 건강 등)을 많이 가진 계층과 그렇지 못한 계층 사이에 그리고 남성과 여성, 주류와 소수자 그룹 사이에 언제나 차별과 불평등이 존재하고, 이런 사회경제 구조 속에서 서민들은 언제든지 빈곤 상태로 떨어지기 쉽다.

그런데 빈곤상태로 떨어지면 그것을 개인의 힘으로 극복하기가 쉽지 않을 뿐더러 일종의 사회적 낙인이 찍히기도 한다. 한편으로 가난한 사람은 어찌할 수 없는 곤경 때문에 늘 가엾고 딱하여 동정심을 유발하는 존재로 여겨지기도 하지만, 때로는 노동을 거부하고 나태하기 이를 때 없이 늘 술에 빠져 지내는 도덕적으로 타락한 영혼이며, 언제든 범죄를 저지를 수 있는 위험하고 불온한 자들도 규정되기도 한다. 가난한 이들에 대한 사회의 부정적 인식은 오늘날도 여전하며, 이로 인해 가난한 이들의 불편과 고통은 더욱 증가하게 된다.

## 가난한 이들의 구원을 위하여

성서의 하나님은 언제나 가난한 이들의 편에 서서 그들의 보호자가 되기를 자처하신 분이시다. 동시에 자신의 백성들에게 과부와 고아를 돌아보고, 가난한 자를 멸시하지 말고, 그들에게 꾸어 주는 것을 아까워하지 말라고 말씀하신다. 예수는 가난한 사람들이 복이 있으며, 그들이 하나님 나라를 차지하게 될 것이라고 말씀하셨다. 가난한 사람들이야말로 하나님을 의지하기 때문에 하신 말씀이다. 가난한 사람들은 이 세계의 비참한 현실을 있는 그대로 보고 느끼고 살게 된다. 해방 신학자들은 이러한 현상을 일컬어 "가난한 자들의 인식론적 특권"이라고 불렀다. 우리는 가난한 이들을 통해 사회의 그늘을 보게 되고 그것을 극복하는 과정에서 이 사회는 좀 더 나은 사회가 될 수 있을 것이다.

무엇보다도 가난한 이들을 구원하기 위해서 필요한 것은 사회적 안정망의 확충이다. 정부의 소득재분배 기능을 강화하고, 시장지향적으로 변화한 금융 부분의 공공성을 확보하고 빈곤층의 금융 소외를 극복해야 한다. 근로빈곤 문제와 노동시장 양극화를 해결하기 위해 비정규직의 증대를 억제하고 적극적인 노동시장 정책을 도입해야 한다. 또한 공교육을 강화하여 가난한 이들에게 평등한 교육과 보건의 기회를 제공해야 한다. 또한 구조적인 관점에서 시장만능의 사유를 지닌 신자유주의적 경제체제에서 자유화와 개방으로 늘어가는 구조조정의 방향에 대해서 다시 생각해야 한다.

불평등의 심화는 사회전체의 안정성과 지속성을 깨뜨린다. 만인의 갖가지 이익들이 서로 상충히는 세계에서 어느 이해 집단만이 지나치게 큰 힘을 장악한다면 그 집단은 자기에게 유리한 정책을 진행시키게 된다. 또 부유한 사람들은 자신들의 경제적 정치적 힘을 이용하여 자신들의 기업에만 과도한 이익을 몰아주곤 한다. 이것은 결국 국민 모두의 생산성과 경제안정과 경제 효율성 그리고 성장에 부정적인 영향을 미치게 된다.

사실 지구상에 가난한 이들이 있게 되는 것은 지구가 가진 자원의 절대량이 부족해서가 결코 아니다. 모든 이들의 평등과 형평성을 악화시키는 경제 구조와 정책들이 계속 되기 때문이다. 가난의 문제는 단순히 개인의 문제가 아니라 사회 구조적 문제이고, 계급과 계층 간의 이해가 첨예하게 얽혀 있기 때문에 쉽게 해결하기는 어렵다. 따라서 여기에 필요한 것이 더 나은 사회, 더 평등한 사회에 대한 상상력이고, 그것을 향한 의지이다.

## 너희가 먹을 것을 주어라.

성경에는 물고기 두 마리와 보리빵 다섯 개로 수많은 사람이 배불리 먹고 남은 이야기가 있다. 오병이어의 기적이라고도 불리는 이 이야기는 네 개의 복음서에 모두 들어 있다. 세례요한이라는 당대의 재야 지도자를 잃은 수많은 유대인 무리가 예수가 가시는 곳이면 어디든 찾아간다. 예수는 제자들과 따로 한적한 곳으로 피하여 쉬고 싶었으나 그때에도 많은 사람들이 예수에게로 몰려 왔고, 그를 불쌍히 여긴 예수는 아픈 이들을 고치고 하나님 나라의 말씀을 선포하셨다. 어느덧 저녁이 되자, 제자들이 예수께 제안을 한다. "여기는 빈 들이고, 날도 이미 저물었습니다. 그러니 무리를 헤쳐 보내어, 제각기 먹을 것을 사먹게, 마을로 보내시는 것이 좋겠습니다." 그러자 예수는 이렇게 대답을 한다. "그들이 물러갈 필요 없다. 너희가 그들에게 먹을 것을 주어라."

제자들은 경제적 곤궁 즉 굶주림에 처한 백성들에게 제각기 가서 굶주림의 문제를 해결하되 먹을 것을 제 돈 주고 사먹는 자본주의적 방식을 택한다. 그러나 예수는 어떠한 보상도 바라지 않고 베푸시는 하나님의 무조건적 은총을 체험한 사람이었고, 제자들에게 바로 그것을 요구하였다. "너희가 그들에게 먹을 것을 주어라."

이야기는 모든 사람들이 떼를 지어 둘러앉았고, 제자들은 자신들이 지닌 보리빵 다섯 개와 물고기 두 마리를 사람들에게 나누어 주기 시작했는데, 결과는 어린 아이와 여성들, 노인들을 제외하고 건장한 남자의 숫자만 세어도 5,000명이 넘었으며, 먹고 남은 바구니가 12 광주리였다고 말하고 있다.

예수의 오병이어의 기적 이야기에는 예수와 함께 서로 나누었을 때 누렸던 풍성함과 기쁨의 경험이 오롯이 녹아 있다. 서로 경쟁하여 가진 자와 못 가진 자를 나누고, 제각기 알아서 스스로의 문제를 해결하도록 강요하는 사회에서 가난 때문에 겪었던 그 모든 억울함과 서운함, 굶주림과 모욕감 등이 모두 사라지는 경험이었던 것이다.

거듭 말하지만 가난은 결코 저소득을 가리키는 경제적 문제만이 아니다. 그리고 그것은 단순히 개인의 문제만도 아니다. 따라서 가난한 이들의 구원을 위해서는 모두가 함께 나서고, 사람을 사람답게 대우하며 모두가 풍성함을 누리는 더 나은 사회를 위한 위대한 비전과 노력이 있어야 할 것이다.

## 참고문헌

신명호.『빈곤을 보는 눈』. 개마고원, 2015.
이강국.『가난에 빠진 세계』. 책세상, 2014.
존 도미닉 크로산/한인철 옮김.『예수는 누구인가』. 한국기독교연구소, 1998.

한 문 덕

(생명사랑교회 목사, NCCK 신학위원)

# 친구 되는 선교

## 선교의 종교인 기독교

기독교는 선교의 종교이다. 이 말은 세상의 모든 종교가 자기가 아는 진리에 대하여 그것을 모르는 다른 사람에게 그것을 전해야 하는 것을 사명으로 생각하지 않지만, 기독교는 진리의 핵심을 복음(복된 소식)이라고 이해하고 그것을 땅 끝까지 전하는 것을 지상 최대의 명령으로 이해하고 있다는 말이다. 즉 기독교는 예수의 유언으로 전해지는 성서의 핵심을 선교하라!(땅 끝까지, 모든 민족에게)로 이해하는 종교이다. 그렇기에 기독교의 역사는 선교의 역사이고, 기독교는 선교란 무엇인가를 배우지 않고도 태생적으로 선교를 해왔다. 그러나 오늘날 '선교란 무엇인가?'를 정의하는 것은 교회의 중요한 과제가 되었다. 그 이유는 교회는 (해외)선교가 무엇인지를 묻지 않고 선교를 해왔었고, 결국은 교회가 행한 그 모든 것이 (올바른)선교도 이해되었지민, 그러나 그 가운데 어떤 것은 선교로 받아들일 수가 없기에, 계속되는 교회의 선교에 대한 정당성을 위하여는 객관적이고 합리적이면서도 논리적인 이해가 전제된 선교에 대한 정리가 필요하게 된 것이다. 즉 선교에 대한 혼동이 유발한 갈등을 극복하기 위한 척도로서의 체계 있는 지식(학문)이 필요하게 된 것이다. 한 가지 예를 통하여 그 문제를 생각해 보자:

어느 무인도에서 살아가던 원숭이가 갑자기 폭풍과 풍랑이 순식간에 일어 섬에 물이 불어나 죽게 되어서 산 위로 도망을 가게 되었다. 이제는 겨우 산꼭대기에 나무 한 그루만 있어 차오르는 물을 바라보며 거기서 목숨을 겨우 연명하고 있을 때, 원숭이는 물고기 한 마리가 물에 밀려와 허우적거리는 것을 보게 되었다. 그런데 이것을 물고기가 물에 빠졌다고 믿은 원숭이는 불쌍하다는 생각에 좋은 일을 하고자 폭풍이 몰아치던 산꼭대기에 나뭇가지에 매달려 목숨을 건 행동으로 물고기를 겨우 건져 올렸다. 그렇게 물고기를 뭍에 올려놓은 후에 물고기가 죽을 것 같아 펄떡거리는 것을 원숭이가 지켜보고는 물고기가 구조되어 좋아서 춤을 춘다고 생각을 하였고, 마침내 조용해져 죽어가는 모습을 보고는 이제 편안히 쉰다고 생각을 하였다. 그러고 나서 날씨가 다시 좋아져 물이 빠지자 원숭이는 거기를 기쁨으로 떠나며, 자기가 베푼 선행이 하늘을 감동시켰다고 믿었다(Duane Elme, *Cross-Cultural Conflict: Building Relationships for Effective Ministry*, 1994)

이 짧은 이야기가 시사하는 바는 신학이 없는 선교는 마치 위의 원숭이처럼 같은 잘못을 저지를 수도 있다는 안타까운 사실이다. 원숭이는 자기의 목숨을 걸고 선교사역을 했을 수는 있지만, 과연 그것이 물고기에게 복음이 되었는가 하는 질문에는 선교신학적으로 정리된 답이 필요하다. 그리고 그 답은 성서적이고, 선교의 역사와 전통 그리고 신학의 흐름에 합당해야 하고 또 복음의 대상자의 구체적인 삶의 상황에 맞는 것이어야 한다. 그런 의미에서 교회는 교회가 행한 선교 가운데 선교라고 할 수 있는 것과 그렇지 않은 것을 구별하여 같은 잘못을 되풀이하지 않기 위한 교회와 선교사들에게 깨우치는 역할을 다해야 할 것이다.

## 올바른 선교의 조건

이러한 이해에 근거하여 본인은 선교학에서 이야기하는 "선교란 무엇인가?"의 답은 다음의 3가지의 조건을 충족시켜야 한다고 생각한다.

선교는 이미 지나간 역사 속에서 실행된 선교 행위를 정리하고 자기 비판을 통해 올바른 것을 계승하고 잘못된 것을 지적하고 스스로의 자정 능력을 통해 올바른 선교를 다시 드러낼 수 있어야 한다.

지난 선교의 역사 속에서 선교는 주로 다음과 같은 것에 방점이 놓여있었다. 선교란 더 많은 사람에게 세례를 주고, 더 많은 교회를 세우고, 더 많은 사람들을 교회에 출석하게 하는 것이라 생각했다. 선교의 대상자들은 지금까지 자기가 살던 지역의 "미신적인" 종교와 "미개한" 문화를 죄로 고백하고, 발전된 서양의 기독교 문화를 받아 들이고 눈에 보이는 서양의 종교를 그대로 옮겨 놓는 것(교회 건축, 성직자 복장, 예배의 형식, 음악과 제의와 상징 등)이라 생각되었다. 이러한 선교는 피선교지의 사람들에게 세례를 베푸는 숫자를 늘리고, 교인 수를 증가시키고 교회의 숫자를 증가 시키며, 사회적으로 학교와 병원이 설립되고 서구의 발전된(?) 제도를 확립하는 성과를 거두기는 했다. 그러나 다른 한 편 부작용도 적지 않았다. 선교는 하나님의 사랑의 대상자인 피선교지역 주민들을 대상화하고, 사람들에게 예수 그리스도를 통한 새로운 영적인 올바른 삶이 목적이 아니라, 서양의 발전된 문화(교육, 의료, 개발)와 자본주의(시장경제)에 몰두하게 하는 결과를 가져와 부귀영화, 입신양명이 선교의 효과로 오해하게 만들었다. 또한 토착민이 오랜 동안 함께 살아온 자신들의 종교와 문화를 정죄하게 만들고 문화유산을 파괴시키고, 현지인들을 숫자와 선교 노획물 정도로 대상화하는 부작용을 일으켰다. 선교란 이름으로 폭력도 불사하고, 현지인들의 땅과 부를 독점하고 심지어는 현지인을 노예화하여, 종교와 가족 그리고 국가가 하나로 생각하며 평화롭게 살던 사람들에게 갈등을 유발하는 요인이 되었다. 선교는 결국 현지인들에게 서구 기독교 세계의 식민지와 제국주의의 확장으로 이해되었고 선교사와 예수는 이러한 식민 제국주의자들의 앞잡이로 이해되는 부작용을 낳았다.. 대부분의 아시아와 아프리카 그리고 중남미 등의 나라들 가운데 이러한 기독교 식민제국주의를 경험하지 않은 나라가 없을 정도였고, 그러므로 이들 나라들이 서로간의 연대를 통해 기독교 선교에 대한 선교중지 선언(1973년 WCC 방콕대회)을 하게 만들었다. 그러므로 선교는 이제 잘못된 지난날의 선교 행위를 스스로 지적하고 세상 전체에 하나님의 뜻(사랑과 평화의 하나님 나라)을 이 땅에 이르는 "하나님의 선교"(*Missio Dei*)에 순종하는 "다시 드러냄의 선교"를 이루어야 한다.

## 경계선을 넘는 선교

선교는 믿는 사람들을 위한 것이 아니라 믿지 않는 사람들을 위한 것이고 땅 끝까지 전 세계를 염두에 두어야 하기에, 항상 새로운 사람과 환경에 열려있는 지금의 경계선을 넘을 준비가 되어 있어야 한다("경계선을 넘는 선교").

선교는 지금까지 경험해보지 않은 새로운 환경에서의 새로운 시도(하나님의 명령과 인간의 순종)를 전제한다. 그렇기에 선교는 스스로가 개혁적이어야 한다. 선교는 기독교 복음의 세계가 지금까지 함께 지켜온 커다란 합의에서 벗어나는 일에 신중해야 하지만, 그러나 항상 지금의 새로운 상황에서 대답을 줄 수 있어야 하고, 미래의 변화되는 상황에도 적용될 수 있는 전체의 틀(하나님 나라)에서 완성을 향하여 나아가는 것이라는 확신이 있어야 한다. 그래서 선교는 지금까지의 교회와 신학이 확고하게 지켜왔던 경계선을 넘어선 활동에 열려 있어야 하지만, 항상 책임적이어야 한다. 이는 선교는 이미 복음을 알고 있는 교회의 경계선 안에 있는 사람들만이 아니라, 오히려 복음을 모르는 사람에 관한 것이기에 지금까지의 교회와 신학의 경계선상에서 밖을 향해 열려 있어야 한다. 그러므로 선교는 교회가 교회 밖으로 나갔을 경우 제일 먼저 만나는 그 나라의 종교와 문화와의 경험에서 생기는 일에 건강한 충돌과 갈등 그리고 지금까지는 경험해보지 못한 화해와 협력을 통해 효과를 나타낼 수 있어야 한다.

선교는 교회가 이것을 행함으로 세상 속에서 자기를 드러내고 자기 존재를 확인 받는 것이다. 그러나 그것은 성서와 선교의 역사와 신학의 전통 그리고 사람들의 상황에 맞게 제시되어야 한다.

칼 뮐러 Karl Mühler는 "선교란 무엇인가?"에 대한 질문에 다음과 같은 답을 한다. 1) 선교는 신앙 확장이다(내용) 2) 하나님 나라의 확장이 선교다(영역) 3) 이방인의 회심이 선교다(대상) 4) 교회의 건립으로서의 선교다(가시적 사역) 5) 경계선을 넘어가는 것이 선교다(영역과 문화권 그리고 계층) 6) 선포자의 봉사가 선교다(삶의 변화와 실천).

이 말은 선교가 무엇이던 복음을 전하는 증거자의 정체성에 따라서 선교가 달라진다는 것을 내포한다. 130년 전(천주교 1775년, 개신교 1885년) 복음을 전해 받은 한국은 위에서 언급한 다른 피 선교지역과는 달리 선교하는 국가의 식민지나 침략적 제국주의를 경험하지 않은 특수한 상황에 있었기에 한국의 경험을 근거로 한 선교의 모습은 선교에 대한 다른 모델을 생각하게 한다. 우리말의 '宣教'는 그래서 영어의 미션(mission)이 내포한 폭력이나 군사작전을 연상케 하는 어떠한 의미도 내포하지 않은 베풀고(宣), 가르친다(教)는 예수의 가르침의 '교'(教, 말씀 선포)와 예수의 사랑의 실천인 '선'(宣, 사회봉사)을 모두 포함하고 있는 이유일 것이다. 이러한 선교에 대한 이해는 일제 제국주의에 고통 당하던 당시의 조선에 미국 중심의 선교사들이 한국인의 편에서 교육과 의료봉사를 통하여 도움을 주어 국가의 해방을 준비하는데 기여하도록 했던 역사적 사실에 근거하고 있다.

## 바람직한 한국적 선교 모델

그렇다면 과거의 피선교 지역으로서의 한국적 선교 경험과 지금의 선교 강국으로서의 한국선교가 만들어낸 '한국적 선교'란 무엇일까? 이는 한국적인 것이 아시아적인 것과 곧 세계적과의 단절이 아니라 서로 다른 것들을 인정하고 통합되고 연합하는 선교적 모델이어야 한다고 볼 때, 한국에서 실제로 일어난 선교에 근거해야 하고, 또 성서의 핵심인 예수의 가르침에 일치되는 것이어야 한다고 생각한다.

이런 의미에서 본인은 한국교회의 역사 속에서 모범적으로 행하여진 선교(사랑을 베풀고 복음을 가르치는), 즉 스크랜튼(William Benton Scranton) 선교사의 선교 행위와 그가 자기 선교 사역의 근거로 이해한 성서의 '선한 사마리아인의 비유'(눅 10:25-37)를 통하여 읽혀지는 선교에 대한 이해를 마지막으로 제시하고자 한다. 즉 예수가 행하였고 그리고 지난 한국교회의 선교사역 가운데 모범적인 스크랜튼의 선교 사역을 통하여 확인하고 또 오늘날에도 적용 가능한 선교적인 모델을 제안 하고자 한다.

의사였던 스크랜튼은 1885년 2월 3일 가족과 함께 감리교 선교사로서는 최초로 한양에 입성하였다. 그는 한국감리교 최초의 의료 선교사로 당시 국가에서 한양 안에 세운 양반과 귀족을 위한 광혜원 병원보다 자신이 직접 세운 죽어가는 평민들을 위한 성문 밖의 사설 병원에 더 관심하였고 당시의 조선의 상황에 맞는 창조적인 선교활동을 펼쳤다. 그는 무엇보다도 한국의 소외된 여인과 어린이 빈민층에 관심을 가졌다. 그는 한국의 여인들을 위한 여성 전용 보구여관(병원)을 열었고, 복음전도의 전초기지로 부자나 권력층보다는 가난하고 소외당한 사람들이 사는 곳에 시약소를 설립하고 여기서 전염병 등으로 죽음으로 내버려진 사람들을 육신을 돌보며 그들의 영혼을 구원하는 사업을 추진하였는데, 그는 이를 "선한 사마리아인 병원 기획"(Good Samaritan's Hospital Project)이라 지칭하였다. 그는 토착 지도자를 양성하는 '신학회'를 세워 전덕기 같은 훌륭한 인재를 양성 배출하여 교회와 국가의 지도자로 세웠고, 감리교회의 친일적 성향과 미국 선교국의 한국 선교 정책에 대한 불만을 품고 단호하게 감리교 목사와 선교사직을 버리고 성공회의 교인으로 나머지 삶을 의사로서 사역을 하다가 일본 고베에서 생을 마치며 한국 선교의 모델이 되었다. 선교사 스크랜튼이 자기의 삶의 모토로 삼은 것은 예루살렘에서 여리고로 가는 길에서 강도를 만나 거의 죽게 된 사람이 놓여 있는 죽음의 계곡을 연상하고 그 사람을 살리기 위해서 그곳을 찾아간 선한 사마리아인의 사역을 생각하여 그 이름을 "선한 사마이라인의 병원 기획"이라고 칭하였을 것이다. 그렇다면 스크랜튼의 선교를 가능하게 한 누가복음의 '선한 사마리아인의 비유'(10:25-37)는 무엇인가?

간략하게 이야기하자면 누가가 말하는 예수의 이야기는 한 유대 율법학자가 예수에게 와서 "어떻게 하여야 영생을 얻겠느냐?"라는 질문에 대한 답으로 제공된 비유로서 선교의 목적을 분명하게 드러낸다. 여기서 예수는 선교의 최종 목표인 영생은, 예루살렘에서 여리고로 가다가 강도 만나서 거반 죽게 된 사람에게 "내가 그의 이웃(친구)이 되어 주었다"라고 주장하는 선교의 행위를 통하여가 아니라, 그 선교 행위를 경험한 사람(강도 만난 사람)이 하나님이 앞에서 "저 사람이 나의 이웃(친구)이다"라고 칭하는 고백 속에서 주어진다는 말이다. 누가복음의 선교신학적 관점에 비춰본 스크랜튼의 선교는 그 결과로서 선교지의 강도 만난 사람들을 내가 도와준 나의 친구라고 주장하는 것이 아니라, 나의 도움을 받은 강도 만난 사람들이 선교사에게 너는 나의 친구라고 불러주는 "칭친구(稱親舊) 선교"가 되어야 한다는 것이다. 예수에게 기인한 선교는 강도 만나 거반 죽게 된 사람의 친구가 되어 주는 것이다.

## 참고문헌

신경림 , 박창현, 이덕주 지음,『선교 강국, 한국 선교 긴급 점검』. 홍성사 2017.
한국선교신학회 엮음,『선교학개론』증보판. 대한기독교서회, 2004.

박 창 헌

(감리교신학대학교 교수, NCCK 신학위원)

# 기독교와 사이버 세계

## 사이버 세계에 대한 교회의 관심과 신학적 조명

인터넷과 가상현실 기술의 발달로 인해 우리는 과거에는 전혀 접해 보지 못했던 새로운 차원의 경험의 영역에 발을 들여놓게 되었다. 초창기, 사이버 세계에 대한 관심과 미지의 영역에 대한 두려움이 공존하던 시절에는 이 새로운 세계에 대한 다양한 기대와 우려의 목소리가 컸다. 종교학자들도 예외는 아니었다. 그들 중 일부는 사이버 세계가 사회적 편견을 해소하고 끝없는 자유를 제공할 수 있는 공간임을 강조하며 지나치게 낙관적인 해석을 제공했고, 일부는 그곳을 현실을 왜곡하고 모조하는 공간으로 이해하며 비관적인 관점을 강조했다. 하지만 이 세계를 탐험하면 할수록 우리는 이세계가 그 겉모습과는 달리, 전혀 다른 차원의 낯선 미지의 영역이 아니라 우리에게 친숙한 현실의 세계와 많이 닮아 있다는 것을 깨닫게 된다. 요즘은 사이버 세계를 현실의 일부로 받아들이고 그 안에서 다양한 활동을 영위하는 형태로 우리의 삶이 급격하게 변화되고 있다.

각종 SNS, 이메일, 홈페이지, 인터넷 신문, 인터넷 뱅킹, 온라인 게임 등과 관련된 다양한 가상활동이 광범위하게 생성되고, 우리가 살고 있는 현실에 강한 영향력을 끼치면서, 현실과 사이버 세계의 경계는 더욱더 모호해지기 시작했다. 사이버 세계는 현실에 관련된 정보를 빠르게 전달하고 수정하며, 인간과 인간 사이의 커뮤니케이션을 실시간 제공하고, 놀이와 경제활동의 장을 열어준다. 1인 미디어 시대가 열리면서 개인이 자신의 영상을 SNS를 통해 전 세계에 유포하며, 실시간으로 피드백을 받을 수 있게 되었다. 이러한 과정들을 통해, 사이버 세계와 현실 세계는 이미지와 상징, 특정한 주제에 대한 관점과 해석 그리고 다양한 사상과 의미들을 전달하며 공유한다. 또한, 현실 세계에서만 가능했던 사회적 경험들이 사이버 세계를 통해 제공되면서, 온라인을 통한 사회적 경험의 영향력과 그 본질적 가치에 대한 고찰이 중요한 문제가 되었다. 따라서 사이버 세계는 다양한 분야의 학자들의 관심의 대상이 되어왔고, 이미 경제학, 사회학, 심리학, 법학, 종교학 등의 분야에서 다양한 연구가 진행되었다.

그렇다면 이러한 시대적 변화 가운데 교회가 사이버 세계를 신학적으로 조명하고 깊은 관심을 기울여야 할 이유는 무엇일까? 현대인들은 일상 중 많은 시간을 실제로 사이버 세계를 접속하는데 할애하고 있고, 전 세계를 통해 점점 더 많은 수의 사람들이 가상 활동을 경험하고 있는 것은 사실이다. 또한, 기술의 발전으로 가상 경험의 형태가 다양화 되어갈 뿐만 아니라, 인간의 감각을 이용하여 좀 더 현실 경험과 비슷한 가상 경험을 제공하려는 가상 경험의 질적 변화도 계속되고 있다. 이러한 사회적 변화 속에서, 특별히 교회가 사이버 세계라는 미지의 영역에 대한 연구와 신학적 조명을 게을리 해서는 안 될 중요한 이유는 아래와 같다. 첫째, 많은 사람들이 온라인을 통해 종교적 활동을 영위하고 있기 때문이다. 교회와 교단 공식 홈페이지, SNS, 이메일 등을 통해 성경 말씀과 설교 동영상, 예배 관련정보 등을 확인하고, 채팅 서비스를 통해 개인의 신앙 경험과 친교를 나누는 일이 다양한 연령계층으로 확산되면서, 점점 교회와 사이버 세계는 밀접한 관계를 맺으며 상호작용을 하고 있다. 또한, 사이버 세계를 통해 영위하는 다양한 종교적 활동들이 실제 우리의 신앙생활과 현존하는 교회에 다각도로 깊은 영향을 줄 수 있기 때문에, 온라인 종교 활동에 대한 신학적 연구와 그로 인한 개인의 신앙과 교회의 변화를 성찰하는 것이 교회로서는 중요한 과제가 되었다.

두 번째, 사이버 세계와 현실 세계의 경계가 모호해짐에 따라 현실 세계에 대한 사이버 세계의 영향력이 높아지고 있기 때문이다. 교회는 시대적 상황과 인류의 중대한 과제에 대한 신학적 해석과 그 방향성을 제시해 줌으로써 이 시대를 살고 있는 사람들이 하나님의 뜻에 따라 그들의 삶을 바르게 영위하도록 인도해야 할 사명이 있다. 그렇다면 현재 우리의 실제 삶에 영향을 주고 있는 사이버 세계 그 자체에 대한 본질적 이해와 신학적 해석을 제공함으로써, 인류가 어떠한 태도로 사이버 세계와 다가올 다양한 형태의 가상 경험을 대해야 할지에 대한 올바른 관점을 제시해야 한다. 이것은 구체적으로 두 가지 방향으로 전개될 수 있다. 하나는 사이버 세계 그 존재에 대한 본질적 규명이며, 다른 하나는 그 세계 안에서 인간의 윤리적 방향성을 제시하는 것이다. 즉, 사이버 세계란 무엇인지(가상 경험과 가상 정체성 문제를 포함)에 대한 신학적 성찰과, 그 안에서(게임 세계 포함) 인간이 어떻게 올바르게 행동해야 하는지에 대한 기독교 윤리적 관점들을 제공하는 것이다.

　마지막으로, 사이버 세계는 다양한 다수의 사람들과 효율적으로 소통할 수 있는 가상의 장소이기 때문이다. 복음을 전하기 위해 땅 끝까지 가야할 사명이 주어진 교회는 다양한 인종과 민족들이 모여 언제든지 소통의 장을 형성할 수 있는 효과적인 공간인 사이버 세계에 주목해야 한다. 사이버 세계의 가장 큰 특징 중에 하나는 접근성이 높다는 것이다. 다양한 기기를 통해서 전 세계 어디서든지 접속이 가능하며, 실시간으로 대화와 소통이 가능하다. 따라서 모든 민족을 제자로 삼으라고 말씀하셨던 그리스도의 명령에 따라, 사이버 세계를 통해서 그의 가르침을 전하는 것은 중요한 교회의 당면 과제이다. 사도 바울은 편지라는 당시의 효과적인 매체를 통해 공간의 제약을 넘어 각 교회에 메시지를 전달했고, 그의 서신들은 시대를 초월하여 성서를 통해 현시대를 사는 우리에게 까지 전달되고 있다. 또한, 영상 미디어가 발달되기 전에 우리는 대부분 문자를 통해 메시지를 전달하고 그것을 읽는 것에 익숙해져 왔지만, 요즘은 다양한 영상과 이미지를 통해 메시지를 전달하고 또한 그것들을 해석하는 것이 새로운 소통의 방식으로 떠오르고 있다. 따라서, 교회는 인터넷을 통해 효과적으로 기독교 복음의 메시지를 전파하기 위해 다양한 소통 방식들을 연구하고 이해하며, 텍스트를 통한 소통 뿐만 아니라 영상과 이미지를 통한 메시지 전달의 중요성과 그 가능성에 집중해야 한다.


## 사이버 세계 속 종교 활동과 그 의미 성찰

　인터넷을 통해 구현되는 가상세계 속에서 우리는 정치, 경제, 사회,

문화와 관련된 다양한 활동들을 경험하고 있다. 이것은 더 이상 어린 시절 중요한 기념일에나 방문할 수 있었던 놀이동산에서의 특별한 경험이 아니라, 우리의 현실 속 아주 익숙한 일상이 되어가고 있음에 중요한 의미가 있다. 80년대 부모님이 주시던 용돈을 모아 오락실에서 잠시 잠깐 즐기던 게임 플레이는 이제 무제한 데이터와 와이파이의 혜택으로 언제 어디서든지 값싸게 즐길 수 있게 되었다. 스마트폰의 보급과 대중화로 인해 사이버 세계를 이용하는 연령층의 확대와 그것의 시간적 공간적 제약이 완화되면서, 가상 활동은 수많은 현실의 물리적인 활동들을 대체하며 그 영역을 확장해가고 있다. '이러한 변화의 과정 속에서 과연 현대인들은 어떠한 종교 활동들을 사이버 세계를 통해 영위하고 있는가?'라는 질문은 교회가 성찰해야 할 중요하고 의미 있는 신학적 질문이라고 확신한다.

실제 교회에서 인터넷을 활용하고 있는 예는 다양하다. 일반적인 교회 공식 홈페이지는 대표적으로 교육(교회, 교단 관련 정보와 신학적 지식 제공 등)과 친교(게시판, 사진첩, 댓글 등)의 기능을 포함하고 있다. 또한, 방문자들이 주일 예배 동영상(혹은, 설교 동영상)과 주보를 확인하고 개인적으로 중보 기도를 요청할 수 있는 기능과, 일부 대형 교회에서는 실시간으로 온라인 예배에 참여할 수 있는 시스템을 제공하여 국내뿐만 아니라 해외에서도 접속이 가능하도록 하고 있다. 일부 유명 SNS의 경우, 교회는 세부 그룹별로 채팅방을 개설하여 신앙적 경험과 다양한 정보를 실시간으로 공유하고, 오프라인 모임을 위한 사전 논의와 준비를 위해 이를 효율적으로 이용하기도 한다. 이는 SNS가 공식 홈페이지보다는 모바일 기기를 통한 접근성과 사적인 소통에 좀 더 유리하고, 단체방에 초대된 회원들에게만 정보가 공개되는 장점을 가지고 있기 때문으로 추정된다. 또한 유명 동영상 공유 사이트를 통해 설교, 예배, 찬양, 신학 관련 다양한 분야의 동영상들이 제공되므로, 교회는 자체 교육과 프로그램에 이를 활용할 수 있게 되었다. 누구나 영상을 제작하여 쉽고 빠르게 전 세계에 있는 유저들과 공유할 수 있는 SNS의 기능은 영상 중심의 소통 문화를 형성하였고, 이는 교회 안에서도 다양한 방식으로 활용되고 있다.

위와 같이, 인간은 다양한 종류의 종교 활동을 사이버 세계를 통해 경험하고 있다. 인간의 경험의 영역이 가상세계로 확장되면서, 우리는 이 새로운 차원의 세계를 통한 경험의 본질이 무엇인가에 대한 성찰이 절실히 필요한 시대에 살게 되었다. 경험은 인간에게 삶에 대한 다양한 지식과 정보를 제공하고, 인간은 성찰의 과정을 통해 자신의 경험을 해석하고 교훈을 얻는다. 살아가면서 겪는 다양한 종류의 경험과 그로 인해 얻는 지식과 교훈은 인간의 현재 뿐만 아니라 미래의 결정과 선택에도 영향을 미친다. 그렇다면 가상 경험은 어떠한가? 가상 경험을 통해 얻은 지식과 교훈은 우리의 실제 삶에 어떠한 영향을 줄 수 있는가? 또한, 온라인 종교 활동을 통해 얻는 경험은 어떠한가? 이는 인간의 종교 정체성 형성 과정과 실제 개인의 신앙생활에 어떠한 영향을 줄 수 있을까? 위의 질문들을 고려해 본다면, 새롭게 등장한 사이버 세계 그리고 새로운 차원의 경험의 영역에 대한 탐구는 교회에게 있어서 중요한 신학적 과제임을 알 수 있다.

가상 활동을 통한 경험의 영역은 확장되고 있으며, 기술의 발전에 따라 우리가 예상하지 못한 형태의 가상 경험(그것이 좀 더 감각적인 형태의 가상현실일지 혹은 그 이상의 전혀 새로운 것일지 확신할 수 없다)이 다가오고 있음도 사실이다. 가상 경험을 통해 얻는 지식이 우리의 삶에 영향을 주고 있다고 가정한다면, 이를 통해 얻는 종교적 지식 또한 교회와 개인의 신앙에 영향을 줄 수 있다. 또한, 성도 간의 온라인 커뮤니케이션은 화면상의 텍스트와 이미지, 혹은 '좋아요' 아이콘 등을 통해 교회 공동체에 있어 중요한 가치인 사랑을 표현하기 위한 친교의 수단으로 사용될 수 있다. 일상에서 실시간으로 나누는 온라인 교제는 오프라인 관계를 더욱 돈독히 하거나 관계의 영역을 확장시키는 역할을 할 수 있다. 하지만 이는 온라인 환경의 특성상 피상적인 인간관계의 유혹이나 면대면 소통과 물리적 만남의 본질적 가치를 저하시킬 수 있는 위험성 또한 내포하고 있다. 그러므로 사이버 세계를 통한 종교 활동의 양상을 파악하는 것도 중요하지만, 그것의 현실 영향력을 연구하는 것도 교회의 필수 과제이다.

## 사이버 세계에 대한 그리스도인의 자세

올해는 종교 개혁 500주년을 맞이하는 해로서 종교 개혁의 의미를 재조명하고 기념하는 작업들이 진행되고 있다. 이러한 의미 있는 시기에 본 주제와 관련하여 루터가 대중과 소통하기 위하여 당시 최첨단 기술이었던 독일의 인쇄술을 얼마나 효과적으로 사용하였는지에 대해 살펴보는 것은 중요한 의미가 있다. 루터는 95개조 반박문뿐만 아니라 신학적 사상이 담긴 다양한 팸플릿과 서적들을 지속적으로 출판하였고, 당시 발달된 독일의 인쇄술은 그가 신속하게 그의 반대자들에게 반박할 수 있는 기회와 종교 개혁 메시지가 대중에게 쉽고 빠르게 확산될 수 있는 기회를 제공하였다. 기독교 역사에 있어 사도 바울이 자주 서신을 이용하여 교회와 소통했던 것, 루터가 최초로 성서를 독일어로 번역하여 출판했던 사건은 하나님의 말씀과 신학적 메시지를 전달하는 수단으로서 매체의 역할의 중요성을 보여준다.

기존 매체들, 예를 들면, 텔레비전, 라디오, 출판물 등과 인터넷 매체의 가장 큰 차이점은 후자는 쌍방향의 소통과 상호작용이 가능하다는 점이다. 누구든지 최소 비용과 장비로 콘텐츠를 제작하고 전 세계로 신속하게 배포할 수 있으며, 실시간으로 이에 대한 피드백을 받을 수 있다. 현재 인터넷의 영역은 지속적으로 확장되어가고 있고, 전 세계적으로 이용자의 수도 증가하고 있을 뿐 아니라, 현실과의 경계 또한 모호해지는 현상 또한 일어나고 있다. 즉, 인터넷 통신망을 통해 비물리적으로 구현된 사이버 세계를 하나의 공간으로 이해한다면, 그 공간은 개방적이고 광범위할 뿐 아니라 경계가 없고, 현실 세계와의 상호작용과 활발한 교류로 인해 그 영향력이 더욱더 증대되고 있다. 이 공간에서 벌어지는 현상들은 더 이상 우리의 현실의 삶과 무관한 것이 아니며, 우리의 사고와 행동, 인간관계, 가치관과 세계관의 형성에 이르기까지 다각도로 영향을 끼치고 있다. 이러한 사이버 세계를 본질적으로 이해하려는 노력은, 500여 년 전 루터가 발전된 인쇄술에 대해 가졌던 관심(당시 그는 직접 실력 있는 인쇄 기술자를 자신이 살고 있는 지역으로 초빙하는 노력을 기울였다)만큼이나 의미 있는 것이라고 생각한다. 어떻게 기존의 기독교 복음의 메시지를 사이버 세계에 적합하게 제작하여 전달해야 하는지에 대한 적절한 방법들을 연구하는 노력 또한 중요하다. 예를 들면, 텍스트뿐만 아니라 이미지와 상징, 동영상을 통한 교육 방법의 연구, 상호작용이 가능한 환경에서 효과적인 메시지 전달 방법, 영향력 있는 게임 세계 속에서 캐릭터나 가상의 공간을 활용하여 전도하는 방법 등을 각 교단과 교회가 적극적으로 연구하는 것이 매우 시급하다.

현대의 그리스도인들은 시시때때로 온라인을 통해 성경을 읽고 스마트 폰 알림 서비스를 통해 매일의 말씀을 전송 받으며, 동일한 말씀 구절에 대한 다른 사람들의 묵상과 의견을 항상 공유할 수 있다. 일부 아이들은 상호작용이 가능한 이미지가 제공되는 성경 앱을 통해 성경 이야기를 읽고, 증강현실 기술을 도입한 주일학교 교재와 스마트 폰을 통해 입체적으로 구현되는 시뮬레이션으로 말씀을 배운다. 분명, 기술은 발전하고 있고, 우리의 신앙생활의 형태는 변화하고 있다. 사이버 세계의 등장은 짧게 그칠 돌풍이 아니라 계속되는 허리케인에 가깝다. 철저한 신학적 연구와 교회의 지속적인 관심을 통해 사이버 세계의 본질을 이해하려는 노력뿐만 아니라 그 영향력과 방향성을 파악하고, 복음 전파를 위한 활용 방안을 모색하는 것은 교회의 현재뿐만 아니라 미래를 위한 준비 작업이기도 하다. 종교 개혁 500주년을 맞이하는 요즘, '만약 루터라면 어떻게 했을까?'라는 질문을 던져본다. 그 시대에 주어졌던 매체를 향한 종교 개혁자들의 관심과 그 효과적 활용이 현시대에도 전해지기를 진심으로 바란다.

## 참고문헌

The Importance of the Printing Press for the Protestant Reformation, Part One. http://www.reformation21.org/articles/the-importance-of-the-printing.php.
The Importance of the Printing Press for the Protestant Reformation, Part Two. http://www.reformation21.org/articles/the-importance-of-the-printing-press-for-the-protestant-reformation-part-two.php.

김 한 나

(성공회대학교 강의교수, NCCK 신학위원)

# 설교와 예배

## 예전과 설교의 관계

서구 개신교 전통에 서있는 교회들은 그들이 예전적인 예배 형태를 가지고 있든지 아니면 비예전적인 예배 형태를 가지고 있든지 예배의 내용과 형식에 있어서 설교 중심으로 발전되어 온 것이 사실이다. 오늘 날 '설교 중심 예배'(preaching-centered worship)는 개신교인들에게 나 밖에서 개신교를 바라보는 사람들 모두에게 개신교의 특성을 잘 나타내주는 용어로써 받아들여지고 있다.

예배에서 말씀의 회복은 개신교의 소중한 유산임에 들림 없다. 하지만 개신교의 예배 전통에 있어서 설교에의 강조는 결국 '설교'와 '성례전' 사이의 거리를 멀게 하는 한 가지 요인이 되었다고도 말할 수 있다. 물론 20세기 중반 이후의 보다 실제적인 예배 개혁 운동들이 개신교 안에 진행되어 왔지만 여전히 설교는 개신교 예배에 있어서 지배적인 역할을 감당하고 있으며, 성례전 특히 성만찬은 설교의 '머리말' 혹은

'첨가'로써 간주되고 있다. 예전과 설교 사이의 갈등과 거리감은 비단 서구교회 안에서만의 논쟁일 뿐만 아니라 오늘날의 한국교회가 가지고 있는 예배 구조가 만들어내는 논쟁점이기도 하다.

예배 구조에 대해 이해와 실행에 있어서 이전 세대의 로마가톨릭과 개신교회는 심각한 갈등 속에 있었다. 특히 예전과 설교의 관계는 서로 양립할 수 없는 실천적 거리를 두고 있었다. 윌리엄 스쿠드라렉(William Scudlarek)은 이러한 상황을 다음과 같이 간단하게 설명한다. "(가톨릭의) 설교 없는 성례전적 예배, (개신교의) 성례전 없는 설교 예배." 개신교 전통에서는 설교가 예배 안에서 지배적이고 중심적인 역할을 감당했다면, 로마가톨릭 전통에서는 이 상황은 전혀 반대였다. 로마가톨릭교회의 예배에서 설교는 심지어 예전을 원활하게 진행하지 못하게 하는 '방해' 거리로 간주되기도 했었다.

제2차 바티칸 공의회 이후 로마가톨릭이나 개신교에서는 예배를 이해하는 방식에 있어서 눈에 띄는 변화를 가져왔다. 우선, 로마가톨릭에서는 '말씀의 예전'의 중요성이 다시 회복되었다. 그리고 개신교에서는 '성만찬의 예전'이 회복되기 시작했다.

그렇다면 왜 예전과 설교의 동등한 동반자 관계를 회복시켜야 하는가? 그것은 그러한 동반자 관계가 회복될 때 기독교 예배가 본질적으로 더욱더 풍성해지기 때문이다. 하나의 예배 의식 속에서 행해지는 설교와 성만찬의 역동적 결합은 그 예배에서 신앙의 온전한 신비를 드러내도록 한다. 그러나 분명한 것은 설교가 성만찬 테이블의 아래에 있다거나 혹은 성만찬이 설교의 부속물로 인식되어서는 안 된다는 것이다. 하나는 다른 하나에 종속되어 있지 않다.

설교는 성만찬만큼 중요하다. 우리 기독교인들은 예수 그리스도의 실재적 임재가 성만찬의 빵과 포도주에서 뿐만 아니라 말씀의 선포에도 있음을 안다. 설교는 단지 하나님에 "대해서" 말하는 것이 아니라 그리스도의 개인적인 말과 신적인 힘이 현현을 포함하고 있다. 로마기톨릭에서도 그리스도의 현존은 성례전적인 요소(빵과 와인 같은), 말씀의 선포 그리고 모여 기도하는 공동체에도 있음으로 고백한다. 우리는 그리스도의 현존을 설교나 성만찬 같은 '예전' 각자에서도 경험할 수 있지만, 그것이 통합되어 하나로 어우러져 행해지는 예배 의식을 통하여서 잘 경험할 수 있다. 특히 로마가톨릭교회는 성례전에서처럼, 선포된 예수님의 말씀 속에 임재 되는 예수님의 현존에 대한 제2차 바티칸 공의회의 가르침의 목소리에 귀를 기울여야 한다.

또한 개신교회들은 설교가 선포되는 예배의 특성이 '예전적'라는 것을 잊지 말아야 한다. 또한 설교의 잠재적인 역량은 예전적 틀 안에서 가장 풍부하고 나타날 수 있다는 것도 기억해야 한다. 그것은 기독교의 역사가 증명해 주고 있다. 예배학자들은 기독교 예배에 본질에 대한 이해하고자 할 때 우선 들여다보게 되는 것은 역시 초대교회의 관행과 전승들이라 할 수 있다. 기독교가 가장 생명력 있게 움직였던 초대교회의 예배에서 이러한 성만찬과 말씀이 함께 움직이는 예배의 예전적 동반자 관계를 관찰하는 것은 결코 어려운 일이 아니다. 그들에게 복음의 선포가 구원의 사건에 대한 신비를 이야기하는 것이었다면, 성만찬은 복음의 충만을 표현하는 것이었다.

오늘날 한국교회에서 설교와 성례전을 예배의 관점에서 이해하는 것은 사실상 가장 중요한 주제중의 하나이다. 기독교의 진리는 하나이지민 그것을 표현히는 예배는 다양하다. 오늘날 이 주제가 중요하게 다루어져야 하는 이유는 바로 설교와 성례전 사이의 끊임없는 대화를 통해서 이러한 다양한 예배 전통들이 대화하는 장소를 마련해 주기 때문이다.

## 예배의 갱신

사실, 예배 개혁 운동은 에큐메니칼 운동과 밀접한 관계를 가져왔다. 예배 갱신은 '예배의 본질이 무엇인가?'라는 질문에서부터 시작되었고, 이러한 질문은 에큐메니칼 운동의 과정 속에서 본격적으로 제기되었기 때문이다. "어떻게 종파와 나라가 다른 사람들이 같이 예배 드릴 수 있을까?"하는 것이 그들의 중요한 고민이었다. 예배 개혁 운동은 에큐메니칼 운동을 출발하는 이러한 중요한 질문에서 시작하였다.

세계의 다양한 예배 전통들이 사도적 신앙에 대한 공유된 이해를 가지고 연합을 이루었다고 말하는 것은 너무 성급하다. 실제적으로 그들은 아직 하나의 성례전적 교제 안에서 함께 신앙의 신비를 나누지 못하고 있다. 그들은 아직 공동적인 목회 안에서도 하나가 되고 있지도 못하다. 그러나 기독교 신학의 기반 즉 예수 그리스도 위에서 그들이 점점 하나의 연합된 예배에로 가까워지고 있다는 것은 사실이다. 한 가지 확실한 사실은 그들 모두 예수 그리스도가 교회의 머리이며 교회는 단지 예수 그리스도의 지체일 뿐이라는 것이다. 우리가 서로 나누어져 있는 것은 신앙이나, 형식이나 전통 내에서의 문제일 뿐만 아니라, 국가와 계층과 인종의 차이에서도 마찬가지이다. 그러나 그리스도는 나누어지지 않았다. 예수 그리스도를 구하는데서 우리는 다른 이들을 찾을 수 있다. 우리는 이러한 경험을 예배 안에서 경험할 수 있다. 에큐메니칼 운동이 기독교에 대한 공헌 중의 하나는 분명히 예배 속에서 기독교인들을 하나로 만들려는 시도이다. 예배는 바로 그리스도를 구하고 경험하는 장소이다.

예배는 강연회나 세미나가 아니다. 설교를 위한 배경으로 존재하는 것도 아니다. 다시 한번 강조하지만 예배는 예전적인 행위이며 의식이고, 설교는 그 예전적 의식의 중요한 요소이다. 예배 자체가 예전적 행위이기 때문에 설교의 틀은 항상 예전적일 수밖에 없다. 그러므로 설교를 예배라는 예전적 틀 안에서 다루는 것은 설교 자체에 대한 본질적인 질문일수 있다. 그렇다면 설교가 가지는 예전적 특성은 어떻게 살아 움직일 수 있을까?

오늘날 한국 개신교회의 설교는 상당히 독립적이다. 말씀 자체로 그 영향력이 풍부하다. 특히 방송이나 인터넷을 통해서 많은 설교들을 들을 수 있는 시대에 그 독립성은 더욱 강하된 듯 보인다. 사람들은 예배에 관심이 있는 것이 아니라 설교에 관심이 있다. 예배를 방송하는 것이 아니라 설교만 방송하는 개체교회나 인터넷 매체들이 많이 등장했다. 예배의 한 요소로써가 아니라 하나의 독립된 것으로 받아들이는 것이다. 설교의 예전적 특성은 무시되었다. 그렇다면 과연 어떤 설교가 예전적인 본질에 가까운 설교일까? 형태가 아닌, 우리가 돌아가야 할 설교의 본질이 무엇일까?

예배는 회중들에게 주신 하나님의 은혜의 선물이요, 신앙에 유익을 주고, 예수 그리스도의 구원사역에 직접 참여할 수 있도록 한다는 점에서 그 자체로 성례전적이라고 말하여 질 수 있다. 회중은 예배를 통하여서 예배 가운데 영적으로 임재하시는 예수 그리스도를 눈으로 보고 손으로 만질 수 있는 신비를 경험하게 된다. 말하자면 예배는 하나의 성례전적 흐름과 신비를 가지고 있다. 그렇다면 설교는 분명히 이러한 성례전적 흐름 속에 있어야 한다.

'성례전적'이라는 말은 단지 예배 분위기나 형식에 관한 설명이 아니다. '성례전적' 혹은 '예전적'인 의미로써의 설교를 이야기 할 때 우리가 주의 깊게 보아야 할 가장 중요한 것 중의 하나는 우리를 위해서 죽으시고 부활하신 나사렛 예수 그리스도의 삶 자체이다. 그분의 삶이 사람들 즉 우리들의 삶 속에서 선포된 것이 성례전적인 구원이며 성례전적 삶의 선포다. 그렇다고 한다면, 예전으로서의 설교의 임무의 한 가지는 사람들의 삶을 해석하고, 그 다음에 그들이 신앙 안에서 예수 그리스도의 성례전적인 행동에 참여하도록 하게 하는 일이다. 우선은 예배의 예전적 의식들이 담고 있는 성례전적 흐름에 참여 하도록 하는 것이다. 하지만 개신교가 가지고 있는 전통적인 설교는 한계를 가지고 있다.

그것은 개신교의 전통적인 설교가 가지고 있는 소통의 구조적인 특성 때문이다. 기독교 역사 특히 어거스틴 이후에, 하나님 말씀을 전하는 사자(Herald)로서의 설교자의 이미지는 교회 안에서 그 굳건한 위치를 다져왔다. 개념적으로 사자는 왕의 명령의 전달자이며, 그 전달의 방식에 있어서 '한 방향의 언어 소통'(One-way Communication) 구조를 가지고 있다. 그들의 임무는 왕의 칙령을 전달하고 선포하는 것이다. 전통적인 설교자의 이미지나 설교는 이러한 사자의 'one-way communication'의 특성을 고스란히 간직하고 있다. 이 특성은 그 설교에 있어서 대부분 연역적으로 전개되거나 교리적이고 교훈적인 내용 그리고 교육적인 방식으로 나타난다. 그리고 이러한 소통을 가진 설교의 특성은 형태적으로 주제설교로 표현되며 대부분 3대지(혹은 4대지) 설교의 모습으로 선포되곤 한다. 바꾸어 말하자면 설교학에서 이러한 특성과 형식을 가진 설교들을 전통적인 설교라고 구분한다.

  이러한 전통적인 설교는 '권위' 구조 속에서 효과적으로 전달되곤 한다. 다시 말하자면 전통적인 설교를 위해서 필히 전제되어야 할 것이 '권위'이다. 사자 스스로는 권위를 가지고 있지 않다. 그러나 그는 왕으로부터 왕을 대신할 권위를 부여받는다. 전통적인 설교에서도 이러한 개념은 동일하게 적용된다. 설교자는 인간이지만 그가 전하는 말은 하나님 말씀이므로 그에게는 권위가 부여 된다. 이런 권위를 바탕으로 설교하는 설교자는 보통 높은 강단에 위치해 있다. 이것은 단순히 모든 사람들에게 잘 보이게 하기 위해서 높은 장소에 올라간 것이 아니다. 높은 강단 위에 서있는 설교자는 하나님 말씀을 전달되는 통로이다. 그러므로 전통적인 설교나 설교자의 이미지에는 공동체 속으로 내려오는 성육신의 개념이 희박하다. 이제 설교자는 회중들의 삶의 자리에서 떠나 높은 자리에 위치해 있다.

  삶에서 해석된 말씀이 아니라 위에서 선포된 말씀 자체는 성례전적이라기보다 예언적이다. 그것은 사실 예배의 틀 안에 위치하지 않더라도 충분히 독립적이다. 물론 예배에서 선포된 말씀과 조화를 이루는 여러 가지 예배 요소들이 존재해 있는 것은 사실이지만 전통적인 설교의 '독립'적인 특성은 오늘날의 한국교회의 예배 현실 속에서도 잘 드러난다. 한국 개신교회의 보편적 특성 가운데 하나는 설교의 앞에 오는 예배 순서들은 모두 설교를 듣기 위한 '예비적 성격'을 띠며 설교가 마침과 함께 회중들은 예배도 끝난다는 인식이다. 또한 "예배의 참여자들 역시 설교를 통해 '은혜'를 받지 못하면 그날 예배는 의미는 현저하게 감소한다. 설교 이외의 다른 순서들의 기능과 의미는 설교에 비하며 너무 소홀하게 받아들여지는 것도 사실이다. 심지어는 예배의 구조 자체가 선포와 응답으로 이루어진 것은 맞지만 예배에서 긴 설교로 인해 찬송가가 잘려지는 일들이 교회의 현장 곳곳에서 빈번한 일어나기도 한다.

물론 이러한 오류들이 전통적인 설교의 특성 때문에 생성되는 것이라고 말할 수는 없다. 여러 가지 복잡한 요인들이 있을 것이다. 그러나 전통적인 설교가 가지는 일방적인 소통이라는 개념에서 볼 때 사실상 회중의 응답이라는 과정이 무시되거나 생략되어도 무방한 것이 사실이다. 한쪽으로 주어지는 일방적인 말씀 소통은 회중으로 하여금 예배에 참여하게 만들기보다 회중이 예배를 '보거나 듣는' 수동적 대상으로 만들어버리곤 한다.

## 참여적 예배를 향하여

예배의 본질을 찾고자 하는 20세기 예배 개혁 운동의 가장 변화 가운데 하나는 예배에 참여하는 '회중'에 대한 새로운 이해이다. 심지어 이전 세대의 로마가톨릭에서는 예배에 있어서 회중은 수동적이거나 관람자의 역할 정도였다. 초대 교회 이후에 회중들의 참여적 예배는 중세기에 이르러 회중이 철저하게 소외된 형태로 발전하였다. 고유의 언어가 아닌 라틴어의 사용과 감소된 성만찬 그리고 배제된 포도주 등은 회중을 예배의 주체가 아니라 관람자로 전락시켰다.

제2차 바티칸 공의회의 예배 개혁을 통해서 회중의 중요성은 다시 부각되었다. 근본적으로 회중의 역할을 관람자에서 참여자로 만들어 놓았다. 로마가톨릭의 경우 회중들은 성만찬의 참여와 응답적인기도 그리고 성서 봉독에의 참여를 통해 예배 개혁의 주체로 인정받기 시작하였다. 이러한 개혁의 방향은 설교에 대한 심각한 고민에서도 고려되어져야 한다고 본다. 예배 개혁의 관점에서 본다면 회중은 설교를 듣는 청취자가 아니라 예배에 참여한 참여자가 되어야 한다.

예배의 개혁과 무관하게 20세기 중반 설교에 대한 이해나 실제에 있어서 변화들이 일어나기 시작했는데 그 중심에는 역시 회중에 대한 이해가 있었다. 20세기 이후의 기독교가 찾은 예배의 본질 가운데 '회중의 참여'에 대한 부분은 간과될 수 없는 부분이다. 이러한 맥락에서 예배를 구성하고 있는 두 가지 요소인 말씀이나 성만찬에 있어서 중요한 예전적 본질은 회중의 참여라고 할 수 있다. 그러나 안타깝게도 설교학자들이 비판하는 전통적인 설교의 일방적인 소통 구조는 회중을 참여자가 아니라 청취자로 만들어 버리는 한계를 가지고 있다. 이러한 점들로 인해서 전통적인 설교 형태를 예배의 예전적 틀을 속에서 논의하는 것에는 한계가 있다.

예배에서 설교는 하나님의 은총과 인간의 응답이 만나는 자리다. 최근 학자들이 제안하는 설교에 대한 신학적 그리고 방법론적 접근은, 설교가 일방적으로 선포되고 강요하는 소통의 구조가 아니라 양방향 의사소통 즉 하나님의 이야기와 회중의 삶의 이야기가 서로 소통하는 설교 구조이다. 이러한 설교 구조는 어떤 주제를 설명하거나 논증하는 것이 목적이 아니다. 회중 스스로가 하나님의 이야기와 만나도록 도와주고 예배에 참여하도록 만드는 것이다.

이러한 개념은 전통적인 설교자의 개념인 '사자' 이미지가 아니라 '증언자'(witness)의 이미지에 가깝다. 설교자는 높은 단에서 내려와 회중의 속의 일부로써 말씀을 나누게 된다. 단지 설교자의 위치가 낮아짐으로 인해서 구조적으로 회중은 설교에 참여하게 되고 설교자의 이야기를 자신의 한 부분으로 이해하게 된다.

오늘의 한국교회가 겪고 있는 여러 가지 어려움들을 극복하고 새로운 부흥을 이루는 길이 기독교의 본질을 회복하는 것이라는 반성의 목소리들이 곳곳에서 들려온다. 기독교의 본질이 우리의 과제가 되어야 한다면 그 첫 번째는 분명히 예배의 본질을 회복하는 일일 것이다. 우리는 2000여년의 기독교 예배의 역사를 통해서 중요한 가르침을 얻을 수 있다. 그것은 예배의 형식이 다양하게 표현되고 변화될 수는 있지만 그 본질을 상실할 때 그것은 기독교의 예배일 수 없다는 것이다. 한국의 개신교가 소홀히 다루어 왔던 예배의 예전적인 면은 분명히 회복되고 개혁되어야 하는 부분이다. 개신교의 설교 중심의 예배가 한국교회 발전에 지대한 영향을 끼쳤다는 것은 간과할 수 없는 사실이지만, 이제는 예배의 예전적 본질에 관한 도전과 점검 속에서 설교에 대한 이해도 병행되어야 할 것이다. 그리고 그런 과정 속에서 듣게 되는 조언들을 한국교회가 받아들일 때 한국교회 예배는 더욱 풍성하여 지리라 믿으며, 설교를 듣고 예전에 참여하는 회중은 이러한 풍성함 속에서 예배가 주는 예전적 신비와 경험을 더욱 맛볼 수 있을 것이다.

## 참고문헌

프레드 크래독.『권위없는 자처럼』. 예배와 설교 아카데미, 2003
김영봉.『설교자의 일주일』. 복있는 사람, 2017
정용섭.『설교란 무엇인가』. 홍성사, 2011

전 창 희

(협성대학교 교수)

# 성서연구와 성경공부

## 한국적 성서 해석의 요청

성서인가 성경인가? 종종 이런 질문을 많이 받는다. 학자들이 연구의 대상으로 삼을 때는 성서라고 하고, 교인들이 신앙의 경전으로 읽을 때는 성경이라고 한다.

신학자들의 성서 연구에서 가장 문제가 되는 것은 신학과 교회 현장의 간격이다. 신학자들이 성서를 단지 학문적인 방식으로만 접근하고 해석할 경우 자칫 교회 현장에 도움이 되지 못하는 공허한 이론으로 흐를 수 있다. 교회 현장에 도움을 주지 못하는 성서 연구가 무슨 의미가 있을까. 신학자들은 교회 현장의 목소리에 늘 귀를 기울여야 한다.

또 하나 한국적인 성서 해석이 되어야 한다는 점을 강조하고 싶다. 지금까지 성서 해석은 대부분 서구신학을 맹목적으로 따라가는 식이었다. 그러다 보니 우리 민족의 정서와 잘 들어맞지 않는 낯선 내용이 많았다. 우리 민족 정서의 특징은 무엇인가? 풍자, 해학 그리고 신명이다.

근엄하고 딱딱한 것보다 재미있고, 신나는 내용을 좋아한다. 한(恨)에 머무르지 않고 한을 뛰어 넘어 어깨춤이 절로 나는 신명을 추구한다. 그리고 감성적이다. 지나치게 논리적인 접근은 맞지 않는다. 또 하나, 우리 민족은 유난히 이야기를 좋아한다. 이야기식 성서해석은 우리 정서와 잘 맞아떨어진다. 우리 정서에 맞는 한국적 성서 해석 방법을 찾아내는 것이 필요하다는 것을 과제로 던져둔다.

## 올바른 성경 공부

한국 교인들은 성경을 사모하고 성경을 많이 읽는다. 그렇다고 성경에 대한 이해가 깊은 것은 아니다. 한국교회에는 성경에 대한 잘못된 해석이 난무하고 있다. 성경을 통독한 교인들에게 물어보면 한결같이 성경 내용을 잘 이해하기 어렵다고 대답한다. 또한 설교를 많이 들었다고 성경을 잘 아는 게 아니다. 설교는 일방적이고 목회자가 선호하는 대목만 주로 전하기 때문에 편파적으로 흐르기 쉽다.

한국 교인들은 제대로 된 성경해석 방법을 배울 기회가 많지 않은 까닭에 성경에 대한 이해가 극히 단순하고 피상적이다. 이 틈새를 이단 세력이 파고들었다. 성경에 대해서 초보적인 상식만 갖추고 있어도 이단이 성경을 해석하는 방식이 얼마나 잘못된 것인가를 금방 알아차릴 수 있는데 그걸 몰라서 이단에 빠지는 것을 보면 안타깝기 그지없다.

따라서 지도자의 역할이 중요하다. 잘 훈련된 지도자가 성경을 가르쳐 줄 필요가 있다. 빌립 집사를 만난 에디오피아 내시가 "지도해 주는 사람이 없으니 어찌 깨달을 수 있느냐?"(행 8:31)라는 말이 실감난다. 한국교회에서 유행하는 큐티(성경묵상) 방식은 교인들에게 성경을 가까이 하도록 한 점에서는 공헌이 있지만 지도자 없이 개인이 성경을 해석하게 한 점에서는 약간 문제가 있다. 성경공부는 교회의 지도자와 함께 하는 것이 바람직하다. 목회사는 건전한 성경 해석을 익혀서 교회에서 성경공부를 진행해야 한다.

성경 공부의 목적은 성경을 올바르게 해석해서 교인들의 신앙을 바르게 지도하는 것이다. 안타깝게도 한국교회에는 잘못된 성경 해석이 난무하고 있고 이 때문에 교인들이 혼란을 겪고 있다. 한국교회에서 흔히 접할 수 있는 그릇된 성경 해석의 예를 들어보자.

먼저, 사회 문제에 무관심한 해석으로 영적 해석을 들 수 있다. 한국교회가 즐겨 사용하는 '영적(알레고리) 해석'의 문제점은 모든 성경 말씀을 영적, 내면적인 영역으로 축소시킴으로써 본문에 담겨 있는 사회적, 경제적 의미를 놓치게 한다는 점이다. 예를 들면 '가난한 자', '눈 먼 자'(눅 4:18) 등을 영적으로 가난하고 영적인 눈이 먼 것으로 해석한다면 경제적인 가난과 육체적인 시각장애의 의미가 사라진다. 구약의 출애굽 사건도 단지 영적인 구원의 차원에서만 해석한다면 밑바닥 노예들의 고통과 저항, 거대한 애굽 제국의 지배와 횡포 같은 사회적, 정치적 의미를 간과하게 된다. 영적 해석이 은혜스럽기 때문에 목회자들이 즐겨 사용하는 방식이지만 성경 문맥과 전체적인 흐름을 잘 파악해서 조심스럽게 사용해야 하고 되도록 영적 해석과 사회 경제적 해석을 병행하는 것이 바람직하다. 그렇지 않으면 자칫 교인들을 사회적 책임에 무관심한 신앙으로 이끌게 할 위험이 있다.

세속적인 가치관을 합리화하는 해석이 있다. 물질적인 부나 성공, 출세 같은 세속적인 가치관을 성경 말씀으로 옹호하는 방식이다. 대표적인 예로 "네 영혼이 잘 됨같이 네가 범사에 잘되고 강건하기를 간구하

노라"(요삼 1:2)는 말씀은 요한삼서의 핵심 주제가 아니고 단순한 인사
말에 불과하다. 이런 말씀을 성경 전체를 요약하는 중요한 말씀인 것처
럼 받아들이는 것은 성경의 문맥을 고려하지 않은 엉뚱한 해석이다. 또
한 "네 시작은 미약하였으나 네 나중은 심히 창대하리라"(욥 8:7)는 말
씀은 욥의 말이 아니라 욥의 친구 빌닷의 말이며 욥기는 바로 이런 논리
를 반박하기 위해서 쓰인 것이다. 성경은 물질만능주의, 성공 신화 같
은 가치관에 맞서 비움과 나눔, 섬김과 돌봄 같은 가치관을 가르쳐 주고
있다.

악한 권세를 옹호하는 해석도 있다. "각 사람은 위에 있는 권세들에
게 복종하라"(롬 13:1)는 말씀은 불의한 권세자들이 좋아할 만한 성경
이고, 실제로 민주화를 위해 악한 권력과 맞서 싸우는 기독교인들을 난
감하게 만드는 내용이다. 심지어 루터도 로마서 13장 1절을 근거로 독일
농민들의 저항을 비판하기도 했다. 이 말씀을 어떻게 해석해야 할까?

이 본문은 모든 권세에 다 적용되는 것이 아니다. 세속 권력이 선한
권세의 모습을 보이고, 기독교와 세속 권력이 평화를 유지할 때만 적용
될 수 있는 제한된 말씀이다. 만약 세속 권력이 악한 권세가 되어 하나
님의 정의를 짓밟는다면 그러한 권세에 저항하고 싸우는 것은 기독교
인의 당연한 의무이다. 요한계시록 13장에서는 초대교회 당시 악한 권
세인 로마제국을 '짐승'으로 묘사하고 있고 기독교인들이 짐승에게 굴
복하지 말라고 가르치고 있다. 모든 권세에 복종하라는 로마서 13장의
말씀은 악한 권세에 저항하라고 가르쳐 주는 요한계시록 13장과 병행
해서 읽는 것이 필요하다. 기독교인은 세상 권력에 대해 두 가지의 태도
를 취해야 한다. 선한 권세에 대해서는 '복종의 자세', 악한 권세에 대해
서는 '저항의 자세'를 가져야 한다.

성경에는 가부장 질서를 합리화하고 여성들의 활동을 부정적으로 보는 듯한 말씀이 나온다. "여자는 교회에서 잠잠하라"(고전 14:34)나 "여자가 가르치는 것과 남자를 주관하는 것을 허락하지 아니하노니 오직 조용할지니라"(딤전 2:12) 등은 교회에서 여신도들의 활동을 제한하는 말씀으로 자주 인용되는데 이는 한참 잘못된 것이다.

이런 말씀은 초대교회의 특수한 상황에 전해진 특수한 말씀이다. 이 말씀을 어느 시대 어느 상황에서나 무조건 적용할 수 있는 보편타당한 말씀으로 받아들이면 곤란하다. 예수님은 여성들을 차별하지 않았고, 예수님을 따르며 섬기는 여인들도 많이 있었다(눅 8:1-3). 사도 바울도 "유대인이나 헬라인이나 종이나 자유인이나 남자나 여자나 다 그리스도 예수 안에서 하나"(갈 3:28)라고 선포하였다. 또한 바울의 선교 활동을 힘껏 도운 여인들이 많이 있다. 겐그레아교회의 '뵈뵈 집사', 빌립보교회의 첫 성도인 자주장사 '루디아', 고린도교회의 개척 성도 '브리스길라', 외경에 나오는 '데굴라' 등이 있다. 성경에서는 여성들의 활동을 제한하지 않고 있고, 여자와 남자를 차별하지 않고 동등하게 여기고 있다.

이단 세력은 요한계시록(그리고 다니엘)을 가지고 이단 교리를 전개하기 때문에 요한계시록이 마치 이단의 교과서인 것처럼 오해받고 있다. 천부당만부당한 일이다. 오히려 요한계시록은 악한 권세에 저항하고 이단 세력에 맞서는 소중한 책이다. 요한계시록에서 이단 세력은 '니골라당'(2:6, 15), '이세벨'(2:20), '땅에서 나온 짐승'(13:11) 등으로 상징되고 있다. 요한계시록은 이단을 옹호하는 책이 아니라 이단을 철저하게 배격하는 책이다.

한국교회는 '믿음으로 의롭게 된다'는 바울의 가르침을 너무 일방적으로 강조해 왔다. 이 때문에 기독교의 두 축인 '칭의'과 '성화' 중에서

'성화'를 무시하게 되었고, 이는 필연적으로 윤리 생활의 약화를 가져왔다. 최근 일부 기독교인들이 부도덕한 생활로 인해 사회의 지탄을 받는 일은 이와 무관하지 않다. 바울은 '믿음으로 의롭게 되는 것'뿐만 아니라 '성령에 따라 사는 생활'(롬 8장)을 강조했다. 야고보서도 "행함이 없는 믿음은 죽은 믿음"(2 :26)이라고 가르쳤다. 믿음과 실천, 교리와 윤리의 균형이 필요하다.

한국교회는 그릇된 성경 해석으로 너무 한쪽으로 치우친 신앙을 강조해 왔다. 이제 올바른 성경 해석을 통해서 균형을 갖춘 신앙을 되찾도록 해야 한다. 즉, 개인의 경건과 사회적 책임을 결합한 신앙, 남자와 여자의 동등함을 강조하는 신앙, 권세에 대한 복종과 저항을 겸비한 신앙, 믿음과 행함을 두루 갖춘 신앙이 그것이다.

## 구체적인 성경공부

교회에서 성경공부를 진행할 때 몇 가지 유의점을 말해 보겠다.

첫째로, 성경 전체를 골고루 다루도록 해야 한다. 성경공부의 이점이 바로 이것이다. 설교에서는 성경 전체를 다루기가 쉽지 않지만 성경공부에서는 이게 가능하다. 성경 전체의 흐름과 맥을 짚은 다음에 그런 이해를 토대로 각각의 성경과 성경 본문을 살펴보아야 한다. 전체 흐름을 파악하지 못하면 본문과는 전혀 관계가 없는 엉뚱한 해석을 할 수가 있다. 여러 곳에서 가려낸 성경 낱말을 이리저리 꿰맞추어서 해석하는 것은 대단히 위험한 방식이다. 이단 세력들이 이런 해석을 많이 한다. 성경 전체의 흐름을 파악한 다음에 그런 흐름 속에서 각 책을 해석하고, 그런 맥락에서 각각의 본문을 해석해야 본문의 뜻을 정확하게 파악할 수 있다.

둘째로, 교인들이 갖고 있는 기존의 교리나 생각을 급격하게 부정하지 않도록 주의해야 한다. 기존 교인들은 오랜 신앙생활을 통해서 형성된 나름대로의 교리와 가치관을 갖고 있다. 간혹 그것이 성경의 가르침과 모순되는 것일 수도 있다. 예를 들면 '예수 믿으면 축복받고 성공한다'는 생각이다. 이건 분명 잘못된 생각이지만 그렇다고 그것을 단번에 부정하면 성경공부 자체를 거부할 수도 있다. 이 때문에 모처럼 의욕적으로 시작했던 성경공부가 역효과를 낳을 수도 있다. 사람의 생각이 금방 바뀌는 게 아니다. 신앙적인 사고는 더욱 그렇다. 예수님의 지적처럼 사람들은 '묵은 것이 좋다'고 한다. 교인들이 자존심 상하지 않게 서서히, 시나브로 접근해 가는 지혜가 필요하다.

숫자에 연연하지 않는 것도 중요하다. 성경공부에 참여하는 교인들의 숫자가 적더라도 실망하지 말고 열심히 가르쳐야 한다. 최소한 3-4명의 교인만 확보되어도 성경공부를 진행할 수 있다. 예수님은 니고데모 한 사람, 우물가의 사마리아 여인 한 사람을 데리고 귀한 말씀을 전하지 않았던가. 몇 명의 교인이라도 성경공부를 통해 잘 훈련시키면 교회의 훌륭한 일꾼이 될 수 있다.

성경공부를 진행할 때 지도자는 교인들이 말을 많이 하도록 기회를 충분히 주어야 한다. 지도자가 주입식으로 일방적인 진행을 하면 참석자들이 흥미를 잃게 되고 열의가 사라진다. 지도자는 먼저 성경에 대한 핵심 사항을 전해 준 다음에 교인들이 자기의 생각을 자유스럽게 털어놓도록 한다. 교인들의 이야기를 통해서 교인들의 생각과 고민을 알게 되고, 교인들이 무엇을 궁금해 하는가도 파악하게 된다. 물론 교인들이 처음부터 이야기를 잘 쏟아놓는 것은 아니다. 교인들의 입을 열게 하려면 지도자가 적절한 질문을 많이 던져야 한다. 교인들이 쉽게 대답할 수 있는 쉬운 질문부터 시작하면 좋다. 한 가지 조심할 것은 입담 좋은 사람이 이야기를 독점하는 상황이다. 이런 경우 소극적인 참석자들은 소외감을 느끼고, 분위기가 가라앉게 된다. 그러므로 참석자들이 골고루 이야기를 하면서 이야기의 전개가 건전한 방향으로 흘러가도록 이끌어 주는 것이 지도자의 역할이다.

무엇보다도 성경공부를 통해 교회를 사랑하는 마음을 갖게 해야 한다. 요즘에는 한국 사회에서 교회에 대한 비판이 너무 거세어져서 교인들도 많이 위축되어 있고, 교회에 대한 애정이 식어지는 형편이다. 목회자는 성경공부를 통해서 어떻게 해서든지 교회에 대한 신뢰와 애정을 회복하고, 교회를 더욱 소중히 여기고 아끼는 마음을 품게 해야 한다. 아무리 성경공부를 많이 했어도 교회를 사랑하는 마음을 심어주지 못한다면 그런 성경공부는 허공을 치는 것이 되는 셈이다. 교회는 그리스도의 몸이 아닌가.

성경공부를 하기 위해서는 교재를 잘 선택해야 한다. 목회자들에게서 많이 듣는 하소연이 성경공부를 하려고 해도 마땅한 교재가 없다는 말이다. 이왕에 나와 있는 여러 성경공부 교재들을 면밀히 살펴보고, 주변 사람들의 조언을 참고해서 신중하게 선택해야 한다. 성경공부의 성패는 교재 선택에 달려있다고 해도 과언이 아니다. 물론 교재 없이 그냥 성경만 가지고 성경공부를 진행할 수도 있겠지만 쉽지 않는 일이다. 한국교회가 많이 사용한 교재는 '베델성서연구'나 '크로스웨이' 등이 있다. 이것들은 성경 전체를 광범위하게 다루고 있지만 분량이 많은 게 흠이다. 저는 한국의 평신도들이 재미있고 쉽게 성경공부를 할 수 있는 교재를 쓴 적이 있다. 『구약 문지방 넘기』와 『신약 문지방 넘기』

가 그것이다. 조심스럽게 이 책을 권한다.

성경공부는 교인들의 수준에 맞춰서 계획해야 한다. 도시 교인들과 농촌 교인들의 수준이 다르고, 청년층과 장년층, 노년층의 수준이 다르다. 또한 기존 교인과 초신자의 수준이 다르다. 성경공부는 교인들의 연령이나 학력, 신앙 경력에 맞추어서 진행해야 한다. 이른바 '맞춤형 성경공부'이다. 특히 노년층을 대상으로 하는 성경공부를 어떻게 해야 할 것인가를 깊이 고민해야 한다.

또한 시청각 자료를 많이 활용하면 효과적이다. 활자매체보다 그림이나 사진, 지도 같은 시청각 자료가 훨씬 더 교육 효과가 있다. 문제는 이런 시각 자료를 구하기가 쉽지 않다는 것이다. 자료 확보를 위해 다리 품도 팔고 공을 많이 들여야 한다.

교인들의 신앙을 바르게 지도하기 위한 가장 효과적인 수단은 성경 공부이다. 교리나 논리보다 성경 말씀으로 접근하는 것이 가장 효과적이다. 제대로 된 성경공부를 꾸준히 하면 교인들의 신앙을 바르게 세워나갈 수 있다.

## 참고문헌

오종윤.『구약문지방넘기』,『신약문지방넘기』. 만우와장공
아놀드 로도스/문희석 등 옮김.『통독을 위한 성서해설』. 대한기독교서회
왕대일.『신앙공동체를 위한 구약성서 이해』. 성서연구사

오 종 윤
(대은교회 목사, NCCK 신학위원)

# 세월호, 교회의 존재 이유를 묻다

## 그날 이후

2015년 봄, 한 그리스도교 월간지부터 세월호 이후의 삶에 대한 글을 써 달라는 요청을 받았다. 고심 끝에 나는 다음과 같은 말로 글을 시작하고 맺었다.

그날 이후,

그들을 생각하지 않은 날은,

단 하루도 없었다.

그로부터 한 해가 더 지나고 또 한 해가 지나 삼 년을 넘긴 지금도 나는 같은 고백을 한다. 그동안 살아오면서 수많은 고통을 직간접적으로 보고 겪었다. 세월호 이전에도 이후에도 우리 사회에는 비통하고 억울한 죽음이 너무 많다. 하지만 그 모든 고통과 죽음을 '매일' 생각하지는 않는다. 그런데 '그날 이후' 왜 나는 진도 앞바다에서 죽어간 그들을 단 하루도 잊지 못하는 것일까? 그것은 그날 우리 사회의 '모든 것'이 침몰했기 때문이다.

한국 사회의 고통을 성찰하는 포럼을 준비하기 위해 몇 명의 종교인들이 모여 대화를 나눈 적이 있다. 우리는 먼저 쌍용 해고노동자, 강정과 밀양 주민, 세월호 희생자 유가족과 미수습자 가족의 고통을 특징짓는 핵심어를 찾았다. 쌍용에서는 '노동시장 유연화'가 강정에서는 '군사주의'가 밀양에서는 '에너지 탐욕'과 같은 핵심어가 나왔다. 그리고 누군가 물었다.

"그러면, 세월호는요?"

짧지만 무거운 침묵이 우리 사이에 흘렀다. 잠시 후 거의 동시에 우리는 말했다.

"모든 것이죠!"

세월호 참사는 한두 개의 핵심어로 특징지어 설명할 수 없다. 세월호는 한국 현대사에서 오랫동안 쌓여 온 물질주의적 탐욕, 이윤지상주의, 성장제일주의, 생명경시 풍조, 군사주의적 경쟁, 이기적 개인주의, 무책임한 관료주의 등 '모든' 폐단을 과적 상태로 싣고 출항했다가 침몰했기 때문이다. '적폐'(積弊)라는 표현이 이보다 더 적합할 수 있을까?

## 우리 모두의 삶이 세월호다

하지만 우리 사회의 '모든' 문제가 세월호 참사와 관련되어 있다는 자각은 세월호 유가족의 고통에 대한 두 가지 상반된 사회적 반응을 불러 일으켰다. 그것은 '공감'과 '부인'(否認)이다. 유가족의 고통을 공감하며 함께 울며 아파하는 사람들도 있었지만 유가족의 고통을 부인하며 무관심이나 혐오를 드러낸 사람들도 있었다. 공감의 이유는 그 고통의 봄에 전 국민이 하나 되어 흘렸던 눈물의 투명함만큼 분명하지만 부인의 이유는 복잡하다.

참사 후 얼마 동안은 전 국민이 유가족이고 미수습자 가족이었다. 하지만 진은영 시인의 탄식처럼 "우리의 연민은 정오의 그림자처럼" 너무 짧았다. 계절이 채 바뀌기도 전에 우리는 '세월호 피로감'을 말했고 우리가 흘린 눈물을 망각했다. 그리고 세월호 이전의 삶으로 서둘러 돌아갔다. 우리는 왜 그렇게 서둘렀던 것일까? 그것은 세월호 참사를 일으킨 신자유주의 체제의 세계관과 삶의 방식을 우리도 공유하고 있었기 때문이었다.

세월호 참사가 있은 후 얼마 되지 않았을 때 있었던 한 모임에서 어느 중년 여성이 눈물을 글썽이며 이야기를 꺼냈다. "나는 죽어간 아이들을 생각할 때마다 너무 가슴이 아파 아무 것도 못하겠는데, 대학 졸업을 앞둔 내 아들은 그렇게 많이 아파하는 것 같지 않아요. 그는 자기 취직 걱정을 더 많이 해요. 그렇게 남의 아픔에 공감하지 않는 아들을 보며 안타까워 하다가 문득 깨달았어요. 아, 내가 저렇게 키웠구나!" 그의 고백처럼 우리는 남 걱정 말고 자기 살길이나 찾으라는 신자유주의의 비정한 명령에 순응하며 살아왔던 것이다. 그 사실을 송경동 시인은 단도직입으로 말한다.

> 돌려 말하지 마라
> 온 사회가 세월호였다
> 오늘 우리 모두의 삶이 세월호다.

처음에는 보수·진보, 가진 자·없는 자 구별 없이 모두가 한 목소리로 '세월호 이후'의 한국 사회는 '세월호 이전'과 달라져야만 한다고 말했다. 하지만 우리는 곧 우리가 한 말의 엄중함을 깨닫고 동요하기 시작했다. 그것은 우리의 세계관과 삶의 방식을 근본적으로 바꾸는 것이기 때문이다. 시인은 변화를 요구한다.

> 돌려 말하지 마라
> 이 구조 전체가 단죄받아야 한다
> 사회 전체의 구조가 바뀌어야 한다.
> …
> 이 세월호의 항로를 바꾸어야 한다
> 이 자본의 항로를 바꾸어야 한다.

변화는 두려운 일이다. 그래서 우리는 외면과 망각의 길로 돌아서려 했다. 그런데 세월호 유가족은 우리가 흘렸던 공감의 눈물과 우리가 다짐했던 변화의 약속을 끊임없이 상기시켜주는 '불편한' 존재였다. 그들이 눈앞에 있는 한 미안함과 죄책감 없이 세월호 이전의 삶으로 돌아갈 수 없었다. 그래서 우리는 유가족의 고통을 외면하고 망각하는 소극적

악에 그치지 않고 유가족을 혐오하는 적극적 악을 저질렀다.

혐오의 계절은 잔인했다. 극우세력, 보수언론, 수구정당과 정부는 유가족에게 '시체장사', '노란 완장 찬 종북' 등 온갖 혐오 발언을 퍼부었고 유가족이 엄청난 배·보상금과 특혜를 받았다는 등의 유언비어를 퍼트렸다. 그런 혐오 발언과 유언비어는 특권계층의 자기정당화를 가능하게 하는 한편, 사회적 박탈감과 낮은 자존감에 시달리던 소외계층마저도 유가족을 혐오하게 만들었다. 혐오는 단식중인 유가족 앞에서 소위 '폭식투쟁'을 벌이는 패륜적 폭력으로까지 발전했다. 세월호 침몰이 첫 번째 참사였다면 유가족 혐오는 두 번째 참사였다. 그리고 그 참사의 와중에 우리 사회는 원래의 '항로'로 돌아갔다. 우리 모두의 삶이 다시 세월호가 되었다.

자식을 잃은 자신들을 위로해주기는커녕 모욕하고 혐오하는 '세월호 사회'를 겪으면서 유가족은 절망했다. 세상은 달라질 수 있을 것 같지 않아 보였다. 아우슈비츠를 경험한 빅터 프랭클은 "더 이상 상황을 변화시킬 수 없게 될 때 우리는 스스로를 변화시킬 것을 요구받게 된다"라고 했다. 세월호 유가족도 세상이 바뀌지 않을 때 자신을 바꾸었다. 이제 세월호 유가족은 악의 체제를 가장 근본적으로 위협하는 주체가 되었다.

세월호 유가족에 대한 혐오는 그만큼 악의 세력이 유가족을 두려워한다는 것을 입증한다. 두려움의 이유는 두 가지다. 하나는 세월호 유가족이 악의 실체를 그 누구보다도 더 많이 그리고 더 정확히 알고 있기 때문이다. 유가족은 그 봄날에 아이들을 잃은 후 지금껏 단 한 순간도 멈추지 않고 우리 사회의 '모든' 악과 싸워오면서 악의 맨 얼굴을 가장 가까이서 본 사람들이다. 자신의 실체를 들켜버린 악은 "가만히 있으라"고 유가족을 회유하고 방해하고 위협했지만, 그럴수록 유가족은 더 포기하지 않고 진실을 밝히고 세상을 바꾸기 위해 행동했나.

악이 유가족을 두려워하는 또 하나의 이유는 유가족이 신자유주의가 강요하는 삶의 원리를 거부하기 때문이다. 세월호 이전에는 유가족도 신자유주의 체제와 적당히 타협하고 안주하며 살았지만 세월호 참사를 겪으면서 가치와 삶의 방식이 모두 변화했다. 세월호 이전에는 돈이 가치의 척도였다면 세월호 이후에는 생명이 모든 것에 우선하는 가치이다. 세월호 이전 삶의 방식이 "각자 알아서 살길을 찾는 것"이었다면 세월호 이후에는 "함께 살길을 찾는 것"이다. 유가족은 이윤이 아니라 생명을, 경쟁이 아닌 연대를 새로운 삶의 원리로 선택한 것이다.

고통의 가장 깊은 밑바닥까지 내려간 유가족에게는 세상의 그 어떤 고통도 낯설지 않다. 세월호를 침몰시킨 것은 '모든 것'이기에 유가족과 무관한 고통은 없는 것이다. 그동안 세월호 유가족은 쌍용차 해고노동자들, 강정마을 주민, KTX 해고 승무원, 스텔라데이지호 실종선원 가족, 학교 개혁을 위해 싸우는 대학생 등 우리 사회의 고통받는 이들과 연대해왔다. 이제는 고통이 있는 곳에 세월호 유가족이 있다. 유가족은 백남기 농민과 함께 물대포를 맞았고 세상을 떠나는 그의 마지막 길을 함께했다. 고 백남기 농민을 추모하는 집회 때 연단에 오른 4.16가족협의회 유경근 집행위원장은 자신을 "예은이의 아빠이자 백남기 어르신의 아들"로 소개하며 발언을 시작했다. 고통받는 이들이 서로 연대하면서 '사회적 가족'이 된 것이다. 한 가족처럼 함께 사는 세상을 열망하는 이들이 일으킨 촛불의 파도가 세상의 항로를 바꾸었다.

세월호 유가족이 우리에게 깨우쳐 주는 것은 인간은 고통 속에서도 서로 돌보고 사랑하며 살 수 있는 존재라는 사실이다. 더 정확히 말하면 인간은 서로 돌보고 사랑할 때 고통에 파괴되지 않고 인간답게 살 수 있다. 고통은 삶이 깨어져버리는 경험이지만 인간은 어떻게 깨어질 것인지 선택할 자유가 있다. 파커 파머는 고통 속에서 우리의 마음은 "깨어져 흩어질"(broken apart) 수도 있지만 "깨어져 열릴"(broken open) 수도 있다고 한다. 세월호 유가족은 깨어져 열린 마음의 사람들이다.

## 고통받는 이들이 떠나는 교회

이처럼 세월호 이후 한국 사회가 공감과 부인 사이에서 격동하는 동안 한국교회는 유가족의 고통에 어떻게 응답하며 참여해 왔을까? 2014년 4월 16일은 그리스도교 교회력으로 고난주간 성금요일이었다. 그리고 사흘 후 그리스도인들은 부활주일을 맞았다. 여느 해 같으면 힘차게 "즐겁도다 이 날"을 노래하며 예수 그리스도의 부활을 기뻐했겠지만 그날은 도저히 그럴 수 없었다. 부활의 아침에도 십자가의 고난이 너무도 생생하고 참혹하게 계속되고 있었기 때문이다. 마치 '빈 무덤'은 부활의 증거가 아니라 아직 예수가 묻히지 않았다는, 즉 예수가 물속에 잠긴 십자가에 달려 죽어가고 있는 중이라는 증거처럼 여겨졌다. 이처럼 십자가의 지속과 부활의 지연을 목격하며 괴로워한 그리스도인들은 할 수만 있다면 부활절을 연기하거나 반납하고 싶다는 심정을 비통하게 토로했다.

하지만 더 많은 그리스도인들은 당황스러워하면서도 어쩔 수 없다는 듯이 해마다 해오던 방식대로 부활의 기쁨을 노래하고 선포했다. 물론 너무 예외적인 상황이라 경황이 없어 그랬을 거라고 이해할 수도 하다. 하지만 개인이든 공동체든 진정한 본성은 '평상시'가 아닌 '예외적 상황'에서 가장 분명히 드러난다. 세월호 참사 직후 한국교회가 보인 동요와 혼란은 교회의 공감 능력이 사회의 평균적 공감 능력에도 미지지 못한다는 것을 보여주었다.

안타깝게도, 그것이 교회가 드러낸 본성의 바닥이 아니었다. 방송 예능 프로그램조차 자발적으로 중단할 정도로 아직 사회적 애도가 지속되고 있을 때, 세월호 참사의 의미를 축소하고 왜곡하는 목사들의 막말 파문이 이어졌고, 사회적 상식과 크게 괴리된 '하나님의 뜻' 발언이 터져 나왔다. 그리고 세월호 참사에 가장 직접적 책임이 있는 대통령과 정부에 대한 교회 차원의 노골적 옹호가 이어졌다. 뿐만 아니라 교회는 세월호 유가족을 음해하는 유언비어와 혐오 발언을 퍼뜨리는 한 통로로 작용했다. 그런 일련의 사태는 한국교회가 고통받는 이들의 편이 아니라 고통을 야기한 세력의 편임을 여실히 드러냈다.

더 참담한 것은 그리스도인 유가족이 그들의 교회에서 상처를 입었다는 것이다. 가까운 이들로부터 입는 상처가 더 아픈 법이다. 유가족이 다니던 교회의 목사들과 교인들은 나름대로 위로하는 마음으로 말했다. "세월호가 침몰한 데는 인간인 우리는 알 수 없는 하나님의 더 크고 선한 섭리가 있다는 것을 믿으세요." "아이들은 여기보다 더 좋은 곳에, 사랑의 하나님 품에 영원히 안겨 있으니 이제 그만 슬픔을 거두세요." 하지만 그런 신앙적 위로의 말들이 오히려 유가족의 신앙을 위협했다. 세월호 참사가 그 목적이 무엇이든 하나님의 뜻으로 일어난 일이라면 하나님은 끔찍한 '살인자'일 수밖에 없는 것이다. 게다가 자신이 죽인 아이들을 품에 안고 있는 하나님이라니! 유가족은 그런 잔인한 하나님을 도저히 믿고 의지할 수 없었다. 그래서 자신들의 하나님 신앙을 지키기 위해서라도 그리스도인 유가족은 교회를 떠나야 했다. 우리 사회에서 가장 고통받는 이들이 교회에서 위로와 치유를 받지 못하고 오히려 더 깊은 상처를 입은 채 교회를 떠난 것이다.

세월호 참사 3주기인 2017년 4월 16일은 '부활주일'이었다. 혐오의 광풍이 지나간 후 사회에서와 마찬가지로 교회 안에서도 반성하는 분위기가 형성되었고, 삼년 전보다는 조금 덜 당황스럽게 부활주일을 맞았지만, 여전히 그리스도인들은 세월호 사건의 아픔과 부활 사건의 기쁨 사이에서 온당한 신앙의 언어를 찾기 어려워 괴로워했다. 어쩌면 그 괴로움은 교회가 인간성을 회복하고 있는 증거일지도 모른다. 앞으로도 매년 봄마다 한국 그리스도인들은 세월호의 십자가를 바라보며 사순절과 부활절을 맞을 것이다. 그때마다 세월호는 그리스도인들에게 다시 물을 것이다. 교회의 존재 이유는 무엇인가?

## '교회 바깥의 교회'에서 만나는 하나님

그리스도인 유가족은 교회를 떠난 것이지 하나님을 떠난 것이 아니다. 오히려 그들은 교회 밖에서 그들의 고통에 공감하며 연대하는 사람들 가운데서 하나님을 더 깊이 만났다. 창현 어머니 최순화 씨는 이렇게 고백한다. "당신께 등 돌리고 살고 싶었습니다. 그런데 어디를 가든 당신이 계시더군요." 어떤 의미에서는 그리스도인 유가족은 교회를 떠나지 않았다. 예수께서는 "두세 사람이 내 이름으로 모여 있는 자리, 거기에 내가 그들 가운데 있다"(마태복음 18:20)라고 하셨기 때문이다. 깨어져 열린 마음의 유가족과 시민이 서로의 아픔에 공감하며 연대하는 곳, 그곳이 바로 하나님과 예수를 만나는 '교회'이다.

　　매주 일요일 오후 5시에 안산 합동분향소 앞마당 〈기독교예배실〉
에서 세월호 유가족과 원근각처에서 찾아 온 그리스도인들이 함께 예
배를 드린다. 컨테이너 박스 두 개를 이어 붙인 작고 소박한 예배실이
다. 보통 방문한 교회나 단체가 예배를 인도하고 유가족은 인사와 증언
을 나눈다. 따뜻한 마음으로 찾아온 이들이 전하는 설교도 감동적이지
만, 고통 속에서 만난 하나님에 대한 유가족의 증언은 그 어떤 방문자의
설교보다도 더 깊은 울림을 준다. 그동안 세월호 유가족과 미수습자 가
족이 해 온 증언은 우리 시대의 「욥기」이며 우리 시대의 「시편」 탄원
시이며, 우리 시대의 「복음서」 수난설화다. 그래서 내가 참여하는 교회
는 2017년 4월 16일 부활주일에 〈기억과 동행예배〉를 드리면서 유가
족과 미수습자 가족의 증언을 성서 읽듯 교독했다.

인도자: 어떤 말도 위로가 될 수 없습니다. 다만 이렇게 이야기해주십
　　　　시오. "한 달 뒤에도 잊지 않겠습니다. 1년 뒤에도, 10년 뒤에
　　　　도, 평생 잊지 않겠습니다"(예은 아버지, 유경근 씨)
회　중: 이 세상이 우리 아이들을 수학여행 가다가 불쌍하게 죽은 아이
　　　　들이 아닌, 이 세상을 바꾸고 변화시키고 움직이게 한 아이들
　　　　로 기억했으면 좋겠습니다(성호 누나, 박보나 씨)
인도자: 교회는 나왔지만 하나님을 떠나지는 못했어요. 오히려 사람들
　　　　을 만나며 힘을 얻었어요. 그들은 하나님이 보내 주신 또 다른
　　　　하나님이었습니다. 분향소 기독교 예배실을 찾아 주시는 많은
　　　　분들이 꼭 위로하러 오신 것이 아니고 그냥 옆에 있어 주기 위
　　　　해 오셨습니다. 그게 큰 힘이 됐어요. 하나님이 계시다는 걸 그
　　　　분들을 통해 봤어요(창현 어머니, 최순화 씨)

회    중: 가장 아픈 사람들, 고통받는 엄마 아빠들이 있는 곳. 그곳이
      교회가 되어야 하지 않습니까?(지성 아버지, 문종택 씨)
인도자: 여러분이 믿는 하나님은 어디에 계시나요? 제가 믿는 하나님
      은 저기 세월호 속에 아홉 명을 안고 계시다고 믿습니다(다윤
      어머니, 박은미 씨)
다같이: 고통받는 이 가운데 계시는 주님, 고통받는 이로 오시는 주님,
      당신을 언제나 기억하고 당신과 언제나 동행하겠습니다.

그들이 고통 속에서 체험하는 하나님에 대한 유가족의 원초적 증언은 그 어떤 신학자나 목사의 설교보다 권위가 있다. 그들의 증언은 교회의 존재 이유를 물으며 우리를 세월호 이후의 변화된 삶으로 초대하는 예언자적 외침이다. 하지만 예은 어머니 박은희 씨는 "우리가 하는 증언이 우리에게서 나오는 말 같지가 않아요"라고 겸손히 고백한다. 그렇다면 누구로부터 나오는 말일까? "고통받는 이 가운데 계신 주님, 고통받는 이로 오시는 주님"이 유가족을 통해 우리를 향해 하시는 말씀이다. 그러므로 세월호 유가족의 비탄과 항의와 희망의 증언에서 하나님의 말씀을 듣지 못한다면 우리는 그 어디에서도, 그 누구에게서도 하나님의 말씀을 들을 수 없을 것이다.

**참고문헌**

416세월호참사 작가기록단 엮음. 『금요일엔 돌아오렴』. 창비, 2015.
416세월호참사 작가기록단. 『다시 봄이 올 거예요』. 창비, 2016.

정 경 일

(새길기독사회문화원 원장, 민중종교신학자)

# 소수자의 본분과 세상의 깨어남

이스라엘 자손이 이집트 땅에서 나온 지 2년이 되던 해 둘째 달 초하루에, 주께서 시내 광야의 회막에서 모세에게 말씀하셨다. "너희는 이스라엘 자손의 온 회중을 각 가문별, 가족별로 인구를 조사하여라." … 주께서 모세에게 이렇게 분부하여 이르셨다. "레위 지파만은 인구조사에서 빼고 이스라엘 징집자 명단에 올리지 말아라. 그 대신 너는 레위 사람을 시켜, 증거궤가 보관된 성막을 보살피게 하여라. … 그들은 성막을 돌보며, 성막 둘레에 진을 치고 살아야 한다"(민수기 1:1-50).

지난 촛불 혁명으로 새로운 세상을 맞이한 한국 사회에 '소수자'(minority)에 대한 이야기가 무성하다. 또한 곳곳에서 터져 나오는 '갑질'과 '을질'에 관한 이야기는 그동안 한국 사회가 얼마나 폭력적으로 배타적이었고, 분파적이었으며, 그로 인한 상처가 깊은지를 알게 한다. 앞으로도 한 동안은 이러한 이야기들로 한국 사회 언론과 정치 담론이 많이 채워질 것이다. 위에서 읽은 히브리 성서 〈민수기〉의 말씀은 〈레위기〉서에 이어서 계속되는 말씀으로 하나님이 이스라엘 백성을 이집트의 종살이에서 구해내시고 젖과 꿀이 흐르는 가나안 땅으로 인도하시기 전에 광야에서 부탁하신 일이다. 이스라엘 12지파의 인구수를 세고, 그들 중 누가 얼마나 군대의 일을 담당할 수 있겠는가를 정리하라는 말씀이다. 그런데 이 가운데서 레위 지파만은 인구수에 넣지도 말고, 군대 징집자의 명단에도 등록하지 말라고 하신다. 대신 그들에게는 하나님의 증거궤가 들어있는 성막을 지키는 일을 맡기라고 하신다.

## 소수자의 본분

어떻게 보면 레위인들에 대한 이러한 구분과 면함은 그들에게 일종의 '특권'을 부여하는 것일 수 있다. 왜냐하면 당시 생사의 위험 부담률이 매우 높고, 노동의 강도가 센 '군대'라는 일로부터 면함을 받았기 때문이다. 하지만 한 번 더 생각해 보면 이 일은 국가의 진정한 공동체로부터 소외를 당하는 일이다. 군대라고 하면 그 당시에는 공동체의 안위와 유지를 위해서 참으로 긴요한 일이고, 국가의 가장 핵심적인 일이었을 터인데, 그 일에서 역할을 받지 못하고, 인구수를 세는데도 "함께 등록되지 않았다"는 것은 그들은 열외이고, 오늘 우리의 언어로 하면 '소수자'이고, '아웃사이더'가 될 수밖에 없다는 것을 지시한다. 그 열외의 사람에게 하나님이 '성막을 지키는 일'을 맡기신 것이다.

하나님 성막 안에 있는 증거궤의 말씀에 따르면, 하나님은 이스라엘 백성에게 먼저 '내 앞에서 다른 신들을 섬기지 말라'고 하셨다. 이것은 당시 주변의 다른 민족들처럼 '어떤 모양을 본떠 만든 우상'을 섬기지 말고, 오직 예전 이집트 땅, 종살이하던 집에서 이끌어 낸 '주 너희의 하나님'만을 섬기라는 명령이다. 그런데 이 명령은 두 가지 차원을 가진다. 하나는 어떤 눈에 보이는 '형상'에 얽매이지 말고 과거의 일이었다 하더라도 그에 대해 이야기하고 말하는 언어를 통해서 하나님을 믿는 일에 집중하라는 것이다. 즉 다른 주변의 사람들과는 달리 언어와 상상의 일로서의 하나님 신앙과 믿음을 강조한 것이다. 그러나 다른 한 편으로 하나님에 대한 어떤 형상도 만들지 말라는 것은 다시 '상상을 하지 말라'는 명령이다. 즉 주변 사람들은 자신들의 상상력으로 신의 모습을 그리고 상상하여 어떤 형상을 만들어 그것을 숭배하지만 이스라엘의 하나님은 그러한 상상을 모두 금지시킨다는 말씀이다.

## 소수자와 상상

이렇듯 이스라엘의 백성 중에서도 소수자이고 열외의 사람들에게 하나님이 맡기신 일은 '상상'과 관련된 일이다. 그 상상과 관련된 일이 '성막(聖)'을 지키는 일이고, 당시 공동체 대부분의 사람들이 일반적으로 하는 군대의 노동이 아니라 '믿음'과 '상상'과 '언어'와 '역사'와 관련된 특별한 일이라는 것이다. 나는 우리 시대 소수자의 일도 이와 크게 다르지 않다고 생각한다. 오늘 우리 시대 사람들이 일반적으로 왜곡되게 상상하여 아주 편파적으로 자신들만의 가치(聖)와 옳음(善)을 형상으로 만들고, 그것을 자신들의 신(神)으로 배타적으로 섬기면서 거기에 들지 않는 그룹과 가능성은 천하고(俗) 악한(惡) 것으로 소외시키는 행태에 대한 저항과 해체인 것이다. 여기서 소수자가 하는 일도 다시 '상상'이다. 그러나 왜곡되고 편파적인 상상이 아니라 바른 상상으로 다른 사람들이 보지 못하고 생각하지 못하는 것을 다시 보고 상상하여 지금까지 가치와 존재의 영역으로부터 소외되어 있던 것들을 다시 복권시키라는 것이다. 그 일은 한편으로 시대의 사람들이 일반적으로 빠져 있는 상상을 부수는 일이고, 즉 상상하지 않으면서 오히려 눈에 그릴 수는 없지만 말씀과 언약과 약속을 믿는 일이고, 다른 한편으로는 새로운 상상으로 과거의 형상을 넘어서 하나님을 새롭게 그리는 일이다. 소수자 레위인들이 성막을 지킨다는 일은 그곳의 증거판으로 이스라엘 백성들이 자꾸 빠져드는 우상을 깨부수는 일이고, 또 그 증거판의 언어로 잊혀져가는 하나님의 약속을 다시 새롭게 상기시키는 일이다.

## 소수자의 고독과 저항

이러한 기성의 상상을 깨고 새롭게 다시 가치와 의미를 세우는 일을 하다보니까 그 일을 하는 소수자는 자기 시대 주류의 사람들로부터 소외를 당하고, 종종 명단에도 끼지 못하는 열외의 아웃사이더(outsider)와 변방인(pariah)으로 취급당한다. 심지어 시대는 그러한 소수자를 핍박하고 억압하고, 자신과 다른 것을 말하고 상상하면서 그 시대가 가지는 상상과 형상의 한계와 불의를 지적하기 때문에 그것을 싫어하고 억누르고자 한다. 과거 이스라엘의 예언자들이 그러한 일들을 혹독하게 겪었고, 예수의 삶도 그와 다르지 않으며, 우리 시대에도 각 분야의 소수자들이 하고 겪는 일이 그렇게 다른 일이 아니다. 오늘 각종 갑질에 저항하는 사람들, 스스로 을질을 그만두고 거둠으로써 그전에 거기서 가까스로 얻던 이익과 소속을 과감히 떨치는 사람들, 나라와 언어를 잃고 혹독한 식민지 속에 놓였을 때 그것을 넘어서 큰 희생으로 나라를 다시 찾고자 애쓴 사람들, 민주화 운동의 혹독함을 넘어서 민중과 촛불과 시민의 새 시대를 연 사람들, 가장 먼저 용기 있게 자신의 존재와 그 권리를 밝힌 김학순 여사 외 일본군 위안부 할머니들 등, 이런 각 시대와 영역의 소수자들이 이룬 일들이 바로 그런 것이었나. 그것은 '고독'을 견디는 일이었고, 지금 뚜렷한 형상으로 눈에 잘 보이지는 않지만 용기 있는 '상상'과 '저항'으로 시대의 주류와 일반에 맞서는 일이었다.

이렇게 소수자의 일은 자신의 시대와 반목하고 눈에 보이는 것에 저항하면서 당시는 잘 드러나지 않는 '다름'과 '새로움'을 찾는 일이므로 이 일은 그것을 맡은 자들에게 여간 어려운 일이 아니다. 그래서 소수자는 끊임없이 스스로가 자기 정체성에 대해서 의심하고, 사람들은 그를 어떻게든 '동화'(assimilation)시키려 하고, 그렇지 않을 경우 차별하고, 게토에 몰아넣고, 매번 기회 때마다 그로 하여금 그 자신의 존재성과 정체성에 대해서 밝히라고 추궁한다. 18세기 유럽 계몽주의 시대가 도래하면서 그때까지 게토에 몰려있던 유대인들에게 유럽 사회의 시민으로 살 권리를 줄 테니 대신 '동화'하고, 기독교식 세례를 받고, 보편적인 유럽 사회의 구성원으로 살아가라고 하자 많은 유대인들이 거기에 동조했다. 왜냐하면 계속해서 소수자로 살아가는 일은 "벌거벗은 실존을 정당화하기 위해서 자신을 항상 특별한 존재로 나타내야 하"고, "항상 자신의 정체성을 먼저 수립해야 하는", 매우 "혐오"스럽고, "너무 힘겹고", "역겨운" 일이었기 때문이다.

20세기 서구 전체주의의 기원을 추적하면서 그 한 뿌리를 '반(反)유대주의'(antisemitism)에서 본 한나 아렌트는 18세기 베를린에서 그러한 삶을 소수자의 삶을 살았던 유대인 여성 라헬 파른하겐의 내면을 절실하게 그려낸다. 거기서 라헬은 자신의 유대인성으로 인해서 존재 자체로서 받아들여지지 못하고, 대신 무시당하지 않고 차별을 받지 않기 위해서는 '특별한' 사람이 되라고 요구하는 유럽 사회의 요구에 부응하고자 끊임없이 노력했다. 하지만 그렇게 고투하고 "비극적으로 노력"하는 가운데서도 절망을 느끼며 마침내 깨닫게 되기를, 자신도 그토록 원했던 바이지만 만약 유대인 소수자의 신분에서 벗어나서 동화하라는 그 시대의 요구를 수용했다면 그것은 "더불어 그 시대가 유대인들에게 가했던 증오도 함께 수용해야 하는 일"이었을 것이라는 사실이다. 그래서 그녀는 끝까지 유대인과 변방인(페리아)으로 남았다.

## 소수자의 뛰어난 감수성과 한계

하지만 그러한 소수자와 페리아들은 그들 스스로가 삶에서 '자신이면서 동시에 자신이 아닌 것'을 증명해야 하고, '자연스러운 것이 인위적인 것이 되는' 경험을 수없이 하면서 "악마적인 딜레마"를 견디며 살아왔기 때문에 "본능적으로 일반적인 인간의 위엄을 발견"하는 일에 뛰어난 감수성을 보인다. 앞에서 성막을 지키는 일이란 눈에 보이는 형상을 넘어서 그 형상 너머에 담지된 보다 근원적인 의미와 본성을 보는 일이라는 지적대로, 소수자는 겉으로 드러나는 차이와 구별을 넘어서 "모든 인간의 존엄성에 대한 열정적인 이해심"을 가지고 있다. 그것은 개별적인 형상을 넘어서 '보편화'에 대한 뜨거운 이해와 열정을 가지고 있는 것을 말한다. 그리고 그러한 소수자들과 변방에 서있는 아웃사이더들의 보편화하려는 열망과 감수성은 한 주류 사회가 놓쳐버리거나 억압하거나 아직 발견하지 못한 더 깊은 차원의 삶의 진실들을 드러나게 해주어서 기성의 부패한 가치와 폭력과 비인간성을 극복할 수 있는 길을 열어준다. 소수자의 시각과 열정을 우리 사회가 귀히 여기고 경청

해주고 보살펴주어야 하는 이유인 것이다.

남들이 보지 못하는 것을 보고, 보편화에 대한 뛰어난 재능과 때로 과해서 '악덕'으로까지 이야기되는 감사함과 친절함, 친밀성의 능력을 가지고 있는 소수자는, 그렇지만 그 지난한 삶의 과정에서 "본성을 희생함으로써만 사회적 실존을 얻을 수 있었던" 일과 주류 사회의 조건들에 의해서 모든 것을 잃어본 경험들을 많이 겪었기 때문에, 종종 자기 폐쇄 속에 갇히는 한계를 가지고 있다. 그래서 그는 자신의 문제를 오로지 개인적으로만 풀려고 하고, 그 모든 것이 자기 자신의 개인적 무능과 오직 사적인 문제인 양 하면서, 다른 사람과 연대하는 것을 모른다. 위의 아렌트는 유대인들이 자신들이 혹독하게 겪었던 반유대주의가 하나의 '정치적 문제'라는 것을 보지 못했고, 그래서 개인으로만 각자가 뛰어나게 성공해서 그 소외와 학대에서 벗어나려고 했기 때문에 나중에 나치 시절에 그렇게 엄청난 대량 학살까지 겪게 되었다고 지적한다. 즉 그들의 정치적 무감각과 서로 연대하지 못함으로 인해서 유대 사회를 하나의 정치권으로 키워내지 못한 것을 말한다. 오늘 우리 시대의 소수자들에게도 이러한 지적은 매우 유의미하게 들린다.

## 우리 시대의 거룩한 소수자들

그렇다면 이제 마지막으로 처음 민수기의 이야기대로 인구수에 들지도 못하고, 군대라고 하는 보편적인 호구책의 일도 갖지 못하지만 소수자로서 하나님의 성막을 지키고 언약궤를 살피는 일을 통해서 이스라엘을 참으로 이스라엘 되게 하는 핵심의 역할을 한 것 같은, 우리 시대의 소수자는 누가 있는지 살펴볼 일이다. 그들은 고통에 찬 희생에도 불구하고 그 역할로 인해서 이전에는 알려지지 않던, 아니면 아직 의식되지 못하고 있는 존재와 생명의 권리를 새롭게 들추어내고 복권시키는 일을 한다. 가장 먼저는 아직도 남북 분단의 이데올로기에 갇혀서 다시 민족상잔의 큰 위기 앞에 놓여있는 한반도의 통일과 평화를 위해 일하는 평화와 통일의 사람들이 생각난다. 또한 지금까지의 장구한 인간 성 문화의 습성에 도전하면서 가족과 친밀의 새로운 길을 열려는 성소수자들이 있다. 수백만의 생명을 집단 폐사시키는 일도 서슴없이 하면서 기존의 먹거리 생산을 그대로 유지시키려는 밥상 산업에 반대하는 사람들, 지구상 생명 전체를 무화시킬 수 있는 핵무기와 핵발전에 no라는 선언으로 길고 위험한 싸움을 시작한 대안에너지 운동가들도 있다. 더불어 지금 학교와 교육으로 인해서 큰 고통 중에 있는 자라나는 세대들을 해방시키려 온몸을 던지는 사람들, 종교 국적의 다원화를 이루고 지금까지의 국가와 민족의 경계를 획기적으로 푸는 일을 통해서 우리 시대 인류 문화의 수치인 세계 난민 문제와 분노하며 씨름하는 사람들도 있다. 이들 모두는 바로 하나님의 성막을 책임 맡은 거룩한 소수자들이다. 그래서 이 소수자들의 음성과 상상에 주목하는 일은 중요하다. 그들을 통해서 우리 삶이 새로워지고 하나님의 나라가 더욱 확장될 수 있기 때문이다. 이러한 소수자들이 전하는 메시지는 한결같은데, 즉 모두는 하나이고 궁극적으로 선하다는 것이며, 진실은 다른 사람들과 공유하는 현실이 없으면 의미를 잃는다는 것이다: "(세상의) 모든 것은 연결되어 있다. 그리고 실상, 모든 것은 충분히 좋다. 이것이 삶의 강력한 파산으로부터의 구출이다"라는 언술이다.

## 참고문헌

한나 아렌트/김희정 옮김.『라헬 파른하겐-어느 유대인 여성의 삶』. 텍스트, 2013.
李信.『슐리얼리즘과 영靈의 신학』. 동연, 2011.
이은선.『생물권 정치학시대에서의 정치와 교육-한나 아렌트와 유교와의 대화 속에서』. 모
　　시는사람들, 2013.

이 은 선

(세종대학교 교수, NCCK 화해와통일위원회 위원)

# 신학교육의 새 길 찾기

## 신학교육의 본래적 목적과 내용

교회 역사의 발전과정을 살펴보면, 오늘날의 목회자를 양성하는 신학교는 교회가 처음 시작된 초대교회 이후 교회 사역에 필요한 교역자 양성을 목적으로 시작되었다. 따라서 신학교육의 내용도 교회 사역에 필요한 교직 중심의 실천적 사역이 강조되었다. 중세 시대에는 교회가 그 신앙적 경건과 기능이 약화되면서 수도원이 발전되었다. 그때는 수도원에서 운영하는 학교를 중심으로 인격과 영성에 중점을 둔 교역자 양성이 이루어졌다. 이후 오늘날에 대학의 출발이라 할 수 있는 중세 대학이 발전되던 시기에는 주로 신학적 학문성에 치중된 신학교육이 이루어졌다. 시대에 따라 신학교육의 중심이 교직, 영성, 학문성에 그 강조점을 두고 발전해 온 것이다. 이러한 역사적 발전 과정을 토대로 일찍이 루터는 신학교육의 내용을 성서연구(oratio), 신앙훈련(meditatio), 인간수련(tentatio)으로 삼분해서 이세가지가 겸비해야 온전한 신학교육이 된다는 것을 그의『시편강해』속에서 피력한 바 있다. 최근에 강조되고 있는 신학교육의 개선 방향에서도 신학교육의 내용을 학문훈련(academic formation), 교직훈련(ministrial formation), 영성훈련(spiritual formation)으로 대별해서 삼자의 균형 있는 교육 내용을 강조하고 있다.

신학교가 중세 대학과 같이 하나의 신학을 배우는 학문의 전당이 되어야 할 것인가? 그렇지 않으면 교단 성직자를 양성하는 학교가 되어야 할 것인가? 아니면 중세에 교직자 양성을 목적으로 영성 훈련에 치중한 수도원적인 학교가 되어야 하는가? 신학교를 단지 신학을 배우는 전당으로만 생각할 때에는 교회를 위한 사역자를 양성하는 책임이 약해지는 경향을 갖게 된다. 반면에 신학교가 교회사역자를 훈련시키는 곳이라고 할 때에는 그 신학교는 학문을 닦음으로 그 신앙을 지켜 나가게 해야 하는 책임을 약화시켜 가는 경향성으로 치우치게 된다. 다시 말해서 교회 사역자 훈련의 기능적 측면만이 너무 강하게 작용하게 되면 독자적인 학문의 연구가 어렵게 되며, 신학연구의 성격이 너무 강조되면 교회와는 관련 없는 무미건조한 학문의 도장이 되고 말 것이다. 동시에 수도원적인 요소가 없어지면 인격도야와 신앙 경건이 경시되고, 목회자 양성의 기능적 측면이 무시되면 신학교육이 교회사역과는 아무런 상관이 없는 수련으로 전락되고 말 것이다. 마찬가지로 교역자 양성이 신학 학문연구에 국한되어 버릴 때, 그의 학문은 물론 인간 형성에 있어서도 폐쇄적이고 경질화될 가능성이 없지 않게 될 것이다.

## 학문 위주의 신학교육으로의 변모

오늘날의 신학교는 역사적 발전과정에서 교회 사역과 관련하여 태동된 여러 형태의 교육기관들이 종합되어 형성된 것이다. 그렇다면 오늘날의 한국의 신학교육은 교직, 영성, 학문성이 세 가지를 통합시키는 균형 있는 교육이 이루어지고 있는가? 전통적으로 한국의 신학교육은 교회사역에 필요한 교역자를 배출하는데 그 목적을 두고 발전되어 왔다. 19세기 미국의 부흥 운동의 여파로 시작된 한국교회는 교역자의 교육도 어떤 학문적인 강조점보다는 신앙경험과 교역의 소질을 바탕으로 기초적인 교역 기능에 대한 훈련을 위주로 하였다. 우리나라 최초의 신학교는 1901년 장로교의 평양신학교가 그 효시이다. 그 후 1905년에 감리교의 협성 신학교가 설립되었다. 이때까지만 해도 개신교 신자의 증가율은 미미하였으나 그 이후 전도 사업이 활발히 추진되면서 급격히 증가해가는 신자들을 목양할 수 있는 교역자의 필요성이 절실해 지게 되었다. 이에 1910년에는 '성경대학' 이란 이름으로 구세군 사관학교가 설립되었고, 성결교회에서는 1911년에 서울에 '성서학원'을 설립하여 목회자를 양성하기 시작하였다.

이처럼 전통적으로 한국의 신학교육은 교회사역에 필요한 교역자를 양성 하는 데 그 목적을 두고 출발하였다. 여기에 소규모이지만 가르치는 자와 배우는 자가 한 가족처럼 많은 시간을 같이 하였기에 인격적 대화나 교류가 가능하였다. 기도하며 가르치고 자식같이 아끼고 끌어안는 스승의 사랑과 인격에 감화를 받으며 학문적 가르침 이상의 진리를 삶으로 체득하며 꿈을 키워 갔다. 끼니를 굶을 만큼 가난하고 배고픈 시절이었지만 성서의 진리를 따르고자 끊임없이 무릎을 꿇고 동료 간에 서로를 돌아볼 줄 아는 인성과 영성을 함께 체득하며 미래의 지도자로 양성되었다. 그러나 1950년 이후 신학대학의 출현으로 신학교육은 공동의 생활공간에서 이루어 졌던 영성과 인성 그리고 실천적인 면이 차츰 감소되면서 신학의 학문적 연구를 신학교육의 주요 내용으로 삼으며 발전하게 되었다.

필자는 1991년에 복음주의 신학대학교 대표자들이 모인 가운데 한국 신학교육의 개선방향에 대한 정책토론회에 참석한 바 있다. 이때 각 신학대학교 총장 및 교수들의 발제와 토론의 주요 내용은 한 마디로 오늘날의 신학교육이 지나치게 학문적으로 흐르고 있다는 지적이었다. 교단의 목회자 양성에 목적을 두고 운영되는 신학대학원과정(M.Div)에서는 고도의 학문적 연구를 통해서 그 방향에서 기여할 수 있는 학자는 불과 5% 미만이다. 나머지는 교회사역을 위한 목회자로 배출되고 있음에도 불구하고 신학교육이 지나치게 학문적으로 발전되어 교회현장과 동떨어진 교육이 이루어지고 있다는 지적이었다. 그래서 신학과 목회를 연결시킬 수 있도록 신학교육의 교과과정을 개선해야 한다는 것이었다. 신학과 현장의 괴리를 극복하기 위해서 이론신학을 소홀히 하지 않는 범위 내에서 신학의 커리큘럼이 변화하는 시대에 대처할 수 있는 패러다임의 변화(paradigm shift)가 필요하다는 것이다. 그러나 실천신학조차 이론적 강의에 치우치는 것이 오늘의 신학교육의 실정이다.

신학교육은 단순한 신학지식의 습득만으로 교회 사역자로서 그 역할과 사명을 다 할 수는 없다. 신학생들이 신학을 배운다고 해서 모두가 하나님의 말씀인 성서의 진리에 따라 하나님에 대한 경외심이 고양되어지는 것은 아니다. 신학을 함으로써 경건성이 강화되기는커녕 학문에 경건이 눌려 버리는 현상을 보게 된다. 신앙의 경건성을 겸한 신학지식은 생활과 직결 된다. 경건이 없는 신학지식은 생활과 연결되지 못하여 오히려 목회자 후보생의 개인적 생활과 교회공동체의 생활에 부정적인 영향을 끼치게 된다. 실제로 신학교육의 가장 큰 문제 중에 하나가 목회 현장과의 괴리 문제이다. 신학은 신학을 위한 신학이 아니라 교회를 위한 신학이 되어야 하며, 신학은 교회사역의 방향을 제시하고 그 사역이 올바른 방향을 향해 제대로 가고 있는지를 평가하는 나침판과 같은 역할을 한다.

한편, 고도의 기술 산업사회와 다양하게 전문화된 사회로 특징지어지는 21세기를 전망할 때에 신학교육의 실제적인 측면은 날이 갈수록 더욱 중요한 교육의 측면으로 부상되고 있다. 목회자 양성을 위한 신학교육이 목회자의 기능적 측면에 관심을 가질 수밖에 없다는 사실과 시대적 조류에 따른 사회적 변천이라는 측면에서 볼 때에 21세기 신학교육은 보다 철저한 현장 속에서의 실질적인 훈련을 요구할 수밖에 없다. 진정한 신학교육은 보편적인 신학지식을 습득하거나 목회 기술을 기능적으로 훈련하는 수준에서 머물러서는 안 된다. 이 모든 것을 자신의 구체적인 상황 속에서 복음의 의미가 무엇인가를 판단하고 그에 기초하여 올바른 실천을 할 수 있는 경건한 품성적 자질을 개발시키는 목표를 가져야 한다. 그러나 오늘날에 한국 신학교육은 교세확장을 위한 신학대학교들의 정원수 폭증으로 교수와 학생간의 인격적인 교제나 대화는 결여된 채 지식전달 위주의 편중된 교육이 이루어지고 있는 실정이다. 뿐만 아니라 하나님의 소명을 받고 목회자가 되기 위하여 교육과 훈련을 받는 전통적인 신학교육의 경건성은 점점 약화되고 전문적인 직업인을 양산하듯 세속화되어 가는 경향성은 부인할 수 없는 한국 신학교육의 현실이 되어 버렸다.

## 신학교육의 새 길 찾기

지난 날 한국교회가 급성장한데는 척박한 환경가운데서도 사명감을 가진 목회자를 배출한 신학교육의 뒷받침이 컸다. 그러나 70~80년대 한국교회의 폭발적인 성장과 이에 맞물려 각 교단에서는 경쟁적인 교세확장을 위해 더 많은 교역인력이 요청되었고, 교회 현장의 수요에 따라 각 신학교에서는 교역인력 공급을 위한 몸집 불리기를 시작하였다. 1980년 후반부터는 앞을 다투어 신학대학 내지는 종합대학으로 변모하면서 본래적인 신학교육의 정체성은 맥없이 무너지기 시작하였다. 종합대학 수준을 유지하며 발전을 도모해야 하는 신학대학교들은 이 시대의 하나님의 사명을 감당해 갈 수 있는 미래 교회 지도자를 양성한다는 신학교의 본래적 사명보다는 늘려 진 정원 채우기에 급급해 하며 숫자와 계산을 쫓아가다 점점 그 본래적인 빛깔을 잃어가게 되었다.

그러다가 급기야는 90년 중반 이후 교회성장의 정체현상이 빚어지면서 해마다 쏟아져 나오는 목회 인력의 60-70%가 전임 사역지를 찾지 못할 정도로 과잉 공급되어 교회가 몸살을 앓고 있다. 그렇다고 정원 수나 학과를 줄이게 되면 학교 운영과 유지에 타격을 받게 된다. 이러한 현실에서 오늘의 신학교육이 이 시대의 교회와 세상을 선도하고 이끌고 갈 진정한 지도자를 키워 낼 수 있을지 의문을 갖지 않을 수 없게 된 것이다. 다른 한편으로 우리 사회 일각에서는 목회자 자질에 대한 끊임없는 회의가 제기되고, 교회는 점점 세상으로부터 신뢰를 잃어만 가고 있다. 21세기 세계 선교를 주도적으로 이끌고 나가며 한편으로는 이 사회를 도덕적으로 선도해야 하는 과제를 안고 있는 한국교회의 내일을 생각할 때에 이제 오늘의 신학교육이 달라져야 한다. 더 이상의 경쟁적인 교세 불리기를 자제하고 교파주의를 초월하여 진정한 하나님의 일꾼을 키우는 본래적인 신학교육으로 그 사명이 회복될 수 있어야 한다.

따라서 오늘의 신학교육은 뱀이 허물을 벗어 새롭게 생존해 가듯이 새로운 변화와 새 방향을 찾아 거듭나야 할 때이다. 그렇다면 어디서 그 모델을 찾아야 할 것인가? 우리의 관심과 시선은 일찍이 교회사역에 선교명령을 위임하시고 그의 삶으로 보여주신 예수의 제자훈련과 교육에서 신학교육의 참 모습을 살펴보고 그 방식을 오늘에 신학교육 설계에 적용해야 할 것이다. 예수가 제자들을 지도자로 훈련시킨 프로그램의 정수는 제자들을 부르신 후에 계속적으로 그들과 함께 지냈다는 것이다. 다시 말해서 예수는 당시의 다른 선생들처럼 어떤 교과과정을 이수시켜 제자들을 지도자로 양육한 것이 아니다. 3년간 제자들과 함께 먹고, 마시고, 자면서 하나의 공동체로서 함께 생활하고 그 속에서 자연스럽게 훈련하고 교육한 것이다. 공동체 생활 속에서 교제와 사귐을 통해 제자들은 복음의 사역자로 훈련되었다. 이러한 공동체 생활에서 가장 중요한 것은 지도자의 모범된 삶에 있다. 교육에 있어서 가장 효과적인 방법은 본을 보이는 것이다. 예수는 그 자신이 학교요 교과과정 자체라고 할 수 있을 정도로 모범과 시범을 보였다. 예수는 자신이 행하고 보임으로 끝난 것이 아니라 면밀한 계획을 가지고 훈련한 후에 실제적인 과제를 주어 실습을 하도록 훈련시켰다. 그래서 열두 제자와 칠십 인을 둘씩 짝을 지워 전도하는 훈련을 시켰다(마 14:16-17). 이 같은 현장사역을 통하여 앞으로 자신을 대신하여 감당해야 할 사역을 훈련시킴으로 실전의 경험을 갖게 하고 관찰하게 한 것이다. 예수와 제자들은 공동체적인 생활 속에서 말씀교육(신학교육), 인격훈련, 영적훈련

및 실제적인 현장실습훈련 등의 통합적인 교육과 훈련을 통해서 예수의 사역을 대신할 수 있는 제자로서 만들어져 갔다. 이러한 예수의 제자 교육 방식을 따라 현행 한국의 신학교육은 다음과 같은 방향에서 새 길 찾기를 모색하기를 기대한다.

첫째, 기존의 한국 신학대학들은 지난 반세기 동안 학문위주의 종합대학으로 발전해 왔다. 그러나 지금에 와서는 공급과 수요의 심각한 불균형으로 몸살을 앓고 있으며 목회인력의 질적 저하를 초래하여 교회에 대한 사회적 신뢰를 상실하는 요인이 되고 있다. 이에 기존의 종합대학교 안에 존재하는 신학교육 운영체계와는 구분하여 공동생활을 기반으로 목회자를 양성하는 소규모의 신학교육 과정으로의 변화와 설계가 필요하다. 그것은 강의실 위주의 이론적인 교육의 장을 넘어 보다 확대된 교육의 장에서 교수와 학생들의 인격적인 만남과 대화 그리고 공동체 생활의 장을 통하여 경건한 인격과 영성훈련을 통합하는 방식의 전인 신학교육으로 거듭나는 것이다.

둘째, 신학교육 과정 안에 이론교육도 필요하지만 실제적인 교회사역의 역량을 몸으로 체득하고 개발시켜 주는 현장실습(internship) 혹은 목회 임상훈련(clinical pastoral training)과 같은 교육과정이 필요하다. 이를 위해서는 기존의 신학교육의 구조와 편제를 개선해야 한다.

무엇보다 현장실습이나 목회임상훈련 과정은 교회현장과 긴밀한 협의와 협력이 요청된다. 교회현장의 실습을 지도하는 목회자는 '훈련지도교관'(supervisor)으로 역할과 책임을 갖게 되며 학교와 교회의 책임자간에 정기적인 협동 세미나를 통해 효과적인 훈련과정의 방향을 찾아 가야한다. 이울러 학생들의 사역의 역량을 함께 점검하고 개선해 나감으로 신학교육이 단순한 아카데미즘(Academism)에 빠지지 않고 교역자를 교육시키는 과업을 효율적으로 이룰 수 있을 것이다. 따라서 학문적 신학교육도 교회와 함께하는 신학교육으로의 변화가 필요한 것이다.

셋째, 신학교육의 모체가 되는 교회는 그 자체가 목적이 아니다. 세상의 구원을 위해 존재하는 선교적 도구이다. 교회를 영적으로 인도하고 지도하는 목회자는 지역사회를 섬기고 세상을 향해 그리스도의 사랑과 정신을 가지고 지역의 필요를 채우는 일에도 관심을 갖고 헌신하며 이끌어야 한다. 교회에 위임하신 하나님의 선교명령 안에는 복음전도뿐만 아니라 사회봉사에 대한 명령도 포함하고 있다. 기존의 신학교육에서는 사회봉사에 대한 신학적 이론과 교육은 있지만 대부분의 실제적인 사회봉사의 기회는 개인에게 맡겨져 왔다. 따라서 교회 사역자를 양성하는 신학교육 과정에는 목회 지도자로서 사회봉사 역량을 개발하고 강화하는 현장중심의 실천적인 교과 프로그램에 대한 설계와 반영이 요청된다.

지금 세계는 기술개발과 더불어 글로벌·디지털시대를 이끌어갈 인재양성과 핵심리더 육성에 엄청난 투자를 하고 있다. 사람을 키워야 미래가 있다는 인식이다. 작금의 한국 신학교육이 자본주의 시장경제 논리에 내몰려 숫자와 크기를 따라가다가 신학교육의 본래적 사명을 상실한 채 풍파에 떠내려가는 배와 같은 신세가 되어서는 안 될 것이다. 분명한 사명의식을 바탕으로 사람을 살리고 역사를 변화시켜 나갈 기독교지도자를 키우는 비전은 오늘의 교회와 신학대학이 함께 만들어가야할 시대적 사명으로 재인식 되어야 할 것이다. 이제 한국의 신학대학은 지식전달 위주의 아카데미즘의 한계를 극복하고 신학과 현장, 목회와 신학, 학문과 영성의 조화를 이룬 균형 잡힌 신학교육으로 새 길을 찾아 나서야 할 때이다.


## 참고문헌

박근원. 『오늘의 교역론』. 서울: 대한기독교서회, 2004.
전국신학대학협의회. 『한국신학과 신학교육』. 서울: 대한기독교서회, 1994.
조종남. 『신학교육과 현장교육』. 서울: 서울신학대학출판부, 1975.

조 진 호

(구세군사관대학원대학교 총장, 사관, NCCK 신학위원)

# 남자도 여자도 모두 주를 위하여

## 놀라운 언어 사건

하나님이 자기 형상 곧 하나님의 형상대로 사람을 창조하시되
남자와 여자를 창조하시고(창세기 1:27).

이 성경구절에 의하면 이 세상에 존재하는 사람이란 남자 아니면 여자이다. 남자만 하나님의 형상이 아니고, 여자도 남자와 동등하게 하나님의 형상이다. 성서가 기록된 당시 문화를 고려할 때 이 말씀은 너무나 놀라운 말씀이다. 구약성서든 신약성서든 기록한 사람은 모두 남자들이며, 기록되던 당시 문화는 남자를 중심으로 움직이는 가부장문화이기 때문이다. 가부장 문화권에서 나온 글이 가부장 문화를 초월해서 완전 "남녀평등적" 선언이라는 점이다. 이것은 놀라운 언어 사건이라고 할 수 있다.

가부장적 문화란 사회를 구성하는 존재가 남자, 그것도 자녀를 가진

남자 "가부장"이고, 그를 중심으로 움직이는 문화를 말한다. 이런 문화권에서 여자와 자녀들은 가부장에게 종속된다. 그리고 사회적 연결고리를 누구의 아내로, 누구의 자녀로 가진다. 가부상을 제외하곤 의사결정권도 없다. 성서가 기록된 당시 이스라엘 문화도 가부장문화이고, 기독교가 유입되던 시기 조선 말기의 우리 사회도 유교의 가치관에 기초를 둔 가부장문화였다. 그리하여 성서에 반영된 가부장문화의 영향을 받은 구절들을 그대로 우리 사회와 교회에 적용하면서 남녀불평등한 구조를 강화시켰다고 볼 수 있다. 여성 차별이 성서적이며 하나님 뜻에 합당하다는 잘못된 인식에 대한 비판이 전혀 없이. 심지어 사도 바울도 자신이 가진 가부장적 전제로 인해 오류를 범하고 있다. "남자는 하나님의 형상과 영광이니 그 머리를 마땅히 가리지 않거니와 여자는 남자의 영광이니라"(고전 11:7).

종교개혁 500주년을 맞이하여 교회 개혁을 원하는 우리는 당시 가부장문화를 뛰어넘어 남녀평등적인 사상이 반영된 창조선언에 근거해서 다음과 같은 선언을 해본다.

하나님이 자기 형상대로 남자와 여자를 창조하셨으니,

하나님이 구원하시길 원하는 사람들도 남자와 여자이며,

하나님의 일도 남자와 여자가 함께 한다.

이는 남자나 여자나 차별이 없음이라

남녀평등적 선언에 기초하여 한국교회의 개혁과제를 제안해본다.

## 양성평등한 교회를 위한 제안

한국교회 목사들이나 장로들이 여성 교인을 성희롱이나 성추행, 불법적으로 행하는 성관계 등으로 이미 한국교회의 이미지가 매우 부정적이다. 목사들이 여성 교인만 아니라, 남성 목사나 장로들이 여성 목사들조차도 성적 대상으로 여기고 희롱하는 예도 적잖다. 이런 점은 시정되어야 할 점이다.

교회가 시작되는 1세기에도 이 문제가 불거질까 바울이 노심초사하며 편지를 쓴 적이 있다. 여교인들의 머리카락을 보고 성적인 자극을 받았던 고린도교회 남성들의 고민을 대신해 바울이 여교인들에게 머리카락을 가리라고 조언한다(고전 11: 1-16). 요즘과 같이 머리카락뿐만 아니라 노출이 심한 사회에서 여자들에게 뭐하고 할 것이 아니라, 성관계는 아내와 남편 사이에만 하는 것으로 인식하도록, 아니면 최소한 파트너 쌍방 간의 합의 하에 하는 것으로 교육할 필요가 있다.

초기 교회는 하나님을 아버지라 부르며 교인들 상호간에는 "형제자매"로 여기고 그렇게 불렀다. 형제자매 사이에 성관계를 가진다면 그것은 성서에서 금하는 근친상간이 될 것이다. 그러니 교회 안에서 만나는 남녀는 모두 형제자매 관계로 여기고 성적 대상으로 보지 않도록 교육하고 훈련할 필요가 있다.

개혁이란 옛것에서 벗어나 새로움을 시도하는 것이다. 그런데 새로움이란 낯섬이고, 낯섬은 사람들이 불편해한다. 교회가 새로워지는 데 장애가 있다면, 바로 이 낯섬에 대한 극복이 쉽지 않기 때문일 것이다. 가부장 문화에 길들여진 사람에게 남자와 여자가 동등하게 일을 한다는 현실이 어색하고 불편하다. 이는 민주화로 가는 과정에 극복해야할 과정이다.

현재 여성에게 목사안수를 허락하는 교단이 많지 않다. 현재 여성 목사 안수를 허락한 대표적인 교단인 대한기독교감리회, 한국기독교장로회, 대한예수교장로회(통합)의 여성 목사들도 남성목사에 비해 차별대우를 받는다고 느끼고 있다.

실제로 여성 목사가 겪는 남녀불평등은 여러 가지 점에서 지적되고 있다. 2014년 예장통합 여교역자연합회에서 실시한 '여교역자 실태조사 보고서'를 보면 여성 목사가 겪는 남녀불평등의 상황도 조금도 시정되지 않은 듯하다. 여성 목사 수는 2002년 306명에서 2012년 1,500여 명으로 10년간 5배가량 증가했지만, 교회에서의 성차별 경험 여부에 대해 여성 교역자 56.5%가 '경험했다'고 응답했다. 성차별 유형별로는 사례비 및 처우에 대한 차별이 34.5%로 가장 높았고 업무 배정 차별 33.8%, 각종 모임 배제 10.1%, 공개 채용 시 여성 배제 9.1%, 목사 안수 청빙 거부 5.5% 순으로 나타났다. '장년 설교를 수행하는가'라는 질문에도 '다른 교역자들과 동등하게 한다'는 응답은 28.4%에 그쳤다. '교회의 사역은 주로 남자 교역자들이 하고 예외일 경우에 여성교역자들이 한다, 수요·금요·새벽 기도회를 주로 한다' 등의 응답이 13%, '전혀 하지 못한다'는 응답이 9%에 이르렀다. 그 이유는 대개 기회를 주지 않아 못했다'는 응답이 50%나 됐다.

한국에 있는 여러 개신교단 중에 여성에게 목사안수를 허락하는 교단이 많지도 않지만(현재 대한기독교감리회, 한국기독교장로회, 대한예수교장로회[통합/백석], 성공회, 성결교, 순복음, 침례교 등), 목사안수를 허락한 교단에서 안수 받은 여성 목사의 활동에 매우 제한적이고, 남성목사에 비해 불평등한 대우를 받고 있는 현실이다.

그리하여 요즘 젊은 여성들은 목사 안수를 받지 않고 예전처럼 여전도사나 준목(목사고시는 합격했지만, 목사 안수는 받지 않은 자)로 지내기를 선택한다는 것이다. 목사 안수를 받게 되면 교회 안에서 동역하는 부목사들과 교인들이 불편해 한다는 것을 인지하고 현실에 적응하는 자세이다. 한국 사회는 엄청 빠른 속도로 남녀 평등한 사회로 가려고 애쓰고 있건만, 교회는 너무 느린 감이 있다.

여성 목사 안수를 거절하는 교단의 논리는 지극히 단순하다. "여자는 교회에서 잠잠하라"(고전 14:34)는 고린도교회에 보내는 바울의 편지 중 한 구절에 근거를 둔다. 교회 내 여성의 활동을 수 세기 동안 제한하는 데 사용되었던 이 구절은 당시 고린도교회의 상황과 바울의 관계에서 재조명할 필요가 있다. 교회 내 여성에 대한 바울의 악의적인 한 마디가 하나님의 명령인 양 교회 안에서 적용하는 것은 성경구절을 오용하는 매우 위험한 일이다.

여성 목사의 능력이 충분히 발휘되려면 개교회 담임목사의 경험이 가장 좋은데, 여성 목사가 개척한 경우가 아니면 담임목사로 청빙되는 경우는 거의 전무하다고 할 수 있다. 그리하여 여성 목회자의 자질을 충분히 보여주기 어려운 현실이다. 목회자 사례비가 거의 지급되지 않을 정도의 교회여서 남성 목사가 일하기 어려운 교회가 여성 목사에게 할당되기도 한다. 목회라고 하는 직업은 "사람을 하나님과 연결시켜 살게 하고 위로하며 돌보는 일"이라고 한다면, 여성에게도 매우 적합하다고 볼 수 있다. 청빙제도로써 여성 목사가 담임목사가 되기 어렵다면, 총회나 노회 차원에서 적절한 교회에 파송하는 제도를 시행하여 파송과 청빙 두 제도를 활용할 필요가 있겠다.

한국교회 교인들 중 여성이 차지하는 비율이 50% 이상을 차지함에
도 불구하고 여성 차별의 분위기와 제도가 시정되지 않는 이유 중 하나
는 개교회나 교단의 정책 결정에 여성이 참여하지 못하는 현실에 있다.

개교회의 경우, 교회 정책이나 제도를 제안하고 결정하는 기구인
"당회"의 구성이 거의 남성들로만 이루어진다는 것이다. 소위 당회장인
담임목사와 당회원인 장로들이 모두 남성이라는 점이다. 조선시대부터
모든 권한을 남성이 가지고 왔던 경험에서 남성들은 이러한 의사결정
과정에 대해 의구심을 갖지 않고 자연스럽게 여길 수 있다. 그러나 그런
과정에서 여성의 관심과 의중이 철저히 무시되고 교회는 남성중심성에
서 벗어나지 못하고 있는 것이다.

이에 문제의식을 가졌던 교단에서는 "양성평등위원회"를 결성하여,
여성 장로 할당제를 30%로 하자는 제안도 하고 있다. 한국교회 여성
목사가 3%이고 여성 장로가 1% 정도인 현재 상황에서 언제 여성 장로
를 30%로 만들어갈 수 있을지 요원한 생각이 든다. 그리하여 개교회의
정책 결정기구인 당회 구성에 대한 나의 제안은 좀 다르다. 즉, 정책 의
결기관인 당회에 여성도 포함시키기 위해서는 당회원을 남성장로로만
하지 않고, 부목사들과, 여선교회장, 남선교회장, 교회학교교사, 청년
부대표, 성가대대장 등 교회의 각 부서를 책임지는 대표들로 구성하면
좋겠다는 것이다.

교단의 정책과 의결기관인 총회의 양성 평등의 길은 개교회 못지않
게 멀어 보인다. 대한예수교장로회 합동과 고신, 대신은 아직도 여성
목사를 허락하지 않고 있으며, 1995년 여성 목사 안수를 시작하여 현

재 가장 많은 여성 목사를 가지고 있는 대한예수교장로회 통합의 경우, 2010년 1442명에 달하는 총대 중에 여성 총대는 오직 12명이었다는 사실이다. 이런 숫자를 가지고 양성 평등의 정책을 구현하기는 심히 어려울 것으로 보인다.

현재 한국기독교장로회 기장여성연대는 2005년 양성평등의 교단으로 나아가기 위해 기장여성정책 10년 달력을 제정하여, 여성 참여 비율을 30%까지 확보하도록 노력하고 있지만, 2009년 현재 여성 목사는 6%, 여성 장로 1%, 총회 총대의 여성 비율은 2% 정도밖에 되지 않는다.

그럼에도 불구하고 필자가 여성 참여비율을 50%로 확보해 나가기를 제안하는 것은 세계교회협의회의 목표와 같이 가고자 함이다. 물론 우리가 목표를 50%로 삼는 것은 비현실적으로 보일 것이다. 그러나 교회 인구의 50%가 여성이라는 사실을 기초로 한다면, 그날이 언제가 되던, 교회의 모든 정책이나 의결기관에 여성이 50%를 차지할 때 진정한 양성평등이 이루어질 것으로 보이기 때문이다.

### 교회의 의지가 요구된다

급속한 경제적 성장을 이룬 한국에 대해 한국인도 세계인도 놀라고 있다. 경제 성장만큼 사회적 인식도 빠르게 성장하면 좋으련만, 이것은 같은 속도로 오지 않았다. 그럼에도 불구하고 한국 사회는 1987년 "남녀고용평등법"과 1993년 "성폭력 특별법", 1999년 "남녀차별금지 및 구제법" 등을 제정, 시행하며 일하는 여성들의 지위 향상을 위해 부단히 노력하였다. 그리고 남녀 차별적 사고의식을 철폐하는 데에는 남성으로 이어지는 호주법 폐지와 전통적인 유산상속법 폐지가 결정적인 역할을 했을 것으로 보인다.

1980-1990년대 끊임없는 국내 여성 운동은 세계여성 운동과 연대하며 활발히 전개되었고, 위와 같은 법제정의 성과를 내면서 여성에 대한 전통적인 역할 관념의 변화, 여성의 사회 참여의 당위성 등의 인식개선도 이루어졌다. 이와 함께 몸을 통한 여성 정체성을 확립하고 성담론의 공론화를 이끌어냈으며, 최근에는 사회에 만연된 여성 혐오의 현상까지 파악하고 지적하는데 이르렀다. 심지어 2017년에 출발한 문재인 정부에서는 국무위원의 30%를 여성으로 할당하겠다는 공약을 실현하고 있어서 양성평등사회로 가려는 확실한 의지가 엿보이기도 한다.

이런 사회적 분위기를 따라오지 못하는 한국교회는 젊은 여성들뿐만 아니라 젊은 남성들에게도 환영을 받지 못할 뿐만 아니라, 교회를 탈퇴하는 현상도 보이고 있는 실정이다. 그러므로 종교개혁 500주년을 맞이하는 때에 양성평등한 교회로 나아가려는 의지를 확고히 할 필요가 있다.


## 참고문헌

김은혜. "양성평등을 향한 새로운 한국교회여성운동". 「한국여성신학」 69(2009. 여름).
이은선. "교회내 성폭력추방과 성직의 비신화화". 「한국여성신학」 65(2007 여름).
한국염. "왜 아직도 양성평등적 교회를 말하는가". 「한국여성신학」 69(2009. 여름).


김 판 임

(세종대학교 교수, NCCK 신학위원회 부위원장)

# 종교개혁 500주년에
# 그리스도교 영성을 생각하다

## '영성'이란 무엇인가?

한국교회 안에서 영성이란 단어는 매우 익숙하면서도 또한 낯선 것 같다. 뭔가 새로운 영성에 대한 갈망이 한국교회 안에 보편화되었지만, 아직 그 영성이 구체적으로 드러나지는 않았기 때문일 것이다. 그래서인지 영성하면 뭔가 이색적이고 신비적인 어떤 것을 떠올리게 한다. 개신교뿐만 아니라 가톨릭과 정교회 안에서도 영성이라 하면 교의적 가르침, 교회의 규범과는 구별되는 신앙의 신비적이고 경험적이며 내면적인 요소들을 지칭할 때가 많다. 그 결과 영성하면 그리스도교 신자들의 일반적인 삶과는 다소 동떨어진 소위 '영성가'들의 깨달음이나 가르침이나 삶에 초점에 모아진다. 그래서 영성은 뭔가 대중과는 상관없는 영적 엘리트들의 '일', 다시 말해 총체적이고 분리할 수 없는 신앙의 삶에서 분리된 어떤 특정 요소, 더욱이 세속화 물신화된 현대 사회에 대한 반성과 함께 각광받기 시작한 어떤 신비적이고 종교적이고 내적인 요소로 간주된다. 설사 '영성'이란 말이 함의하는 본래의 뜻은 그렇지 않나 하더라도 적어도 영성이란 말로 치장된 교회 현실 안의 다양한 현상들을 살펴볼 때 이런 판단이 그리 틀린 것 같지 않다.

500년 전 종교 개혁가들에게서도 발견되는 애석하고도 안타까운 지점이라고 필자는 확신하는 바, 어떤 개혁이든 그것이 신앙과 삶의 총체성이라는 맥락을 잃어버릴 때, 그리하여 특정한 요소를 떼어내 절대화할 때, 오히려 삶과 신앙을 심각하게 왜곡하여 기형적인 것으로 만들 수 있다는 점에서, 소위 '영성'에 대해 근본적인 성찰이 필요해 보인다. 그리고 이 근본적인 성찰은 단지 '영성'을 추구하는 사람들뿐만 아니라, '영성'하면 괜히 거북해 하고 반감부터 가지는 이들에게도 필요한 것이다. 그것은 그리스도교 신앙은 어제나 오늘이나 내일이나 본질적으로 '영적인' 것, 하나의 총체적이고 유일하며 참된 '영성'이기 때문이다. 왜 그런가?

## 다시 그리스도교 영성을 생각한다.

영성을 어떻게 정의하든 간에, 그리스도교 영성이라 할 때, 우리는 하느님에 대한 고백, 특별히 성령에 대한 고백을 빼놓고 얘기할 수 없다. 하느님은 영적인 분이시니, 하느님에 대한 지식과 경험 또한 영적일 수밖에 없다. 하느님을 알고 경험하는 것은 이성적 감각적 지식과 경험을 뛰어넘는 영적인 지식과 경험이다. 따라서 그것은 언제나 신앙의 영역이고 신비의 영역인 것이다. 그렇다고 신앙의 신비에서 이성과 감각의 역할이 배제된다는 말은 아니다. 하지만 그 한계가 전제되고 그것을 초월하여 영적인 지평으로 안내하는 역할을 할 때만 의미가 있다. 신앙의 신비는 본질적으로 영적이기 때문이다.

세상을 창조하신 하느님은 타락한 세상을 구원하시기 위해 육신을 입고 이 세상 한가운데 오셨다. 그것은 세상에 대한 그분의 사랑과 절대적 긍정의 궁극적 증거이다. 하느님의 육화는 세상의 구원, 인간의 신화(deification), 즉 인간이 신성에 참여하도록 하기 위한 것이다. 아무도 하느님을 보지 못했고 그래서 알 수 없었지만 육신을 입고 세상에 오신 그리스도 하느님을 통해서 이제 하느님을 알고 만나고 경험할 수 있게 되었다. 그러므로 그리스도교 영성은 세상 속에 들어오신, 세상을 구원하러 내려오신 하느님에 대한 고백을 본질로 한다. 그리스도교 영성은 세상 속에 들어오신 하느님을 외면하고 세상 밖으로 도망치는 것일 수 없다. 물론 세상과 세상에 속한 우리는 타락했고 구원받아야 한다. 그래서 타락한 세상과의 단절은 구원에 필수적이다. 수도자들이 세상을 등지고 사막과 광야로 나서는 이유가 그것이다. 하지만 이 단절과 물러섬은 더욱 본질적인 연합과 나아감을 위한 것이고, 또 그렇게 되어야만 한다. 하느님과의 연합을 통해서만 세상과 본질적으로 결합할 수 있기 때문이다.

그리스도교 영성은 또한 성령에 대한 고백과 깊은 관계가 있다. 앞에서도 하느님에 대한 지식과 경험이 본질적으로 영적인 것이라 했는데, 그 지식과 경험이 우리의 것이 되는 것, 다시 말해 피조물인 인간이 영적인 하느님을 알고 경험할 수 있는 것은 육화하신 하느님 그리스도와 우리 안에 내주하시는 성령의 능력이 아니면 불가능하다. 성령은 우리 안에서 그리스도 안에서 자신을 계시하신 하느님을 알게 하시고, 그리스도를 주라 고백하게 하시며, 우리 자신이 어떤 존재인지를 일깨우신다. 성령이야말로 우리의 영적인 눈이요 감각이라 할 것이다. 그래서 그리스도교 영성의 핵심은 성령을 얻는 것이다. 하느님을 "아빠, 아버지"라고 부를 수 있게 해주시는 성령이 우리 안에 안 계신다면 도대체 그리스도교란 무엇이란 말인가?

이렇듯 그리스도교 영성은 성 삼위 하느님에 대한 신앙 고백에서 시작하여 하느님을 만나고 경험하고 알아가고 하느님과 연합하여 하느님 본성에 참여하는 신화의 삶, 그 신앙적 삶의 총체이다. 그리스도교 영성은 계시와 교리(신앙고백)와 예배와 기도와 덕의 수행을 두루 아우르는 개념이다.

그러므로 '영성'을 그리스도교의 어떤 측면, 어떤 주제와 결부시키는 대신, 총체로서의 그리스도교 영성에 주목해야 할 것이다. 정교회 신자인 필자는 그리스도교 영성의 모범을 성인들의 삶에서 찾는다. 성인들은 누구인가? 그들은 성령의 사람이다. 18세기 러시아의 위대한 수도사제 사로프의 세라핌 성인은 그리스도교적 삶의 궁극적인 목적을 "성령을 얻는 것"이라고 말했다. 성령을 얻은 성인들은 말씀을 철저하게 사랑하고 묵상했고, 하느님을 예배하길 사랑했으며, 끊임없이 기도했고, 영적인 상승을 이루기 위해 자신의 욕망과 끊임없이 투쟁했다. 무엇보다 그들은 하느님의 형상인 인간에 대한 사랑과 연민으로 충만했다. 그들은 화려한 논리나 수사, 높은 지식이 아니라, 삶 그 자체로 실천을 통해 진리를 보여주었고 진리를 살아냈다. 그들은 온 힘을 다해 그리스도의 계명을 따르려 했고, 복음적인 삶을 이루려 했다. 그런데 중요한 것은 모든 그리스도인이 성인들처럼 성령의 사람, 성령을 얻은 사람이 되라는 소명을, 다시 말해 성인이 되라는 소명을 받았다는 사실이다. 그러므로 이 소명을 깨달은 그리스도인은 이미 성인이며 또 성인이 되어가는 존재이다.

거기에는 성직자, 수도자, 평신도, 남녀노소 구분이 있을 수 없다. 성직자와 수도자와 평신도는 그 방식만 다를 뿐 거룩한 삶, 복음적인 삶이라는 본질적으로 동일한 목표를 향해서 전진한다. 그리고 그들 각각의 방식으로 전개되는 영적인 싸움은 교회라고 하는 커다란 가족, 그리스도의 몸인 교회 안에서 서로 유기적인 영향을 주며 영성의 다양한 차원들을 형성하고 조화를 이뤄 나간다. 우리 각자의 영적인 은사는 나 자신만 아니라 한 몸을 이루고 있는 교회의 다른 지체들의 구원과 거룩한 삶을 위한 것이다. 더 나아가 모든 피조물의 구원과 회복을 바라시는 하느님의 계획에 따라 교회를 통해 온 세상으로 스며들고 퍼져 나가야 하는 것이다. 이렇듯 그리스도교적 삶, 영성의 삶은 처음부터 개인적이면서 동시에 철저하게 공동체적이다. 그러므로 그리스도 안에서 인격적인 연합을 형성하고 완성해가는 교회가 아니라면 우리가 어떻게 영성의 이 다채로운 차원들을 경험하고 우리의 것으로 만들어 나갈 수 있을 것인가? 그리스도인의 삶의 총체로서의 영성이 교회 밖에서는 불가능한 이유가 여기에 있다.

## 영적 삶의 세 가지 기본 요소: 회개, 겸손, 부활

그렇다면 성 삼위 하느님을 알고 경험하고 그분과 연합하는 영적인 삶을 그리스도의 몸인 교회 안에서 교회를 통해 살아간다고 할 때, 이 영적 삶의 가장 기본적인 요소는 무엇인가? 사람마다 다 다르겠지만 나는 그것을 회개와 겸손과 부활의 삶이라고 생각한다.

그리스도교는 인간을 어떻게 보는가? 그리스도교 영성은 그리스도교적 인간 이해를 전제한다. 그런데 요즘처럼 인간의 본질에 대한 질문이 새삼스럽게 제기된 적도 없을 것이나. 현내의 저명한 정교회 신학자의 말에 따르면, 20세기 신학의 화두가 교회론이었다면, 21세기 신학의 화두는 인간론이다. 왜냐하면 인간의 본질에 대해, 생명과 죽음에 대해, 참된 행복과 삶의 목표에 대해, 21세기처럼 새로운 질문을 던진 시대가 이제껏 없었기 때문이다.

교회의 교부들은 인간을 '미크로코스모스' 즉 '소우주'로 이해했다. 인간은 하느님의 피조세계 전체를 대표하고 함축하는 특별한 피조물이다. 이는 오직 인간만이 흙과 하느님의 생기로 "하느님의 형상에 따라 하느님을 닮아 가도록" 창조되었기 때문이다. 인간은 피조된 물질세계와 동일한 물적 본질을 가지고 있지만, 또한 인간 안에 새겨진 "하느님의 형상"은 인간이 물적인 존재를 넘어서는 영적인 존재임을 알려준다. 14세기 비잔틴 헤지카스트인 그레고리오스 팔라마스 성인은 물질세계와 영적 세계에 동시에 속한 인간 본질의 특수성 때문에 인간을 천사보다 더욱 탁월한 존재라고 역설하였다. 이것은 고백자 막시모스 성인의 말대로, 하느님이 영적이듯이 인간 또한 자신 안에 영적인 차원을 가지고 있음을, 아니 그것이 인간의 본질적 요소임을 보여준다. 그래서 이 영적인 핵을 중심으로 인간의 모든 차원, 피조세계의 모든 차원을 질서 있고 조화롭게 결합시키는 것이 인간의 존재이유이고 소명이며 목적이다.

인간은 오직 영적인 하느님, 그리스도교 영성의 기원인 하느님과의 관계 안에서만 꽃피울 수 있다. 이렇게 인간은 본래 하느님과의 관계 안에서만 그리고 '하느님의 형상'인 인간과의 관게 안에서만 참으로 인간다울 수 있다. 인류는 하느님의 계명을 어기고 선악과를 먹고 스스로

'하느님이 되고자' 했던 첫 조상들의 실패를 통해서야 비로소 이것을 깨달을 수 있었다. 그런데 이제는 생명조차도 창조할 수 있게 되어 하느님 없이도 스스로 '미크로테오스'(작은 신)라고 자신 있게 선언할 수 있게 될 인류가 참된 신화(deification)의 길에서 이탈하여 다시 한 번 더 깊은 타락과 죽음의 수렁으로 빠져들지는 않을까 심히 우려되는 상황을 오늘날 그리스도교 영성은 맞이하고 있다.

타락한 인류를 구원하시기 위해 하느님은 율법과 예언자를 통해 끊임없이 인류를 하느님께로 돌이키려 하셨고, 그래도 완고하여 하느님과 멀어지기만 하던 인류를 위해, 마지막 때에 몸소 세상에 내려오시어 마리아의 태를 통해 인간이 되셨다. 그리고 인간이 되신 하느님 그리스도는 "회개하여라, 하느님 나라가 가까이 왔다"라는 말씀으로 구원의 사역을 시작하셨다. 회개와 하느님 나라. 이것은 복음의 시작이요 끝이다. 회개하지 않은 죄 말고는 세상에 용서받지 못할 죄가 없다는 것이 주님과 교회의 가르침이다. 그러므로 회개는 그리스도교 영성의 문이다. 회개 없이는 하느님 나라에 들어갈 수 없기 때문이다. 그렇다면 죄는 무엇이고, 회개는 또 무엇인가?

죄를 법정적인 의미로만 받아들인다면, 그리스도교는 의미가 없어진다. 주님이 바라사이파 사람들과 서기관들을 향해, "독사의 자식들아"하고 저주하신 것은 무슨 이유에서일까? 죄는 이러저러한 율법 조항의 위반보다 더욱 근원적인 것인데 그 근원까지 내려가지 못했기 때문에, 그들은 스스로 의롭다 여겼고 그 의로움은 위선이며 거짓일 수밖에 없었다. 그러므로 죄는 이러저러한 위법 행위로 환원될 수 없는 인간 실존의 근원적인 현실이다. 그것은 하느님과의 단절이고 거리이다. 하느님과 동행하던 낙원에서 추방된 인간의 실존은 그 자체로 죄이다. 이런저런 악행, 불의, 위법은 다만 그 죄의 상태의 필연적인 결과이고, 또 죄의 상태를 더욱 심화시키는 하나의 요소일 뿐이다.

그러니 "회개하라"는 주님의 말씀은 우리의 악행을 회개할 뿐만 아니라, 인간 실존에 대한 통찰, 그 뼈아픈 자각에 이르라는 것이다. 그래서 죄가 인간의 타락한 상태이듯이, 회개 또한 우리의 비참한 실존에 대한 통한의 깨달음, 자각 그리고 울부짖음이어야 하고, 그래서 인간 본성의 회복을 열망하는 지속적인 상태여야 한다는 것이다. 하느님의 형상으로 창조된 본래의 인간과 그 형상과 가능성을 욕망의 허무한 충족과 값싼 쾌락과 바꾸어 버림으로써 처하게 된 비참한 인간 실존 사이의 이 건널 수 없는 심연과 극단적 거리에 대한 자각, 낙원에서 들었던 하느님의 발자국 소리에 대한 간절한 갈망, 이것이 회개여야 한다. 이런 회개는 개인의 차원을 넘어서 이웃과 사회 그리고 온 피조세계를 아우르는 보편성을 얻게 된다. 다시 말해, 타락한 본성 안에서 모든 인류, 온 피조세계가 연대되어 있기 때문에, 타락한 본성에 대한 통찰에서 비롯된 회개는 세상에서 나와 무관한 죄는 존재하지 않고, 나와 무관한 불행과 비참은 없다는 자각과 깨달음을 일으킨다는 것이다. 그래서 참된 회개는 예수 그리스도의 십자가처럼 희생과 자비와 연민의 행위로 확장된다. 나 하나의 참된 회개는 나 개인의 구원만 아니라 이웃과 온 인류와 온 피조세계의 구원이 되는 것이다. 평생 거룩한 삶을 살기 위해 투쟁한 수많은 성인들은 마지막 순간까지도 회개하였다고 한다. 그들에게 회개란 모든 생명을 자신 안에 끌어안고 자비의 하느님께 부르짖고자 했던 지극한 사랑의 행위였다. 이렇듯 우리의 입에서 날마다 고백되는 부르짖음, "끼리에 엘레이손", "주 예수 그리스도, 하느님의 아들이시여, 이 죄인을 불쌍히 여기소서"라는 단순한 외침과 회개의 기도는 그리스도교 영성의 가장 근본적인 실천이다.

놀랍게도 충만은 비움을 통해 일어나고, 높아짐은 낮아짐을 통해 이룩되며, 영광과 은총은 교만한 자가 아니라 겸손한 자의 것이라고 그리스도교 영성은 가르친다. "하느님은 인간이 신이 되게 하려고 인간이 되셨다"는 성 아타나시오스의 경구는 하느님의 육화의 참된 목적이 인간의 신화임을 역설한다. 케노시스(비움, 낮아짐)가 곧 테오시스(신화)인 것이다. 산상수훈의 구복 선언은 자발적 비움과 낮아짐과 겸손과 가난이 하느님 나라를 복으로 누릴 것임을 선언한다. 깨끗한 마음이라야 하느님을 보는 지복을 누린다고 선언한다. 신앙의 이 모든 진리는 우리의 현재적 신앙과 얼마나 동떨어져 있는가! 하지만 하느님 나라의 이 모든 덕은 그것에 저항하는 우리 안의 욕망과 대척하고 있으니, 그리스도교 영성은 실로 우리 안의 욕망과의 쉼 없는 투쟁이 아닐 수 없다. 돈과 권력과 명예와 쾌락은 낙원을 잃어버린 인간이 그 본질적 비참을 덮고 자위하기 위해 쫓아가는 허망한 신기루가 아니던가. 더 나아가 새로운 인간론을 부르짖게 하는 현대 과학기술의 놀라운 성취마저도 '미크로테오스'라는 자만과 교만으로 우리의 반(反)본질적 실존, 하느님 없이 하느님이 되려고 했던 아담과 하와의 실패에서 비롯된 거대한 무지와 절망에 대한 가련한 위로가 아니겠는가.

인간 실존에 대한 참된 자각은 회개를 낳고 회개는 겸손을 낳는다. 겸손은 남에게 선하게 보이고자 하는 겸양의 태도, 배려, 품성과는 다른 것이다. 그것은 아무 죄 없으시지만 죄가 되어 온 인류의 죄와 함께 십자가에 달리신 그리스도 아래 서는 것이다. 하느님 아버지께 순종하신 그리스도처럼, 그리스도의 초대에 조건 없이 응하는 것이다. 아무

핑계도, 의심도 없이 그리스도를 따르는 영혼의 상태가 바로 겸손인 것이다. 이런 겸손이야말로 모든 악의 근원인 교만을 이기게 해주고, 하느님 없이 하느님 되려 했고 또 지금 되려 하는 근본적 불가능성을 하느님의 자비와 은총으로 하느님 같이 거룩한 존재가 될 가능성으로 변화시켜 준다. 겸손의 삶이 자기 부정과 자기 비하와 자발적 가난을 요청함에도 그것이 참으로 고귀하고 풍요로운 것은 오직 겸손만이 하느님의 은총을 얻을 수 있고, 오직 하느님의 은총을 통해서만 우리는 하느님과 연합되고 신화될 수 있기 때문이다. 그래서 많은 성인들은 "겸손을 얻으면 모든 덕을 얻는다"라고 힘주어 말했던 것이다. 다만 하느님 나라의 소망, 신화에 대한 갈망, 낙원에 대한 사무친 그리움을 가진 사람만이 참으로 겸손할 수 있으니, 겸손은 시작이요 희망이자 동시에 끝이요 실현이다. 어찌 맛보지 않은 것을 갈망할 수 있겠는가? 교만한 세상, 자기 긍정의 세상, 과시의 세상에서 겸손이라니 참으로 어처구니없는 논리이지만 이것이 신앙의 역설임을 고백하고 우리 삶 속에 녹여 내지 못한다면, 그리스도교 영성은 교만의 또 다른 알리바이로 전락하고 말 것이다. 성인들이 영성에서, 그리스도교적인 삶에서 가장 경계하는 것이 또한 영적인 교만이다. 이때 교만은 언제나 겸손이라는 외양을 입고 나타난다는 점을 유의해야 한다. 그래서 겸손의 길은 늘 거짓 겸손, 겸손을 가장한 교만이라는 최후의 장애물을 넘어서야 끝난다.

겸손은 자기의 뜻과 욕구와 생각을 버리고 순종하는 훈련을 통해서 얻어진다. 그런데 이때 순종이란 무엇인가? 무엇에 순종해야 하는가? 순종은 묻지 않고 의심하지 않고 따르는 것이다. 자신을 비우고 전적으로 의탁하는 것이다. 그래서 순종은 무엇보다도 우리가 궁극적으로 따라야 할 하느님과 관련된다. 하느님을, 하느님의 뜻과 계명을 따라야 한다. 하지만 눈에 보이지 않는 하느님, 소리 내어 말씀하시지 않는 하느님을 어떻게 따를 수 있단 말인가? 성경에 "보이는 형제도 사랑하지 않는다면 어떻게 보이지 않는 하느님을 사랑할 수 있겠는가"라는 말씀이 있다. 이것은 순종의 훈련과 실천에서도 마찬가지이다. 그래서 '눈에 보이는 하느님'을 가져야 한다. 성인들은 강조하길, 믿고 따를 그래서 겸손이라는 위대한 덕을 얻을 수 있게 해줄 "거룩한 스승" 그 자신이 "순종의 사람"인 영적 스승을 가진 사람은 온 세상을 다 얻은 사람이요, 그렇지 못한 사람은 외롭게 투쟁해야 할 불행한 사람이라 했다. 사랑이 그렇듯 순종 또한 강요될 수 없는 것이고 할 수 없어 하는 것일 수 없는 이유는 순종이야말로 하느님에 대한 사랑과 신뢰, 하느님의 가시적 형상인 영적 스승에 대한 사랑과 신뢰를 전제하기 때문이다. 영적 스승에 대한 이런 순종은 우리를 참된 겸손의 덕으로 인도하고, 하느님의 은총의 그릇으로 만들어 준다. 다만 순종을 강요하는 거짓 스승을 경계할 일이다.

겸손은 시급히 회복해야 할 그리스도교 영성의 주된 요소 중 하나이다. 교회 역사에서 수도원 운동은 현재 우리가 경험하고 있는 신앙과 교회의 위기와 거의 유사한 배경에서 싹텄다. 그것은 자발적으로 자신을 비우고, 세상의 부와 영광을 버리고, 회개하며 끊임없이 욕망과 싸워 무욕의 경지에서 온전히 하느님을 만나려는 몸부림이었다. 그런데 이 몸부림은 단지 광야의 수도자들만의 싸움이 아니다. 그것은 또한 가난과 순종과 정결의 삶으로 그리스도를 온전히 따르고자 했던 모든 그리스도인들의 싸움이었다. 각자 자신의 삶 안에 가난과 순종과 정결의 내적 수도원을 세우지 않고 복음의 삶을 살 수 있었던 이가 어디 있었는가?

그리스도교 신앙과 삶, 다시 말해 그리스도교 영성은 근본적으로 부활이다. 부활은 단지 죽음에서 다시 사는 것을 의미하지 않는다. 죽음에 대한 공포는 그리스도교 신앙의 한 계기임에 분명하지만, 그것에 미물러 있는 한, 그래서 죽음이 없는 영원한 생명에 대한 갈망에 머물러 있다면 그것은 부활 신앙에 대한 심각한 왜곡이자 배신이다. 과학 기술이 고통과 슬픔과 심지어 죽음조차도 통제하고 다스리게 된 21세기에 인류는 그리스도교가 약속한 영원한 생명, 죽음을 거쳐야만 도달할 수 있는 부활의 생명에 대해 의심의 시선을 던진다. 그 대신에 대담하게도 자신의 힘으로 영생에 도달하게 될 미래를 꿈꾼다. 그러나 그리스도교의 부활은 도리어 현대 세계의 이 의심과 자만의 본질을 폭로한다.

그리스도교의 부활은 무엇인가? 그것은 파스카, 곧 건너감이다. 죽음에서 생명으로의 건너감이 아니라, 생명에서 생명으로의 건너감이다. 참되고 영원한 생명을 위해 준비된 이 지상의 생명에서 하느님 나라의 생명, 생명의 원천이신 하느님과의 연합을 통해 누리는 충만한 생명으로의 건너감이다. 죽음은 단지 생명에 낯선 것, 생명을 거부함으로써 생겨난 부조리, 생명의 원천이신 하느님과의 사이에 놓인 단절이고 균열이다. 그리스도는 생명이신 하느님과의 단절로 인해 운명처럼 인간에게 지워진 죽음의 사슬을 그 고귀한 죽음, 무죄한 죽음, 불의한 죽음을 통해 끊어내시고, 죽음이 생명의 마지막 단어가 아님을 폭로하시고, 죽음을 무기로 생명을 옭아매고 그것에 대한 두려움으로 온 세상을 지배해온 죽음의 세력 사탄의 지배에 결정적인 균열을 내셨다. 이로써 은총으로 주어진 피조된 생명에서 생명 그 자체이신 하느님과의 연합을 통해 누리게 될 영원하고도 복된 생명으로의 '건너감' 파스카가 다시 가능하게 된 것이다.

그러므로 파스카인 부활은 생명의 원천이신 하느님을 알고 그분을 사랑하며 연합하길 소망하는 모든 그리스도인들의 삶 안에서 이미 진행되고 있는 현실이고 지상에서의 파스카 여정을 마치고 안식의 시기를 거쳐 마지막 때에 누리게 될 충만한 연합, 그 거룩한 신화 안에서 완성될 것이다. 그러므로 부활은 이미 우리의 삶에서 일어나는 사건이지 않으면 안 된다. 다시 말해 우리의 삶 자체가 파스카가 되지 않으면 안 된다. 아니 그리스도를 통해 하느님을 알고 만난 모든 그리스도인들은 이미 이 여정, 건너감을 시작한 이들이요, 그래서 부활의 증인들이다.

이 건너감 파스카의 여정은 이집트의 노예 상태, 인간이 성취한 제도와 권력과 풍요와 그 모든 가능성의 노예 상태를 거부하고, 비록 추위와 가난과 불안정과 고통과 시련으로 가득 찬 풍찬노숙의 여정일지언정 하느님을 예배하고 하느님께 온전히 의탁하고 하느님의 인도로 약속의 땅에 도달하고자 하는 위대한 파스카이다. 이 파스카의 여정은 하느님의 손을 벗어나 살았던 시절뿐만 아니라 하느님과 함께 하는 현재에도 끊임없이 벌어지고 깊어지는 하느님과의 단절의 광야, 우리 안에 살아 요동치는 욕망의 이집트로 인해 끊임없이 반복되는 하느님에 대한 불신앙과 거부의 광야를 매일 회개의 눈물로 적시는 여정이다. 또한 그것은 오직 하느님과 그 나라를 위해 자신을 온전히 비워 내는 겸손과 그 여정의 끝인 하느님 나라에서 영원하고도 결정적으로 누리게 될 하느님과의 연합이라는 달콤한 희망으로만 견인되는 여정이다.

이 파스카의 여정에서 우리는 종종 좌표이신 하느님을 시야에서 잃고 이집트를 그리워할 수도 있다. 그러나 이미 발자국마다 아로새겨진 하느님의 은총과 자비와 사랑의 그 흔적을 발견하고 깨닫게 되면, 다시 돌이켜 길을 가게 될 것이다. 그러므로 죄인인 인간에게 요구되는 것은

(한국정교회 수사, NCCK 신학위원)

언제나 회개요, 겸손이요, 다시 하느님을 찾는 용기이다.

박 노 양

(한국정교회 수사, NCCK 신학위원)

# 종교는 왜 다양한가?

땅에도 고유한 자기만의 특색이 있다는 것을 사람들이 잊고 산 지 오래이다. 넓게는 자연을 칭(稱)하는 땅, 그 속의 고유한 생명력 탓에 땅 역시도 자기만의 역사를 갖고 있다는 사실을 말이다. 땅의 역사를 일컬어 종종 땅의 무늬, 곧 지문(地文)이라 한다. 과거 조상들은 풍수에 입각해 땅을 형국(形局)론의 시각에서 이해했었다. 그곳에 깃든 기(氣) 의 흐름에 맞게 인간의 삶이 살아지기를 바라서이다. 하지만 땅이 물질 로 이해되고 돈으로 계산되는 현실에서 땅의 무늬는 너무도 쉽게 무너 져 내렸다. 땅의 생명력, 그로써 형성된 땅의 역사가 졸지에 사라지고 있는 '터(땅) 무늬' 없는 세상이 되고 말았다. 하지만 어디 땅만이 그러 하던가? 인간 역시도 실종되고 있지 않은가? 지문(地文)의 뜻처럼 인 문(人文) 또한 인간 삶의 흔적을 일컫는다. 하지만 사람이 사람대접 받 지 못하는 세상이 되었으니 인간의 무늬 역시 말뿐이다. 인간의 가치, 저마다 고유한 개성이 획일성의 잣대로 평가되고 인간 역시 소유의 유 무에 따라 계급 화된 탓이다. 결국 근대이후에 생긴 자본주의 체제가 지문과 인문을 지우고 말살하는 근본 원인이라 할 것이다. 교환가치가 사용가치를 대신하게 되면서 자본과 물질이 초자연적 성격을 갖게 되었고 그 자체로 성스러워졌다. 하지만 그럴수록 노동은 추상화되고 세상은 생명을 잃어갔다. 오늘날 생태계의 위기 뿐 아니라 인간성의 종말이 말해지는 것도 이 때문이다. 지문과 인문이 동시에 실종되고 있는 것이다.

이렇듯 터 무늬(地文)뿐 아니라 인간의 흔적(人文)조차 지워지는 현실에서 종교란 과연 무엇이고 어떻게 존재하는 것일까를 묻는다. 본래의 모습이 그런 것이 아니겠으나 목하 종교들 역시 자본주의에 찌들어 있는 듯싶다. 기독교를 비롯한 유불선(儒彿仙)을 신앙하는 이들이 이 땅의 인구만큼이나 많다고 자랑하나 실상 대한민국은 OECD 가입국 중에서 욕망지수가 높은 나라로 판명되었고 자살지수 역시 최고라는 불명예를 얻었다. 본래 종교(신앙)와 욕망이 반비례하는 것이 정상이지만 이 땅의 경우 이들이 정비례했다는 사실은 한마디로 종교무용론을 노출시킨 것이다. 종교가 인문/지문을 말살하는 자본주의를 넘어서야 마땅하지만 현실에서는 종교자체가 자본주의화 되었다는 사실이다. 이 점에서 최근 종교로서의 자본주의를 논하는 글들이 봇물 터지듯 출판되는 중이다. 자본주의가 이전의 종교 역할을 대신하고 있는 탓일 것이다. 그렇기에 지금 시장 종교라는 말도 회자, 성행 중이다. 시장에서 물건이 사고 팔리듯 교회와 사찰에서 은혜(가피)가 팔리고 인간의 죄(죄책)와 돈이 교환되는 까닭이다. 시장이 거짓 욕구를 거듭 창출하듯이 종교 역시 인간의 죄성을 지속적으로 강조하는 것도 크게 닮았다. 하지만 자본주의는 절망이 약속된 경제체일 뿐이다. 오늘의 종교가 이런 자본주의와 짝하려 든다면 인문/지문을 살려내야 할 자기역할의 배반일 수밖에 없다. 따라서 오늘의 종교는 상호 차이로 갈등하기 이전에 인간을 욕망덩어리로 만드는 자본주의와의 결별을 공동과제로 인식해야 할 것이다.

## 종교와 풍토의 상관성

이를 위해 종교가 본래 풍토(성), 곧 자연과의 밀접한 관계에서 생겨났으며 인간을 인간답게 할 목적으로 존재했음을 밝히려 한다. 종교를 계시종교와 자연종교로 나누는 기독교적 시각을 벗고 좀 더 근원적이며 포괄적인 차축시대의 관점에서 말이다. 기독교 이후 시대(Post-christian Era)란 말이 생겼듯이 기독교 중심적으로 세상을 보는 시대가 지난 탓이다. 다문화적 정황 속에서 세계 종교를 이해하는 것이 종교의 인문학적 가치를 논하는데 더욱 유익할 것이란 판단도 작용했다. 우선 차축시대의 시각에서 종교를 논한다는 것의 뜻부터 살펴볼 일이다. 여기서 차축(車軸) 혹은 축(軸)이란 지렛대를 사용하여 큰 물건을 들어올릴 때 지렛대와 물건이 닿는 지점을 일컫는다. 큰 물건일지라도 축에 놓인 지렛대로 인해 그것이 쉽게 움직여지는 것은 당연한 이치이다. 이에 철학자 야스퍼스는 인류의 오랜 역사가 이전과 이후로 나뉠 만큼 영향력 있던 시기를 기원전 800에서 200년 사이로 보았다. 이 기간을 인류역사의 축이라 한 것이다. 지구 곳곳에서 동시다발적으로 이전과 다른 새로운 종교(에토스)들을 탄생시켰던 까닭이다. 중국의 경우 노장사상과 유교가 이 시기에 시작되었고 힌두교와 불교가 같은 시기 인도에서 생겨났으며 소크라테스와 플라톤으로 대변되는 희랍철학이 그리스서 생기했고 이스라엘에선 선 새로운 예언종교로서 유대교가 탄생했던 것이다. 야스퍼스는 이런 종교들로 인해 인류의 윤리적 정조(ethos)가 급속히 달라져 인간 삶에 새로운 방향성이 부여되었다고 평가했다. 각기 다른 풍도에서 시작되었으나 이들 종교들 긴의 공통점 역시 없지 않았다. 인간의 한계상황, 곧 죄와 운명과 같은 인간의 불기피한 실존 속에서 저마다 초월에로의 길을 연 것이 바로 이들 종교였던 것이다. 이점에서 야스퍼스는 이들 종교 창시자들을 표준적 존재(massgebender Mensch)라 했고 인간에게 초월을 길을 열어준 위대한 스승이라 여겼다. 기독교가 절대적으로 여기는 예수 역시 동일 선상에서 이해되어야 할 존재였다. 인류의 위대한 역사를 무화(無化)시킬 만큼 예수 탄생의 역사적 일점(一點)을 결코 절대시 할 수 없었던 것이다. 이로 인해 철학자 야스퍼스는 다수의 신학자들과 깊은 갈등을 겪어야만 했다. 특히 바젤대학교의 동료로서 계시신앙의 신봉자 칼 바르트와의 논쟁은 세기적으로 유명하다. 철학자의 시각에서 볼 때 계시사건으로서 예수 그리스도를 절대화하는 것은 정치적 파시즘과 비견할 만한 종교적 전체주의(파시즘)였던 것이다. 오히려 종교란 인간에게 자유를 선사하는 진리와 같은 것이라고 믿었다. 진리로 인해 인간이 자유롭게 되고 그로써 자기만의 삶의 흔적(人文)을 창조할 경우, 그를 종교라 일컫는다는 것이다. 이는 한계상황 속에서 초월로의 비약이 가능하며 그로써 자유로울 수 있다는 앞선 주장의 다른 표현이다. 여기서 중요한 것은 종교가 자유를 선사한다는 점이다. 예수에 대해 절대적 신뢰를 바치는 기독교 역시 이점에서 결코 예외일 수 없다. 예수 역시 사람이 안식일(종교)의 노예일 수 없고 오히려 그것이 사람을 위해 존재할 것을 강력히 시사했다. 종교는 인간에게 자유를 선사하여 그에게 창조성을 부여하는 것을 자기 사명으로 인식해야 옳다. 이점에서 러시아 사상가 베르자이에프의 말이 중요하다. "인간의 노예상은 인간의 타락과 죄를 말해 주는 것으로서, 이 타락은 특이한 의식 구조를 갖고 있어 단순히 회개하고 속죄하는 그 것만으로 극복될 수 있는 것이 아니라 인간의 모든 창조적 활동에 의해서 극복될 수 있는 것이다."

## 종교에 대한 새 정의

최근 여성 종교학자 카렌 암스트롱은 자신의 저서 『軸의 시대』를 통하여 인류의 문명이 진보하듯 보이나 아직까지 축의 종교들의 통찰과 문제의식을 넘어서지 못했다고 비판하였다. 야스퍼스보다 더욱 철저하게 또한 정교하게 기독교 중심적 종교이해를 넘고자 했던 저자는 이들 종교들 모두를 인류 미래를 위해 지금도 곱씹어야 할 지혜의 보고(寶庫)라 하였다. 축(軸)의 영성의 개화 속도가 상호 다른 탓에 700년의 시차가 생겼으나 그럼에도 폭력이 일상이던 정황에서 인간 내면에로 방향을 돌려 폭력의 악순환을 끊고자 했던 것은 모두 동일하다고 했다. 즉 야스퍼스가 축(軸)의 종교들 속에서 한계상황을 발견한 것과 달리 종교학자의 눈에는 폭력에 대한 거부, 즉 자신이 원치 않은 것을 결코 타자에게 강요 않으려는 자기성찰이 돋보였던 것이다. 달리 말하면 타자의 고통에 대한 공감력이 축(軸)의 종교의 핵심이었다는 점이다. 이점에서 우리 시대를 〈공감의 시대〉라 정의한 리프킨의 통찰이 중요하다. 서구 중세의 기독교가 인간의 죄, 타락상에 기초하여 믿음을 통한 천국 삶을 목적한 반면 근대 서구는 인간의 이성에 기초하여 진보를 추동했으나 작금의 인간에겐 공감(共感)이 기본 정조가 되었다는 것이다. 이 경우 공감은 인간의 죄 성과도 다르고 낙관적 이성과도 변별된다. 공감이란 자신의 나약함과 상처받음을 잘 알기에 타자 또한 그런 존재란 것을 미루어 느끼는 마음이다. 여기서 공감은 인간의 나약함을 말하기에 죄 성과 흡사하나 그것으로 타자를 품고 이해할 수 있는 탓에 오히려 자신에 대한 긍정 역시 배제하지 않았다. 따라서 시대의 화두가 된 '공감하는 인간'(Homo Empatipicus)은 저자도 인정하듯 축의 시대 종교들이 공리와 다를 수 없다. 이것은 남들이 싫어하는 것을 하지 말라는 축의 종교들의 핵심을 재(再)의미 화시킨 것이라 할 것이다. 우리 시대에 있어 공감은 종교의 다른 이름이 되었다. 공감할 수 없다면 인간은 종교적일 수 없다는 말이기도 하다. 공감력의 회복을 통해서 우리는 지문과 인문을 회복할 수 있을 것이다. 인간간의 공감력이 항차 자연 및 우주 생태계로 확장될 수 있는 탓이다. 만물을 하느님의 살아계신 공간(몸)으로 보았고 천지를 부모처럼 느꼈던 것이 종교의 본래적 모습이었다. 종교마저 자본주의화 되어 터 무늬 없는 세상을 만들고 반인반수(半人半獸)의 인간을 만드는 현실에서 공감은 종교 속에 내재된 인문학적 가치라 할 것이다.

그렇다면 종교에 대한 인문학적 이해를 위해 종교발생에 있어 천지인(天地人)의 상관성을 언급해야 할 것 같다. 흔히 종교와 세계관의 관계는 물고기와 물의 관계로서 비유된다. 물과 물고기가 하나는 아니지만 나뉠 수 없듯이 종교와 세계관 역시 그와 같다는 것이다. 이 경우 세계관은 종교를 탄생, 유지시키는 토대로서 천지인의 상관성을 일컫는다. 우선 풍토는 종교발생에 있어 으뜸 조건이라 할 것이다. 우선 인간이 처한 풍토(자연환경)의 차이에 의해 인간의 자기이해 방식이 생겨나고 그런 인간이해에 터해 종교적 표상도 달리 형성되어 왔다. 여기서 풍토와 인간이해 그리고 종교적 표상, 이 셋의 아우른 상태를 세계관이라 하며 그 핵심에 바로 종교가 자리하고 있다. 이는 종교와 문명의 발생지가 중첩되기에 더욱 분명하다. 하지만 그들 각 지역의 풍토가 확연히 다른 것은 주지의 사실이다. 흔히 종교, 문명 발생지역은 자연환경에 따라 몬순형, 사막형 그리고 목장형 풍토로 대별하여 설명되어왔다. 몬순형이란 자연이 주는 득과 실이 너무도 엄청나 감히 자연에 맞서려는 생각조차 품을 수 없는 풍토를 일컫는다. 자연으로부터 받은 은총과 폐해가 번갈아 가며 인간 삶의 향방을 결정했던 까닭이다. 바로 이 풍토 하에서 인도문명 곧, 힌두교나 불교와 같은 종교가 탄생 되었다. 따라서 자연이 절대적 위력을 지닌 공간에서 인간의 자기이해 방식은 대개 '순응' 내지 '수용'이었다. 자연의 흐름에 삶을 맞춰 살고자 했던 것이다. 이런 순응(수용)적 인간 이해로부터 업(業)이나 윤회의 표상이 생겨났다. 물론 힌두교나 불교는 서로 다르겠으나 이런 풍토 없이 이런 유형의 종교들은 생각될 수 없을 것이다. 이런 종교들이 서구와 다른 문명을 일궈 역사에 기여해 왔다는 것은 놀라운 일이다. 한편 사막형 풍토 역시도 종교와 문명을 발생시켰다. 몬순형 풍토와 달리 사막이란 곳은 인간 생존자체가 불가능한 곳이다. 자연의 은총(得) 자체를 도무지 경험할 수 없는 공간이라 할 것이다. 하지만 이곳에서도 사람은 살았고 종교가 생겼으며 문명이 시작된 것이다. 이런 사막형 풍토에서 인간은 무엇보다 의지적 존재가 되어야 했다. 생존 자체가 어려운 곳에서 생존하려면 풍토의 제약을 넘어서야 했고 그럴수록 강력한 의지가 요구된 것이다. 이 경우 의지는 개인적 성향을 뛰어 넘는다. 다수(공동체) 의지가 집약되어 전개되지 못한다면 힘을 낼 수 없기 때문이다. 이런 자기이해 속에서 인간은 초자연적인 신의 표상을 갖게 되었다. 척박한 풍토를 이겨내기 위해 자연을 능가하는 초자연적 종교성이 요구된 것이다. 이에 해당되는 것이 히브리 종교였고 이집트 문명이었다. 이런 초자연적 특성을 지닌 종교들의 공헌은 역사적으로 지대했다. 자연을 정복하고 발전시키는 에토스를 추동시킨 탓이나. 성서가 말하듯 땅을 지배하여 생육하고 번성하는 종교가 된 것이다. 순응적인 종교성을 지닌 힌두교와 불교로서는 생각할 수 없는 업적이었다. 하지만 지금처럼 생태학적 위기가 목하의 현실인 정황에서 의지적 종교성의 한계가 적시될 필요가 있고 수용적 인간이해의 중요성 또한 높게 평가되어야 마땅하다. 끝으로 그리스 지역을 중심한 목장형 풍토 역시 인류 문명과 사상의 발생지 중 하나였다. 목장형 풍토란 인간이 관리할 수 있는 자연환경을 일컫는다. 최초 자연의 상태는 거칠지만 관리를 통해 통제될 수 있는 질서를 유지한 탓이다. 이 지역에서 자연을 우주(Cosmos) 곧 질서라 부른 것도 이런 이유에서다. 이렇듯 통제 가능한 풍토 하에서 인간 역시 합리적 존재가 된다. 인간의 자기이해 방식이 자연 질서에 따라 합리성을 띠게 된 까닭이다. 이는 몬순형, 사막형 풍토와는 전혀 다른 형태의 인간상(像)일 것이다. 바로 이런 인간이해로부터 우주의 근원을 묻는 철학, 곧 밀레토스 학파의 자연철학이 등장했다. 합리성의 바탕에서 종교대신 철학이 시작된 것이다. 그리스가 문명의 발생지가 된 것도 이런 합리적 인간 이해로 인함이다.

## 종교와 세계평화

이상에서 보았듯이 각기 다른 풍토는 종교를 발생시킴에 있어 일차적 역할을 감당했다. 인간이 생존을 위해 마주쳐야 할 최초의 환경이었기 때문이다. 이런 이유로 종교들을 서구 기독교 방식대로 배타하는 것은 옳지 않다. 인간이 흑인, 백인, 황인으로 태어나듯 종교 역시 그들이 처한 환경에서 그들 방식으로 생겨난 까닭이다. 인간의 자기이해 방식 역시 수용적, 의지적 그리고 합리적으로 다양할 수 있는 것이다. 이 모든 가치들은 옳고 그른 것이 아니라 인류의 미래를 위해 상호 보완되어야 할 필요한 지혜들이다. 바로 이것이 차축시대를 주장했던 이들이 하고픈 말이었을 것이다. 특정 종교 이념으로 세상을 단숨에 바꿀 수 있는 현실을 누구도 살고 있지 못하다. 그렇기에 종교간 대화 없이 세상의 평화 없다는 말도 회자되고 있다. 이는 우리 시대의 공리이자 화두가 되어야 할 말일 것이다. 그동안 절대성을 주장했던 기독교 신학이 다문화, 다종교적 상황에서 종교간 공존을 중시한 것은 의미 있는 변화라 하겠다. 주지하듯 각각의 전통에서 종교는 자기 어머니와 같은 존재로 비유된다. 자기 어머니를 비방, 무시하는 상대방에게 관용을 베풀기는 결코 용이하지 않을 것이다. 못난 어미라도 자식에게 한없이 소중한 존재이듯이 타자의 어머니 역시 귀하게 생각하자는 것이 축의 종교성을 강조하는 이들의 마음이리라. 그렇다고 종교를 환경(풍토)결정론적으로 말하는 것도 결코 정당치 못하다. 단지 사막풍토에서 비롯한 서구종교들이 자신들 계시만을 절대시 하여 아시아의 종교들을 홀대하고 이단시하는 풍토에 이의를 제기할 목적에서 그리 강조 했을 뿐이다. 종교를 말함에 있어 의당 풍토외적인 요소 역시 수없이 많을 것이다. 처음 그리 시작되었을 지라도 직면한 역사적 경험 탓에 달리 변화될 개연성 역시 없지 않다. 그럼에도 차축시대가 말하였듯 종교들은 서로 다를 뿐 본질적으로 차별될 수 없다는 것이 종교에 대한 인문학적 성찰인 것을 숙지하면 좋겠다. 문제는 이런 종교들이 저마다 자신의 본래성을 잃고 자본주의 체제에 종속된 현실이다. 불교가 불교다울 때 어느 종교보다 상실된 '터 무늬'(地文)를 회복시킬 것이며 기독교가 자신의 처음을 회복할 시 인간다움의 흔적(人文)을 가장 잘 들어 낼 것인바, 현실은 전혀 그렇지 못하다. 이로 인해 종교를 논할 경우 반드시 이데올로기 비판의 형식이 수반될 필요가 있다. 그들 신념체계를 존중하면서도 말이다. 본 주제의 논의에 앞서 축의 종교들의 본질을 재차 명료화, 구체화할 필요가 있겠다.

풍토적 배경을 갖고 각기 다른 형태로 축의 종교들이 공재했으나 인간 역사의 전개 속에서 이들은 고난과 역경, 전쟁과 폭력적 상황에 노출되었다. 우선 힌두교 경전 〈우파니샤드〉는 인도를 점령한 아리안 인들의 거듭된 영토 정복사의 비극을 반영했다. 이 정황 속에서 인간 삶은 고통(dukkha)이었으나 그들은 오히려 우주(브라만)를 본래의 자신(아트만)이라 믿으며 보복대신 내면적 일치를 위한 구원(moksha)의 길을 추구했다. 불교 역시 자신 속의 불성(佛性)을 자각하여 일체가 상호 의존적인 연기적 존재인 것을 역설하는 평화의 종교로 시작되었다. 상대방을 이롭게 함으로 자신 역시도 이롭게 되는 이타자리(利他自利), 곧 상생의 가치를 추구했던 것이다. 예레미야 같은 이스라엘의 선지자들 역시 바빌론에 의한 국가의 멸망을 보면서도 오히려 백성들에게 민족 차원의 회개를 요구했던 축의 시대의 인물이었다. 하느님 의(義)를 외면한 채 외세의 불의한 권력에 빌붙어 생존했기에 이스라엘의 멸망을 필연적 결과로 여겼던 탓이다. 성서의 예수 역시 이런 선상에서 이해될 기독교의 핵심 존재라 하겠다. 그리스 경우도 이와 조금도 다르지 않았다. 합리성을 근간으로 철학을 태동시켰으나 이후 도시국가(Polis) 간의 거듭된 전쟁으로 인해 인간에 대한 잔혹사가 펼쳐졌던 것이다. 하지만 당대 그리스 철학자들은 비극을 통해 인간의 고통과 아픔을 정화시키려 했고 이후 무지(無知)의 지(知)를 통해 삶의 신비를 깨우치려 하였다. 분노를 타자에게 돌리는 대신 자신을 반성하고 질문하는 길을 택했던 것이다. 앞서 다루지 않았으나 유교 역시 주나라 이후 춘추전국시대라는 난맥상을 통해 뿌리내린 종교라 하겠다. 천명(天命)이 붕괴되고 기존 질서(禮)가 해체되는 폭력적 정황에서 공자는 오히려 자신을 살펴 이웃을 자신처럼 대하고 그들에게 고통 주는 일을 삼갈 것(忠恕)을 요구했기 때문이다. 이점에서 충서(忠恕)를 줄인 한마디 말, 인(仁)은 지금껏 동아시아 종교의 핵심어로 기억되고 있다. 이렇듯 축의 종교들의 특성을 재차 요약하자면 폭력적 현실에서 밖(초월, 자연)을 향한 종교에서 자신들 내면에 무게중심을 두었다는 사실이다. 하늘을 향한 제의나 예배보다 자기 속의 신(神)에 대한 자각을 중시하기 시작했다는 말이다. 한국의 자생적 종교인 동학(東學)에서는 이를 향아설위(向我設位)라 하였다. 자신의 고통을 깊이 성찰하여 그 힘을 갖고 타자의 고통에 공감하라는 것이다. 우리가 믿는 예수 역시 '제 뜻 버려 하늘 뜻 구한' 존재로서 세상의 고통을 온몸으로 마주하신 분이 아니던가? 그런데 지금의 종교들은 왜 이렇게 초라하게 변질 되었는가? 어느 종교를 막론하고 축(軸)의 정신과 한없이 멀어졌으며 상대를 적삼아 자신의 존재를 뽐내려 하고 있으니 이런 비극도 없다. 종교가 세상을 염려하는 것이 아니라 세상이 종교를 염려하는 시대가 되었으니 말이다. 이는 모두 종교가 자신들 본뜻을 잃고 이념으로 전락했거나 배타적 교리 속에 안주한 탓이다. 신학자 본회퍼는 성도, 교인이 아닌 예수의 제자가 우리에게 필요한데, 이런 제자를 만들지 못하는 교회는 그를 한갓 신화나 이념으로 전락시킨 것이라 일침을 놓았었다. 어느 종교를 막론하고 자신들 신학(종교)을 무용지물로 만들고 있는 현실에 대해 깊이 회개할 일이다. 이 과정에서 종교들 간의 대화 역시 시대의 구원을 위해 반드시 필요하다. 종교간 대화 없이 세상의 평화 없다는 말이 예사롭지 않게 여겨저야 힐 것이다. 세성 속 어띤 하나로도 신적 신비를 온진히 나타낼 수 없고 오로지 다양성 속에서만 그를 들어낼 수 있다는 중세 신학자 토마스 아퀴나스의 말도 거듭 기억되면 좋겠다.

모든 종교가 그 공동체에 속한 이들에겐 어머니와 같은 존재이기에 사실 '신앙의 눈(觀)'이 가장 중요하다. 종교와 관계하는 일차적 방식이 바로 믿음인 까닭이다. 비판에 앞선 신뢰는 신앙인들이 자신들 종교와 관계하는 최초의 태도라 하겠다. 기독교가 믿음의 종교로서 역할 하는 것도 같은 이치이다. 신앙인인 우리는 성서를 읽지만 성서가 우리 삶을 읽는다고 고백해야 마땅하다. 마찬가지로 안식일을 지키라는 계명은 그것이 우리 삶을 지켜 보호하기 때문일 것이다. 불교 역시도 믿음의 형태는 다르나 자신 속 불성을 믿는 믿음(信)이 으뜸이다. 그 믿음(信)을 토대로 사유(解)가 시작되고 행동(行)이 나오며 궁극적으로 그것을 증거(證)하는 것이 화엄경이 말하는 불교이다. 이런 이유로 믿음, 곧 자기 종교를 신앙의 눈(觀)으로 본다는 것은 종교의 본질에 속한다. 하지만 믿음만이 강조될 경우 앞서 지적했듯 종교가 이데올로기로 변질될 수 있다. 사람을 위한 종교가 사람 잡는 종교로 타락되는 것이다. 성서의 예수께서 안식일을 위한 종교가 아니라 사람을 위한 종교(안식일)가 되기를 당시로선 목숨 바쳐 증거 했다. 그의 죽음은 관행적 성직에 대한 거부이자 성전 울타리를 허물었던 결과였던 것이다. 종교가 사람에게 생명의 빵이 되지 못하고 무거운 돌덩이를 안기고 있는 것은 그것이 교리라는 탈을 쓰고 이념으로 변질된 탓이다. 그렇기에 종교는 자신에 대해 '의심의 눈'을 허락해야 옳다. 자신의 종교적 전통을 비판적으로 해석할 필요가 있는 것이다. 한강물이 아무리 넓고 화려해도 그것은 강원도 산골에서 흐르는 원류와 같을 수 없다. 수없는 세월동안 오염된 탓이다. 나아가 자신들 경전 자체에 대해서도 수많은 비평의 잣대를 들이대야만 한다. 이미 경전들 그 자체가 시대상을 반영했고 특정 계층을 대변했으며 역사적 산물인 까닭이다. 그렇기에 문자적으로 경전을 독해하는 것은 得보다 失이 될 경우가 많다. 기독교의 경우 '예수가 대답이라면 도대체 우리의 문제(물음)가 무엇인지'를 더욱 많이 생각하란 말이다. 예수가 대답인 이유가 반듯이 그 시대적 언어로 재해석되어 선포되면 좋겠다. 욥을 찾아왔던 당시 신학자 친구들은 과거의 교리(신명기 사관)로 욥의 고통을 이해했기에 오히려 그에게 고통을 주고 말았다. 지난해 있었던 세월호 참사를 보며 한국교회 역시 유족들에게 답이 되지 못했음을 겸허히 인정해야 할 것이다. 내세를 믿고 슬픔을 그치라는 교회의 위로는 유족들의 분노를 자아냈다. 불교, 유교 그리고 이 땅의 어느 종교를 막론하고 이점에서 조금도 다르지 않다. 그렇기에 그 많은 종교 인구에도 불구하고 이 땅이 욕망지수와 자살률이 높은 불행한 나라라는 오명을 쓰게 된 것이다.

## 종교간 대화와 토착화

하지만 의심의 눈만 가지고도 오늘의 종교를 옳게 이해하는데 부족하다. 무엇보다 전 지구적 차원에서 일어나는 생태계의 대재난, 세계적 규모로 일어나는 전쟁의 위기에 직면하여 종교들은 상호 지혜를 구하지 않을 수 없게 된 것이다. 근본적으로는 '자기 종교만 알면 자기 종교도 모른다'(One who knows one, knows none)는 종교학적 공리 탓이다. 우리들 일상적 경험이 그랬듯 우리는 늘 타자를 통해서 자신을 옳게 이해할 수 있을 뿐이다. 오히려 '나는 나다'란 주장은 반쪽 견해라 하겠다. 이점에서 인도의 가톨릭 신학자(R. 파니카)는 '대화적 대화'란 방식을 주장했다. 각기 다른 풍토 속에서 생겨난 종교들은 저마다 타자에 대해 절대적 한계를 지니며 그 한계란 상호간 대화를 통해 극복될 수 있다고 본 것이다. 물론 이것은 개별 종교들의 결핍 및 불완전성을 강조하려는 뜻이 아니다. 앞서 보았듯 모든 종교는 신앙하는 이들에 있어 무제약적 의미를 지니고 있는 까닭이다. 하지만 인간이해의 차이에 따라 종교적 표상이 달라졌고 그로써 자연 및 세상과 관계하는 방식 자체가 달랐음을 인정해야 옳다. 문명 발전을 위해 초자연적인 의지적 종교의 역할이 소중했겠으나 '터 무늬'(地文)가 사라진 오늘의 현실에선 자연과의 하나 됨을 강조하는 동양 종교들의 지혜 역시 폄하될 수 없는 것이다. 이점에서 타자의 텍스트 속에서 시대에 필요한 지혜를 찾는 '자기 발견의 눈'이 필요하다. 자신들의 변혁을 위해 타자의 텍스트(경전)를 진리의 보고(寶庫)로 생각하는 것은 인류를 위해 유익한 일들이다. 이점에서 인도의 독립을 이끈 간디에게서 배울 바가 적지 않다. 예수의 산상수훈을 사랑했던 그는 이를 통해 힌두교 경전 바가바기타를 달리 해석했고 그 과정에서 비폭력이란 개념을 발견했던 것이다. 이렇듯 타자의 텍스트 즉 이웃 종교의 경전들은 '자기 발견의 눈'을 통해 자기 종교를 창조적으로 변혁시킬 수 있다. 공감적 정의를 위해서 우리가 축의 시대의 에토스에 관심을 갖는 것도 이런 맥락일 것이다. 이는 결국 종교다원주의린 사조를 전제할 때 기능한 일이다. 지금껏 서구 기독교가 여타 종교들과 맺었던 관계방식은 주로 배타주의와 포괄주의였다. 전자는 신앙유비(*Analogia fidei*)에 토대를 둔 개신교의 경우이고 후자는 존재유비(*Analogia entis*)에 기초한 가톨릭 자연신학 전통이 해당된다. 개신교의 경우 복음(그리스도)의 절대 우위성을 강조했기에 타자 부정적 기조가 강했고 혼합주의를 경멸하였다. 하지만 자기 정체성의 확장을 목적으로 한 혼합주의를 부정할 이유는 전혀 없다. 지난 이천 년간 기독교만큼 자기 정체성을 확장시킨 종교도 없는 탓이다. 반면 포괄주의는 자연신학적 관점에서 기독교와 이웃 종교들을 전체와 부분의 관계로 공식화했다. 타자의 종교에도 초자연(그리스도)의 빛이 있다 여긴 탓에 배타주의와 다를 것이나 기독교 체계 속에 일체 진리가 갖춰져 있다는 확신 역시 합리화된 형태의 배타주의와 진배없다. 여기서도 타자의 텍스트가 있는 그대로 보여 지고 읽혀질 수 없기 때문이다. 본래 가톨릭 체계는 히브리 문명의 초자연적 신관이 그리스의 합리적 토양에서 토착화된 것이라 말할 수 있을 것이다. 하지만 합리화된 배타주의로서의 포괄주의 역시 이웃종교들과의 공존을 어렵게 한다. 이런 이유로 저마다 타자의 텍스트를 존중하는 가치(종교)다원주의 사조가 생기(生起)한 것은 인류의 미래를 위해 유익한 일이자 자기 종교를 다시 보고 변혁시킬 수 있는 기회가 될 것이다.

끝으로 종교에 대한 인문학적 성찰을 위해 '토착화' 문제를 짧게 언급하겠다. 교통의 발달로 우리 시대는 인간의 왕래가 잦고 그 결과 낯선 종교들과의 만남 역시 쉽게 이뤄지고 있다. 수많은 종교들이 한 사회 내에 공존하게 된 다원적 사회에 살고 있다. 한 종교사회학자는 이런 우리 시대를 일컬어 소위 '이단(異端)의 시대'라 하였다. 본래 기독교는 물론 불교, 유교 역시도 우리들 토양에서 자생한 종교는 아니었다. 이 땅에 뿌리 내리면서 그곳의 자양분을 흡수하고 새로운 역사 경험을 통해 발생지의 종교와는 다른 모습을 띠게 되었으니 이를 토착화 내지 문화이입과정이라 부른다. 외래 종교일시라도 이 땅에 들어오면 이 땅의 방식으로 이해되고 해석되는 것은 자연스런 일이다. 이 경우 발생지의 종교가 씨앗이라면 수용지의 마음 밭을 풍토(토양)라 비유할 수 있겠다. 씨앗이 중요하나 풍토가 다르면 맺는 열매의 향과 크기 그리고 맛이 다른 것은 당연한 이치이다. 단지 여기서 중요한 것은 씨를 받는 우리들 풍토를 바르게 가꾸고 지키는 일이다. 풍토라 하여 다 좋고 바른 것만 있는 것이 아닌 탓이다. 그럼에도 종교를 수용하여 토착화시키는 주체적 과정이 반드시 필요하고 중요하다. 우리의 유교와 불교가 훌륭한 것은 발생지 중국의 그것 이상으로 이 땅에 토착화되었던 까닭이다. 원효의 회통(回通)불교, 퇴계/율곡의 성리학(性理學), 수운의 시천주(侍天主) 동학사상은 모두 저마다의 방식으로 외래 종교들을 토착화시킨 결과들이다. 그렇다면 오늘 이 땅에서 다수자의 종교가 된 기독교는 어떤 모습인가를 생각해야 한다. 무엇보다 서양의 건축 양식, 서구의 의례, 서구적 의복 그리고 설교의 내용조차 서구화된 오늘의 기독교를 반성할 일이다. 기독교를 자본주의화한 서구적 기독교로부터 탈주할 것이며 지문(터 무늬)과 인문(인간 무늬)을 회복하기 위함이다. 기독교는 서구적 교리로서가 아니라 이 땅의 풍토와 공감(토착화)할 필요가 있으며 이를 위해 인문학적 성찰의 대상이 되어야 할 것이다. 수년 앞으로 다가온 종교개혁 500년은 기독교를 비롯한 모든 종교들에게 자기변혁을 철저하게 요구할 듯싶다. 스스로 변화하지 못하면 외부로부터 강제로 개혁될 운명에 처해 있음을 '오래된 미래'를 뽐내는 종교들이 각성할 일이다.

## 참고문헌

이정배.『이웃종교인들을 위한 한 신학자의 기독교 이야기』. 동연, 2013.
한국종교인평화회의 종교간대화위원회 편.『축의 시대와 종교 간 대화』. 모시는사람들,
　　2014.

이 정 배

(NCCK 신학위원장, 현장아카데미 원장)

# 다문화에서 상호문화로, 관용에서 공존으로

오늘날 한국 사회에서 이주민이라 하면 보통 방문취업제(H-2)를 통해 구소련이나 중국에서 이주해온 재외동포들, 고용허가제를 통해 비전문취업 자격(E-9)으로 소위 3D 업종에 근무하는 이주노동자들, 국제결혼을 통해 이주해서 살아가는 결혼이주여성과 그 자녀들을 주로 일컫는다. 이들은 체류 자격의 합법성 여부에 따라 합법적으로 등록된 이주민과 소위 불법체류자로 일컬어지는 미등록 이주민으로 분류되고, 유학생과 난민, 난민 신청자 등을 포함하여 2017년 현재 대략 이백만 명에 이르는 것으로 추산된다. 단일 민족국가라는 신화가 깨지고 이렇게 이들 이주민이 한국 사회의 일부분을 차지하는 새로운 환경에서 기독교가 이주민에 대해 어떤 태도를 가지고 어떤 실천들을 해나가야 하는가는 심각한 도전이자 새로운 성찰을 필요로 하는 과제이기도 하다.

결혼이주여성과 그 자녀들을 포함하는 다문화가정은 단순히 한국인 남성과 결혼이주여성의 결합만이 아니라, 이 결혼이주여성이 이혼한 후 제삼국의 남성과 재혼한 경우 등을 포함하여 훨씬 더 분화되고 복합적이다. 다문화가정 가운데 결혼이주여성들은 이혼 또는 별거로 인한 체류의 불안정성, 의사소통의 어려움, 자녀교육이 문제, 경제적 활동 욕구가 기회로 보장되지 않는 점 등 여러 어려움에 처해 있다.

한편 한국 산업 활동의 주요한 축을 담당하고 있는 이주노동자들이 처한 물리적 제도적 환경은 열악하기만 하다. 한국 산업에 상당한 기여를 하고 있음에도 이들을 관리 통제제의 대상으로만 취급하는 한국 정부의 기조는 여전히 유지되고 있고, 그 제도적 표현인 '고용허가제'는 이주노동자의 직장변경의 자유를 제한하는 규정을 핵심적 악법 요소로 가지고 있다. 오늘도 한 네팔 이주노동자의 절규가 들린다.

안녕하세요. 여러분. 저는 오늘 세상과 작별인사를 합니다. 제가 세상을 뜨는 이유는 건강문제와 잠이 오지 않아서 지난 시간 동안 치료를 받아도 나아지지 않고, 시간을 보내기 너무 힘들어서 오늘 이 세상을 떠나기 위해 허락을 받습니다. 회사에서도 스트레스를 받았고, 다른 공장에 가고 싶어도 안 되고, 네팔 가서 치료를 받고 싶어도 안 됐습니다. 제 계좌에 320만 원이 있습니다. 이 돈은 제 아내와 여동생에게 주시기 바랍니다"(네팔이주노동자 깨서브 스래스터가 남긴 유서. 번역 청주 네팔쉼터).

자살로써 고용허가제의 반인권성과 반노동성을 알린 이 이주노동자의 절박한 상황 이외에도 이주노동자들은 의사소통의 어려움, 사업주의 폭행과 폭언, 임금체불과 산업재해, 가족과 친지로부터 떨어져 사는 외로움 등 열악한 환경에 놓여 있다.

결혼이주여성과 이주노동자로 대표되는 이주민들이 이렇게 열악한 환경에서 살아가지만, 소위 선주민으로 일컬어지는 한국 주류사회는 곳곳에서 이주민들을 향한 차별과 배척의 징후들을 가시적으로 나타내고 있다. 이들은 이주민늘이 자신에게 직간접적 피해를 준다고 생각하고, 일자리 부족이나 복지혜택의 축소, 주류사회의 불안 등을 이주민들 때문이라고 여긴다. 이러한 반응들은 집단화, 극단화되어 근거 없는 사실을 유포하고 인종주의 및 외국인 혐오 움직임으로 확산되고 있다. 배타적인 근본주의 기독교인들은 특히 이슬람교의 확산을 극도로 경계하면서 반이슬람 정서를 선동하고 집단행동을 벌이기도 한다.

## 기독교의 반이슬람 정서

2016년 청주에서 벌어진 "쌀람 위드 청주" 행사 취소 사태는 기독교인들의 반이슬람 정서가 집단행동으로 나타난 것을 잘 보여주고 있다. 토크 콘서트 "쌀람 위드 청주"는 애초에 한국 정부가 유엔 협약에 근거해서 국민들의 문화다양성에 대한 인식을 높이기 위해 청주시문화산업진흥재단이 위탁하여 이주인권단체인 이주민노동인권센터에 자문과 협조를 구하고 이 센터의 소개로 진천에 소재한 이슬람 공동체인 진천 이슬라믹센터를 초대하여 기획된 행사였다. 그 의도는 이슬람 지역 출신의 이주노동자들의 일상에서 드러나는 이슬람 문화를 소개하고 그 음식을 나누며 질의응답을 통해서 이슬람 문화를 이해하고자 하는 것이었다. 하지만 기획과 준비를 마치고 홍보에 부쳐져 실행되기 며칠 전 시점에서 행사 취소를 요구하는 기독교인들의 항의 전화와 댓글에 의해서 그리고 이러한 취소 요구의 압력에 굴복한 청주시문화산업진흥재단의 일방적 결정에 의해서 행사는 취소되고 말았다. 이에 충북의 시민

사회는 다음과 같은 성명서로 그 결정을 규탄한 바 있다.

충북시민사회단체연대회의는 이 행사취소 사태를 지켜보면서 다음과 같은 문제점을 지적하고 청주시문화산업진흥재단의 공식 사과와 책임 있는 답변을 요구하며, 취소 결정의 원인을 제공한 일부 보수 기독교인들의 타문화에 대한 부정과 인종주의적 혐오, 차별 행태를 규탄하고 문화다양성의 가치를 지켜낼 것을 결의한다.

청주시문화산업진흥재단은 내용적으로 이 행사의 취지인 문화다양성의 가치를 스스로 부정하는 모습을 보였다. 세 공동주관 단체들이 여러 이주공동체들 중에서 이슬람문화와 무슬림공동체가 편견으로 인해 가장 심하게 오해되고 있는 것으로 파악하고 IS테러로 대표되는 테러리즘과 이슬람문화 및 무슬림 공동체의 등치화를 이슬람에 대한 편견과 오해의 주요 내용으로 보고 이를 불식시키는 것이 이 행사의 핵심 메시지로 전달하기로 합의하였음에도 불구하고, 청주시문화산업진흥재단은 이 등치화의 논리로 무장한 일부 시민들의 불합리한 의견들을 마치 일반 시민들의 항의와 우려로 확대 해석하여 행사를 취소하였다.

“쌀람 with 청주” 행사에 대해 우려와 반대 의사를 표명한 시민들이 모두 반민주주의적인 보수 기독교 세력이라고 주장할 수는 없다. 하지만 재단 측의 설명에 의하면, 다수의 행사 반대 및 취소 요구들이 이 집단에 의해 제기되었고 심지어는 전국에서 조직적으로 제기되었음을 추정할 수 있는 정황이 있었다고 한다. 충북시민사회단체연대회의는 타문화, 특히 이슬람문화에 대해 극단적인 혐오와 차별을 주장하는 보수 기독교 세력에게 분명한 반대와 경고의 메시지를 보낸다. 이들의 반민주적 편협성과 폭력성은 다원성의 인정을 원칙적 요소로 삼고 있는 우리 사회의 민주주의를 훼손하고 오히려 폭력을 조장할 위험성을 가지고 있다. 일반 시민들의 건전한 비판은 수용되고 반영되어야 하지만, 타문화와 타종교의 존재 자체를 부정하는 인종주의적 우월성과 배타성은 반민주적 요소로서 우리 사회의 긴강성을 위해 배척되어야 한다.

우리 사회는 이미 다문화, 다종교 사회임이 다시 강조되어야 하고, 제도권 내에서도 그 필요성이 인정되어 사업으로 시행되는 문화다양성의 가치는 진정성 있게 지속적으로 확산되어야 하며, 이를 방해하는 인종주의적, 반민주적, 폭력적 편견과 행태들은 우리 사회의 척결되어야 한다.

## 다문화주의를 넘어 상호문화주의로

이주민들이 늘어나고 다양화하는 한국 사회가 이러한 차별과 배척을 당연시하는 단일 민족국가의 폐쇄성을 넘어서기 위해 그동안 이주민과 관련하여 시행해온 정책들의 기조는 다문화주의(multiculturalism)였다. 이는 주류문화와 비주류문화가 있다는 것을 전제로 하여 주류문화가 비주류문화를 '관용'하거나 '방치'하는 것을 제도적으로 구조화한 것이라고 볼 수 있다. 이 구조화는 한국인과 한국 문화를 주류로 하여 타인종과 타문화를 동화 내지 귀화시키려는 단일 민족국가의 기획 연장으로서 인종주의적 요소를 내포하고 있다. 이는 다문화주의의 여러 복지 정책들이 결혼을 기반으로 한 다문화가정에 쏠리고 있고 이주노동자들에 대해서는 관리와 통제 위주로 시행되고 있다는 사실에서도 쉽게 발견된다. 결국 주류문화와 비주류문화가 관용 내지 방치의 수준에서 공존할 뿐이지 다양화한 한국 사회의 진정한 통합은 부재하게 된다.

그래서 최근에 다문화주의의 문제점을 지적하면서 그 대안으로 거론되는 것이 상호문화주의(interculturalism)이다. 다문화주의가 통합이 없이 서로 다른 문화들의 한 사회 내 공존을 주장하는 것인 반면, 상호문화주의는 한 사회의 구성원들이 모두가 다른 문화를 경험하고 접촉함으로써 풍요롭게 될 수 있다는 믿음을 표현하는 것이고, 다른 문화전통을 가진 사람들이 상호 침투하고 개입함으로써 서로를 통해 배울 수 있다는 믿음을 표현하는 것이다. 여기서 다문화는 문화적, 인종적 배경이 다르다고 해서 차별하거나 배척하지 않고 서로의 존재를 인정하고 함께 살아가자고 하는 가치이자 태도가 된다. 다문화주의에서는 이주민들이 선주민들의 공동체 안으로 들어오고, 이들이 이 사회로 편입되는 즉시 사회적, 경제적, 문화적으로 가장 열악한 위치에 자리매김하도록 내몰리고 있다. 그리고 이렇게 편입된 이주민들은 그 사회 내에서 가장 열악한 위치에 있는 사람들과 경쟁할 수밖에 없는 상황으로 떠밀리게 된다. 여기서 기득권층이 책임져야 할 부의 편중 현상 등 여러 사회적 부조리가 이주민들이 원인을 제공해서 그렇게 된 것으로 여겨지게 된다. 그러나 이제 상호문화주의를 기조로 하는 사회에서는 다양한 구성원들 간의 불공정한 차별이 철폐되고, 그 구성원들 간의 관심, 배려, 협력, 공존이 실천되며 평등이 실현된다.

그렇다면 한국 기독교는 인종 문화적으로 다양화한 한국 사회에서 다양성이 존중되고 다양한 요소들이 공존하면서 평등과 통합을 이루기 위해서는 무엇을 어떻게 해야 할까? 한국 기독교는 이제 다양한 이주민의 현실을 직시하고, 이들을 배척이나 선교의 대상으로 여기는 배타주의에서 벗어나야 한다. 이주민들의 열악한 사회 경제적 상황을 고려할 때, 한국교회가 관용의 정신으로 도움을 베푸는 것은 여전히 유효하다. 그것은 해방과 평등의 공동체를 지향해야 한다. 하지만 그것이 기독교라는 주류문화와 여타 종교를 망라하는 비주류문화가 있음을 전제하고 이를 공고화, 영속화하는 것으로서 근본적으로 동화를 목표로 하는 것이라면 이를 과감히 벗어던져야 한다. 예수가 여러 민족이 섞어 살던 멸시와 차별의 땅 갈릴리에서 회개를 촉구하고, '하나님 나라'의 기쁜 소식을 전하며, 진정한 평화와 해방이 임했음을 선포하였듯이, 한국교회는 선주민과 이주민에게 상호 이해와 공존의 메시지를 전하고 실천해야 한다.

## 참고문헌

박천응.『이주민 신학과 국경없는 마을 실천』. 안산시: 국경없는 마을, 2006.
한국조직신학회.「다문화, 다종교 시대의 교회의 선택: 종교 갈등인가, 종교 평화인가?」(제7회 한국조직신학자 대회) 한국조직신학회, 2012.

이 경

(이주민노동인권센터 상담실장, 미국제자회Disciple of Christ 소속 목사)

# 한 박자만 쉬고, 인권

## 인권의 딜레마 그리고 위기

사회적으로 널리 사용되는 단어들에 대해 사람들은 '나는 그 단어의 의미를 잘 알고 있다'고 착각하는 경향이 있다. 그런데 귀와 입에 익숙해진 단어를 진지하게 마주할 때 우리는 자신의 무지에 당황하게 되는 경우가 있다. 나 역시 그런 경험이 있다. 박사논문을 인권과 관련하여 쓴 후 졸업을 앞두고 지인에게 질문을 받았다. "그래서 인권이 뭐야?" 속 시원하게 대답할 수 없었다. 생각과 말이 엉켰다. 한 가지 분명하게 알 수 있었던 것은 나는 '인권'이 뭔지 잘 모른다는 것이다. 답답함이 생겼다. 누가 이 질문에 명확한 답을 줄 수 있을까를 고민했다. 어쩌면 학자보다 현장의 운동가가 더 명확히 말해 줄 수 있을지도 모르겠다는 생각이 들었다. 그래서 한국 인권 운동의 상징같이 여겨지는 유명한 인권운동가를 찾아갔다. 그분이 대답했다. "잘 모르겠어요."

의외로 또는 당연히 우리는 명확히 아는 것이 별로 없다. 특히 어떤 개념의 경계문제는 더욱 그렇다. 익숙한 단어들도 경계를 따지고 들기 시작하면 판단에 곤란함을 느끼게 된다. 예를 들어 '대머리'를 생각해보자. 대머리란 머리카락이 없는 사람을 말한다. 그럼 얼마나 없어야 대머리인가? 명확한 기준은 없다. 물론 어떤 사람이 한 올의 머리카락도 없다면 대머리다. 10%, 20%의 머리카락이 있다고 해도 역시 대머리라고 생각할 것이다. 그러나 만약 그 사람이 50%의 머리카락을 가지고 있다면? 고민하기 시작한다. '절반이나'와 '절반 밖에'의 갈등이 벌어진다. 나아가 70%의 머리카락이 있다면? 아마 대머리가 아니라고 판단하기 쉬울 것이다. 그런데 만약 그 70%의 머리카락이 앞과 정수리에는 없고 옆과 뒤에만 몰려있다면? 우리는 그런 사람을 보자마자 대머리라 생각한다. 누가 대머리이고 누가 대머리가 아닌가. 생각보다 간단한 문제가 아니다.

이런 문제는 '인권'에도 그대로 적용된다. 사실 훨씬 복잡한 문제이다. 많은 이들이 인권에 대한 기본적인 이해를 공유한다. 인권이란 보편적이고 근본적인, 그래서 도덕적인 권리이다. 인권은 단지 인간이라는 이유만으로 부여되는, 양도할 수 없고 침해당해서도 안 되는 권리이다. 그러나 이러한 추상적인 차원의 이해를 넘어서는 순간 모든 이들이 제각각의 눈높이와 관점을 가지고 인권을 이해하고 있음을 알 수 있다. 누군가는 당연하게 인권으로 인정하는 어떤 권리가 다른 이에게는 절대 인권일 수 없는 것이 된다. 여기에 인권의 딜레마가 있다. "항문 섹스도 인권이냐", "양심적 병역거부자는 양심도 없는 놈이다"라는 자신감에 가득 찬 혐오표현은 오늘날 인권이 가지는 극심한 딜레마를 단적으로 보여준다. 무엇이 인권인가, 어디부터 어디까지가 인권인가? 왜 어떤 것은 인권이고 어떤 것은 인권이 아닌가? 절대 간단한 문제가 아니다.

오늘 인권의 위기라는 말이 심심치 않게 나온다. 국제 사회를 위협하는 폭력적 분쟁 상황이나 자국민을 억압하는 권위주의적 정부, 인간에 대한 자본의 우위를 당연시하는 비인간적인 경제 질서와 같이 인권을 무력화하려는 시도들이 끊임없이 이어지고 있다. 또한 각국 내에서 발생하는 인권 침해에 국제인권레짐이 실효성 있는 제재를 가하지 못하게 만드는 국가 주권의 절대성도 문제이다. 하지만 그보다 근본적인 위기는 인권 개념 자체에 있다. 다양한 환경과 조건 속에서 발생한 수많은 권리 주장들이 인권의 영역 안을 넘나들게 되면서 우리의 인식 속에서 인권 개념이 모호해져 버린 것이다. 이는 마치 인권과 권익, 공익의 추구와 집단이기주의, 심지어 정의와 욕망의 경계가 무너져 버린 것 같은 인상을 주고 있다. 결국 모두가 당연한 듯 인권을 입에 올리지만 누구도 인권의 실체가 무엇인지 명확하게 이해하기 어려운 상황이 도래하였다.

## 한국 인권 담론의 확대 과정

흔히 한국 인권운동의 태동기를 1970년대라고 말한다. 익히 알고 있듯이 이 시기는 제헌헌법에서 이어져 온 헌법의 민주주의적 외피가 완전히 파괴된 시기이다. 유신헌법은 민주주의의 기본 원칙들을 무시하는 과정을 통해 반민주적 내용을 골자로 탄생하였다. 말하자면 한국에서 인권은 민주주의의 폐허 속에서 저항적 이념으로 등장하였다는 것이다.

이전까지 한국에서 혁명 또는 혁명적 운동이 없었던 것은 아니다. 대표적으로는 4.19혁명이 있었다. 그러나 이런 혁명과 운동들은 인권을 전면에 내세우지 않았다. 전통적으로 한국의 엘리트 계층은 인권을 경계하는 대신 민권을 지향해왔다. 구한말의 독립협회부터 꾸준히 개인주의적 성향의 인권은 민족의 위기를 야기하는 위험한 요소로 여겨졌다. 대신 민족 그리고 그 민족의 실체인 민중을 단위로 하는 집단적 성격의 민권이 오랜 세월 저항의 이념으로 자리잡아왔다. 그러다 민청학련 사건을 계기로 그리스도교계에서 인권을 저항의 이념으로 사용하기 시작했다. 대표적인 기구는 가톨릭의 천주교정의구현전국사제단과 개신교의 한국기독교교회협의회 인권위원회였다.

이 시기의 인권개념은 매우 협소하였다. 정치적 민주화라는 시대의 요청 속에서 인권은 민주주의의 다른 표현처럼 받아들여졌으며 인권운동은 민주화운동의 부문운동으로 작용하였다. 이런 현상은 신군부가 막을 내릴 때까지 대체로 유지되었다. 이는 정치적 이슈에는 민감하지만 문화적 이슈에서는 상대적으로 둔감한 한국의 대중적 인권감수성이 형성되는 한 이유이기도 하다. 하지만 극도로 좁은 인권개념을 차용하였기 때문에 인권이 무엇인지는 명확하였으며 보편적 인권개념과도 상충될 여지가 없었다.

한국의 인권운동 진영이 폭넓은 인권개념을 실제로 발견하게 되는 것은 1990년대 초의 일이다. 여러 가지 사건이 있었으나 그 중에서도 1993년 1월 조직된 '유엔세계인권대회한국민간단체공동협의회'(the South Korean NGO's Network for UN World Conference on Human Right, KONUCH)가 3월 방콕에서 열린 아시아 태평양 지역준비회의와 6월 비엔나에서 열린 세계인권대회에 참여한 것이 결정적인 계기가 되었다. KONUCH에는 한국기독교교회협의회 인권위원회를 비롯하여 천주교인권위원회, 불교인권위원회 같은 종교계 기관과 민변, 민가협,

한국여성단체연합과 같은 시민단체가 다수 참여하고 있었다.

비엔나 세계대회는 한국의 참가자들에게 신선한 경험을 제공했다. 당초 한국의 국가보안법, 양심수와 같은 정치적 인권 현실을 세계사회에 알리기 위해 대회에 참가했던 이들은 인권문제가 얼마나 다양한 분야에 걸쳐 있는지 확인하였다. 다양한 사회적 약자의 문제를 포함하는 포괄적인 인권 영역을 체감한 이들은 1990년대 후반에 이르러 성소수자, 이주민의 문제를 주목할 만한 한국의 인권문제로 상정할 수 있었다.

또한 1996년 한국이 OECD에 가입하면서 경제적 위상이 높아지자 자연스럽게 그에 걸맞는 '삶의 질', 이른바 '웰빙'의 문제가 대두하였다. 이 시점에 이르러서야 비로소 한국의 인권은 민주주의의 다른 말이 아니라 생활 모든 분야에서의 인간다운 삶을 다루는 것으로 이해될 수 있었다. 그리고 1997년 한국을 강타한 IMF 사태는 경제적·사회적·문화적 권리에 대한 관심을 증폭시켰다. 더욱이 국가인권위원회를 창설하며 인권친화적인 모습을 보였던 김대중 정부가 IMF의 구조조정 프로그램을 성실히 수행하게 되면서 정치적 영역의 인권이 개선되었던 것과 반대로 시민들의 사회권적 인권상황은 더욱 악화되었다.

이런 상황을 이어받은 노무현 정부 역시 정치적 권위주의를 어느 정도 극복하면서 정치적 인권 개선에 성과를 보였지만 경제 정책에 있어서는 FTA를 비롯한 신자유주의적 노선을 추진하여 노동권이 약화되는 결과를 빚었다. 노동권의 약화는 개인 삶의 기본적인 안정을 흔들어 놓았다. 그리고 이는 불안에 잠식당한 한국 사회에 차별이 확산·강화되는 데 일조하였다. 노동의 유연화와 실업의 증가는 정규직과 비정규직 사이의 차별, 이주노동자에 대한 차별, 청년세대의 사회적 배제로 이어졌다.

그리고 노무현 정부가 IT산업에 관심을 가지고 관련 산업을 육성하는 한편 IT기술을 적극적으로 정부 운영에 도입한 것은 온라인상에서 개인의 정보가 정부와 기업에 의해 과도하게 수집되는 부작용을 낳았다. 이는 개인정보보호와 사생활의 비밀을 광범위하게 침해할 수 있는 잠재적 가능성이 되었다. 그리고 이 가능성은 뒤이어 등장한 보수적인 정부에 의해 무시할 수 없는 현실이 되었다. 따라서 노무현 정부 이후 한국에서는 비정규직 노동자 또는 실업자의 노동권과 같은 경제적 이슈와 사생활의 비밀과 같은 인간의 내밀한 영역의 보장이 인권의 영역으로 새롭게 포함되거나 주목받게 되었다.

이명박 정부 이후의 10년간 한국의 인권상황이 다방면에서 퇴보한 것은 이미 익히 알려진 사실이다. 쌍용자동차 사태, 용산참사, 한미 FTA와 미국산 소고기 파동, 민간인 사찰 파문, 사대강 사업, 부정선거 논란, 전교조 사태, 통합진보당 해산, 세월호 사태, 카카오톡 압수수색, 역사교과서 국정화, 일본군 위안부 합의, 문화예술가 블랙리스트 등을 비롯한 무수한 사건들은 한국의 인권이 얼마나 광범위하게 침해당하고 있는지 여실히 보여주었다. 이런 상황은 자연스럽게 다양한 분야에서 인권에 대한 관심을 증폭시켰다. 그러나 반대로 너무 많은 권리 주장들이 한꺼번에 인권으로 호명되면서 인권담론이 너무 빠르게 비대해진 측면도 있다.

## 기독교 신앙인이 인권을 말하기 전에 피해야 할 착각들

만약 어떤 기독교 신앙인이 인권을 위한 투쟁에 동참하고 싶다면 몇 가지 곤란한 점을 기억하는 것이 좋다. 우선 우리의 경전은 그다지 인권

친화적이지 않다. 물론 기독교와 성서의 정신은 여러 측면에서 인권적 가치에 부합하기도 한다. 그러나 정작 본문으로 들어가면 성서는 문자주의적 독해에 의해 엄청난 반인권적 텍스트로 변질된다. 성서는 오랫동안 효과적으로 인권의 진보를 가로막아왔다. 19세기 기독교인들 사이에서 노예제도에 대한 논쟁이 벌어졌을 때 노예제도를 지지하는 신앙인들은 성서의 본문을 그들의 근거로 사용하였다. 반면 노예제도 폐지를 주장하는 이들은 성서 본문을 근거로 사용할 수 없었다. 다만 기독교의 정의와 평화, 자유 등의 신학적 개념을 그들의 무기로 사용하였다. 이런 경향은 지금도 크게 다르지 않다. 오늘날 한국의 상황에서 기독교인들 사이에 널리 퍼진 여성 차별과 성소수자 혐오는 성서에 기대고 있다.

둘째, 절대로 인권이 기독교의 산물이라고 생각해서는 안 된다. 물론 서구 중심적인 오늘의 인권개념에 기독교의 영향이 없다고는 할 수 없다. 그러나 인권을 특정한 종교, 또는 신앙적 운동에 근거를 두려고 하는 생각은 개념적으로 제국주의적 발상이며 이는 인권이 추구하는 바와 맞지 않는다. 오히려 보편성이라는 인권의 전제를 파괴할 수 있는 위험한 발상이다. 우리는 모든 종교적이거나 비종교적인 사상과 전통 속에 나름의 인권적 추구가 있어왔음을 인정해야 한다. 한국만 하더라도 고조선의 이념인 '홍익인간'에서부터 인권적 흔적을 발견할 수 있다. 그리고 삼한시대에는 범죄자의 생명을 보호하는 소도가 있었다. 우리는 루터가 황제에 대한 제후들의 저항권을 주장했다는 사실을 자랑스럽게 받아들이지만 중국에서는 그보다 2천 년 전인 기원전 4세기에 맹자가 '무도한 폭군에는 제후가 저항해야 한다'고 주장했다. 우리는 인권을 위한 투쟁에 기여한 모든 종교와 철학에 존경심을 가져야 하며 천부인권설이 모든 인권개념의 출발점인 양 착각하는 것을 경계해야 한다.

우리는 우리의 정체성을 지키면서도 이웃종교들 앞에서 겸손할 필요가 있다.

마지막은 이 글에서 지속적으로 지적했던 인권개념의 비대화로 인한 모호성과 관련이 있다. 당신이 사회적 합의가 아직 이루어지지 않은 어떤 권리를 위해 싸울 때 이를 바로 인권 투쟁의 최전선에서의 싸움이라고 여겨서는 안 된다. 우리 사회가 한때 민주화되었던 1990년대부터 실제로는 사익에 해당하는 내용을 인권으로 비장하게 표현하며 투쟁에 나섰던 사례가 적지 않았다. 이러한 사례들은 결과적으로는 인권을 무력화하는 데 일조하였다. "헌법 위에 떼법 있다"라는 표현은 이런 사례들 때문에 웃음거리로 전락한 인권의 형편을 잘 보여주는 말이다. 이권과 인권을 면밀하게 구별해 내지 못하면 이와 같은 일은 언제든지 되풀이 될 수 있다.

이 둘 사이의 경계를 명확하게 나눌 수 있는 기준은 사실 없다. 다만 당신이 말하고자 하는 이 권리가 당신 주변의 모든 이들로 하여금 이 권리를 지켜주어야 할 의무를 발생시키는가를 물어볼 수는 있다. 만약 어떤 이가 당하고 있는 권리의 침해가 주변인에게 공히 도덕적 의무를 지운다면 이는 인권 영역의 것으로 판단할 수 있다. 다음 단계로 이 권리 주장이 인간의 본질적인 권리를 보호하기 위한 것인지 물어야 한다. 따라서 모든 이들에게 이 주장이 적용될 수 있어야 하며 결과적으로 공동체의 이익으로 이어질 수 있어야 한다. 만약 어떤 권리 주장이 특정인들에게만 이익을 제공하고 공동체를 전혀 배려하고 있지 않다면 단언컨대 그 권리는 인권으로 호명될 수 없다. 부디 기독교인들만의 이익, 또는 목회자들의 이익을 인권, 종교의 자유, 표현의 자유 등으로 거창하게 주장하며 많은 이들을 부끄럽게 만들지 않기를 바란다. 이 말은 명심하자. "인권의 천막은 모든 이익집단이 다 들어올 수 있을 만큼 넓어서는 안 된다."

## 참고문헌

정진성·공석기·구정우.『인권으로 읽는 동아시아 – 한국과 일본의 인권 개선조건』. 서울대학교출판문화원, 2010.
조효제.『인권의 문법』. 후마니타스, 2007.
배화옥·심창학·김미옥·양영자.『인권과 사회복지』. 나남, 2015.

손 승 호

(한국기독교교회협의회 간사, 명지대학교 객원조교수)

# 자본주의 너머의 삶

자본주의는 오늘 우리가 살아가는 세계의 현실이다. 막스 베버는 "프로테스탄트 윤리와 자본주의 정신"이라는 논문에서 세속적인 노동을 하느님의 소명이라는 차원에서 정당화한 개신교 윤리가 초기 자본주의 발전에 지대한 영향을 미쳤다고 주장한다. 물론 초기 자본주의의 발생과 전개 과정이 종교개혁이 가능한 환경을 마련했다는 상반된 주장도 가능하다. 이런 주장들을 하나가 다른 하나를 폐기하는 방식으로 볼 것이 아니라 상호 보완하는 것으로 보는 것이 합리적일 것이다. 자본주의의 발생과 전개는 종교개혁 및 개신교의 발전과 맞물리고 있다. 종교개혁이 그렇듯이 초기 자본주의는 전근대의 신분적 예속상태에 있던 기층 민중들이 삶을 해방하는 혁명적인 동력이었다. 하지만 자본주의의 전개가 반 천년을 지속한 오늘날 과연 인류가 자본주의 체제와 함께 이 땅에서의 삶을 지속하는 것이 가능한지를 묻는 근본적인 질문이 제기되고 있다. 종교개혁 500주년을 맞는 그리스도인들의 미음이 마냥 가벼울 수 없는 것과 다를 바 없이, 개신교의 출현과 같은 시대에 전개된 자본주의 현재를 돌아보는 인류의 심정은 무겁고 우울하지 않을 수 없다.

오늘 우리가 직면하고 있는 위기 상황은 하나 같이 인류의 생존 자체를 경각에 놓는 치명적인 것이다. 슬라보예 지젝은 『폭력이란 무엇인가』에서 오늘날의 인류가 직면한 위기를 다음과 같이 네 가지로 정리하였다. 다가오는 생태적 파국의 위협, 공공재를 사적으로 소유하려는 자본주의 지적재산권 개념, 인간과 세계의 개념을 근본적으로 뒤흔드는 과학기술의 발전, 극소수의 부자와 대다수의 가난한 자 사이에서 강화되는 사회적인 장벽. 지젝은 이 위기에 대해 '적대'라는 개념을 사용한다. 이 위기들은 하나 같이 인류의 지속가능성을 불가능하게 만드는 성격을 갖는다는 의미이다. 또한 이 위기들은 자본주의 체제가 발생시킨 필연적인 결과이기 때문에 자본주의를 개선하는 방식으로는 해결할 수 없는 것이라는 뜻이기도 하다.

우리는 자본주의 너머의 삶을 꿈꿀 수 있을까? 특별히 자본주의와 맞물려 발전해온 개신교는 인류의 삶을 근본적인 차원에서 위협해 들어오는 자본주의 위기 앞에서 어떤 책임성을 견지할 수 있을까? 교회됨의 근본을 다시 물으며 중세와 함께 몰락하고 있는 교회를 새롭게 재구성한 종교개혁은 오늘날 자본주의 위기에 직면한 우리들에게 어떤 의미로 다가오는가?

우선 자본주의가 무엇이며 왜 오늘날의 위기를 불러일으킬 수밖에 없었는지를 살펴보고 다음으로 자본주의 위기가 오늘날의 교회와 인류에게 던지는 메시지의 의미가 무엇인지를 살펴보자.

## 자본의 순환과 확대 재생산

자본주의는 기본석으로 사본의 속성을 동력으로 하여 유지되는 경제체제를 말한다. 자본의 속성은 확대재생산이다. 그러므로 재화는 그 자체로 자본이 아니다. 자본은 항상 이윤을 얻기 위한 과정 속에 있는 재화이기 때문에 자본은 끊임없이 화폐가 되었다가 다시 상품이 되고 이것이 다시 화폐가 되는 과정을 반복하는 운동 속에 있다. 이 과정이 정지된 재화는 더 이상 자본이 아니다. 누군가 만 원을 가지고 있다면 이는 그의 재산이지만 자본이 아니다. 그러나 그가 만 원으로 사과 열 개(상품)를 사서 이를 되팔아 만 오천 원(화폐)을 벌었다면, 만 원은 자본이 된 것이다. 만 원은 사과 열 개로 형태를 바꾸었다가 다시 만 오천 원이라는 화폐의 형태로 되돌아왔다. 그러나 여기서 멈췄다면 만 오천 원은 더 이상 자본이 아니다. 만 오천 원은 다시 사과 열다섯 개가 되고 사과 열다섯 개는 다시 이만 원이 되는 확대재생산 과정이 끊임없이 반복되어야 자본이라고 할 수 있다.

인간은 삶을 영위하기 위해 재화가 필요한 존재이다. 그러므로 일정한 정도의 재화를 확보하려는 태도는 자연스러운 것이다. 그러나 재화를 소유한 사람이 자본가라면 그는 재화를 축적하는 과정을 일정한 수준에서 멈출 수 없다. 자본의 순환은 곧 자본의 확대재생산을 의미하기 때문에 이 과정은 탐욕의 확대재생산 과정이기도 하다. 16세기 유럽의 일부 지역에서 시작된 자본주의가 오늘날 범역적(global)으로 전개된 이유가 여기에 있다. 이 과정은 자본의 순환 주기를 단축하는 과정이었다. 지본의 순환은 자본의 확대재생산이기 때문에 자본의 순환이 빨라질수록 자본은 그만큼 더 빨리 축적된다. 그리하여 오늘날의 인류는 전

근대의 인류가 경험하지 못한 시공간을 살아가게 되었다. 교통과 통신의 발전은 인류의 시공간을 압축시켰다. 과거 서울과 부산의 거리가 보름 거리였다면 오늘날에는 세 시간 거리로 축소되었다. 심지어 오늘날의 무선 통신은 전 세계의 거리를 동시간대로 축소시켜 놓았다. 자본주의 근대 세계에서 이룩한 눈부신 과학의 발전은 단지 진리를 추구하려는 열정의 결과가 아니었다. 과학적 발전은 항상 자본의 필요, 즉 자본의 순환주기를 단축해야 한다는 요구를 따르는 방향으로 전개되었다. 때문이다. 그와의 방향으로 전개되는 과학의 발전은 더디거나 정지될 수밖에 없었다.

자본의 순환이 왜 곧 자본의 확대재생산을 의미할까? 이 마법은 어떻게 발생하는 것일까? 등가교환이라는 좀 딱딱한 개념을 살펴보는 것에서 시작해보자. 쌀 한 말을 신발 한 켤레와 맞바꿀 수 있다면 쌀 한말과 신발 할 켤레는 등가이다. 쌀 한 말과 의자 한 개를 교환할 수 있다면 신발 한 켤레와 의자 한 개는 등가이다. 우리는 지금 원시적인 교환경제에 대해 말하고 있는 것이다. 작은 단위의 지역에서 사는 사람들 사이의 필요에 부응하는 교환경제에서 시장은 존재하지 않는다. 그러나 교환이 활성화되고 보다 넓은 지역에서 다양한 사람들이 생산한 물건을 교환하기 위해서는 바로 이 교환활동을 위한 공간이 형성되어야 한다. 바로 시장이다. 그리고 시장에 모인 다양한 생산품들 사이의 교환을 매개하는 또 하나의 생산물이 필요하다. 화폐가 그것이다. 화폐는 시장에 모인 모든 생산물의 가치를 재는 척도가 된다. 화폐는 시장에서 구매되고 판매되는 물건들이 아무리 다양하다 할지라도 그것의 가치를 매기는 기능을 해야 한다. 즉 시장이 활성화된 세계, 시장을 통해 판매하고 구매하는 물건을 통해서만 공동체 구성원들의 생활이 가능한 사회에서 인간에게 필요한 모든 것의 가치는 화폐를 통해서 값이 매겨지게 된다. 시장경제에서 돈을 주고 사지 못할 것은 없다. 자본주의 초기 상업의 발달로 활성화된 화폐경제는 자신과 세계를 판단하는 인간의 사유를 획기적으로 변화시켰다. 근대사회의 세속화 과정은 화폐경제에 영향 받은 새로운 사유방식이 추동해왔다고 할 수 있다. 이제 존재하는 모든 것은 마치 시장에서 물건의 가격을 매기듯이 그 가치를 돈으로 환산할 수 있다. 이제 모든 것은 수량적인 가치판단 앞에서 벌거벗겨진다. 자본주의적 근대 이전에 인간이 그 앞에서 판단을 멈추어야 했던 모든 신성한 것은 이제는 심문의 대상이 된다. 중세 신분제는 가장 큰 타격을 받았으며 더 이상 지탱될 수 없었다. 인간들을 신분적 예속관계로 묶어주던 전근대적 공동체는 해체되었으며 자신을 공동체와 분리해서 생각할 수 있는, 개인이라는 새로운 양태의 인간이 탄생하였다. 근대 이전 가톨릭교회에서 사제는 평신도와 하나님을 중재하는 특수한 인간이었다. 근대교회 즉 개신교회에서는 이런 지위는 용납되지 않는다. 모든 인간은 사제라는 특별한 매개 없이 하느님과 직접 소통한다. 만인이 사제이다. 좀 더 보편적인 차원에서 근대 정치의 가장 기본적인 전제인 평등사상 역시 화폐경제에서 촉발된 세계관의 변화가 가져온 것이라고 볼 수 있다. 하지만 우리는 여기에서 자본주의적 평등과 그리스도교 고유의 평등사상이자 근대사회의 이념적 전제인 평등 사이에는 매우 의미심장한 차이가 있다는 것을 간과해서는 안 된다. 자본주의적 평등은 등가의 원리에 의해 주어진다. 그것은 'A는 B와 같다'는 의미를 갖는다. 반면 진정한 평등의 이념은 'A는 A이다'라는 의미를 갖는다. 즉 인간의 평등은 비교를 통해서 일어지는 것이 아니라 한 인간은 누구와도 비교할 수 없는 존재라는 사실에 근거한다. 오늘날의 평등 개념은 자본주의적으로 오염되어 있다. 그리하여 사람들은 자기 자신의 고유함을 심화시키는 방식이 아니라 다른 사람과 비교를 통해서 자기를 확인하는 방식으로 살아간다. 자본주의적 평등 개념은 시기와 분노의 정념으로 오염되어 있다. 반면 진정한 평등 개념은 타자에 대한 판단 불가능성에 근거한다. 그 정념은 다자에 대한 신비와 경외이다. 그래서 하나님 사랑과 이웃 사랑이 떼어낼 수 없는 관계에 놓이게 되는 것이다.

확대재생산이라는 요술로 돌아가자. 자본은 확대재생산하기 위해서 공장이나 기계 원료 등의 상품으로 형태를 바꾼다. 다시 말해서 자본가는 이윤을 남기기 위해 공장이나 기계 그리고 원료 등을 구매한다. 그러나 공장도 기계도 원료도 그 자체로는 새로운 가치를 만들지 못한다. 여기에 임금이라는 비용을 지불하고 구매한 노동이 투여되어야만 공장은 가동되고 원재료는 훨씬 비싼 상품으로 가공되어 투자한 비용보다 더 많은 수익을 얻을 수 있다. 결국 자본의 증가는 노동이 생산한 가치에서 발생한 것이다. 그러므로 자본의 확대재생산은 노동이 생산한 가치의 극히 일부만을 임금으로 지불해야 가능하다. 임금을 적게 지불할수록 증식된 자본의 양은 더욱 늘어날 것이다. 노동이 생산한 가치의 일부만이 노동자에게 지불되고 나머지는 모두 자본가의 소유가 되는 이 자본주의적 현상을 착취라고 한다. 노동자는 왜 자신의 몫이 착취당하는 상황을 감수하는가? 노동자는 일을 해야 임금을 받고 생존을 유지할 수 있기 때문이다. 자본주의 사회에서 노동계약은 자유로운 개인들 사이의 합리적인 결정이라는 외양을 갖는다. 실상은 그렇지 않다. 임금을 받지 못하면 삶을 지속할 수 없는 노동자는 노동이 절박한 상황에서 계약할 수밖에 없다. 따라서 노동자는 노동이 발생시킨 가치의 극히 일부만이 임금으로 받는 부당한 계약에 응할 수밖에 없다. 자본주의 사회에서 노동자의 단결권을 법적으로 보장하는 것도 바로 이처럼 노동자와 자본가 사이의 관계에서 힘의 우열이 뚜렷하다는 사실을 반증한다. 자본가는 막대한 재력을 바탕으로 다양한 권위를 동원할 수 있다. 반면 노동자는 항상 개인으로 고용된다. 노동자의 단결은 이와 같은 힘의 불균형을 완화하기 위해 필수적인 것이다. 노동이 생산한 잉여가치의 배분을 둘러싼 자본과 노동 사이의 관계가 적대적이라는 사실은 부인할 수 없다. 이를 계급투쟁이라고 한다. 계급투쟁에서 자본의 목표는 노동자를 분열시켜 개인으로서 존재하게 하는 것이다. 이는 개인 사업장에서 노조 결성을 방해하거나 무력화하는 것을 비롯해서 정치 사회 문화 이데올로기의 차원에서 노동자들의 투쟁을 불온시하는 등 자본에 유리한 환경을 조성하는 다양한 수단으로 나타난다. 여기에는 물론 화이트칼라와 블루칼라를 구별하고, 남성과 여성을 나누며, 인종 간에 임금을 차별 지급하는 방식도 포함된다. 거대한 사업 예비군, 즉 실업자 계층의 조성도 그렇다. 그런 점에서 다양한 인종 문화 계급 성적 지향 등의 차이의 인정을 강조하는 이른바 정체성의 정치는 자본의 이해와 맞아떨어지는 경향이 있다.

확대재생산이라는 자본의 속성은 임금의 착취뿐 아니라 무분별한 자연 개발을 발생시킨다. 생산된 상품은 시장에서 다시 화폐로 교환되어야 새로운 순환을 시작할 수 있다. 그러나 시장의 수요는 제한되어 있으며 생산된 상품들은 시장에서 동종의 상품들과 경쟁해야 한다. 이 과정은 거의 무정부적이라고 할 수 있다. 자본은 한편으로 필요 이상의 소비를 촉발하기 위해 대중매체를 활용하는 방식을 개발했다. 오늘날 스마트폰을 비롯한 각종의 첨단 매체들은 대중매체보다 시공간을 초월해서 훨씬 더 직접적으로 개별 소비자에게 접근하여 소비욕망을부추길 수 있다. 다른 한편 가격을 낮추기 위한 다양한 방식을 개발한다. 가장 중요한 생산가 인하 방식은 대량생산체제이다. 그리하여 인간의 필요를 훨씬 초과하는 물량의 상품들이 생산 유통된다. 이 과정에서 자연자원은 남획되고 생산과정에서 발생하는 각종 오염은 물론 소비되지 못한 상품들은 자연이 부담해야 할 쓰레기가 된다. 오늘 우리가 직면하고 있는 생태학적 위기는 자본의 논리를 따르는 체제에서는 필연적인 것이며 따라서 자본주의적인 삶의 양식을 포기하지 않는다면 반드시 파국으로 이어질 것이다.

## 자본주의와 신앙

마지막으로 자본주의가 그리스도교 신앙과 관련해서 직접적으로 문제가 되는 측면을 살펴보자. 그것은 마르크스가 상품물신이라는 개념으로 정리한 문제이다. 이를 한마디로 말하자면 자본주의는 우상숭배 안에서만 가능한 체제라는 것이다. 마르크스는 상품물신을 상품들의 사회적 관계가 인간들의 사회적 관계를 매개하는 것, 혹은 대신하는 것이라고 말한다. 대체 무슨 말일까? 우리가 경험할 수 있는 방법으로 접근해보자. 벤츠를 모는 사람은 경차나 소형차가 자기를 앞질러 가면 분노가 치민다고 한다. 왜 그럴까? 벤츠를 모는 사람과 경차를 모는 사람들의 관계가 그들이 소유하고 있는 자동차라는 상품에 의해서 매개되기 때문이다. 즉 차가 그 사람을 대표한다고 생각하기 때문이다. 벤츠를 모는 사람과 경차를 모는 사람은 모두 시민사회의 일원이기 때문에 신분상의 차이가 없을지 모르지만, 그들이 모는 자동차는 그렇지 않다. 벤츠 자동차의 종류도 다양하지만 고급 벤츠를 구입하는 사람들은 자동차의 사용가치를 훨씬 초과하는 금액을 지불해야 한다. 그 금액은 벤츠 자동차라는 브랜드에 형성된 권위 이미지에 대해 매겨진 가격이다. 그러나 한 인간이 어떤 상품을 구입하면서 그 가격을 지불할 능력과 그 인간이 가진 권위와는 전혀 별개의 것이다. 그러나 자본주의 사회에서는 그렇지 않다. 권위 이미지가 형성된 상품을 구입할 능력이 있는 사람이 곧 권위 있는 사람으로 (오)인식된다. 이런 오인이 없다면 특정 상품의 브랜드 이미지에 가치가 형성되는 일은 없을 것이다.

이는 보기보다 매우 심각한 문제이다. 인간이 자기 자신과 타자에 관해 인식할 때 문제되는 것이 그의 실제 정체가 아니라 그가 구입하는 상품이기 때문이다. 한 인간이 자신을 남에게 소개할 때 그가 구입한 상품목록을 나열한다고 생각해보자. 물론 의식적이고 공식적인 상황에서 이런 일은 일어나지 않는다. 그러나 이런 상황은 우리 생활에서 극히 일부일 뿐이다. 삶의 대부분을 차지하는 관습적이며 부지불식간의 삶에서 우리는 우리 자신을 상품이 대표하게 맡겨놓고 편안하게 살아간다. 이런 상황을 마르크스는 소외라고 하였다. 우리는 우리 자신의 삶에서 소외되었으며, 대신 상품들이 우리를 대신해서 살아간다. 우리가 우리 자신의 삶에서 소외되었다면 우리는 살아있는 것일까? 상품들이 화려한 모습으로 살아가는 모습을 통해서 자신의 삶이 조명 받고 있다고 착각하는 삶은 비참한 것이다. 어떤 인간이 자신의 삶을 소중하게 여기고 최선을 다한다고 하더라도 그 결과가 그가 상품을 구입할 능력에 의해 결정된다고 생각한다면, 그의 삶을 향한 숭고한 열정은 결국 물신, 즉 헛된 것의 제단에 바쳐진 희생물일 뿐이다. 물신숭배에 기대서 존속하는 체제라는 점에서 자본주의는 우리가 그로부터 해방되어야 할 헛된 삶의 방식(벧전 1:18)이다. 성서에 따르면 인간은 하느님의 형상을 부여받은 존재이다. 이는 결코 구매한 상품을 통해서 표현될 수 없는 것이다. 우리의 영혼을 상품의 헛된 광휘에 취하게 만드는 체제에서, 즉 우리 자신을 대신해서 상품들이 살아가는 세계에서, 우리가 우리에게 부여된 하느님의 형상을 드러내는 삶은 심각한 제약을 받을 수밖에 없다.

이상으로 확대재생산과 등가교환 그리고 상품물신이라는 개념을 중심으로 자본주의에 대해 살펴보았다. 자본주의가 가져다 준 물질적인 풍요는 인간을 물질적인 예속에서 해방시킬 것이라고 기대되었다. 그러나 결과는 정반대가 되었다. 인간은 상품물신의 노예가 되어 소비를 통해서만 자신을 인식하는 빈곤한 존재로 전락하였으며, 하느님의 형상을 가진 존재가 서로 소유를 비교하며 시기와 분노 속에서 삶을 소진하면서, 다가오는 파국 앞에서 전전긍긍하고 있다. 그리스도 교회 공동체는 자본주의 외부의 삶을 모색하는 일에 모든 역량을 모으고, 이를 위해 애쓰는 이웃들과 굳게 연대하는 것이 우리 시대에 주어진 하느님의 명령이라고 신앙고백해야 한다.


## 참고문헌

헬무트 골비처, 『자본주의 혁명』, 한국신학연구소, 1992,
울리히 두크로/손규태 옮김, 『자본주의 세계경제의 대안』, 한울 1997.
프란츠 힌켈라메르트/김항섭 옮김, 『물신: 죽음의 이데올로기적 무기』, 다산글방 1999.

정 혁 현

(한살림교회 목사, 영화평론가)

# 성서와 장애인

성서와 현대와의 간격은 아무리 적게 잡아도 2,000년 이상이다. 성서에 기록된 내용은 둘째치더라도 성서에 등장하는 여러 가지 사회·문화적인 전통은 계속되는 것이 있기도 하지만 거의 사라졌다. 그렇기 때문에 시간과 공간을 씨줄과 날줄로 하여 기록된 성서의 내용을 그때 그 자리에서의 의미로 이해한다는 것은 쉽지 않은 일이다.

그러나 '쉽지 않은 일'이라는 것, 즉 성서가 공간과 시간을 전제로 해서 기록되었다는 것을 기억하지 않는다면 성서가 어떤 이들에게는 누군가를 향한 폭력과 살인의 기계가 될 수 있기 때문이다. 그때 그 자리에서의 의미를 복원하려고 노력하고 지금 이 자리에서는 어떤 의미일까 하는 기초적이고 근본적인 해석학적 과정을 거치지 않는다면, 하나님의 보편적인 사랑과 예수 그리스도의 해방의 복음을 성령의 능력 가운데 전해야 할 교회의 사명은 온데간데없어지고 교회는 쓸모없어져 버림딩하는 소금이기나 폭력의 온상으로 전락하게 되는 것은 역시의 증언이었다. 즉 자신들의 쓸모에 따라 어느 구절은 문자 그대로 지켜야 한다고 하고, 또 어느 구절은 문자를 넘어서려고 하는 이현령비현령(耳懸鈴鼻懸鈴) 식의 성서해석은 자신들의 이데올로기를 관철시키려는 것 이상도 이하도 아니다.

현대가 안고 있는 사회·문화적인 문제 앞에 성서의 이야기에 귀를 기울이고 최대한 그때 그 자리에서의 의미를 복원시키고 그 말씀이 지금의 이 문제와 어떻게 맞닿을 수 있을지 고민하는 노력 자체가 문제를 풀어가는 첫 단추에 불과하다. 문제를 문제 자체로만 바라보고 성서를 이용하여 문제를 무화(無化)시키려는 자세는 폭력 그 자체일 뿐이다. 이러한 해석의 대표적인 예가 장애인 문제와 동성애 문제이다. 이 글에서는 장애인 문제에 한정하여 성서의 구절들을 한정적으로 살펴보고자 한다.

## 구약성서와 장애인

구약성서에는 장애 혹은 장애인 일반에 대한 구체적인 언급은 없다. 즉 일시적으로 장애를 가진 사람들이 대한 현상적 모습에 대한 표현들은 존재하지만, 태어나면서부터 장애를 가진 사람들 일반에 대한 판단은 아예 존재하지 않는다. 우선 장애인에 대해 성서적 이해를 이야기할 때 가장 먼저 이야기되는 레위기 21장 17-23절을 살펴보자.

[16]주께서 모세에게 말씀하셨다. [17]"너는 아론에게 이렇게 말하여라. 대대로, 너의 자손 가운데서 몸에 흠이 있는 사람은 하나님께 음식제물을 바치러 나올 수 없다. [18]몸에 흠이 있어서 하나님께 가까이 나아갈 수 없는 사람은, 곧 눈이 먼 사람이나, 다리를 저는 사람이나, 얼굴이 일그

러진 사람이나, 몸의 어느 부위가 제대로 생기지 않은 사람이나, [19]팔다리가 상하였거나 손발을 다쳐 장애인이 된 사람이나, [20]곱사등이나, 난쟁이나, 눈에 백태가 끼어 잘 보지 못하는 사람이나, 가려움증이 있는 환자나, 종기를 앓는 환자나, 고환이 상한 사람들이다. [21]제사장 아론의 자손 가운데서 이처럼 몸에 흠이 있는 사람은, 누구든지 주께 가까이 나아와 살라 바치는 제사를 드릴 수 없다. 몸에 흠이 있는 사람은 하나님께 음식제물을 바치러 나올 수 없다. [22]그러나 그 사람도 하나님께 바친 음식, 곧 가장 거룩한 제물과 거룩한 일반제물을 먹을 수는 있다. [23]다만 몸에 흠이 있으므로, 그는 휘장 안으로 들어가거나 제단에 가까이 나아와, 내가 거룩하게 한 물건들을 더럽히는 일만은 삼가야 한다. 그것들을 거룩하게 한 이가 바로 나 주이기 때문이다."

성서 본문에서 확인된 바와 같이 이 본문은 장애인 일반에 대해 다루는 본문이 아니다. 정확하게는 장애인 제사장에 대해 이야기하는 본문이다. 또한 여기에 등장한 장애나 질병들 중 정확하게 내용을 확인하기 어려운 것이 대부분이다.

"얼굴이 일그러진 사람"으로 번역되어 있는 חָרֻם(하룸)이 어떤 상태인지는 명확하지 않다. "몸의 어느 부위가 제대로 생기지 않은 사람"으로 번역되어 있는 שָׂרוּעַ(사루아)도 사지(四肢) 중 어느 하나가 너무 긴 신체불균형을 의미하는 것으로 보인다. 또한 "곱사등이"로 번역된 גִבֵּן(깁벤)을 칠십인역본(LXX)과 라틴어역본(Vulgate)은 "곱사등이"로 옮기고 있지만 정확하게 어떤 장애를 표현하는 것인지 모르며, 다만 한 영어 성서는 고대 유대인 전승을 되살려 "일그러진/보기흉한 눈썹"(misshapen eyebrows)으로 옮기고 있을 뿐이다.

"난장이"로 번역된 דַּק(다크)의 본래 뜻은 "적은"(small), "가는"(thin)이다. 따라서 본문의 의미로 보아 "난장이"(dwarf)로 읽을 수 있으나 어떤 영어성서와 칠십인역본과 라틴어역본을 따라 "눈병"(eye complaint)으로 옮기고 있다. "가려움증이 있는 환자"로 번역되는 גָּרָב(가라브)은 피부질환으로 가려움증(itching disease) 또는 피부염증(sore)의 의미로 이해되곤 하는데, 피부가 헐면서 가려운 일종의 아토피성 피부병으로 보인다.

이렇듯 열거된 장애와 질병 중 일부는 그 의미나 내용이 명확하지 않다. 당시의 장애나 질병은 분명 여기에 열거된 것보다 훨씬 많았을 텐데 왜 유독 이러한 것들이 제사장의 제의적 부적격을 나타내는 신체의 흠으로 열거되었는지도 알 수 없다고 말하는 것이 정직하다. 다만 레위기 21장 17-23절 이후에 등장하는 레위기 22장 21-24절의 하나님께 드려서는 안 되는 흠 있는 짐승의 목록을 담고 있는 내용과 대칭을 이룬다.

[21]누구든지 서약한 것을 갚으려거나, 자유로운 뜻으로 제물을 바치려고 하여, 소 떼나 양 떼에서 제물을 골라 주에게 화목제물을 바칠 때에는, 주가 즐거이 받도록, 흠이 없는 것으로 골라서 바쳐야 한다. 제물로 바칠 짐승에 어떤 흠도 있어서는 안 된다. [22]눈이 먼 것이나, 다리를 저는 것이나, 어떤 부위가 잘린 것이나, 고름을 흘리는 것이나, 옴이 난 것이나, 종기가 난 것을 주에게 바쳐서는 안 된다. 그런 것들을 제단 위에다 놓고 불살라, 주에게 바치는 제물로 삼아서는 안 된다. [23]자유로운 뜻에서 바치는 제물이면, 소나 양 가운데서 한쪽 다리는 길고 다른 한쪽은 짧은 것이라도 괜찮다. 그러나 서원한 것을 갚는 제사에서는,

주가 그런 것을 즐거이 받지 않는다. [24]짐승 가운데서 고환이 터졌거나 으스러졌거나 빠지거나 잘린 것은 주에게 바칠 수 없다. 너희가 사는 땅에서는, 너희가 이런 것들을 제물로 삼아서는 인 된다.

이러한 대칭을 생각해 본다면 하나님께 음식제사를 드릴 수 없는 제사장의 신체적 흠과 하나님께 바칠 수 없는 희생제물의 흠이 대체로 일치하는데, 이것은 제사장의 신체적 흠을 흠 있는 짐승에 맞추어 설정했을 것으로 보인다. 제사장이 바치는 제물은 흠이 없는 것이어야 하기 때문에(레 1:3, 10; 22:17-24) 그와 유사한 신체적 흠을 가진 제사장은 희생 제사를 주관할 수 없게 한 것이 아닐까 한다.

한 가지 재미있는 점은 제사장 집안에서 태어난 사람은 신체에 흠이 있어도 제사장으로 임명을 받았으며, 하나님께 바쳐져 가장 거룩한 음식과 거룩한 일반음식을 다른 제사장들과 같이 먹을 수 있었다. 이 점에 있어서는 어떤 차별도 없었다. 신체에 흠이 있는 제사장이 음식제사를 드리는 것을 금지한 것은 당시의 제의에 대한 독특한 인식과 하나님의 거룩성과 공동체의 정체성을 강화하려는 제의적 시도의 산물일 뿐 그것이 장애인 제사장에 대한 본질적인 차별을 의미하는 것은 아니다. 고대사회에서 제의의 토대를 이루는 분명한 성속의 구분과 제사장의 직능적 측면을 고려할 때 장애를 가지고 있어도 제사장 집안에 태어난 사람은 제사장으로 임명을 받았고, 바쳐진 거룩한 음식을 먹을 권리가 주어졌다.

구약성서에서 장애인 일반에 대해 표현한 대표적인 예가 레위기 19장 14절과 잠언 31장 8-9절의 말씀들이다.

[14]듣지 못하는 사람을 저주해서는 안 된다. 눈이 먼 사람 앞에 걸려 넘어질 것을 놓아서는 안 된다. 너는 하나님 두려운 줄을 알아야 한다. 나는 주다(레위기 19장).

[8]너는 벙어리처럼 할 말을 못하는 사람과 더불어, 고통 속에 있는 사람들의 송사를 변호하여 입을 열어라. [9]너는 공의로운 재판을 하고, 입을 열어, 억눌린 사람과 궁핍한 사람들의 판결을 바로 하여라(잠언 31장).

특히 레위기 19장 14장의 말씀은 야웨 하나님의 명령으로 등장한다. 이스라엘 공동체가 반드시 지켜야 할 종교적·사회적 법률의 한 명령으로 모세가 야웨 하나님의 명령을 대신 전하고 있다. 사회적 약자와 장애인을 권리를 지키는 것은 야웨 하나님과 같이 이스라엘 공동체의 거룩성을 드러내는 엄중한 명령으로 전해지는 것이다.

이상에서와 같이 구약성서에서 장애인 일반에 대해 이야기할 때 주된 강조점은 사회적 약자들을 포함해 장애인에 공동체 내에서의 인권에 대한 보호와 옹호가 그 저변에 깔려 있다.

## 신약성서와 장애인

신약성서에서 장애인에 대한 언급을 이야기할 때, 어느 누구보다도 예수의 말씀을 떠올리지 않을 수 없다. 그러한 예수의 말씀 중에서도 가장 드라마틱한 구절은 마태복음 11장 4-6절이다. 이 본문은 세례자 요한이 감옥에 갇혀 있으면서 자신의 제자를 예수께 보내어 질문에 대한 대답을 듣는 장면이다.

우선, 예수 시대에 이스라엘에서 장애인으로 산다는 것은 저주로 여겨졌다. 그 당시 구약성서가 아니라 구약성서를 해석하고 시대에 맞게 새로 만든 법들에 따르면 이 세상에 의인과 죄인, 두 종류의 인간이 있다는 것이 지배적인 사상이었다. 의인은 당연히 '법'이 지시하는 바를 철저히 지키는 사람이고 그렇지 못한 사람은 모두 죄인 취급을 받았다.

여기에 한 걸음 더 나아가 아예 죄인의 종류마저 구분해 놓았다. 세리, 목동, 푸줏간 주인(백정), 의사, 고리대금업자, 개똥수거꾼 등은 천한 직업을 가졌기에 죄인 취급했다. "가장 훌륭한 의사라 할지라도 그 사람은 지옥으로 떨어지게 되어 있으며, 아무리 품위 있는 푸줏간 주인이라도 아말렉 사람의 친구일 뿐이다"(〈미슈나〉키두신 4:14). 특히, 의사가 죄인 취급을 받는 이유는(정확히 말해 '도둑질과 같은 직업'으로 천대받는 까닭은), 부자는 우대하면서도 치료비를 잘 내지 못하는 가난한 사람들은 소홀히 대했기 때문이라고 한다.

다음으로 사생아, 이방인, 사마리아 사람, 여자 그리고 소경 같은 장애인은 태생 죄인이었다. 기원 전 2세기경 랍비 여후다는 자신의 고급스런 출신 성분에 감동한 나머지 다음과 같은 말을 남겼다고 한다.

유대인은 매일 세 번의 찬양을 드려야 한다. 나를 이방인으로 만들지 않은 이여, 찬양을 받을지어다. 나를 여자로 창조하지 않으신 이여, 찬양을 받을지어다. 나를 (율법에 대해) 미개인으로 만들지 않으신 이여, 찬양을 받을지어다.

장애인을 대하는 예수의 입장을 살펴보기 위해 요한복음 9장 1-12절을 간단히 살펴보겠다. 어느 날 예수께서 길을 가다가 나면서부터 눈

먼 사람을 만난다. 제자들은 그가 누구의 죄 때문에 눈이 멀게 되었는지 물어보자, 예수는 장차 행할 기적을 통해 하나님의 거룩하심을 드러내려는 목적으로 그가 소경이 되었다고 말한다.

기적이 일어난 후 이제 바리새파 사람들이 소경을 불러다 놓고 묻는다(9장 13-41절). 문제는 예수께서 기적을 안식일에 베풀었기 때문이었다(16절). 유대인들의 안식일 법에 따르면 갖가지 노동을 금지시켜 놓고 있었다(〈미슈나〉 삽바트 편).

그런데 예수께서 치료를 했으니 안식일 법을 어긴 셈이고, 안식일법을 어겼으니 결과적으로 하나님의 사람일 리가 없다는 주장을 펴는 이들이 있었다. 그러나 "나는 그분이 죄인인지 아닌지는 모릅니다. 다만 한 가지 내가 아는 것은, 내가 눈이 멀었다가, 지금은 보게 되었다는 것입니다"(25절)라는 대답이 돌아올 뿐이었다. 결론을 얻지 못한 채 소경은 쫓겨났고, 예수님은 그를 부드럽게 맞아준다. 그러자 소경은 이제 예수님 앞에 꿇어 엎드려 "주님, 내가 믿습니다"(38절)라는 고백을 한다.

이 본문에서 그 당시 유대인들의 사고방식에 따르면 병이란 죄에서 유발된다(막 2:1-12; 요 5:14 참조). 장애인이란 율법이 정해놓은 죄인임이 분명한데, 저 눈먼 사람은 태어날 때부터 눈이 멀었으니 도대체 언제 죄를 지을 틈이 있었겠는가? 제자들의 물음은 어쩌면 당연한 것인지도 모른다.

제자들의 집요한 질문에 예수는 대답하셨다. "이 사람이 죄를 지은 것도 아니요, 그의 부모가 죄를 지은 것도 아니다. 하나님께서 하시는 일들을 그에게서 드러내시려는 것이다"(3절). 예수의 입장은 이스라엘의 그 당시 견해와 다르다. 그가 장애인인 이유는 그를 통해 하나님이 일을 하기 위함이다. 이는 장애인을 보호하라는 차원을 넘어, 오히려 비장애인이 장애인에게 배워야 한다는 뜻이다. 예수는 '병이 죄의 결과'라는 전통적 해석을 따르지 않았다.

이제 다시 마태복음으로 돌아간다.

[4]예수께서 그들에게 대답하셨다. "가서, 너희가 듣고 본 것을 요한에게 알려라. [5]눈 먼 사람이 보고, 다리 저는 사람이 걸으며, 나병 환자가 깨끗하게 되며, 듣지 못하는 사람이 들으며, 죽은 사람이 살아나며, 가난한 사람이 복음을 듣는다. [6]나에게 걸려 넘어지지 않는 사람은 복이 있다."

이스라엘이 기다리던 구원자는 그 옛날 예언자가 전한 "그 때에 다리를 절던 사람이 사슴처럼 뛰고, 말을 못하던 혀가 노래를 부를 것이다"(이사야 35장 6절)를 실현할 분으로 이해해야 한다고 말씀했다. 그 당시 죄인 취급 받던 장애인들이 하나님의 모습으로 지으심을 받은 존재답게 살지 못하도록 하는 온갖 장애들을 치유하신 것이다.

구약성서는 공동체가 장애인의 권리를 지켜주는 것을 야웨 하나님의 거룩성을 드러내는 것으로 보았다. 신약성서에서 예수는 장애인의 장애를 하나님의 뜻이 현현하는 것으로 보았다. 육체적 현상의 하나인 장애 혹은 장애인에 대한 성서의 이해는 오늘날의 통념을 뛰어넘고 있다. 우리가 혹시 성서를 근거로 장애인들을 차별한다면 아마도 성서를 오해하고 있었다고 말하는 것이 옳은 것 같다.

## 참고문헌

Tobin Anthony. 『Disability Theory』. University of Michigan Press, 2008.
최대열. 『성서, 장애 그리고 신학』. 나눔사, 2015.

이 정 훈

(전국장애인차별철폐연대 정책실장)

# 촛불혁명과 민주주의

2016년 가을, 박근혜-최순실의 국정논단이 불러온 파국의 정치는 한국 사회를 급속도로 촛불정국의 소용돌이로 빠져들게 하였다. 2016년 10월 29일(토) 1차 촛불집회부터 2017년 4월 29일(토) 23차 마지막 촛불집회까지 1,600만이 넘는 시민들이 촛불광장에 참여하였다. 그 과정을 거치면서 2016년 12월 9일 대통령 박근혜에 대한 탄핵소추안이 국회에서 가결되었고, 2017년 3월 10일 헌법재판소에서 재판관 8명 전원일치로 박근혜 대통령 탄핵을 인용처리하였다. 그로부터 2개월 후 2017년 5월 9일에 치룬 대통령선거에서 대한민국 국민은 문재인 민주당 후보를 새로운 대통령으로 선출하였다. 문재인 대통령 스스로도 현 정부를 촛불집회로 이룬 혁명의 정부로 자리매김하는 것을 보면 촛불은 새로운 정치적 해석과 상상을 가능하게 했던 원동력임이 분명하다. 그렇다면 촛불의 무엇이 그것을 가능하게 했을까? 촛불정국이 일단락이 된 현 상황에서 촛불이 지닌 의미를 다시 한번 복기하는 것이 본고의 목적이고, 그 과정에서 21세기 대한민국 사회를 살아가는 시민으로서 지녀야 할 정치적 상상과 윤리적 결단의 지점을 역으로 추적해 보는 기회가 된다면 글의 목적은 어느 정도 달성한 셈이다.

## 촛불, 비정상적인 민주주의에 대한 고발

현대국가의 대의제 민주주의는 비정상이다. 국민투표를 통해 형성된 국가 권력 아래서 국민 개개인이 지니는 차이는 선거를 통해 결정된 권력 앞에서 무기력하고 무시된다. 서로 다른 개인과 우리는 국민이라는 집합명사 안에서 하나가 된다. 차이가 국가권력이라는 동일성 안으로 스며드는 밀도가 현대의 민주주의는 고대·중세의 봉건제보다 오히려 세고 견고하다. 이런 이유로 대의제 민주주의를 '동일성의 정치'(Politcs of Identity)라 부른다. 일찍이 호르크하이머와 아도르노는 그들이 공저한 『계몽의 변증법』에서 "근대 부르주아 사회는 동일성에 의해 지배받는 사회"라 지적하면서, 이를 가능하게 했던 근대적 (도구적)이성에 대해 다음과 같이 적고 있다: "이성은 스스로를 보편적 주체로 서게 함과 동시에… 이성은 자기 보존을 위해 세계를 제어하는 계산적인 측면도 갖는다." 근대성이 지닌 전체주의적인 면모를 꼬집는 날카로운 비판이라 할 수 있다.

근대 이후 정치적 보편주의로 자리매김한 대의제 민주주의는 근대성의 대표적 특징이라 할 수 있는 동일성에 기초한다. 동일성의 정치는 모든 국민에게 한 표가 있다는 평등성, 다수의 결정을 존중하는 원칙성, 그리고 소수인 우리가 내일의 다수가 되어 권력을 잡을 수 있다는 낙관성을 축으로 작동하는 환상의 이데올로기가 아닐까 싶다. 하지만, 현실의 민주주의에서 평등성은 형식상의 평등성이고, 다수가 지니는 정당성은 한국 국정원 댓글 조작사건에서 보듯이 모략과 음모의 결과물이며, 내일 태양이 뜬다는 희망과 가능성은 오늘을 살아가는 인민들에게는 절대로 실현되지 않는 불가능한 가능성이나.

서구 시민사회의 발전은 대의제 민주제의 등장과 그로 인해 등장한 문제점을 치유해나갔던 역사였다. 서구의 경우와 다르게 한국의 민주주의는 이러한 과정을 제대로 밟지 않았다. 촛불이 요구했던 것은 이런 비정상적인 민주주의의 정상화였다. 물론, 촛불의 요구는 국가의 입장에서 볼 때 실현 불가능한 요구였다. 국가는 새로운 주체의 등장과 그들의 출몰로부터 야기되는 새로운 질서의 출현을 원치 않는다. 어쩌면 국가는 기득권세력의 부와 권력의 유지를 보장하는 기능과 새로운 질서의 등장을 억제하는 기능을 위해 존재하는 것 아닐까. 이러한 민주주의가 지녔던 문제점을 지적하고 직접적인 시민 민주주의를 외쳤던 것이 촛불이다. 촛불은 대의에 묻혀왔던 개개인의 목소리와 색깔을 드러내는 작업이었다. 국가에 의해 정리되고 관리되고 배제되어 왔던 개별자들을 셈하여 줄 것을 국가에 당당히 요청했던 사건이 촛불이었다는 말이다.

문득 지난 촛불집회 기간 중 불렀던 노래 가사의 한 구절이 떠오른다. "대한민국은 민주공화국이다. 대한민국은 민주공화국이다. 대한민국의 모든 권력은 국민으로부터 나온다." 물론 이 말은 인민의, 인민에 의한, 인민을 위한 권력을 강조하는 말이겠지만, 한편으로 문장의 주어가 대한민국이라는 사실을 감안한다면, 대한민국에게 잃어버린 민주와 공화를 찾아 돌려주자는 것이다. 국민이 주인이 되는 대한민국, 모든 사회 구성원들끼리 원활한 의사소통이 이루어져 서로 조화를 이루는 대한민국을 되찾는 것, 이것이 바로 촛불의 대의였다.

## 촛불, 비정치적인 것의 정치화

매주 토요일마다 23차례에 걸쳐 1,600만 명이 넘는 시민을 광장으로 모이게 했던 요인은 무엇이었을까? 촛불은 과거 정치적이지 않았던 일상들이 정치의 모습으로 소환된 사건이었다. 일상의 정치화가 진행되었기에 촛불은 계속 광장에서 꺼지지 않고 불을 밝힐 수 있었다. 중고등학생연합이 자기네들끼리 목소리를 내면서 어른들 사이를 비집고 다니면서 그들의 언어로 시국에 대해 발언하고, 페미니즘 진영에서는 촛불현장에서 벌어지는 가부장제적인 현상을 비판한다. 광장으로 유모차를 대거 끌고 나오는가 하면, 시민들은 각자의 기억 속 인물들을 불러내서 광장에서 만났다.

광장에는 수없이 많은 깃발들이 휘날렸는데 과거와 같이 웅장한 거대서사의 메시지가 깃발에 적혀있지는 않았다. 소소한 개인들의 치기와 풍자가 어린 작품들이 깃발의 형태로 전시된 케이스라고 해야 옳다. 장수하늘소 연구소, 91학번 별 보이는 모임, 끝나고 치맥 한잔 등 소소한 일상들이 깃발로 등장하면서 촛불 광장은 예전의 피 끓는 투쟁, 강철 같은 투쟁을 연호하며 치열하게 싸웠던 전선이 아니라, 일종의 퍼포먼스가 이루어지는 무대이자 마당이 되었다. 과거 1980년대식 운동권 투쟁방식에 익숙해 있던 필자로서는 분명 촛불은 낯선 풍경이었다. 10년(2004~2014) 동안 유학을 핑계로 한국을 비웠던 지라 그동안 한국 사회의 변화상을 내가 따라잡지 못하고 있구나, 라는 자조 섞인 탄식도 내안에서는 분출하였다.

시위의 풍경이 예전과 달랐다는 점은 지도부가 보이지 않는다는 사실에서도 여실히 증명된다. 누가 23차례 집회를 주도하는지, 누가

1,600만 명을 조직했는지 감을 잡을 수 없었다. 혹 누군가 과거처럼 큰 목소리로 가열 차게 선동적으로 구호를 외치거나 자극적인 발언을 남발하면 광장의 촛불은 그들을 외면하였다. 연자를 서둘하면서 촛불집회가 청와대 인근까지만 행진하고 돌아가는 무력한 시위로 전락하지 않을까, 라는 위기감이 잠시 돌았다. 그래서 비폭력적인 집회방식에 대한 논쟁이 잠시 있었다. 청와대까지 진출해야하고 청와대를 넘어야 되는 것 아닌가, 라는 문제제기 말이다. 그 말은 경찰과의 대치와 폭력까지 감수하겠다는 의지의 표현이라 할 수 있다. 익숙한 변증법적 논리학의 문법, 양적 축적에 따른 질적 승화의 단계가 무르익었고 지금이 바로 행동을 해야 하는 그때이다, 라는 주장이 스멀스멀 올라왔다. 하지만 2016~17 촛불광장에서 그 목소리는 더 이상 울려 퍼지지 않았다. 촛불은 과거와 같은 방식의 정세분석과 인정투쟁을 허락하지 않았다.

촛불광장은 이념적인 구호를 외치면서 거대한 대의를 실천하는 슈퍼에고(Super ego)의 집결지만은 아니었다. 오히려 각각의 개인들이 그동안 상실했던 본인들의 쾌락을 찾아 몰려드는 이드(Id)의 각축장이었다. 광장으로 몰려든 개인들은 자신들과 소통하지 않는 권위적인 정부에 대해, 자기들을 집합명사 취급하면서 관리하고 제어하려 했던 정부를 향해 난장을 피웠던 것이다. 그러면서 신화화 되어있고 이데올로기화 되어있었던 제도로서의 정치는 깨어졌고, 비정치적인 것으로 간주되었던 일상이 정치의 역역으로 출현하였다. 촛불은 이렇듯 비정치적인 것의 정치화라는 새로운 환타지를 우리에게 선사하였다.

## 촛불, 법 밖의 정의를 향하다

비정상적인 민주주의를 고발하고, 비정치적인 것의 정치화를 실현시켰던 촛불이 최종적으로 겨냥한 목표점은 정의로운 대한민국이었다. 하지만 불행하게도 대한민국에서 정의란 법의 테두리 안에 존재하지 않았다. 정치의 영역에서는 박근혜-최순실 국정농단이, 경제적으로는 뿌리 깊은 정경유착이, 사회적으로는 세월호에 대한 은폐와 조작이, 문화적으로는 블랙리스트 작성으로 대변되는 획일주의와 검열이 한국 사회를 지배하였다. 그 안에 정의는 없었다. 정의는 '법 밖의 정의'다. 촛불은 바로 그 점을 지적하면서 법 밖에 위치했던 정의를 다시 현실의 법 테두리 안으로 정상화시키려고 했던 몸부림이었다.

'법 밖의 정의'를 말하고 있는 이 순간에 유대 사회의 법이었던 '안식일 법'을 어기면서까지 파국을 향해 달려갔던 예수가 생각나는 것은 당연하다. 예수는 타자를 향한 '무조건적인 환대'라는 '법 밖의 정의'를 끝까지 주장하며 행동했던 인물이었다. 배고픈 사람들이 밀 이삭을 좀 뜯어먹었다고 안식법 위반을 운운하고, 병자들을 안식일에 고쳤다는 이유로 도덕적 규범을 어겼다고 몰아붙이는 바리새인들을 향해 예수는 분노하였다. 그들을 향해 예수는 "너희는 어찌하여 너희의 전통 때문에 하나님의 계명을 어기느냐?"(마 15:3)라는 독설을 퍼붓는다.

'착한 사마리아인의 비유'나 '최후의 심판 비유'에서도 예수는 같은 이야기를 한다. 예수는 '누가 나의 이웃입니까'라는 율법교사의 질문에 대해 사마리아인의 비유를 이야기 한다. 사마리아인과 유대인은 서로 만날 수 없는 타자이다. 역사적으로 양자 간에는 회복할 수 없는 깊은 골이 패여 있는 관계다. 그럼에도 불구하고 사마리아인은 길에서 강도를 만나 가진 모든 것을 빼앗기고 얻어맞아 초죽음이 된 유대사람을 섬김을 받아 마땅한 이웃으로 대접한다. 타자의 신음에 무조건적인 환대로 반응하면서 '법 밖의 성의'를 실현한 것이다.

예수의 윤리에서 법 밖에 위치하는 타자에 대한 관심과 배려가 가장 도드라지는 대목은 마태복음 25장에 나오는 '최후의 심판' 비유이다. 최후 심판 날, 인자는 양을 자기 오른쪽에 염소를 자기 왼편에 세운다. 양과 염소는 선한 사람과 악한 사람을 상징한다. 이 심판은 지켜보는 청중이나 오른쪽에 있는 사람, 왼쪽에 있는 사람 모두에게 납득할 수 없는 판결이었다. 그 이유는 다음의 판정 기준 때문이었다: "너희는 내가 주렸을 때에 내게 먹을 것을 주었고, 목말랐을 때에 마실 것을 주었고, 나그네 되었을 때에 영접하였고, 헐벗었을 때에 입을 것을 주었고, 병들었을 때에 돌보아 주었고, 감옥에 갇혔을 때에 찾아 주었다" 할 것이다(마 25:35-36).

마지막 날 판정기준이 유대교의 법을 잘 지킨 순서가 아니었다는 말이다. 법 밖에 위치한 정의를 실천하는 사람이 하나님 나라의 주인공이 된다. 예수가 추구했던 '법 밖의 정의'는 유대율법에 대한 해체라고 해도 과언이 아니다. 그리하여 율법 안에 숨어있는 진정한 의미, 즉 널리 인간을 복되게 하고 자유하게 하고, 인간 사회에 공의가 강물처럼 흐르게 하라는 율법 본연의 정신을 회복시켰다. 이렇듯 예수는 성서 안에 숨겨져 있는 명백한 진리를 다시 조명하면서 정도(正道)를 따라 정직하게 걸어간 인물이었다.

촛불은 '법 밖의 정의'를 갈망했던 예수의 정신과 공명한다. 촛불은 자본의 법칙 안으로 함몰되어버린 법질서를 고발하고, 탐욕과 아집에 사로잡힌 정부 여당의 독선에 당당히 맞섰다. 또한 촛불은 진도 앞바다에서 싸늘하게 죽어간 세월호의 어린 생명들에 대한 애도를 불허하는 부도덕한 정권을 소환하였고, 자신들의 구미에 맞지 않는 세력과 집단을 검열하고 블랙리스트를 만들어 배제하려 했던 후안무치한 정부를 법정에 세웠다. 그렇게 23주간 광장을 밝힌 촛불로 인해 마른 뼈와 같이 앙상했던 대한민국에 혈기와 온기가 돌기 시작했고, 붕괴되었던 민주주의는 회복의 계기를 마련할 수 있게 되었다.

결론적으로 촛불의 윤리는 상징적 체계, 즉 법을 위해 봉사하는 수동적 윤리일 수 없다. 촛불은 상징적 법칙이 지배하는 현실을 거슬러 올라가면서 법 너머의 행위까지를 겨냥한다. 그것은 구체적으로 21세기 법이라 할 수 있는 자본의 법칙에서 배제된 자들을 향하는 윤리이고, 우리 시대 악법이라 할 수 있는 온갖 종류의 혐오주의로부터 차별받고 억압받는 타자들, 즉 난민, 여성, 동성애자, 비정규직 노동자, 외국인 노동자들을 향해 달려가는 윤리이다. 이렇듯 2016-17년 대한민국을 밝힌 촛불은 '법 밖의 정의'를 여전히 믿고 꿈꾸는 사람들에게 그 불가능했던 것들에 대한 가능성을 확인시켜준 사건이었고, 현실을 강제하는 체제와 시스템과 도그마를 향해 절단선을 그을 수 있는 용기를 선사하였다. 그리하여 촛불은 대한민국의 실추된 존엄과 명예를 회복시켰고, 이러한 촛불의 기억은 대한민국이 정의와 민주주의를 새롭게 상상해야하는 그때마다 귀환하여 우리의 귓전에서 그날의 추억을 들려주며 우리를 깨어있게 할 것이다.

## 참고문헌

이상철.『탈경계의 신학』. 동연, 2012.
자크 데리다/진태원 옮김.『법의 힘』. 문학과 지성사, 2004.
제3시대그리스도교연구소 편.『촛불과 광장, 정치와 종교』. 동연, 2009.

이 상 철

( 한백교회 담임목사, 한신대학교 겸임교수)

# 죽음과 기독교 신앙

## 오늘날 사회에서의 죽음의 문제

사람은 누구나 죽는다는 것을 안다. 아우구스티누스가 이야기한 것처럼 이 세상에 확실한 것은 아무 것도 없지만, 한 가지 우리가 죽을 것이라는 것만은 확실하다. 이것을 부인하는 사람은 없다. 그러나 동시에 사람들은 죽음이 자신과는 관계가 없는 것이라고 생각하기도 한다. 죽음은 언젠가는 오겠지만, '아직'은 아니다. 그리고 애써 그 '아직'을 무한히 늘려서 자신은 전혀 죽음과 관계가 없다는 생각에 빠져 산다. 그러나 자기 자신과 관련시키려 하지 않을 뿐 죽음은 언제나 우리 주위를 맴돌고 있다.

정보화 시대에서 우리는 매일 다양한 매체를 통해 죽음에 대해 듣고 본다. 가까운 주변에서는 물론 전 세계적으로 전쟁과 테러와 각종 재앙으로 죽음을 당하는 사람들에 대한 소식을 우리는 매일 접하며 살고 있다. 죽음의 종류에 따라서 어떤 죽음은 사회적 분노를 일으키기도 하고,

또 어떤 죽음은 동정심을 갖게도 한다. 그러나 전반적으로 우리 사회는 죽음에 대해 더욱 더 무관심해 지고, 무감각해 지고 있는 현상을 보이고 있다. 죽음은 당연한 것이기 때문에 다른 죽음들에 내해 무관심할 수 있고, 반면 자신의 죽음은 아직 자신과는 상관없다는 생각 가운데서 죽음에 무관심할 수 있는 모습을 우리 가운데서 쉽게 찾아 볼 수 있다.

물론 자신도 언젠가 죽을 것이라는 것을 알면서도, 아직 죽음은 자신과 관계없는 문제라고 생각하는 태도부터 우리는 바로 잡아야 한다. 참 삶의 의미는 단지 시간적인 수명 연장에 있는 것이 아니라, 인간다운 삶을 살다가 인간다운 죽음을 죽는 데 있기 때문이다. 그러나 우리가 보다 근본적으로 생각해야 할 죽음에 대한 문제는 우리가 이 사회에서 일어나는 수많은 죽음의 현실들에 대해 무관심해지고, 무감각해지고 있다는, 즉 현실적 죽음의 문제이다.

한국이 기적적인 경제 부흥을 이루어내고, GDP가 급증하고 평균 수명이 단 시간 내에 상승하였다며 선진국 대열에 참여하였다고 하지만, 죽음에 관한 한 한국은 늘 어두운 그림자 가운데 놓여 있다. 현재 35개 선진국가로 구성된 OECD 회원국 중 자살률이 부동의 1위를 차지하고 있다. 그뿐만이 아니다. 교통사고 사망률, 산업 재해로 인한 사망률도 늘 1, 2위를 다툰다. 정치적으로 분단국의 운명을 타고 났기 때문에 국력을 하나로 모으기 위해 그에 방해되는 소수는 언제라도 희생될 수 있다는 사고방식이 오랫동안 우리를 지배해 왔고, 경제 부흥을 위한 명분을 위해서도 장애가 되는 그룹들은 언제나 희생될 수 있고, 또 희생되어야 한다는 논리가 아직도 우리 사회를 지배하고 있다. 아직도 정치 논리나 기업 경영 논리는 우리 사회에서 죽음을 경시하며, 건축 자료, 먹거리, 심지어 건강 기구까지에서도 생명을 위협하는 요소들을 버젓이 허용하고 있다.

또한 오늘날 죽음은 산업화, 세속화 그리고 고도로 기능화 되고, 전문화 된 이 사회 속에서 점점 우리 사회 공공의 영역에서 추방되어 지극히 사적인 것으로 위축되어 버렸다. 옛날에는 한 사람의 죽음은 가족뿐 아니라, 온 마을의 공적인 문제였다. 그러나 지금 죽음은 지극히 사적인 영역이 되어 버렸다. 심지어 가족과도 분리가 되어 버렸다. 노령이 되거나, 질병에 걸려 사회적 기능을 더 이상 수행할 수 없는 사람들은 이제 사회에서는 물론 가족에게서도 분리되어 요양시설이나 병원에서 죽음 사업에 전문화된 사람들에 의해서 죽음을 맞이하고 있다. 이런 면에서 죽음에 대한 다양하고 전문적이고 직업적인 관심은 높아지는 한편, 일반적으로는 죽음에 대해 말하는 것이 공적인 영역에서 사라지고 있다.

이런 죽음에 대한 현상들을 시대가 바뀌었기 때문에 자연히 따라오는 변화로 당연시 될 수 있는 것이 아니다. 이런 죽음의 현상들이 갖는 그 역기능 자체가 심각할뿐더러, 이런 현상을 가져 온 오늘날 사회의 흐름 배후에 죽음의 힘, 악의 힘이 도사리고 있기 때문이다. 우리 사회 곳곳에서 인간으로서는 상상하기 어려운 형태의 죽음이 반복되고 있다. 극한적 가난을 면하기 위해 찾은 열악한 노동 현장에서 어처구니없는 죽음을 당하기도 하고, 부모까지도 자신의 어린 자녀를 모질게 학대하고 결국에는 비참하게 그 어린 목숨을 빼앗기도 한다. 시신을 몇 달씩 옆방에 혹은 냉장고에 유기하기도 한다. 소위 '묻지 마 살인'도 심심치 않게 사회적 이슈가 된다. 이런 일들이 정상적인 것들일 수 없다. 더구나 나하고는 상관없는 죽음일 수 없다. 결코 우리의, 사회의 무관심의 대상일 수 없다. 그런데 우리 사회는 우리로 하여금 그런 죽음에 무관심하기를 강요한다. 그리고 우리도 그런 무관심, 무감각에 익숙해지고 있다. 이러한 우리의 모습을 결정적으로 보여준 사건이 세월호 사고이다. 300명 이상의 어린 생명이 어처구니없이, 또한 온갖 의혹에 휩싸인 채 생명을 잃었지만, 정치권, 언론, 심지어 교회까지도 그 죽음들을 공적인 의미를 갖는 죽음으로 만들기를 허용하지 않으려 한다. 죽음은 나 개인의 삶의 의미와도 떨어질 수 없는 관계를 가지고 있을뿐더러, 우리의 삶을 구성하는 이 사회에 있어서도 결코 우리가 무관심할 수 없는 깊은 의미를 가지고 있는 것이다.

## 죽음에 대한 견해와 삶의 태도

나는 죽음이라는 것을 어떻게 이해하고 있는가? 나는 나의 죽음을 어떻게 맞이할 것인가? 이런 물음은 단지 삶의 마지막 순간에 묻는 질문이 아니다. 이 질문은 지금 이 순간을 사는 삶 전체에 영향을 미치고 있다. 즉 죽음에 대한 이해는 삶의 태도와 밀접하게 관련되어 있다. 잘 사는 것이 잘 죽는 것이고, 잘 죽는 것이 잘 사는 것이라는 말은 여러 면에서 타당하다.

우선 오늘날 가장 일반적으로 볼 수 있는 죽음에 대한 견해는 '죽음은 모든 것의 끝'이라고 생각하는 물질주의적 견해이다. 현대인들은 사후의 세계를 믿지 않는다. 심지어 인간이 영적인, 정신적인 존재라는 것도 받아들이지 않는다. 인간은 근본적으로 세포, 물질로 이루어진 것이다. 인간의 의식이라는 것도 뇌의 기능에 불과한 것이다. 죽으면 나를 이루는 몸의 세포는 해체되고 아무 것도 남지 않는다. 문제는 이런 죽음관이 우리의 삶의 가치관과 태도에 미치는 그리고 우리 사회 전체에 미치는 영향이다. 죽음을 모든 것의 끝이라고 생각하는 사람들에게는 몸이 살아 있는 동안이 삶의 전부이다. 이런 견해를 가진 사람들도 자신은 남보다 고상한 가치를 추구하며 산다고 하겠지만, 이들은 현재 나를 지배하는 소유욕, 향유욕, 성취욕, 권력욕, 명예욕 등 끝없는 욕망의 지배를 받기 마련이다. 결국 그들을 기다리는 것은 그들이 '끝'이라고 생각하는 죽음 앞에서 갖는 두려움과 허무함과 고독함뿐이다.

이런 죽음에 대한 현대적 물질주의적 견해가 주는 비극은 인간의 삶에 있어서 참 인간성, 인격성, 관계성의 가치조차도 물질화시킨다는 데 있다. 삶은 곧 소유이고 향유이기 때문에 다른 사람들의 존재는 이용의 대상이거나 장애물 둘 중에 하나이다. 우리 사회에 만연되어 있는 갑질과 다양한 형태의 폭력과 착취가 이것을 입증하고 있다. 또한 이런 사회 속에서 사람들은 스스로 한 기능적인 부속물로 존재하다가 죽음의 순간, 아무런 공공적이고 사회적인 의미를 갖지 못한 죽음을 맞이하게 된다. 아니 죽음 이전에 이미 빈틈없이 짜인 사회 구조에서 질서와 규율에 순응하는 기능적인 삶만을 쫓기듯 살 뿐 진정한 자신의 삶을 누리지 못한다. 그러기에 삶도 죽음도 아무런 의미를 가지지 못한다. 이런 측면에서 세계 제1위를 내주지 않는 우리 사회의 자살 문제도 심각하게 생각해 보아야 한다. 자살을 사회적 타살로 보아야 하는 관점도 중요하지만, 근본적으로 "죽으면 모든 것이 끝이다"라는 죽음 이해가 자살의 주요 원인임을 부인하기 어렵다.

무엇보다 사회적인 면에서 이런 죽음에 대한 견해가 가져다주는 폐해가 심각하다. 앞서 언급한 우리 사회를 죽음의 사회로 만드는 주범이 바로 이런 죽음관과 관련된 가치관이기 때문이다. 이런 사회 속에서 우리는 우리가 모르는 가운데 죽음에 대한 방관자, 더 심하게는 죽음을 만드는 사람이 되어 살아가는 것이다.

이런 현대의 물질주의적 세계관 가운데서도 인간의 삶의 가치를 추구하며, 죽음에 대해 진지한 태도를 갖자고 주상하는 노력들이 많이 있다. "죽음이 있기에 삶은 아름다운 것이다"라는 구호가 대표적인 것이다. "죽음이란 인간의 삶 자체의 구성 요소이다. 죽음이 삶을 아름답게 만드는 것이다. 유한한 삶이기에 매순간을 가치 있게 만들자." 이런 구호들은 죽음이 모든 것의 끝이라고 생각하는 요즘의 일반적인 세계관을 가진 사람들에게 매우 매혹적이고, 또 나름대로의 장점도 있다. 삶에 대해 진지한 자세를 갖게 하고 죽음을 두려움의 대상이 아니라 자연스러운 것으로 맞게 할 수도 있다. 그러나 모든 것의 끝이라고 생각되는 죽음 앞에서 궁극적으로 추구되어야 하는 인간 삶의 가치의 근거를 어디에서 찾아야 하는가? 결국 인간 본성 자체 안에 심겨져 있는 죽음을 넘어서는 가치를 인정해야 하는 것이 아닌가? 무엇보다 이런 태도는 앞서 문제로 제기한 우리 사회의 죽음의 현실들을 외면하게 만든다. 죽음은 당연한 것이고, 나의 죽음이든 타인의 죽음이든 순응하며 받아들여야 하지 않겠느냐는 주장으로 쉽게 변질될 수 있는 것이다.

현대에서도 죽음에 관한한 고대로부터 내려온 종교적이고 형이상학적인 다양한 견해들이 아직도 큰 영향력을 발휘하고 있는 것이 사실이다. 한국 사회는 더욱 그러하다. 각 종교마다 죽음이나 사후 세계에 대해 다양한 이론이 있고, 또 한국적 상황 가운데서는 서로 혼합되는 요소들도 많이 있다. 그러나 대중들이 쉽게 이해하는 대로는, 이승과 저승을 구분하는 무교를 비롯해, 조상의 영을 숭배하며 영혼의 영속성을 가계에서 찾는 유교, 윤회설로 대표되는 불교 등 대부분 한국 종교들이 삶은 죽음으로 끝나지 않는다는 교리를 가지고 있다. 서양 문화에서도 그리스 철학에서 기원한 영혼 불멸설은 기독교에까지 큰 영향을 끼쳐 왔다. 같은 기독교라도 가톨릭은 연옥의 교리를 포기하지 않는다. 개신교도 사도신조의 '몸의 부활'이라는 분명한 표현에도 불구하고 영혼 불멸설, 심지어는 귀신론에 심취해 있는 교회도 있다. 이들 이론에 대해 다 설명할 수 없지만 이 글의 논지를 위해서 이들 견해들의 주요 요소를 다음과 같이 간단하게 정리할 수 있을 것이다.

공통되는 점은 '죽음이 전부가 아니다'라는 것이다. 우선 많은 경우 이 주장에서 현세보다 내세가 더 중요하다는 현실도피적인 태도가 쉽게 나올 수 있다. 이 입장은 죽음에 초연할 수 있는 장점은 있지만, 자신의 부당한 현실을 쉽게 포기하고, 사회적인 현실의 불의한 죽음을 외면할 수 있는 핑계를 제공할 수 있다. 또 다른 한편 내세가 있다고 주장하는 대부분의 전통적인 죽음에 관한 가르침들은 인과응보를 가르치고 있다. 즉 내세에서 영원히 지속될 흥과 복은 현세에서의 도덕주의적인 노력의 보상이라는 점이 강조되고 있다. 이 가르침은 현실적인 삶의 가치관의 토대를 도덕적으로 마련해 준다는 장점이 있지만, 죽음을 두려움과 불안의 대상으로 만들고, 때문에 의도와는 달리 쉽게 많은 종류의 미신을 만들기도 한다.

## 기독교 신앙과 죽음

성경 안에도 죽음에 대한 다양한 견해들이 등장한다. 죽음을 '모든 것의 끝'으로 보는 허무주의를 말하기도 하고, 죽은 다음엔 아무런 의미가 없으니 현세를 즐기라는 교훈도 등장한다. 또한 죽음을 인간에게 참된 겸손과 지혜를 가져다주는 것으로 묘사하기도 한다. 때로 자연적인 죽음에 대한 언급도 나오지만, 죽음은 부정한 것이기 때문에 죽은 것은 만지지 말아야 한다는 입장도 나온다. 많은 고대 종교들 가운데서 흔하게 볼 수 있는 죽은 영혼을 부르는 초혼 의식을 구약은 엄격하게 금하고 있다.

구약은 족장들의 죽음을 '열조로 돌아간다'고 표현하기도 하고, 죽음 후에 영혼이 그림자 같은 형태로 머무는 장소인 '스올'로 간다고 표현하기도 한다. 신약에서도 '스올'과 같은 장소적 의미의 '음부'라는 용어가 나오고, 심판 받은 영혼들이 가게 될 '지옥'이라는 용어도 나온다.

그러나 구약성서에서 죽음과 관련해 우리가 주목해야 할 것은 하나님은 '죽음의 하나님'이 아니라 '생명의 하나님', '죽은 자의 하나님'이 아니라 '산 자의 하나님'이라는 강조점이다. 하나님은 무에서 유를 창조하신 분이시고, 혼돈과 어둠 가운데서 질서를 만드신 분이시다. 여기에서 죽음은 창조에, 창조의 하나님에 역행하는 것이다. 무엇보다 죽음은 죄의 결과이다. 성경적 개념에서 죽음이란 하나님과의 관계 단절을 의미한다. 또한 구약성경은 죽음이란 용어를 통해 하나님과의 관계에 있어서 인간의 한계를 분명히 정한다. 인간은 티끌에 불과하다. 더구나 하나님과의 관계를 스스로 단절한 인간에게 있어서 죽음은 치명적인 것이다. 죽음은 더 이상 자연스러운 죽음이 될 수 없다. 현재 나와 사회를 지배하는 현실적인 힘을 가진 죽음이 된다.

그러나 동시에 성경은 곳곳에서 여전히 하나님은 무에서 유를 창조하시는 분이시고, 죽음까지도 생명의 능력으로 새롭게 창조하실 수 있는 분이심을 강조한다. 그리고 이런 의미에서 생명이란 하나님과의 관련성 속에서만 참 의미를 깃는다. 생물학적인 의미에서 살아 있음이 생명이 아니다. 그리고 바로 이 면에서 죽음의 의미도 분명해 진다. 죽음은 하나님의 뜻에 역행하는 것이며, 죽음은 수명이 다한 뒤에 오는 것이 아니라 현실적인 것으로 파악된다.

죽음과 관련해 기독교에서 가장 중요한 개념은 '부활'이다. 기독교는 바로 십자가에 달리신 예수 그리스도의 부활 사건에서 기원된 것이기 때문이다. 개념적으로 이 '부활'이란 말은 후기 유대교에 등장하는 것이다. 외세에 의해 극심한 고난을 당하는 가운데 악과 타협한 사람들은 잘 살고, 타협을 거부한 사람들은 고난을 받게 될 때 "왜 의로우신 하나님은 의인이 고난을 받도록 허용하시는가"라는 신정론적인 질문이 제기된다. 이 때 "의로우신 하나님은 영원히 신실하시다"라는 신앙을 후기 유대교는 '부활 신앙'으로 확고히 다지게 된다. 이런 배경에서 예수님의 부활 사건이 주는 우선적인 메시지는 분명하다. 예수님의 부활은 악이 승리하는 것처럼 보이는 악의 현실, 죽음의 현실에 대한 하나님의 궁극적인 거부이다. 그리고 의로우신 하나님은 죽음을 넘어서 영원히 신실하시다는 메시지를 분명하게 전해 주고 있다.

후기 유대교에서 부활 사건은 하나님 나라의 도래와 관련된 종말론적 심판과 구원의 사건으로 이해되었다. 당시 상이한 하나님 나라 이해들이 있었지만, 예수님 메시지의 중심 내용은 하나님 나라에 관한 것이었다. 그러나 예수님의 부활은 하나님 나라의 구원 사건의 성격을 그때 시대의 견해들과는 다르게 분명하게 밝혀 주었다. 죽음을 넘어선 하나님의 나라는 죽은 다음에 비로소 가는 곳이 아니라, 이제 예수님과의 인격적 관련성 속에서 현실 가운데서 이미 결정되는 것으로 체험된다. 그 나라는 정치적인 힘이나, 율법적 도덕적 노력에 따른 인과응보의 법칙이 지배하는 곳이 아니라, 십자가의 죽음을 극복하신 주님의 사랑만이 통치의 원리이다.

기독교 부활 신앙에서 빼놓을 수 없는 것이 사도신경에서 고백하는 '몸의 부활'이다. 당시의 그리스 문화의 영향하에서 거센 이원론에 근거한 영혼불멸설에 굴하지 않은 기독교 신앙고백이 '몸의 부활'이다. 여기서 부활하는 '몸'이란 무엇을 의미하는가? 많은 논의가 필요한 부분이지만 분명한 것은 성경은 인간을 영과 육으로 분리해 생각하지 않는다는 것이다. 영과 육으로서, 즉 전인(全人)으로서 우리는 우리의 삶을 살고 있는 것이다. 몸은 나를 공간적으로 제한하는 개념으로만 이해해서는 안 된다. 몸으로서 우리는 구체적인 한 가족의 일원이고, 몸으로서 신앙적, 사회적, 역사적으로 구체적인 한 공동체와의 관계 속에서 삶을 살아가고 있다. 요컨대 구체적인 삶의 관계 속에서 한 인격으로 살아가는 것이 인간이고, 그 인격이 곧 '영과 육'으로 사는 '나' 혹은 '자아'이다. 지금 이 삶의 영원한 의미를 '몸의 부활'이 말해 주고 있는 것이다.

물론 죽음에 대해, 혹은 죽음 후의 상태, 죽음 후의 영원한 심판과 영원한 구원, 재림과 부활 등 많은 질문들이 남아 있다. 거기에 대한 많은 견해들이 제기되어 왔다. 사실 이러한 문제들에 대해 분명히 알 수 있는 것은 없다. 그러나 중요한 것은 우리 기독교인들은 죽음을 죽음 자체에 대한 질문으로서가 아니라, 예수 그리스도의 부활이라는 관점에서 본다는 점이다. 즉 기독교 신앙이 이야기하는 죽음은 그리스도 안에서 이미 극복된 죽음이고, 우리의 마지막 부활 때까지 그리스도와 함께 끝까지 극복해야 하고 극복할 수 있는 죽음인 것이다.

**참고문헌**

김균진.『죽음과 부활의 신학』. 새물결플러스, 2015.
셸리 케이건/박세연 옮김.『죽음이란 무엇인가』. 엘도라도, 2012.
강정인.『죽음은 어떻게 정치가 되는가』. 책세상, 2017.

박 일 영
(루터대학교 교수, NCCK 신학위원)

# 소명으로서의 직업

2017년은 500년 전인 1517년 10월31일 비텐베르크성(城)교회에 붙인 95개조 논제로부터 시작된 종교개혁이 500주년 되는 해이다. 시간적으로 보면 과거의 일이지만, 인류에게 미친 사상적인 영향은 현재까지도 계속해서 이어져 오고 있다. 따라서 루터의 종교개혁은 단순히 종교계를 넘어서는 것이기에 대 개혁운동이라 불려야 마땅할 것이다.

최근 우리 사회에는 수많은 신조어들이 생기고 있다. 안타까운 것은 그 대부분의 신조어들이 젊은이들이 사회에서 느끼는 부조리와 자조적인 한탄이 섞인 것이라는 데에 있다. 젊은이들 사이에서는 이미 'N포 세대'로부터 시작해서 소위 '수저계급론'이라는 신조어가 회자되고 있다. 사회·경제적 불평등을 이유로 이러한 단어들이 생긴 것이다. 그중에서도 "흙 수저냐 금 수저"냐의 질문은 자신의 능력과 노력만으로는 우리 사회에서 결코 성공할 수 없다는 청년들의 의식이 반영된 듯 보인다. 우리 사회의 경세 불평등과 취입과정 속에서의 불공징이 현실적인 문제가 되면서 많은 젊은이들이 패배감에 젖어 가는 지금, 루터의 소명론에서 그에 대한 해법을 찾을 수 있을 것이다. 왜냐하면 루터의 영향이 현대 사회 모든 곳에 영향을 끼쳤기 때문이다. 그중에서도 직업에 대한 루터의 종교적 해석은 직업관에 대한 혁신이라고 말할 수 있다. 즉, 프로테스탄티즘의 직업윤리 이념은 개신교 사상에 독특한 의의를 가져다주었다.

## 루터가 바라본 '소명'(Beruf)의 개념

루터가 말한 'Beruf'나 'vocatio', 'calling'의 사상은 일반 사회에서 사용되는 직업과 종교적인 거룩한 소명을 포괄적으로 뜻하는 것이다. 따라서 일반적으로 말할 수 있는 '세속적'인 직업, 즉 광의의 개념에서 인류가 하는 모든 일을 하나님으로부터 주어진 의무와 사명의 완수로서 모든 직업을 성스럽게 보게 하였다. 이것은 종교개혁의 정신의 근본 사상을 보여주는 하나의 좋은 예라고 할 수 있다. 직업이라는 차원에서 볼 때 종교개혁은 새로운 직업윤리라고 말할 수 있는 그 어떤 새로운 개념을 창조한 것이며 현대적인 문화 형성에 원동력이 되었다고 볼 수 있을 것이다. 어떤 직업에 따르는 성실한 의무 이행, 즉 하나님께 영광을 돌리고 동료 인간에게 봉사할 수 있다는 새로운 기독교적 윤리관을 제시한 것이다. 따라서 이 개념은 루터에 의해 새롭게 제시된 소명의 개념이라고 말할 수 있다. 하나님께서 맡겨 주시고 원하시는 일인 이상 모든 직업은 거룩한 부르심에 근거한 사명 완수의 과정이라고 보는 것이 루터의 직업관이며 이 사상은 계속 발전하여 사회윤리학에도 영향을 미쳤다.

그렇다면 어떻게 루터는 이러한 소명관을 가질 수 있게 되었을까?

그것은 바로 루터 자신이 수도사였으나 그 수도사에 대한 루터의 사상에서부터 그 답을 찾아야 할 것이다. 루터의 '오직 믿음으로만'의 사상이 점차 철저하게 되고 수도사 생활과 복음의 가르침과의 대립이 더하게 됨에 따라 수도사 생활은 하나님에게 의롭다 함을 얻는데 무가치 할 뿐만 아니라, 세속적 의미를 피하려는 이기주의적인 것으로 보았다. 반대로 루터는 세속적인 직업과 노동이 이웃에 대한 사랑의 외적 표현이라고 생각하였다. 그 결과 세속적인 직업, 즉 일반 사람들이 가지는 직업에 대한 도덕적인 중요성 내지 종교적 가치가 매우 강하게 강조되었다고 볼 수 있다.

앞에서 언급한 대로 'Beruf'라는 말과 그 개념은 마르틴 루터에 의하여 새로 사용되기 시작한 것이며 이와 같은 그의 직업개념이 그 후 칼뱅과 같은 인물에 의하여 더욱 구체와 되고 한층 더 강조되었다고 볼 수 있다. 역사적으로 'Beruf'라는 말은 루터의 종교개혁의 사상적 완성도가 높아져가는 중에 나온 것으로 볼 수 있다. 1516년부터 1516년에 행한 로마서 강해 가운데 중세기 수사원 생활의 이상적 상황에 대한 언급이 있는데 여기에서 이미 그의 'Beruf'의 사상적 기반이 언급되었다고 볼 수 있다. 즉, 세상 생활이나 가족관계로부터 떠나 독립된 수도원 생활의 질적인 문제를 언급하면서 'Beruf'나 'vocatio'라는 말이 루터의 저작물 가운데서 점점 많이 등장하기 시작하였다. 그러나 'Beruf'라는 말 자체는 1522년 이전에 나타난 것으로 보아야 한다. 수도원 생활에 대하여 반대한 1522년의 작품 "수도원 서약 심판" 가운데 나타나 있다. 그러나 'Beruf'나 'vocatio'의 사상은 1521년에 나온 "크리스천의 자유" 가운데 그리고 특히 같은 헤에 나온 "선행에 관하여"라는 논문 가운데 더 명백하게 취급되어 있다.

고린도전서 7장 20절에는 "각 사람이 부르심을 받은 그 부르심 그대로 지내라"에 관하여 이미 1518년에 행한 루터의 다음과 같은 설명을 읽을 수 있다. "주 하나님께서 너희에게 요구하시는 일의 종류 여하를 막론하고 그것에 대하여 주의 깊게 생각해야 한다." 중세 시대에는 보통 사람들에게 적용되는 세속적인 일반 윤리와 성직자들의 고차원적 윤리를 말하고 있었다. 즉 이원론적인 윤리 개념이 뚜렷하였다. 수도사들이야말로 최고의 종교적 지위에 있는 사람들이라고 간주되었다. 그리고 독신자는 결혼한 사람보다 더 거룩하다는 견해가 강하였다. 이러한 견해는 사람들이 자신들의 재산을 팔아서 성직을 사려고 했고 그것이 공공연하게 행해질 수 있는 근거가 되고 있었던 것이다. 이러한 직업에 대한 차별적인 지위와 견해를 가졌던 중세에 있어서 루터의 'Beruf'의 개념은 혁신적인 사상일 수밖에 없었다. 루터는 소위 말하는 영적인 계급론과 편견에서 사람들을 해방시켜 준 것이다.

## 새로운 가치관으로서의 소명

루터에게 있어서 직업관은 그의 철저한 개혁사상의 산물로서 죄, 의, 신앙등과 밀접한 관계를 가지고 있다. 모든 사람은 하나님 앞에서 동등한 존재라는 것이다. 들에서 밭을 가는 농부가 죄인이라면 외따로이 떨어진 산속 깊은 고요한 수도원에서 기도드리는 수도사도 죄인인 것이며, 수녀원의 정숙한 수녀들이 정결하다면 가정에서 어린아이들과 씨름하며 그들을 양육하기에 수고하는 어머니도 수녀들에 못지않게 정결한 것이다. 결혼이 독신보다 못한 것이 아니며 작업복이 성직자들이 예배 집례시에 입는 옷보다 못한 것이 아니라는 점을 루터의 가르침 속에서 발견할 수 있다. 그리고 노동의 신성이란 하나의 이론이 아닌 진리임을 뒷받침하여 준다. 그러므로 직업 가운데 천하고 귀한 것이 있다기보나는 오히려 열등감을 지닌 사람의 잘못된 생각이 직업을 천하게 만든다고 할 수 있다. 직업은 하나님께서 각 사람에게 맡겨주신 엄숙하고 거룩한 직책이다. 그리고 성스러운 생활의식이다.

루터의 직업관의 배후에는 하나님과 인간관계를 중심한 신학적인 뜻이 있다고 볼 수 있다. 인애와 용서를 필요로 하는 죄인으로서 하나님 앞에 설 수밖에 없는 인간의 모습이 그가 맡은 생의 직책 가운데 반영되었다고도 말할 수 있다. '신앙' 안에서는 누구나 다 동일한 '의인'이라고 한다면 불신앙 가운데서는 누구나 다 죄인일 수밖에 없다. 루터의 유명한 명제인 "우리는 의인이며 동시에 죄인이다"라는 것은 그의 직업관 가운데 잘 적용된다고 볼 수 있다. 신앙의인의 원리가 배제 된다면 인간의 모든 선행과 공적이 무가치하게 될 수밖에 없다.

하나님과의 바른 관계가 핵심이 되는 것이다. 중세 시대 영적인 부분에서 문제가 된 것은 인위적으로 인간의 공적을 위주로 하나님과 인간의 관계를 규정하려는 데에 있었다. 인간의 구원은 하나님의 은총으로 된 것이며 결코 인간의 행위나 공적으로가 아니다. 그래서 루터가 신앙과 은총과 성서를 전면에 내세운 것은 모든 부분에 적용되는 개혁 원리라고 할 수 있다. 이러한 신앙과 은총을 중심한 새로운 가치관에 의하여 루터는 기독교 사회 윤리의 바탕을 수립해 놓은 것이다. 밭을 가는 농부나 상인이나 주인이나 종이나 할 것 없이 모든 사람이 성직자와 동등한 위치에서 떳떳하게 살아 갈 수 있는 권리와 자유로운 양심을 가졌다고 역설하였다. 환경에 의하여 가능하고 필요하다면 무슨 일이고 할 수 있으며 거기에서 만족감을 느낄 수 있게 되는 것이다. 어떤 특정인만이 어떤 특수한 직임을 맡을 권리가 있다고 볼 수 없다.

복음을 찾아 자신이 구원 받았다는 확신을 가지는 점이 중요하며 이와 같은 구원의 확신을 지닌 자는 자발적으로 남을 위하여 자신을 줄 수도 있다. 이것이 곧 루터의 봉사윤리 또는 사회윤리이다. 모든 직업이 하나님의 부르심에 의한 거룩한 소명이기에 의식주 문제 해결을 위한 단순한 직업으로서가 아니라 거룩한 직업임을 우리들에게 알려주고 있다. 그리고 이와 같은 직업의 거룩함은 창조주 앞에서 본질적으로 아무 구별이나 차별이 있을 수 없는 만물의 영장으로서의 평등한 인간의 지위와 권리를 전제로 하고 있다. 그리고 이 전제는 인간을 위하여 준비하신 하나님의 구원의 길에 잘 반영되어 있다는 종교적인 의미를 가지고 있다. 그래서 종교적인 의의를 완전히 떠나서 인간의 존엄성이나 직업의 존귀성을 충분히 논한다는 것은 불가능한 것이다. 루터에게 있어서 소명이란 이와 같이 보편성의 성격이 뚜렷하다. 하나님의 소명은 특수한 사람들만이 전유물이 아니라는 것이다. 따라서 루터는 그리스도인들의 세례를 소명의 표징으로 해석하고 있다. 세례는 모든 그리스도인들의 정체성을 정립시켜 주는 것이며, 신분의 지위고하를 막론하고 한 세례와 한 복음과 한 신앙 안에서 모두가 동등하다는 것을 가르쳐준다고 말한다.

### 창조 질서인 소명

루터에게 있어서 직업은 모방이 아니다. 각자가 맡은 소명이 각각 다르기 때문이다. 하나님께서는 특정한 일을 시키려고 사람을 창조하셨다. 루터는 중세시대의 모방적인 직업관의 철저한 부정을 시도하였던 것이다. 우리에게는 각자 독특한 책무와 지위가 주어져 있다. 우리만이 할 수 있는 일이다. 이런 의미에서 학생이 공부하는 것, 교육자가 가르치는 것, 의사가 환자를 돌보는 것, 농부가 씨 뿌리는 것, 상인이 물건을 파는 것, 관료가 시민을 위해 봉사는 것 등의 일들이 각각 다르다. 같은 직업을 가진 사람들 사이에서도 각자의 특성에 따라 그만이 할 수 있는 봉사 부분이 있기 마련이다. 모방하려고 해서는 안 될 뿐만 아니라 그렇게 할 수도 없다. 이런 의미에 있어서 우리의 직업은 어떤 새로운 독특한 것을 만들어 내는 창조 이상의 것이라고 볼 수 있다.

이상과 같은 형식상의 직업의 차이는 신약성서에서도 사도 바울이 말한 몸과 지체의 관계에서 잘 설명된다고 루터는 말하였다(고전 12:12-27). 한 몸에 많은 지체가 있고 각기 맡은 일이 다르다는 점과, 각자의 임무를 불평 없이 충실히 행하며 다른 지체가 도리어 고맙게 여길 줄 아는 아량을 가져야 된다는 것이다. 우리들은 각자의 소명을 고맙게 여기고 성실히 감당할 따름이다. 우리의 직업은 다 하나님에 의해서 주어진 것이기 때문이다. 타인에게 하나님의 뜻과 사랑을 소개할 수 있는 귀중한 기회로 여겨야 되는 것이다. 루터는 이러한 관계를 태양에 비교하였다. 태양은 빛과 훈훈한 온기의 근원으로서 만물에게 똑같이 주어진다. 작은 농부나 왕에게, 아름다운 소녀로부터 미미한 동물에게, 아름다운 장미와 찔리는 가시에까지 모두 다 골고루 주어진다. 그러나 그들이 받는 입장과 처지와 행하는 일은 각각 다르다. 창조주께서는 지금도 그의 창조 활동을 계속하신다. 우리가 맡은 직임을 수행함에 있어서 "하나님께서 원하시는 대로 모든 일이 이루어지기를 바란다"라는 기도를 할 뿐이리고 루터는 보았다.

암울했던 중세 시대에 루터는 한줄기 빛을 환하게 비춰준 사람이다.

물론 하나님의 은혜로 말미암아 가능했다. 루터가 그 당시 사람들과 현대의 사람들에게 큰 영향을 준 소명론은 사실상 루터의 칭의론의 빛 아래에서 더욱 분명해 질 것이다. 하나님의 은혜로 우리에게 주어진 믿음은 인간을 죄인에서 의인으로, 죽음에서 생명으로, 자기중심에서 타자중심으로 바꾸어 놓는다. 하나님과의 올바른 관계는 물론이고 이웃과도 우호적인 열린 관계를 맺게 한다. 이와 같이 믿음에 의해서 존재론적인 변화를 겪게 된 그리스도인은 하나님의 부르심에 응답하고 그 맡겨진 사명을 감당하게 된다. 이 사명은 단지 교회 안에서의 사역만을 의미하지 않는다. 하나님의 창조하신 온 세상이 활동 무대가 된다.

루터에게 있어서 모든 직업이란 그 본질적인 중요성을 따질 것이 아니라 다만 각자가 맡은 임무에 대한 충실성을 보아야 하는 것이다. 그는 각자의 의무와 맡은 지위를 중요시하였다. 그러기에 쓸모없는 인간은 없는 것이다. 인간이 자신을 그릇되게 취급하고 쓸모없고 천하게 만들며 남에게 짐이 되게 만드는 것이다. 각자의 일을 열심히 수행하는 것이 하나님의 뜻을 받는 일이다. 농부의 본분을 성실히 수행하는 농부가 높은 지위에 있는 불성실한 관료를 떳떳이 책망할 수 있다. 이 경우 농부가 관료보다 더 가치 있는 존재이다.

현대 사회에서 우리는 이러한 루터의 직업개념을 좀 더 철저히 이해할 필요가 있다. 자기의 직업이 위에서 온 부름(divine calling)임을 인식하고 각자 맡은 일을 하나님 앞에서 행한다는 의식을 지녀야 한다. 그러므로 비양심적이니, 부정이나 하는 것을 전적으로 인도적인 면에서 도덕적으로만 가지고 해결할 수 없는 것이다. 루터를 오해하는 이들은 루터의 관심이 영적인 영역에만 치우쳐 있기 때문에 사회 변혁보다는 현상 유지를 도모하고 사회적인 부정의에 대해서는 침묵을 강요한다고 주장하지만 사실 그것은 루터의 사상과는 거리가 멀다. 루터의 소명론을 바르게 이해하고 그의 신학과 사상을 충분히 헤아린다면, 그의 관심은 개인적인 차원을 넘어 공석인 차원에서 노달해 있음을 어렵지 않게 발견할 수 있다. 그에게 있어서 영적인 소명과 지상에서의 소명은 서로 보완 관계에 있다. 따라서 세상의 의를 위한 그리스도인의 역할과 기능이 바로 그가 말하는 소명이며, 그리스도인들은 각자의 소명에 따라 자신의 일에 충실함으로써 궁극적으로는 하나님을 섬기고, 이웃에게 사랑을 실천하며, 사회의 질서와 안녕, 그리고 평화를 지켜나가는 것이다. 이것이 바로 루터가 항상 강조하는 살아있는 믿음을 가진 그리스도인의 올바른 삶인 것이다. 철저하게 신앙을 위주로 하여야 한다. 인간 사회의 부정부패는 인간 자체에 대한 종교적인 깊은 이해가 없이 참으로 이해할 수 없고 해결 할 수도 없는 것이다.

인간의 모든 직업은 전적으로 사랑 가운데서 그의 이웃에게 봉사하기 위한 것이다. 물론 인간이 그의 직임을 완수함으로 영적인 구원을 얻을 수는 없지만 그의 직업은 그와 하나님과의 새로운 관계를 반영하여 주는 것이다. 인간의 영적이 세계에 있어서 하나님과 같이 거할 수 있고 이웃에 대하여 사랑으로 봉사할 수 있는 것이 참 신앙의 본질이라고 말할 수 있다.

## 참고문헌

말틴 루터/지원용 옮김.『말틴 루터의 종교개혁 3대 논문』. 컨콜디아사, 1997.
구스타프 빙그렌/맹용길 옮김.『크리스챤의 소명』. 컨콜디아사, 1992.
지원용.『루터와 종교개혁』. 컨콜디아사, 1993.

김 준 현

(루터대학교 교수)

# 청년과 교회

## 2017년 청년의 자화상

전에 목회하던 교회는 교단이 정한 청년주일에 청년들이 예배의 주체가 되어 예배의 인도와 찬양을 하고, 청년들을 설교자로 세워 목회자와 함께 자신들의 문제를 함께 고민하는 시간들을 가졌다. 그 시간에 노래 운동을 하던 한 청년이 다음과 같은 노래를 만들어서 청년들과 함께 불렀다.

숨 가쁘게 흘러가는 여기 도시의 소음 속에서 빛을 잃어가는 모든 것,
놓치긴 아쉬워 잠깐 동안 멈추어 서서 머리 위 하늘을 봐!
우리 지친 마음 조금은 쉴 수 있게 할 거야.
한 걸음 더 천천히 간다 해도 그리 늦은 것은 아냐
밀려드는 과제와 시험공부보다 나를 더 바쁘게 하는 건, 날 부르는 손님의 벨소리!

야심한 시간 홀로 치우는 텅 빈 가게엔 내가 내 뱉는 한숨으로 가득 차,
시원한 바람 속에 담배 한 모금으로 다시 한 번 힘내자고 되뇌어보지만
이내 고개를 숙이게 만드는 비틀비틀 거리는 내 밤 어쩔 줄 모르네!
나는 돈 대학생이다 나는 없고 돈만 있는 돈 돈 돈 세상
빚 알바 내 목을 조여 오는 세상아~ 내가 바라는 건 살아있는 나 나 나
(임한빈 작사).


이 노래 가사는 지금 청년들이 어떠한 삶을 살아가고 있는지 그들의
자화상을 잘 그려내고 있다. 청년들은 지쳐 있고, 빠르게 변하는 세상
속에서, 공부와 아르바이트를 병행하며 미래에 대한 두려움과 현실에
대한 괴로움으로 비틀거린다. 언론에서는 지금의 젊은 세대가 처음으
로 자신의 부모세대보다 못사는 세대가 될 것이라고 말하고 있다.

청년들 사이에서도 빈부의 격차가 있고, 저마다의 사정과 상황이 모
두 다르겠지만 지금 현재를 살아가는 대다수의 청년들은 위의 노래와
같이 자본주의적 세계가 강요하는 경쟁 속에서 살아남기 위해 온갖 몸
부림을 친다. 그러나 한국 사회의 일자리 정책이나, 복지, 주거, 대학교
육이나 기타의 사회 시스템은 성실하게 공부하고 일하면 언젠가 성공
할 수 있다는 확신을 주지 못한다. 청년들은 제 나름대로 도전해보고
노력해 보지만 간신히 생존만을 이어가는 비참한 삶이 연속될 뿐이다.
대학생들은 공부와 아르바이트를 병행하지만 그렇게 번 돈은 방세로,
비싼 대학등록금으로 전부 소진되고, 간신히 대학을 졸업하면 하루에
도 몇 통씩 자기 소개서를 쓰거나 계약직 사원을 전전하며 잡다한 사무
보조에 시달리는 것이 일만이다. 이들은 모두 숙련된 삶의 기술을 쌓을
시간을 지니지 못하고 값싼 노동력으로 이 사회의 밑바닥을 받치는 역

할을 하고 있을 뿐이다. 다행히 안정된 일자리를 찾았다 해도 막대한 비용이 드는 결혼이나 안정된 주거 공간은 꿈조차 꾸지 못한다.

그래서 이 땅의 청년들이 우리 사회를 일컬어 헬조선이라고 부른다. 2015년 8월 한겨레경제사회연구원이 진행한 '청년의식조사'에서 청년들이 보인 반응이다. 2016년 말의 조사에 의하면 현재 한국의 청년들의 63%는 자신의 삶이 불안하다고 느끼고 있다.

스무살 한 청년은 시급 5580원을 받으며 프랜차이즈 빵집에서 주말마다 하루 7-8시간씩 아르바이트를 한다. 열 달 동안 빠짐없이 일하던 어느 날, 갑자기 엄마가 빵집으로 찾아왔다. "할머니가 위독하셔." 엄마의 말을 듣고 사장님께 전화를 한다. "사장님, 제가 가봐야 할 것 같아요." 상냥하기만 했던 사장님의 목소리가 달라진다. "안 돼. 너밖에 일할 사람이 없는데, 나는 어떡하니!" 결국 이 청년은 할머니의 마지막 가는 모습을 뵙지 못했고, 일을 다 마치고서야 장례식장으로 달려가면서 생각한다. '3시간 더 일해서 만오천 원 더 벌자고 나는 도대체 무엇을 놓치고 있는 거지?' 한 달 뒤 이 청년은 빵집을 그만 둔다.

오늘날 청년들은 자조적으로 스스로를 '흙수저', 또는 '이생망'이라 부른다. "이번 생애는 망했다"라는 것이다. 청년실업자는 43만 명이고, 취업준비생까지 합치면 직장을 갖지 못하고 있는 청년이 80만 명에 이르고 있다. 지금 청년들은 취업과 주거비 문제, 불안정한 시국, 연애와 결혼, 빚에 대한 부담, 출산 및 육아, 건강, 친구 및 동료와의 인간관계 등 다양한 걱정거리들을 매일 지고 살고 있는 것이다.

1970년대 유럽과 미국의 청년들은 2차 세계대전에 휩쓸리며 미래를 위한 준비를 제대로 하지 못했다. 그 결과 전후에 출생한 베이비붐 세대와는 달리 가난에 허덕여야 했다. 일본 경제의 거품이 꺼져버린 뒤에 사회로 나온 잃어버린 세대라고 불리는 일본 청년들 또한 경제적인 안정을 찾지 못한 채 매우 어려운 삶을 지속하고 있다. 지금 한국의 청년들이 겪고 있는 문제는 청년들이 노력하지 않아서, 게을러서 겪는 문제가 아니다. 청년들이 겪는 문제는 한국 사회가 가진 문제들이다. 다만 아직 사회생활의 경험이 부족하고 준비가 덜 된 청년 세대가 가장 취약하기 때문에 그 문제를 더욱 심하게 겪고 있는 것이다.

## 그리스도인 청년의 고민과 교회

이런 청년들에게 교회는 어떤 곳이며, 그리스도교 신앙이란 무엇인가? 교회 청년들의 고민을 들어 보자.

"저는 어릴 때부터 교회생활을 열심히 했습니다. 교회에서 교인들에게 성실하고 믿음 좋다고 인정도 받았고, 교회에서 하는 다양한 활동이 좋았지요. 그런데 그렇게 하다 보니 가끔은 일상생활과 예배시간이 겹쳐서 일상생활을 포기하는 경우가 종종 생깁니다. 이런 일들이 반복되다 보니 요즘 들어 내가 무엇을 위해 교회에 다니고 있는지 의문이 들 때가 있습니다. 주일이 되면 친구들과 여행도 못가고 나의 행복을 포기해야 하는 경우도 있는데, 과연 이게 맞는 건가요? 저는 예수님을 믿고 구원 받아 행복한 삶을 위해 교회에 다녔는데, 어느 샌가 내 생활보다는 교회를 위해 사는 것이 아닌가 하는 의문이 들었어요! 교회에 꼭 다녀야 할까요? 교회에 나가지 않고 믿음 생활을 할 수는 없는 것일까요?"

"교회에 오면 너무 일이 많아요! 하나님을 위해서, 또 교회를 위해서

하는 봉사라고 하지만, 청년부 예배 외에도 찬양대원으로, 주일학교 교사로 주일에는 나 또한 여유를 가지며 차분히 나의 일주일의 삶을 돌아보며 하나님과 만나는 시간을 가지고 싶은 데요! 어떤 때는 회사에 출근할 날보다 더 바쁜 것 같아요!"

"사귀는 사람이 있어요! 그 사람은 교회에 나오지는 않아요. 내가 교회를 다니는 것은 반대하지는 않지만 자신은 왜 사람들이 교회에 다니는지 잘 모르겠다고 하면서, 교회에 다닐 생각은 없다고 하네요. 저는 그 이와 결혼하고픈 마음도 있는데, 부모님은 신앙인과 결혼하기를 원하시고, 언젠가 목사님도 믿지 않는 사람과는 함께 멍에를 매지 말라는 성경말씀(고후 6:14)을 인용하셨는데, 왠지 저를 두고 하는 말인 것처럼 들렸어요. 저는 어쩌면 좋을까요?"

"겨우겨우 회사에 취직했는데, 이 회사는 주일에도 쉬지 않고 출근하는 일이 다반사입니다. 게다가 또 회식도 잦은데, 술을 못하는 저는 매우 괴롭습니다. 제 신앙을 지키기 위해서 회사를 그만 둘까 생각도 했지만, 또 다시 취업준비를 한다고 생각하면 한숨 밖에 나오는 것이 없어요."

그리스도인 청년 또한 지금 이 사회의 청년들과 같은 문제들을 겪고 있다. 삼포세대니 칠포세대니 하는 말들이 그리스도인이라고 해서 비껴가는 것이 아니다. 게다가 신앙인 청년은 이중의 고민을 안게 된다. 이 사회에 어떻게 적응하여 살 것인가 하는 문제와 동시에 신앙인이 지녀야 할 삶의 방식과 태도가 사회생활과 부딪힐 때 어떤 선택을 해야 하는가 이다.

청년은 이제 막 기성세대가 만들어 놓은 사회에 첫 발을 디뎌 겨우 겨우 그곳에 자기의 세계를 만들어가기 시작한 이들이나. 한편으로는 기대에 부풀고, 한편으로는 두려움이 있다. 더군다나 사회에 적응하는 것이 녹록치 않은 환경에서, 갈수록 어려워지는 상황에서 청년들의 고민은 깊어 갈 수밖에 없다. 교회에 나오는 청년들도 이런 고민들을 안고 교회로 온다.

## 청년에게 희망이 되는 교회와 그리스도교 신앙

「한겨레 21」은 지난 2016년 9월부터 "기본소득 월 135만 원 받으실래요?"라는 프로젝트를 통해 천만 원을 모았고, 그것으로 대학원생에게 6개월 동안 이 돈을 지급하여 어떤 변화가 일어나는지를 취재하였다. 대상자로 선정된 이는 기본소득 첫 달 치를 받자마자 빌렸던 50만 원의 빚을 갚았다. 기본소득이 보장되자 과일과 고기를 먹을 수 있게 되었고, 자기가 평소에 배우고 싶었던 것들을 배울 수가 있게 되었다. 한 푼도 쓰지 못하던 교육비를 월 60만 원이나 쓸 수 있었기 때문이다. 허겁지겁 밥을 먹지 않아도 되었고, 친구들과 좀 더 자주 만날 수 있었다. 무엇보다 중요한 것은 마음에 여유가 생기고, 삶에 숨통이 트이며, 짧은 시간이었지만 작은 희망을 가질 수 있었다는 것이다.

만약에 국가가 청년들에게 기본소득을 제공할 수 있다면, 청년들의 삶은 많이 달라질 것이다. 그렇다면 교회는 청년들에게 무엇을 해 줄 수 있을 것인가? 우선 교회는 현재 청년들이 어떠한 상황에 처했는지를 정확히 파악하고 사회에서 시달린 청년들이 쉬고 삶의 활력을 충전할 수 있는 자신들만의 공간을 만들어 주어야 한다. 위에서 살핀 것처럼 교회 청년들은 사회에서 겪는 일반적 문제들과 신앙의 고민 두 가지를 함께 가지게 된다. 청년들은 자신들의 이야기를 들어 줄 이들이 필요하다. 그리고 사회 초년생으로서 생기는 다양한 문제들에 대해, 그리스도인으로서 어떻게 살면 좋을지 함께 의논할 수 있는 삶과 신앙의 선배들을 찾고 있다. 교회야말로 그러한 공간이 될 수 있다.

현재 한국의 청년들이 지닌 가장 큰 어려움은 생계유지 때문에 사회생활을 하기 위한 충분한 준비의 시간을 갖지 못한다는 것이다. 교회가 청년들의 사정에 공감하고 본격적으로 함께 하려한다면 그들을 위한 예산을 배정하고, 청년들에게 자신의 소질을 계발하고 사회에 적응할 수 있는 숙련의 시기를 갖도록 도울 수도 있을 것이다. 다양한 배움의 기회를 제공하고, 고향에서 멀리 떨어진 곳으로 오게 된 청년을 위해 주거공간을 함께 마련해 줄 수도 있을 것이다. 이러한 모든 활동의 원칙은 바로 청년들이 당하고 있는 고통과 어려움에 함께 해 주겠다는 진실한 마음이다.

동시에 교회는 올바른 그리스도교 신앙을 가르치고 배울 수 있도록 해야 한다. 창조주 하나님을 제대로 믿고, 구원자 예수 그리스도를 바로 알고 의지하게 되면 누구나 삶의 위기를 극복하는 강력한 신앙의 힘이 생긴다.

2010년 말에 분당에서 목회를 하던 중대형 교회의 한 목사가 65세에 자원은퇴를 하면서 다섯 가지를 참회했는데 그중 첫 번째 항목의 일부는 "지도하던 젊은이들을 깨어 있는 역사의식을 가지고 역사의 마당에 인도하지 못한 것"이었다. 교회는 의욕이 왕성한 젊은이들이 참되고 가치 있는 삶에 대하여, 역사와 사회에 책임지는 주체적 신앙인이 되는 것에 대하여 진지하게 묻고 답할 수 있도록 도와야 한다.

다석 유영모 선생은 청년의 우리말인 '젊은이'를 "저를 묻는 이"라고 풀었다고 한다. 당면한 과제 앞에서 많은 젊은이들이 사신에 내해 묻고 있다. 교회는 이들의 물음에 함께해 주어야 한다. 젊은 시절 자신에 대해 깊이 묻는 성찰의 시간을 보내지 못하면, 노년의 시절에 한결 같은 마음으로 넉넉함을 지닐 수가 없다. 유영모 선생은 '늙은이'를 "늘 그러한 이"라고 풀었다는데, 세파에도 흔들리지 않고 언제나 늘 그러한 모습으로 꿋꿋하게 설 수 있으려면, 저를 묻고 사유하는 충분한 시간이 필요한 것이다.

교회는 "사람이 빵만으로 사는 것이 아니라 하나님의 말씀으로 산다는 것"을 가르치는 곳이다. 시시하고 평범한 문화로 가득한 이 시대에, 물신 숭배와 승자 독식을 가르치는 세상에서 교회는 도덕적 진지함과 삶의 의미, 존재의 가치를 느끼게 해 주는 곳이다. 청년들이 교회에 와서 바로 이러한 것들을 경험해야 한다. 청년이었던 예수께서 제자들을 친구로 불렀듯이, 무엇보다 교회는 청년들의 친구가 되어 주어야 한다.


**참고문헌**

새로운 사회를 여는 연구원.『청춘의 가격』. 사계절, 2017.
엄기호.『이것은 왜 청춘이 아니란 말인가』. 푸른숲, 2010.
한국기독교장로회 총회 신도위원회 엮음.『청년 신앙 교재』. 한국기독교장로회 총회, 2017.


한 문 덕

(생명사랑교회 목사, NCCK 신학위원)

# 왜 타자(他者: the Other)를 말하는가?

요즈음 신학을 비롯해 철학과 인문학 분야에서 가장 많이 다루어지는 개념 중 하나가 '타자'이다. 그런데 왜 '타자'인가? 우리는 타인들을 지칭하는 많은 지시어들을 사용하는데 어려움을 느끼지 않는다. '남', '우리', '그들', 혹은 비인칭적인 '그것들' 등을 어려움 없이 구분해 사용한다. 그러나 이런 용어 사용에 있어서 우리는 언제나 '나'를 전제로 하고 있다. 즉 나 밖의 다른 존재들을 향한 우리의 모든 사유와 언어 사용에는 의식의 주체, 판단의 주체, 관계의 주체로서 '나'가 전제되어 있는 것이다. '타자'란 남이든 우리든 그/그녀(들)이든 그것(들)이든 구분 없이 나 밖에 존재하는 모든 것들을 지칭하는 용어이다. 나를 주체로 해서 갖는 관계성 안에서 언급되는 어떤 대상으로서가 아니라, 그 자체로서 자신의 주체성을 갖는 그런 존재를 지칭하는 것이다. 때문에 타자라는 말 속에는 나의 주체 안으로 환원될 수 없는 타자성(他者性)을 전제하고 있다. 요컨대 타자는 내가 파악할 수도, 내가 소유할 수도, 내가 지배할 수도 없는 그 자체로서의 고유성(타자성)을 지니고 있는 존재에 대한 총칭이다.

사실 '타자'란 개념은 새로운 것이 아니다. 인간의 삶은 근원적으로 관계적이기 때문이다. 인간은 태어나면서부터 자신과 관계된 타인을 의식하며 자아를 발전시킨다. 타인으로부터 인정을 받으려는 것이 인간의 근본적인 욕구이다. 인간의 욕망 자체도 관계적이다. 또한 인간 삶의 근본 과제는 타인들과의 의사소통에 있으며, 때문에 우리는 타인을 향해 개방적인 사람이 되어야 하는 것도 자명한 진리이다. 우리가 타인들과 맺는 관계는 '나와 그것'의 비인격적 소유 중심의 관계가 아닌 '나와 너'의 인격적 존재 중심의 관계가 되어야 하고, 또한 심리학적으로 타인과의 관계를 추구하는데 있어서 자기중심의 정신병적 관계와 타인중심의 신경증적 관계 모두를 경계해야 한다는 것도 이미 잘 알려진 명제이다. 또 그리스도인들의 신앙과 생활의 근본도 '타자'와의 관계에 있다. "하나님 사랑과 이웃 사랑"으로 요약되는 기독교 신앙이란 우선적으로 하나님과의 관계에 관한 것이고, 그 신앙에 기초한 이웃들과의 관계가 그리스도인들의 삶의 특성을 좌우하는 것이기 때문이다.

그런데 왜 '타자'인가? 타자의 철학이 등장하고 또 아직도 울림을 가지게 된 배경은 먼저 다양한 모양의 '전체주의적 이념' 아래에서 인간 개개인이 갖는 고유성이 희생되고 억압된 역사와 지금도 같은 억압이 되풀이 되고 있는 현실에 대한 고발이다. 히틀러의 '전체주의' 지배 아래 유대인 6백만 명이 희생될 수 있었던 것이 대표적인 역사적인 예이고, 지금도 자본주의, 민주주의는 개개인의 자유를 보장하고 있는 것처럼 보이지만, 또 다른 형태의 전체주의적 이념으로 작용하면서 개개인의 고유성을 박탈하고 있다는 현실적 진단이 오늘날 '타자' 담론이 갖는 무게이다.

여기에서 비판을 받는 근본적인 사유방식은 전체를 강조하며 개개인을 전체의 일부분으로 보는 관점이다. 동서양을 막론하고 세계를 전체적인 질서의 틀로 보고 개개인은 그 질서의 일부분으로 기능할 때 의미를 갖는다는 사상이 주류적인 사유방식이 되어 왔다. 여기에서 강조되는 것은 전체의 질서이다. 개별자들은 전체의 부분에 지나지 않고, 개별자들은 전체의 질서에 순종할 것을 강요받는다. 이런 유의 사고방식을 확장해서 적용해 볼 때 우리는 의외로 이런 사고방식에 익숙해 있다는 것을 알 수 있다. 홀로코스트 비극은 유대인이라는 이름하에 유대인 개개인의 고유성이 무시된 예이다. 우리도 민족이라는 이름으로 무조건적인 충성을 요구받기도 한다. 여성과 남성이라는 말을 사용할 때도 남성은 은연중에 남성의 우월성이라는 보편적 의미에 자신을 위치시키고, 여성 개개인의 고유성은 무시한 채 여성 모두를 열등함이라는 자리에 놓기도 한다. 모든 종류의 차별이 다 이러한 사고방식에 기인한다.

이 점에 있어서 '타자'라는 용어가 우리에게 일깨워주고 있는 것은 '동질성'이라는 이름하에 자행되는 폭력이다. 이 사회는 늘 우리에게 '동질성'의 중요성을 주입해 왔다. 그리고 이 범주 안에서 '공동체성', '하나 됨'의 뜻을 정의해 왔다. '공동체성', '하나 됨'이라는 말 자체가 나쁜 것은 아니다. 그러나 '동질성'을 근거로 한 '공동체성', '하나 됨'의 명분이 때로 우리의 현실에서 차별과 증오와 폭력의 정당성의 근거로 오용되고 있다는 데 문제가 있다. 때문에 '타자의 철학'에서 중요하게 생각하는 것은 '차이'이다. 타자는 나의 또 다른 모습의 자아가 아니다. 나와 차이를 가진 본래적인 '타자성'을 지닌 자로서 타자이다.

이런 의미에서 논의되고 있는 '타자'라는 개념은 근대 이후 발전되어 온 자아 중심의 사유방식의 전환을 요구한다. 근대의 과학과 철학과 문화 근저에 자리 잡고 있는 사유 방식은 주체로서의 자아 그리고 자아 밖의 세계는 모두 대상으로 구분하는 것이었다. 물론 인간의 자기중심주의, 이기성에 대한 경계는 늘 있어왔다. 그러나 '타자의 철학'은 단순히 자기중심주의의 울타리를 벗어나 다른 사람들과 세계에 대해 개방적인 태도를 갖자는 주장에 머물러 있는 것이 아니다. 우리 삶은 우리 자신이 주체가 되어 만들어 가는 것이 아니라, 타자가 우리 자신을 만드는 또 다른 주체라는 것이다. 때문에 우리 삶의 형성의 또 다른 주체로서 타자의 타자성에 주목하고, 그것을 우리 삶으로 받아들이자는 것이 타자 담론의 핵심이다. 그리고 이런 타자 논의는 추상적이고 형이상학적인 이론보다 '타자와의 마주침'이라는 현실 속에서의 구체적이고 실천적인 측면을 강조하고 있다.

오늘날 한국교회 현실에서 "그리스도인은 누구인가?"를 묻는 우리에게 이러한 타자 담론은 적지 않은 의미를 갖는다. 이 타자 담론은 많은 측면에서 현재 한국교회의 어두운 측면을 조명해 주고 있기 때문이다. 여기에서 타자에 대한 논의를 폭 넓게 다룰 수는 없다. 단지 위에서 간단히 언급한 타자 논의의 기본 성격에 기초해서 한국교회의 모습을 돌아보고, 이어서 기독교 신앙은 오히려 '급진적 타자성'을 본래적으로 가지고 있다는 사실을 살펴보고자 한다.

## '타자 담론'이 한국교회에 주는 도전

오늘날 한국교회의 모습은 타자라는 개념이 비판하고자 하는 거의 모든 종류의 그릇된 사고방식과 관계형식을 지니고 있다. 이미 기독교 교회는 콘스탄티누스 이후 제도화되면서 권력의 지배이념의 한 축을 담당해 왔다는 비판을 받아 왔다. 지금도 교회가 이 사회에서 외면당하고 있는 것은 무엇보다 하나님 이름으로 전체주의적 지배의 정당성을 지지해 왔기 때문이다. 타자 논의가 근본적으로 거부하는 것이 전체주의적 지배 이데올로기인데 한국교회는 스스로 정치적 지배체제의 이데올로기를 자임해 왔다. 사회의 통합과 질서를 위한 그리스도인의 단합이라는 명분은 그럴 듯하지만 정작 한국교회가 그리스도인들의 마음을 채운 것은 사회의 통합과 질서를 저해하는 사람들에 대한 편견과 차별과 증오였다. 더구나 한국교회는 사회비판적인 기능을 상실한 채 세속적 가치관을 좇아 또 다른 지배 이데올로기로 작용하고 있는 자본주의 체제의 지배이념을 위해서도 일조하고 있다. 기독교 신앙의 핵심은 '자유'와 '해방'에 있다. 500년 전 마르틴 루터의 종교개혁의 핵심도 다름 아닌 그리스도 안에서 발견되는 '자유케 하는 진리'였다.

한국교회의 성장은 사실상 기독교의 혹은 개교회주의적인 '자기 주권'의 확장이었다. 타자의 타자성은 인정되지 않았고, 타자란 존재는 사회적이든 종교적이든 설득 아니면 배척이라는 양자택일의 대상이 되어 왔다. 오늘날 우리의 사회적 이념으로 작용하는 기독교는 필연적으로 '우리 중심', '자아 중심'의 사고를 벗어날 수 없다. 이러한 사고의 틀을 어떻게 깨느냐가 한국교회의 과제이고, 사유방식의 전환의 실마리를 우리는 타자 개념에서 발견할 수 있으리라는 희망을 갖는 것이다.

이것은 우리가 보다 개방적인 자세를 가지고 상대방을 배려하고, 공감의 폭을 더 넓혀야 하는 노력 그 이상의 사고방식의 전환을 요청한다. 우리가 우리인 것은 타자가 있기 때문이라는 사실을 인식할 필요가 있다. 사실 우리의 진정한 자아의식은 '차이'를 의식할 수 있을 때 발생하는 것이다. 다시 말하면 나의 자기동일성은 과거의 자기를 기초로 한 자기 주체의 확장으로서 유지되는 것이 아니라, 전혀 새로운 것과의 마주침을 통해 새롭게 형성될 수 있을 때 참된 자기동일성의 의미를 찾게 되는 것이다. 한국교회의 보수성은 이 '차이'의 중요성을 모른다는 데 심각한 문제가 있다. 보수적이고 교조주의적 신앙의 자세는 그리스도인들로 하여금 이 '차이'를 견디지 못하게 만든다. 다원화 시대를 넘어 타자를 논하고 있는 이때에 이러한 기독교 신앙의 폐쇄성은 더욱 더 교회를 이 사회로부터 고립시키고 있다.

타자 논의에서 우리가 기억해야 할 중요한 요소가 있다. 그것은 삶의 실천적인 측면의 강조이다. 타자 철학은 존재론에 기초한 기존 철학 사유의 방법을 비판하고 윤리를 존재론 앞에 세운다. 추상적이고 형이상학적인 개념으로 본질을 추구하는 기존의 사유방식을 벗어나, 현실 세계에서 타자와의 마주침 가운데서 발생하는 윤리적이고 도덕적이고 실천적인 책임성 요구에 응답하는 것이 삶의 진정한 요소라는 지적이다. 한국 기독교의 신앙은 교리적이고 추상적이다. 그리고 한국 그리스도인들의 신앙은 하나님과의 관계에만 초점이 맞추어져 있다. 물론 하나님과의 관계가 신앙의 기초이다. 그러나 하나님과의 신앙의 관계가 초월적, 추상적, 혹은 개인 내면의 체험적 차원에 머물러 있는 것이 문제이다. 실제로 한국교회의 가장 큰 문제는 신앙과 삶의 분리이다. 우리의 신앙과 삶의 영역에 '타자'는 존재하지 않는다. 이런 방향의 신앙은 심지어 하나님의 '타자성' 조차도 인식하지 못하는 최악의 현상을 낳게 된다. 다시 말해 우리는 하나님을 하나님으로서 만나는 것이 아니라, 우리가 상상하는 하나님으로 만나고 그 하나님 신앙에 만족하며, 실제로 우리의 삶을 이루는 세상 가운데서의 '타자'와의 마주침은 아무런 의미도 없는 것으로 만들고 있다.

## 급진적 '타자성'을 내포하는 영성으로서의 기독교

타자의 철학을 말하는 사람들은 하나님의 존재를 거부하는 경향이 있다. 하나님이란 개념 자체가 개별자들의 고유성을 묵살하는 전체성, 보편성을 전제하며, 또 지배체제는 하나님의 존재를 그런 방향으로 이용해 왔기 때문이다. 그러나 동시에 급진적 타자성 개념엔 '신'(神)의 개념이 내포되어 있기도 하다. 결코 '나'라고 하는 주체로 환원될 수 없는 '타자성'은 늘 내 밖에 존재한다는 의미에서 '초월성'을 내포하고 있으며, 또한 근대 이후 인식론에 있어서나 윤리론에 있어서 강조되어 온 '주체적 자율성'에 대해 타자 담론은 그 한계를 지적하고 있기 때문이다. 그리고 무엇보다 제도적으로 형이상학적으로 오염되지 않은 참 기독교 신앙과 초대 그리스도인 공동체는 이런 급진적 타자성을 수용하고 있다는 것을 기억할 필요가 있다.

기독교 신앙은 무엇보다 '유일신' 사상을 넘어선 '삼위일체 하나님' 신앙이다. 삼위일체 하나님에 대한 신앙고백은 우리로서는 알 수 없는 '영원한 타자'로서의 하나님의 신비에 대한 고백이다. 물론 구약의 하나님에게서도 우리는 하나님의 절대적인 '타자성'을 볼 수 있다. 자신의 이름을 '스스로 있는 자'(야훼)라고 밝힌 하나님은 십계명에서 어떠한 형태의 하나님 형상도 만드는 것을 허락하지 않으셨다. 하나님이 계약의 백성에게 주신 율법의 기본 정신은 타자에 대한 배려였다. 이스라엘 역사 전체를 꿰뚫는 하나님과 축복과 심판의 순환적 역사는 늘 '예기치 않게 오는 것'으로서 축복과 심판이었다. 또한 유대교 신앙의 선민의식 가운데는 유대인 자체가 목적이 아니라, 온 세상을 위한 '복의 근원'으로서의 선택, 온 세상을 위한 '제사장'으로서의 선택이라는 민족의식이 자리 잡고 있었다. 즉 그들의 신앙에는 늘 '타자'를 위한 여지가 있었다.

그러나 기독교 신앙은 나사렛 예수 안에서 결정적으로 하나님 자신을 나타내신 그리스도로 말미암아 탄생된 신앙이나. 그리고 그리스도의 성육, 삶과 가르침, 십자가와 부활 그 자체가 하나님의 절대적인 '타자성'을 말해 주고 있다. 기독교 공동체란 다름 아닌 그리스도 안에 나타난 하나님의 "타자성'에 의해 충격을 받고 과거와는 전혀 다른 새로운 차원의 삶을 발견하였던 사람들이다.

나사렛 출신 한 인간 예수를 향해 '나의 주, 나의 하나님' 라는 고백을 가능하게 했던 '타자성'을 상상해 보라. 예수님은 '참 하나님이며 참 인간'이라는 기독론 교리는 헬라 세계에서 비로소 형성된 형이상학적 추상이 아니었다. 참 하나님이며 동시에 참 인간이라는 역설 자체가 기독교 신앙의 급진적 타자성을 말해 주고 있는 것이다. 끝없이 하나님과 같이 되려는 욕망의 노예가 되어 사는 인간들 앞에 참 하나님은 완전히 자신을 비우신, 십자가에까지 복종하신 참 인간의 모습을 지니신 '타자'로서 우리를 만나셨다. 또한 그분은 죽음으로 인간 삶의 허무함을 보여 주는 것으로 생을 마감하지 않으셨다. 부활을 통해 그분은 또 다시 우리에게 전혀 믿을 수 없는 타자로서 우리를 마주치신다. 여기에서 그리스도인은 영원한 미래에서부터 오는 타자성의 새로운 창조의 능력을 체험한다. 그리고 그 새로운 만남이 가져 온 은혜의 체험을 고백한다. 은혜란 받을 자격이 없는 사람이 받았을 때 고백하는, 그 자체로 타자성을 가지고 있는 것이다. 이 타자성으로서의 은혜를 물질적인 것으로 만드는 것은 기독교 신앙의 심각한 왜곡이다.

무엇보다 예수 그리스도기 이 땅에 오셔서 보여 주신 삶의 특성은 철저히 '타자를 위한 삶'이었다. 그분은 종교적, 사회적으로 소외된 자들, 가난한 자들, 병든 자들, 여자와 어린이들 그리고 심지어 창녀와 세리와 같은 죄인들을 찾으셨고, 그 사람들에게 하나님 나라 복음을 선포하셨다. 우리는 하나님 나라의 성격을 예수님이 그 나라의 주인공이라고 선포하신 대상들을 제외하고 올바로 말할 수 없다. 예수님의 삶과 메시지 자체가 당시 사회에 던져진 충격적인 타자성이었다. 그리고 이것은 당시 종교와 사회 지도자들에게 더 분명한 사실이었다. 예수님이 던지신 그 타자성이 얼마나 급진적이었는지 그들은 예수님을 십자가에 못 박을 수밖에 없었다.

초대 그리스도인들이 예수 그리스도와의 만남 가운데서 마주친 타자성은 성령으로 인해 그들 공동체 가운데 늘 새로움으로 유지되었다. 초대 기독교 공동체는 결코 제도가 아니었다. 획일적인 교리와 관습을 통해 공동체를 통합, 확장하려는 프로그램도 아니었다. 성령의 공동체란 다양성을 허용하는 자발적인 공동체란 말과 같은 의미이다. 초대 기독교 공동체 확장은 이런 자발성과 다양성에 근거한 확장이었다. 다시 말해 그 공동체 안에는 언제든지 타자들이 그들 자체의 타자성을 가지고 용납되었다. 그들 안에는 유대인과 이방인, 남자와 여자, 의인과 죄인, 심지어 주인과 노예도 함께 모두 평등한 지위로 용납되었다. 기독교 신앙의 확장성은 이 '타자성'이 갖는 창조력과 확장성에 있는 것이다.

불행하게도 기독교 교회의 역사는 이 타자성을 억압하는 방향을 택해 왔다. 마르틴 루터가 종교개혁의 불을 붙였을 때, 그는 실제로 이런 교회로부터의 '탈출과 해방'을 외친 것이었다. '오직 믿음', '오직 은혜', '오직 성경'이라고 하는 잘 알려진 종교개혁의 3대 구호는 그 내용에 있어서 '오직 그리스도'를 가리키고 있는 것이다. 이 오직 그리스도란 기독교와 다른 '차이들'을 용납하지 말라는 구호가 아니다. 루터의 십자가 신학의 중심에는 타자로서 우리를 만나시는 그리스도가 자리 잡고 있다. 그리스도인이란 이 타자로서의 그리스도를 우리의 삶과 우리의 십자가 가운데서 만나고, 그 그리스노를 통해 나의 밖에서 나를 바라볼 수 있고 있고, 그럼으로써 늘 새로운 자기 자신을 만들어 나갈 수 있는 사람을 말한다.

예수님은 신앙 공동체 가운데 은혜의 방편으로 주어진 말씀과 성례전을 통해서 지금도 '타자로서 우리에게 다가 오신다. 그리고 타자들이 언제든 용납되는 공동체의 삶 가운데서 우리는 늘 그들로 인해 새롭게 창조함 받는다. 뿐만 아니라 우리는 우리의 모든 삶의 현장 가운데서 그리스도를 타자로 만난다. 예수님 자신이 우리에게 이렇게 말씀하신다: "내가 주릴 때에 너희가 먹을 것을 주었고, 목마를 때에 마시게 하였고 나그네 되었을 때 영접하였고, 헐벗을 때에 옷을 입혔고 병들었을 때에 돌보았고 옥에 갇혔을 때에 와서 보았느니라…. 진실로 너희에게 이르노니 너희가 여기 내 형제 중에 지극히 작은 자 하나에게 한 것이 곧 내게 한 것이니라"(마 25:35-40). 이 말씀은 단순히 동정심을 가지고 불쌍한 사람을 대접하라는 권면이 아니다. 그들을 돌보면 하나님이 보상해 주신다는 약속도 아니다. 내가 일상생활에서 만나는 지극히 작은 자들이 내 삶 속에 다른 한 주체를 이루어 나를 새롭게 창조하는 '타자'가 되어야 한다는 뜻이며, 그렇게 타자로서 우리를 만나는 그 사람들이 곧 그리스도 자신이라는 뜻이다.

## 참고문헌


박원빈. 『레비나스와 기독교』. 북코리아, 2010.

방영상. 『타자와 책임』. 한들출판사, 2013

이정배. 『신학, 타자의 텍스트를 읽다』. 도서출판 모시는 사람들, 2015.



박 일 영

(루터신학대학교 교수, NCCK 신학위원)

# 핵 없는 세상을 위하여

2차 세계대전이 진행되던 1938년, 독일의 과학자 오토 한과 프리츠 슈트라스만은 우라늄에 중성자를 충돌시키면 질량이 비슷한 두 개의 바륨과 크립톤으로 갈라지고 또다시 중성자가 2~3개 방출되는 핵분열을 발견하였고, 1942년에 이들의 제자 페르미는 핵분열이 연쇄적으로 발생하는 것을 발견한다. 그런데 이 과정에서 무거운 질량의 우라늄과 플루토늄은 가벼운 원자핵 두 개로 핵분열을 하면서 두 원자핵의 결합 에너지의 차이만큼의 거대한 열에너지를 방출한다는 것을 알게 되었다. 바로 이 핵분열의 발견으로 인류는 판도라의 상자를 활짝 열어 죽음의 공포를 온 세상에 퍼트리게 된다. 미국은 1945년 7월에 뉴멕시코주 앨러머고도 사막 트리니티에서의 시험 폭파를 거쳐, 같은 해 8월 6일 일본의 히로시마에 우라늄 핵폭탄을, 3일 뒤 나가사키에 플루토늄 핵폭탄을 투하된다. 이 2개의 핵폭탄의 폭파로 히로시마에서는 도시 인구의 5분의 1에 해당하는 7만 명의 사망사와 13만 명의 부상자기 발생하였고, 나가사키에서는 2만 명의 사망자와 5만 명의 부상자가 발생하며 2차 세계대전은 참혹한 죽음으로 대단원의 막을 내리게 된다. 그리고 미국에 곧이어 소련, 영국, 프랑스 등 강대국들은 앞을 다투어 핵실험을 통해 핵폭탄을 개발하며 핵전쟁으로 지구 종말의 위기가 고조된 냉전 시대를 열게 된다.

한편 1954년에 러시아에서는 5MW의 흑연감속형 원자로를 사용한 세계 최초의 핵발전소인 오브닌스크가 가동된다. 이어서 1956년 영국에서는 60MW의 기체냉각형 원자로를 사용한 핵발전소가 가동되었고, 미국에서는 1957년 100MW의 가압경수로형 원자로를 사용한 핵발전소가 상업운전을 시작한다. 사실 핵분열을 일으키는 원자로를 동력으로 이용한 최초의 사례는 원자력 잠수함이었다. 물속에서 오랫동안 항해해야 하는 잠수함은 석유나 석탄에 비해서 아주 적은 양의 우라늄으로도 더 많은 에너지를 얻을 수 있는 원자로는 아주 매력적인 동력원이었다. 핵발전소는 핵분열의 평화적 이용이라는 명분을 내세웠지만, 실제로는 핵폭탄의 개발을 위해서 핵분열에 대한 지속적인 연구와 함께 핵폭탄의 재료인 우라늄과 플루토늄의 안정적인 확보를 위한 방편이었다. 핵발전소의 원자로는 단지 속도를 서서히 제어하는 것일 뿐 핵분열로 발생하는 열에너지를 이용하여 터빈을 돌려 전기를 발생시키는, 서서히 폭파하는 핵폭탄인 셈이었다.

## 죽음의 물질 - 방사능

방사성 물질은 핵분열 과정에서 거대한 열과 함께 대량의 방사선이 발생한다. 투과성이 높은 방사선은 유기체를 투과하면서 분자와 공명하여 세포를 파괴시키거나, DNA 혹은 RNA의 수소결합을 절단하여 유전자를 파괴하거나 변형시킨다. 이러한 방사선의 특성을 활용하여 인체의 특정 부위를 방사선에 노출하면 종양세포를 파괴하고 유전자를 변형시킬 수도 있다. 하지만 극소량의 방사선에 노출 되너라도 인체는 치명적인 피해를 입는다. 방사성 물질이 흡입 또는 피부를 통해서 체내로 들어오면 방사성 물질이 제거 혹은 소멸될 때까지 계속해서 체내에서 방사선을 방출하여 피폭자는 혈액암, 갑상선암 등의 질환이 발생하고 사망에 이르게 된다.

인류가 핵분열을 이용한 이후로 계속해서 의도하지 않은 크고 작은 방사선이 누출되는 사고가 발생하고 있다. 1961년 항해중인 소련 해군의 핵잠수함 K-19에서 방사능이 누출되는 사고가 발생하였다. 사고 당시 원자로의 수리를 담당하던 승무원들 중 다수가 방사선에 피폭되어 사망하였다. 1986년 역시 소련의 체르노빌 핵발전소 사고에서도 방사능 보호복 없이 화재 진압에 투입된 소방대원들 중 134명이 급성 방사능 피폭으로 사망하였고, 사이 방사능 누출 방지 작업에 투입된 226,000명의 인원들 중 25,000명이 방사능 피폭으로 사망하였다. 또한 60만 명에 달하는 인근 주민들도 방사능에 노출되었으나 정확한 피해조차 집계되지 않고 있다. 2011년 일본 후쿠시마 핵발전소 사고 수습을 위해 투입된 도쿄전력의 직원들 50명 가운데 3명이 방사능 피폭이 확인되었고 인근 소개된 주민들 가운데서도 피폭이 확인되었다. 이후 현재까지 주민들 가운데 1,368명이 암 발생 등의 건강 악화로 사망하였으나 일본 정부는 역학관계를 인정하지 않고 있다.

우리나라에도 많은 수의 방사능 피폭자들이 존재한다. 1945년 히도시마와 나가사키에 투하된 핵폭탄에 의한 한국인 피해자는 사망자 5만 명, 생존자 5만 명으로 모두 10만 명으로 추정된다, 생존자 중 4만

3천명은 해방 이후 귀국하고, 7천명은 일본에 잔류한 것으로 추정되는데, 정부에 등록된 피폭자는 2천 6백여 명에 불과하고, 나머지 4만여 명은 방사능 피폭 후유증으로 사망하거나 미등록자로 남아 있다. 미등록 피폭자들이 대다수인 이유는 피폭자임이 드러나면 2세와 3세에 피폭자의 자녀라는 낙인이 찍히기 때문이다.

그리고 고리 핵발전소에 이어 1983년에 우리나라에서 두 번째로 준공된 시설용량 67MW의 중수로형 뉜자로를 사용하는 월성 핵발전소 인근 나아리 주민들의 몸속에서 방사성 물질이 검출되었다. 5세부터 19세까지의 9명의 아동과 청소년도 포함된 주민 40명의 소변에서 삼중수소가 검출되었는데 삼중수소는 월성원전과 같은 중수로형 원전에서 많이 발생하는 대표적인 방사성 물질로 장기적으로 노출될 때 백혈병이나 암을 유발한다. 중수로형 핵발전소는 가압경수로형 핵발전소에 비해 삼중수소가 10배 이상 방출되지만 정부나 한국수력원자력은 제대로된 역학조사나 주민들의 이주대책을 마련하고 있지 않다.

이처럼 핵분열 기술을 계속 이용하는 한 방사능 피폭의 위험을 피할 길이 없기 때문에 세계 각국은 지속적으로 핵무기를 감축해왔고, 최근에는 앞을 다투어 핵발전소를 폐쇄하고 있다. 이탈리아는 체르노빌 사고 다음해인 1987년에 국민투표를 통해 신규 핵발전소의 건설을 중단하고 기존 핵발전소를 해체하기로 했다. 독일은 2002년 원자력법을 개정해 핵발전소의 신설을 금지하고, 20기였던 핵발전소를 2021년까지 단계적으로 폐쇄하기로 결정했다. 스위스는 2017년 국민투표를 통해 가동 중인 핵발전소 5기를 오는 2050년까지 단계적으로 폐쇄하기로 결정했다. 덴마크는 1985년 의회에서 핵발전소 건설 불가 결의를 한 바가 있다. 또한 세계 2위의 핵발전 국가인 프랑스는 핵발전소를 2026

년까지 현재의 절반으로 감축하겠다는 계획을 밝혔다. 아시아 국가로서는 유일하게 대만이 2025년까지 모든 핵발전소를 폐쇄하기로 하였다. 미국의 경우, 1979년 스리마일 섬 핵발선소의 노심 용융사고 이후 총 129기의 신규 핵발전소 건설 계획 중에서 공사가 시작된 53개를 제외한 나머지 핵발전소 건설을 취소한 바가 있다. 현재 미국에는 99기의 핵발전소가 가동되고 있지만 가동 기간이 30년이 넘은 노후 핵발전소가 89기로 핵발전소는 줄어들 수밖에 없는 상황이다. 신규 핵발전소 건설 계획을 감안하더라도 미국은 발전량에서 핵발전소의 비중이 현재 20%에서 2050년에는 11%로 감소될 것으로 전망된다. 우리나라도 2017년 고리 1호기의 가동이 중단되고, 계획 중인 신규 핵발전소 건설을 취소하면서 표면적으로는 탈핵의 흐름에 참여하게 되었다. 하지만 완공을 앞두고 있는 대형 신규 핵발전소의 가동을 준비하고 있고, 핵발전소 수출의 미련을 버리지 못하고 있다.

## 핵은 본질상 반신학적이다

핵분열은 본질적으로 인간이 창조세계에 가하는 폭력이기에 기독교 신학은 핵분열을 이용하는 기술에 대해 지속적으로 문제를 제기해왔다. 핵분열은 그 자체로 하나님의 온전한 창조를 파괴하는 것이며, 핵분열의 원료인 우라늄은 채굴과 가공 과정에서 생태환경을 심각하게 파괴하며, 핵분열로 인해 발생한 열에너지는 균형 상태를 유지해온 지구의 기후를 변화시키고 있으며, 핵분열로 인해 발생한 핵폐기물에서 발생하는 방사능은 수십 만 년에 걸쳐 지속적으로 창조세계에 깃들어 살아가는 생명체를 죽음으로 몰아가고 있다. 신학적인 관점에서 핵분열은 인간의 탐욕이 만들어낸 악이며 하나님의 정의에 맞서는 불의이다. 핵분열은 이 기술을 이용하는 또 다른 산업으로 악을 전파하며 불의를 연속적으로 확장해 나간다.

핵무기는 전 지국의 생명체를 한순간에 전멸에 이르게 할 수 있는 끔찍한 전쟁의 도구이다. 미국을 비롯한 핵강대국들은 핵무기를 사용하는 아마겟돈 전쟁을 염두에 두고 패권을 차지하기 위한 경쟁을 함으로써 주변 국가들이 하나님의 평화를 거부하고 자국의 핵무기가 제공하는 평화에 참여하도록 위협을 가한다. 또한 독자적으로 핵무기를 개발하려는 국가들을 선별적으로 공격하고 지속적으로 배척함으로써 국제 사회의 대화와 협력을 통한 평화를 위한 노력을 무의미한 것으로 만들고 제국의 질서에서 벗어나지 못하게 한다.

핵발전소는 원자로를 식히기 위한 물의 공급과 안전을 위해 전기 소비가 많은 산업지대와 도시로부터 멀리 떨어진 해안지역에 건설된다. 때문에 핵발전소는 핵발전소 인근 주민들과 핵발전소로부터 이어지는 송전탑 인근 주민들 그리고 핵발전소의 폐기물을 저장하는 시설의 인근 주민들의 일방적인 희생을 강요함으로 불의를 조성한다. 또한 핵발전소는 전기소비 형태와 산업 구조를 왜곡시켜 하나님께서 햇빛과 물과 바람을 통해주시는 재생에너지의 확대를 가로막고 지속적으로 핵발전소를 유지시키도록 거짓과 술수를 퍼트린다.

때문에 기독교 신앙은 핵과 함께할 수 없다. 핵은 무기든 발전이든 평화를 가로막는다. 핵무기와 핵발전은 불의한 권력과 무자비한 폭력을 이어가기 위한 방편이다. 이에 세계교회협의회(WCC) 제6차 총회에서는 "핵은 창조주 하나님을 배반하고 생명의 하나님을 부인하는 것이고, 이 세상을 힘을 통해 다스리고자 하는 집권자들 앞에서 섬김과 나눔과 사랑의 길을 보여주신 예수 그리스도의 길과 진리를 거부하는 것이며, 스스로 죽음에 대한 사랑에 빠져들어 정의와 평화의 열매를 맺으시는 생명의 영을 거부하는 것"이라고 결의를 하였나. 그리고 핵 없는 세상을 위한 한국 그리스도인 연대에서는 2012년 발족 선언문을 통해 "핵은 하나님 없이 이 세계를 지배하고자 하는 '통치자들과 권세자들'(골 2:15, 엡 6:12)의 절대 권능에 대한 욕망이고, 과학과 기술의 이름으로 온 우주에 대한 '하나님의 주권'(사 9:6, 욥 25:2, 딤전 6:15)을 거부하고자 하는 현대판 선악과 사건이며, 또한 하나님이 지으시고(창 1:1) 사랑하신(요 3:16) 모든 지구 생명체를 멸절시킬 수 있는 '사망의 권세'(시 49:15)"이며, "핵무기는 '레비아탄'(욥 41:1-34)을 연상시키고, 지구 곳곳에 시한폭탄처럼 박힌 핵발전소들은 '멸망의 가증한 것이 서지 못할 곳에 선 것'(막 13:14)을 떠올리게 한다"라고 선언을 하였다.

## 핵 없는 세상을 위한 교회의 책임

우리는 '핵무기와 핵에너지'로 인한 생명의 위기의 시대를 살아가고 있다. 하지만 우리가 이 핵의 굴레를 벗어나 핵 없는 세상을 만든다면 하나님의 은총인 재생에너지를 중심으로 살아가며 창조세계를 온전한 모습으로 회복시키는 축복을 경험할 수 있을 것이다. 이집트의 노예였던 히브리 사람들이 40년간의 광야생활 후 요단강을 건너기 전에 하나님께서는 "생명과 사망, 복과 저주를 너희 앞에 두었다. 너희와 너희의 자손이 살려거든, 이제 생명을 택하여라"(신 30:19)고 말씀하신 것처럼 오늘 우리가 핵을 버리고 생명을 선택하기를 기다리신다. 예수 그리스도는 십자가 위에서 피폭자들의 고통과 죽음을 함께 하시고 우리에게 참 생명과 평화의 길이 되어주신다. 생명의 영이신 성령은 핵으로 고통과 위협을 받는 피조물과 함께 탄식하시며(롬 8:22) 모든 생명의 안녕과 안전을 위해 지금 우리와 함께 일하고 계신다.

따라서 이제 한국교회는 세계 교회와 연합하여 핵이 주는 환상과 유혹 그리고 핵에 대한 우리의 탐욕과 집착에서 벗어나는 영적 각성을 통해 핵의 실상을 세상에 알리고, 핵 체계로 인한 피해자의 아픔을 나누며, 피폭자들의 고통을 위로하고 치유하는 파멸의 홍수로부터의 구원의 방주가 되어야 한다. 또한 시민사회와 함께 핵에 대한 올바른 정보를 알리고 이를 통해 탈핵이 민주적 절차에 따른 사회적 합의를 통해 이루어지도록 노력해야 한다. 나아가 평화의 에너지인 재생에너지를 확대하는 일에 적극적인 참여와 함께 적절한 에너지 소비를 위한 노력을 교회를 통해 지역사회 안에서 전개해나가야 한다. 그리고 핵 없는 새로운 생명의 문화를 만들어나가는 일에 이웃 종교와 힘을 모아 종교와 과학의 대화를 통한 상호 협력을 만들어 나가야 할 것이다. 바로 이 일을 하는 이들이 그리스도인이다.


**참고문헌**

김익중 외.『탈핵 학교』. 반비, 2014.
니시오 바쿠/김신우·윤금회 옮김.『세계 핵 사고사』. 자주달개비, 2017.


이 진 형

(청지기교회 목사, 기독교환경운동연대 사무총장)

# 평화통일의 길

21세기 한반도는 전쟁위기의 순간을 지내고 있다. 남북한의 분단이 전쟁 위기의 본질이다. 한반도에서 평화 실현은 분단 종식, 즉 통일 운동과 직결된다. 통일 운동은 한반도형 평화 운동이다. 통일 운동은 '평화통일' 운동이며, 통일신학은 '평화통일신학'으로 정립되어야 한다.

종종 통일은 왜 해야 하느냐, 꼭 해야 하는 일이냐는 질문을 받는다. 분단시대 70여년을 살면서 분단의 삶에 익숙해진 것인가. 통일은 이제 어렵겠다는 통일 절망과 포기 심리가 짙게 퍼지고, 통일 망각 세대의 출현을 경험하고 있다. 다른 한편에는 북한 붕괴와 대한민국으로의 흡수통일 기대심리가 퍼져있다. 막연하고 위험하다. 교회와 신학의 책무가 크다. 어쩌다가 우리가 이런 지경까지 왔는가 자탄하고 앉아 있을 수만은 없다. 다시 시작한다는 마음으로 평화통일을 이야기하고 실천해야 한다. 이것이 평화통일신학의 필요성이며 평화통일 신앙과 실천 운동이 교회 개혁운동으로 부활되어야 하는 이유이다. 평화통일신학자들이 많이 나와야 하는 이유다.

남북한의 통일의 목적은 평화이다. 남북한 평화통일을 하나님의 뜻으로, 예수 그리스도의 구원 운동으로, 분단의 악령을 축출하는 성령의 사건으로 선포하는 것이 평화통일신학의 과제이다.

겨울이 가고 봄이 오면 바람이 바뀌는 것처럼, 통일 운동의 바람도 변화하고 있다. 첫째 변화는 통일을 현실로 체험했다는 것이다. 개성공단에서 같이 일하고, 금강산을 관광했다. 경의선 철도와 자동차도로가 연결되었다. 남한 상점에는 북한산 물품이 진열되어 있다. 텔레비전에는 북한에서 온 사람들이 자유로이 북한 이야기를 들려준다. 군사적 긴장감이 감도는 다른 한편에는 통일의 변화 바람이 불고 있다. 이것은 이념중심, 체제 경쟁, 군사적 대결로 전개되던 통일 운동이 경제와 문화교류 생활형으로 변화했다는 것을 의미한다.

둘째, 통일 운동이 평화 운동으로 변화하고 있다. 1990년대 이래 평화 운동은 시민사회의 주요 관심사가 되어왔다. 통일 운동이란 이름의 바람은 평화 운동 바람으로 바뀌어 불고 있다. 전쟁 반대 운동, 사드배치 반대 운동, 제주도 강정마을 해군기지 반대 운동, 평택 미군기지 반대 운동, 평화협정 운동, 강제징병제 폐지 운동, 국가보안법 폐지 운동, DMZ-Crossing 국제 평화연대 운동, 평화박물관 운동, 평화교육 운동은 최근 새로이 부는 평화 운동의 바람이다. 그러나 이런 평화 운동의 주요인은 모두 남북한 분단과 연관되어 있기 때문에, 한반도 평화 운동은 통일 운동과 불가분리의 관계에 있을 수밖에 없다. 변화는 통일 운동이 평화 운동으로 확대, 심화되었다는 것 그리고 시민실천 운동이 되었다는 것이다.

## 평화교회 운동과 신학

평화통일신학 운동은 이런 변화를 민감하게 감지하고 이 변화 운동 속에 들어있는 하나님의 뜻을 선포하고, 교회의 실천을 성찰하고, 견인하는 것이다. 통일에 대한 신학적 성찰 작업은 이제 평화신학적 성찰 작업으로 그 지평을 넓혀 나가야 할 때이다. 위에 언급한대로 통일 운동의 변화된 바람을 명료하게 파악하기 위해서 우리는 신학적 자기비판과 재성찰을 할 각오를 해야 한다. 바로 이 점에서 한국의 평화통일신학 운동은 한국교회 개혁운동과 본질적으로 맥을 같이한다. 신학이 변하면 교회가 변하고, 교회가 개혁되면 신학이 개혁된다. 나는 2016년 10월 독일 베를린에서 열린 독일 평화교회 회의에 참가한 적이 있다. 독일의 전 지역 주교회에서 참여한 독일교회는 평화교회로의 전환을 모색했다. 나는 독일교회가 종교개혁 5백주년 이후 종교개혁의 새 교회상으로 평화교회를 목표로 하고 있다고 느꼈다. 기독교 역사에서 소수교회 운동으로 존재해 온 평화교회로의 전환 운동은 세계교회교회협의회 창립총회에서도 시도되었다. 제 2차 세계전쟁 직후 열렸던 1948년 창립총회에서 세계 교회는 '전쟁은 하나님의 뜻을 거역한다'는 평화주의 신앙을 선포했다. 주류교회들은 평화를 하나님의 역사적 계시로 감지했고, 평화교회로의 전환 운동을 시작해 온 것이다. 평화교회 운동은 새 종교개혁 운동에서 의미 있는 방향을 제시해 준다.

평화교회 운동은 평화주의 신앙에 대한 적극적인 신학적 평가를 요청한다. 평화주의 신학을 적극적으로 수용할 때, 평화통일신학은 한반도에서 새로이 불고 있는 평화 운동들에 대한 신학적 응답을 할 수 있다. 아직 우리나라 교회 현실에는 평화교회 운동이 부재하지만, 역사적 평화교회 운동 전통을 이어 온 퀘이커, 메노나이트, 브레드린 교회들이 최근 한국교회 안에서 평화교회로의 면모를 부각시키는 움직임은 주목할 만하다.

신학교육에서도 평화교회 운동은 일어나야 한다. 평화통일신학 운동은 신학교 신학교육 커리큘럼의 개혁을 요청한다. 평화통일신학 운동은 신학의 전 분야에서 함께 모색되어야 한다. 성서신학, 윤리와 조직신학, 실천 신학, 기독교 교육 모든 분야에서 통합적으로 다뤄질 수 있다. 2016년 기독교교육학회는 통일교육을 한국 기독교교육의 목표로 다뤘다. 우리의 선배 통일신학자들은 신학적 파편주의에 머물지 않고 통일신학 운동을 전개했다. 이 점은 오늘 한국의 신학자들에게, 평화통일신학 운동을 하는 우리들에게 중요한 시사점을 준다. 선배들의 통일신학 운동을 돌아봄으로써 우리는 개혁적, 참여적 신학자 정신을 배우고, 평화통일신학 운동의 계승 주제를 성찰해 볼 수 있다.

## '1세대' 한국 통일신학 운동

통일문제에 대한 신학적 성찰 작업은 1970년대 민주화 운동과 민중 인권 운동의 연장선상에서 자연스럽게 출현했다. 이 운동에 참여하면서 교수직을 박탈당하고 감옥을 경험했던 신학자들의 민중 사건 체험으로부터 나온 한국 민중신학 운동은 통일신학 운동으로 발전되었다. 남북한 분단체제 극복 운동으로서 통일 운동은 민중의 해방과 생명권 회복 운동과 직결된 문제였다. 이런 관점에서 통일신학 운동을 전개한 민중신학자는 안병무와 김용복이다. 민중신학 운동과는 다른 관점에서도 통일신학 운동은 일어났다. 여성 통일신학자 박순경은 한국신

학 운동으로서 남북한 통일 문제를 민족교회 신학의 관점에서 전개했
다. 구약성서신학자 문익환은 민주, 민족, 민중 운동의 합류로서 통일
신학 운동을 온 몸으로 실천했다. 뒤에 좀 더 상술하겠시만 맑스름(공산
주의)과 기독교의 대화 신학의 관점에서 남북한 통일신학 운동을 전개
한 신학자들은 홍동근, 홍성현, 홍근수이다. 에큐메니칼 통일신학 운동
과정에서 출현한 통일신학자로는 서광선, 노정선 등이 있다. 이들은 통
일문제를 본격적인 한국 신학의 주제로 삼은 1세대 통일신학자로 평가
될 수 있다.

## 에큐메니칼 통일신학 운동

한국교회 에큐메니칼 운동으로서 통일신학 운동이 활발하게 전개
된 1980년대를 기점으로 통일신학 운동의 전개를 역사적으로 개괄해
보자. 이런 역사적 이해로부터 우리는 평화통일신학 운동의 자산과 목
표를 확인할 수 있을 것이다.

통일신학(Tong-il Theology, Theology of Reunification)은 1980
년대 한국교회의 남북한 분단 체제 극복을 향한 통일 운동 참여로부터
출현했다. 1980년대 초반 광주 민중 고난의 경험은 한국교회 에큐메니
칼 운동의 궁극적 변혁의 목표를 분단의 죄악 체제 극복으로 이끌었다.
군사독재정권에 의한 민중 학살을 경험하면서 한국 에큐메니칼 교회는
남북한 분단을 죄악의 뿌리로 규정하고, 분단 극복 없이 민주주의 실현
은 어렵다는 판단아래 민주화와 통일 운동을 하나의 운동으로 전개하
기 시작했다. 한국 에큐메니칼 교회의 민중 발견과 민중 고난 체험은
통일신학 운동의 기반이 되었다.

국제 에큐메니칼 연대와 협력은 한반도 통일 운동에 기여했다. 1981년 열린 한국과 독일 교회협의회는 분단 극복 문제를 교회 공동의 신앙실천 과제로 고백하는 통일신학 운동을 촉발시켰고, 해외 교포 기독자들은 북한과의 만남을 해외에서 가졌다. 민간 차원의 분단과 통일 문제의 접근 금기를 깨기 시작한 기독교 통일 운동의 출발이었다. 1985년 세계교회협의회는 북한을 방문하고 남북한 교회 만남을 주선했다.

남북한 간의 정치 군사적 대립 상황에서 세계교회협의회의 중재자적 역할은 남북한 교회 통일 운동에서 의미 있는 기여를 했고, 그 역할은 지금도 여전히 유효하다. 1986년 세계교회협의회의 중재아래 스위스 글리온에서 남북교회 지도자들이 만났고, 미국, 카나다, 일본의 에큐메니칼 교회들의 한반도 통일을 위한 연대와 협력 운동이 일어났다. 국제 에큐메니칼 교회들의 협력과 연대는 한반도 평화통일 운동에 큰 기여를 했다.

한국기독교교회협의회는 통일연구위원회를 설치하고 한국교회 평화통일 선언(1985년)에 이어 통일정책 모임을 지속적으로 갖고, 1988년 2월 총회 자리에서 '민족의 통일과 평화에 대한 한국기독교회 선언'을 발표했다. 이 선언은 분단 상황 속에서 민족통일을 향한 한국교회의 증언을 담은 대표적인 통일신학 문서이다. 이 신학선언은 역사적 회개와 죄책 고백, 절대 반전 평화주의 신앙, 민중의 참여, 민족 자주, 인도주의, 희년(Jubilee) 사상 등 통일신학의 주요 내용을 담고 있다.

통일신학 운동사에서 이 통일신학 문서가 주목되는 점은 이 신학문서 작업이 단순히 개인 신학자들의 신학적 사색과 연구의 산물이 아니라, 분단의 역압 상황 속에서 고난을 감수하는 실천적 참여와 신학자 집단의 공동 작업으로 나왔다는 것이다. 이것은 통일신학을 참여와 성찰의 신학, 행동과 숙고의 신학으로 그 신학적 정체성을 밝히 보여준다는 점에서 의미가 있다. 1세대 통일신학자들은 신학교 강단에 앉아 서구신학 독서와 사색에서 통일신학을 전개하지 않았다. 이들은 독재정권의 억압으로부터 민중의 평화를 향한 통일 운동에 참여했고, 국제 에큐메니칼 평화 운동에 참여했다. 통일신학은 이런 신학자들의 현실 참여로부터 나온 실천적 성찰의 산물이란 점에서 주요한 특징을 갖는다.

## 통일신학 운동의 선구적 신학자들

앞서 언급한 통일신학 운동이 1980년대 한국교회의 통일 운동 참여와 함께 나온 것이라면 이에 앞선 통일신학 전사에 해당할만한 움직임은 어떤 것이 있었는지 살펴볼 필요가 있다. 왜냐하면 한국교회가 남북한 분단 시대에 어떤 신학적 대응 작업을 해 왔는가를 살펴봄으로써 우리는 통일신학의 논의 주제들을 더 깊고 넓게 이해하고, 통일신학 운동의 역사와 미래를 제대로 정초할 수 있기 때문이다.

분단의 역사는 해방시기 분단 성립 시대와 한국 전쟁 이후 분단 시대로 나눠 생각해 볼 수 있다. 해방 직후 분단 형성기 김재준은 새로운 나라와 사회 건설에 관한 입장을 밝히는 건국 신학의 관점에서 통일 문제를 논했다. 민족주의와 사회주의의 합류를 통한 새나라 형성의 통일 지향 신학이 전개됐다.

한국전쟁과 그 이후 분단 시대에는 북한과의 대결주의와 반공주의 이념에 바탕을 둔 정복적 반북(反北) 신학이 출현하여 현재까지 한국교회의 주된 흐름인 분단신학의 토대를 형성한다. 이런 분단 신학의 영향 아래서 한국교회는 통일 운동의 장애세력이 되었고, 잃어버린 북한 땅과 교회를 되찾는 교회 재건의 '북한 선교' 신학, 견고한 반북 반공주의와 친미주의를 표방하는 흡수통일의 신학으로 무장되어, 서울시청 앞에서 북한 멸망을 외치고 평화통일 운동과 북한 돕기 운동을 빨갱이 종북좌파라고 비난하고 반대하는 성조기 태극기 운동의 주축 세력이 되었다.

전후 분단시대에서 평화통일 지향의 신학적 모색은 4.19 민주혁명 흐름 속에서 나왔다. 기독교와 공산주의의 대화 신학적 관점에서 통일 문제가 거론되었다. 강원용, 홍동근이 주로 활약했다. 강원용은 그 이후 크리스챤아카데미 대화 운동을 하면서 사회 민주주의 발전과 남북 평화통일 운동을 대화신학의 관점에서 꾸준히 추구하고 실천했던 통일신학자라고 할 수 있다. 또 우리가 통일신학 운동에서 잊지 말아야 할 사람은 홍동근이다. 그는 미국으로 이주한 후 재미 기독교인들과 북한의 만남 운동을 벌였고, 김일성대학에서 기독교와 주체사상의 비교를 강의하다가 북한 땅에 자신의 몸을 묻었다. 홍동근은 기독교와 공산주의(주체사상)의 대화 운동을 통해 남북한 통일 운동에 기여하고 통일신학의 지평을 넓혀준 실천적 통일신학자였다. 강원용과 홍동근을 통해 우리는 평화통일신학의 주요 주제로서 대화 신학을 재성찰해 볼 수 있다. 홍동근과 함께 홍성현과 홍근수 '홍 트리오'는 사회주의 사상의 기독교적 수용을 모색한 통일신학을 전개했다.

공산주의와 기독교의 이념 대결 문제를 한국 신학의 주제로 삼아 통일신학 운동을 전개한 신학자는 박순경이다. 박순경은 북한 이념 주체사상에 대한 신학적 의미를 부여하는 신학 실천 작업을 하다가 국가보안법으로 투옥되는 고난을 겪었다.

통일신학 운동을 온 몸으로 실천했던 신학자는 문익환이다. 통일신학자들은 통일 운동에 대한 참여적 관찰과 상황 분석, 토론과 연구, 글을 쓰는 것으로 실천한다면, 문익환은 통일 운동 한복판에 직접 뛰어들어 분단 권력에 맞서 저항하고 분단의 금기를 온 몸으로 깨뜨리리고 했던 행동하는 통일신학자였다. 북한을 방문하여 김일성 주석과 만나 통일문제를 직접 논의했고, 분단권력에 의해 수차례 투옥 당했던 문익환은 통일신학 운동을 분단 권력과 체제에 저항하고 비판하는 예언자적 신학 운동으로 발전시켰다. 구약성서 신학자로서 문익환은 '히브리 민중사'의 저술을 통해 통일 운동을 성서의 민중 해방사적 의미를 밝혔다. 이는 신약성서 신학자로서 민중해방과 통일의 문제를 같은 맥락에서 놓고 통일신학 운동을 전개한 안병무와 나란히 성서신학의 통일신학적 전거를 제시한 것이다. 문익환과 안병무에게 민중 통일 평화의 사상적 영향을 준 사람은 함석헌이다. 함석헌은 예수의 구원사적 입장에서 한국역사(『뜻으로 본 한국역사』)를 쓴 기독교 역사 사상가로서, 한국 통일 신학 운동이 민중 평화 사상의 흐름으로 발전하는데 깊은 사상적 영향을 줬다.

요약하면 통일신학 운동은 새나라 건국 신학으로부터 시작하여 공산주의와 대화 신학으로, 민중신학과 민족 신학 그리고 민중 평화 사상을 담은 평화통일신학으로 전개되어 왔다. 통일신학 운동은 사회적 통일 운동과 교류했고, 세계 에큐메니칼 평화 운동과 연대 협력하면서 전개되었다. 제1세대 통일신학자들은 주목할 만한 신학적 유산을 남겼고, 그것은 오늘 평화통일신학 운동에서 심화 확대 계승되어야 한다. 이제 1990년대를 거쳐 2000년대에 걸쳐 통일신학 운동은 2세대 평화 통일신학자들의 출현을 기다리고 있다.

## 참고문헌

한국교회 평화통일운동 자료집(한국기독교교회협의회 통일위원회 편, 2000)
한민족평화선교연구소 편.『평화와 통일신학 2』. 도서출판 평화와 선교, 2004

정 지 석

(지평선평화학교 교장, NCCK 신학위원)

# 선교하는 공동체로서의 교회와 평신도

## 예수의 사역을 이어서

프랑스의 가톨릭 신학자 알프레드 루아지(Alfred Loisy)는『복음과 교회』라는 책에서 "예수는 하나님 나라를 선포했는데, 뒤에 온 것은 교회였다"(Jesus anunciou a vinda do Reino, mas a que veio depois foi a Igreja)라고 말했다. 예수 그리스도는 그의 공생애 동안 교회를 세운 적도 없고, 계획적으로 어떤 선택된 자들의 공동체를 소집하여 제도나 조직을 결성하지도 않았다. 열두 남성 제자와 여러 여성 제자들, 소외된 이들을 부른 것은 이스라엘의 열두 지파, 즉 하나님 백성 전체를 새롭게 한다는 상징이었다. 즉 예수는 그가 선포한 하나님 나라의 실현을 위해서 일하고 또 그것 때문에 십자가 처형을 당했다. 그런데 예수의 죽음을 경험하고 부활을 통해 예수의 현존을 새롭게 체험한 제자들이 다시 모이기 시작하였고, 그렇게 교회는 탄생되었다. 따라서 교회는 조직이나 제도, 건물 이전에, 예수의 부활을 체험하고 그의 죽음과 생애와 사역 그리고 가르침을 기억하고 재현하는 사람들의 모임이며, 하나님의 백성, 그리스도의 몸, 성령의 공동체로서 교회는 변하는 시대적 상황에 응답하여 예수 그리스도의 사역을 이어갈 때 그 존재 의의를 갖는다.

교회의 현실에서는 불가피하면서도 자연스럽게 목회자와 평신도를 구분하게 된다. 그런데 바로 그러한 구분으로 인해 교회를 유지하고 교회가 해야 하는 사명을 감당하는 데 있어서 여러 가지 부작용들이 발생한다. 목회자가 교회의 주인처럼 행동하고, 목회자와 평신도 사이에는 건널 수 없는 계급이 있는 것 같이 보인다. 목회자의 권위 의식 속에서 평신도는 주체적 신앙인으로서 감당해야 할 것들에 대해 소극적이 되고, 교인으로서의 권리는 내세우지만 의무는 목회자에게 떠넘기는 행위들이 만연하게 된다. 그리고 대체적으로 이런 문제들은 교회가 감당하여야 할 선교의 사역보다는, 교회의 보존과 관리, 성장과 유지를 위해 일하는 과정에서 발생한다. 이런 문제들을 극복하기 위해서 목회자와 평신도는 우선적으로 교회의 존재 의의와 사역의 본질을 되새겨야 한다. 교회의 정체성에 대한 바른 이해 속에서 목회자와 평신도의 자리를 찾아야 하고, 교회 공동체가 시대적 변화와 상황에 적절하게 자신의 역할을 감당하기 위해 목회자와 평신도는 때로는 함께, 때로는 따로 자신들이 해야 할 일들을 해야 한다.

## 선교적 공동체인 교회의 사역과 운영 그리고 목회자와 평신도

요한복음서는 하나님께서 세상을 사랑하셔서, 그의 외아들을 보내셨다(요 3:16)고 증언한다. 예수 그리스도는 하나님의 나라의 도래를 선포하였으며, 하늘에서 이뤄진 하나님의 뜻이 이 땅에서도 이루어지도록(마 6:10) 자신에게 맡겨진 많은 사람들을 구원하기 위해 오셨다고 말씀하신다(막 10:45). 결과적으로 교회는 교회 자신을 위해 존재하는 것이 아니라, 세상의 구원을 위해, 이 땅에 새로운 하나님 나라의 구현을 위해 존재한다.

목회자와 평신도는 모두 바로 이런 교회의 사명에 헌신하는 자세를 가져야 한다. 즉 교회는 자기중심적이어선 안 된다. 교회는 온전히 남을 위해 존재하는 것으로 자기 정체성을 삼아야 한다. 예수 그리스도께서는 절대적 타자이신 하나님으로부터 와서 이 세상의 타자들을 위해 자신의 평생을 바치신 분이다. 즉 예수의 삶은 남을 위해 자신을 온전히 내어 주는 삶이었다. 따라서 교회 또한 예수 그리스도의 몸으로 그러한 삶을 살아야 하고, 그런 의미에서 교회는 곤경에 처한 세상 즉 구원을 갈망하는 세상을 위해 봉사하고 선교하는 공동체가 되어야 한다. 이런 본질을 잊어버리고 목회자가 자신의 생계를 유지하는 수단으로 목회를 하고, 평신도는 종교적 의식과 활동이 주는 위로와 안락함과 같은 감정의 정화에만 머무르려고 할 때, 교회는 그 존재 가치를 상실하고, 하나의 이익 집단처럼, 친목 단체처럼 변하여 목회자나 평신도나 모두 불미스러운 모습들을 보이게 되는 것이다.

따라서 선교적 공동체의 구성원으로서의 목회자와 평신도는 세상에 나아가 예수 그리스도께서 펼치신 하나님의 사역의 증인으로서 활동해야 한다. 누가복음 4장 18절에 요약되어 있듯이 예수의 사역은 경제적 불평등으로 인해 생기는 다양한 고통의 치유, 정치적 억압으로 인해 자유를 누리지 못하는 이들의 해방, 세상의 잘못된 가치관에 물들어 스스로 제 발등을 찍고 있는 이들의 무지를 깨우쳐 주는 것이었다. 그래서 예수께서는 하나님 나라의 진리를 가르치셨고, 누적된 죄악으로 인해 고통당하는 이들을 치유하셨으며, 지배하고 억누르려는 모든 사탄의 세력을 물리치셨다.

오늘날 현실 사회 또한 예수 당시 노출되었던 모든 문제들을 고스란히 지니고 있다. 신자유주의적 세계 질서는 힘 있는 자와 가진 자의 편에 서서 언제나 약자와 없는 이들의 억누르고 괴롭히고 빼앗는다. 다양한 매스미디어를 통해서 하나님의 진리에 반하는 경쟁과 불평등의 신화들이 당연한 것으로 여기도록 만든다. 맘몬을 숭배하는 이야기들이 선포되고, 경제적 풍요와 물질적 편의성을 위해서 모든 가치를 상대화시켜 버린다. 교회는 이런 세상과 맞서, 새로운 대안을 말하고 새로운 삶의 방식을 창출하고 실현하는 공동체여야 한다. 이 일을 위해 목회자와 평신도가 모두 함께 사역하는 것이다.

선교하는 공동체인 교회의 사명을 감당하기 위해 평신도와 목회자 모두에게 요구되는 것은 바로 성숙한 신앙과 그것을 실현해 낼 의지와 능력이다. 그리스도교의 깊은 진리를 자신의 삶에서 구현하고, 복잡하고 다양하며, 빠른 속도로 변화하는 세상에 대해서 알고 대처하려면 목회자와 평신도 할 것 없이 모두 훈련이 필요하다. 따라서 평신도라고 하여 모든 것을 목회자에게 맡기고 자신은 목회자의 말에 순종하는 것만으로 그리스도인의 역할을 다했다고 생각해서는 안 된다.

목회자는 안수 받은 성직자로서 설교와 성례전의 집전, 말씀의 선포와 교육 등을 위해 다년간 전문적 훈련을 받은 사람이다. 교회의 선교 사역을 감당하기 위해 목회자가 가진 전문성은 매우 중요한 부분이다. 그러나 동시에 평신도들 또한 얼마든지 훈련과 교육을 통해 직업 목회자가 하는 영역에서도 자신의 사역을 감당할 수 있다. 예를 들어 설교의 경우, 성서에 대한 주석과 신학적 적용, 양을 돌보는 목자로서의 목회적 배려를 담는 부분은 전문적인 훈련을 받은 목회자가 준비하고, 그 내용을 바탕으로 일상생활에서의 삶에서 말씀을 어떻게 적용할 수 있는지에 대한 부분은 평신도가 준비하여 목회자와 평신도가 함께 설교를 할 수도 있을 것이다. 문제는 영역을 구분하여 절대 범접할 수 없다는 권위주의에서 비롯된 경직된 사고이다.

교회 공동체가 본래의 사명을 감당하기 위해서는 목회자와 평신도가 함께 협력하여 교회의 모든 사역과 운영을 해야 한다. 그리고 반드시 그렇게 해야 훨씬 더 나은 하나님의 선교를 할 수 있다. 사회는 개인의 주체적 역량과 의견을 존중하여 다중의 지혜를 모아 최선의 결과를 내는 민주주의적 방식의 업무처리를 하는 방향으로 진화하고 있다. 그리고 매우 복잡하고 다양한 사회에 하나님 나라를 실현하려면 각계각층의 인식을 공유하고 복합적으로 사고하고 통합해 내는 과정이 요청된다. 이런 사회의 변화에 맞추어서 교회 또한 교회의 모든 구성원들의 의견과 지혜를 모아 함께 교회 내적 활동과 선교 활동을 감당하도록 해야 한다. 이를 위해서 평신도가 주체적으로 참여할 수 있는 제도적 방안들을 교회는 적극적으로 도입해야 한다.

교회의 권력 집중화를 막기 위해 이미 목사와 장로 임기제를 교회의 내규로 정하고, 다수의 구성원들의 대표하는 평신도들의 모임을 만들어(예를 들면, 교회운영위원회, 목회운영위원회, 기획실행위원회 등) 가능한 많은 신도들의 공통적 의견이 골고루 반영될 수 있도록 교회의 전반적 운영을 하는 교회들이 많이 있다. 이런 제도적 장치들은 목회자에게 집중되는 과도한 업무를 막게 해 줄뿐 만 아니라 교회의 중요한 결정과 활동에 많은 교인들을 참여하게 함으로써 훨씬 더 지속가능하고 활발한 선교 사역을 감당하게 해 준다. 바울 사도는 고린도교회에 보내는 편지에서 이미 교회는 은사 공동체이며 제각기 서로 다른 은사를 받은 교인들이 함께 사역을 해야 한다고 강조하였다(고린도전서 12장).

## 두 가지 열쇠: 목회자의 자기 비움과 평신도의 주체성 확보

개 교회의 구체적 상황으로 들어가 보면, 하나님 나라 사역을 위해 목회자와 평신도가 함께 서로 협력하여 목회해야 한다는 당연한 과제를 수행하지 못하는 두 가지 가장 핵심적 문제를 발견하게 된다. 목회자가 권위의식을 내려놓지 못하는 것과 평신도들이 주인의식을 갖지 못하는 것이다.

목회자는 전임 사역자로서 목회가 하나의 직업이 된다. 따라서 목회자는 목회의 업무를 통하여 생계를 유지하고, 그 목회를 위하여 전문적 훈련을 받았다. 따라서 생계를 다른 것으로 유지하면서 교회의 활동에 참여하는 평신도들보다 시간과 실제적 활동 역량 면에서 압도적인 우위에 있게 되고, 교회 운영의 중심이 될 수밖에 없다. 그러나 교회는 목사 혼자의 것도 아니고, 교인과 함께 하지 않는 목회는 불가능하며, 하나님은 모든 이들에게 하나님의 은사를 주셨다는 것을 기억하고, 목회자가 먼저 자신의 모든 권위의식을 내려놓아야 한다. 자신도 교회의 한 구성원임을 명심해야 한다. 교회의 한 구성원으로서 자신이 감당해야 할 부분 예를 들어 사도행전이 말하듯이 말씀의 연구와 선포, 기도하는 일에 전념하고 그 이외에 나머지 부분들은 교인들과 함께 기획하고 실행할 수 있을 것이다. 목회자는 스스로 자신이 한 명이 부족한 인간으로 언제나 실수하는 존재임을 떠올려야 한다. 하나님의 말씀을 연구하고 선포하다 보면 제 스스로 하나님인 것처럼 생각하고 행동하게 되는 경향이 발생하는데 이것을 가장 조심하여야 한다. 목회자는 모든 교인들이 성숙한 신앙인이 될 수 있도록 돕고, 독단적 판단이 아니라 언제나 교인들과 함께 의논하여 교회의 본질적인 사명들을 감당하도록 노력해야 한다.

평신도가 가져야 할 가장 중요한 의식은 한 명의 예수 그리스도의 제자로 온전히 서려는 욕구이다. 하나님과 사람 사이에 어떠한 매개자도 없기를 바랐던 예수 그리스도처럼 모든 그리스도인은 하나님 앞에서 자신의 신앙을 되새기고 성숙시켜야 하는 과제를 갖는다. 하나님의 택하신 백성으로 세상에 참된 복음의 소식을 삶으로 보여 주어야 하는 사명은 목회자만의 것이 아님을 명심해야 한다. 따라서 끊임없이 자신을 돌아보고 교회 공동체를 통하여 함께 하나님 나라 사역에 매진해야 한다.

바울 사도는 로마서에 보내는 편지에서 다음과 같이 권면한다. "여러분의 몸을 하나님께서 기뻐하실 거룩한 산 제물로 드리십시오. 이것이 여러분이 드릴 합당한 예배입니다. 여러분은 이 시대의 풍조를 본받지 말고, 마음을 새롭게 함으로 변화를 받아서, 하나님의 선하시고 기뻐하시고 완전하신 뜻이 무엇인지를 분별하도록 하십시오." 시대의 풍조를 본받지 말고 하나님의 뜻을 분별하여 우리의 삶이 하나님께 합당한 제물이 되도록 하는 것은 목회자와 평신도 모두의 과제이다. 이 과제를 수행하기 위해 각자 선 자리에서 최선을 다하는 것이 가장 중요하다. 결국 우리 모두는 하나님 앞에 단독자로 서게 될 것이기 때문이다.

## 참고문헌

정의평화를 위한 기독인연대 엮음.『평신도 성전을 헐다』. 한울, 2009.
핸드릭 크래머 지음/홍병룡 옮김.『평신도 신학』. 아바서원, 2014.
존 프리처드 지음/한문덕 옮김·해설.『교회』. 비아, 2017.

한 문 덕

(생명사랑교회 목사, NCCK 신학위원)

# 평화를 원하면 평화를 준비하라

## 평화를 원하면 전쟁을 준비하라?

"평화를 원하면 전쟁을 준비하라"(*Si vis pacem, para bellum*). 전쟁과 평화에 관한 이 오랜 격언은 4세기말 로마의 군사 저술가 베게티우스 (Publius Flavius Vegetius Renatus)의 『군사학 논고』에 나오는 말이다. 로마 제국의 군사력 강화를 목적으로 한 이 책에서 그는 신병 모집과 군기훈련, 군단 조직의 편성, 부대 배치의 법칙 등의 내용을 중심으로 제국의 평화를 지속하기 위한 군사적 대응 방안을 모색했다. 당대에 주 목받지 못했던 베게티우스의 저술은 르네상스 시대의 재발견을 거치면 서 주목받게 되었고, 근대국가의 형성 과정을 통해 군사학의 고전으로 자리 잡았다. 평화를 힘의 균형을 통한 갈등 억제 상태로 정의하는 현대 군사 안보 분야의 철칙은 '로마의 평화'(*Pax Romana*)를 이상으로 삼은 베게티우스의 전략에 기초해 있다.

한편, 독일의 평화학자 디터 젱하스(Dieter Senhaas)는 "평화를 원하면 평화를 준비하라"(*Si vis pacem, para pacem*)고 말한다. 그는 요한 갈 퉁(Johan Galtung)과 더불어 20세기 평화학의 형성과 발전에 크게 공헌한 인물로 알려져 있다. 젱하스의 주장은 "결과를 제거하려면 우선 원인을 제거해야 한다"라는 '인과적 평화주의' 이론에 기초해 있다. 평화를 원한다고 말하면서 전쟁의 원인이 되는 갈등을 제거하려는 노력에 나서지 않은 채 전쟁준비의 당위성만을 역설하는 것은 상호파멸에 이르는 지름길이라는 것이다. 젱하스는 군사력 경쟁을 통한 힘의 균형을 목표로 삼는 대신 "지속적으로 평화를 촉진할 구조와 멘탈리티 구축"을 목표로 삼는 평화론의 형성이 필요하다고 주장한다. 이러한 주장은 갈퉁의 적극적 평화론과 같은 맥락에서 이해될 수 있다.

요한 갈퉁은 정치학에서 경제학, 사회학, 역사학, 인류학을 거쳐 신학에 이르는 연구를 섭렵함으로써 학제 간 연구로서의 평화학을 '창시'한 인물로 알려져 있다. 갈퉁은 1996년 『평화적 수단에 의한 평화』(*Peace by peaceful means*)에서 그간의 연구를 총망라하여 평화학의 연구를 평화이론, 갈등이론, 개발이론, 문명이론의 네 분야에 걸친 복합적 담론체계로 구성하였다. 갈퉁은 폭력과 평화를 물리적, 구조적, 문화적 차원으로 나눠서 이해한다. 이러한 구분에 따르면 평화를 힘의 균형을 통한 전쟁 억제 상태로 이해하는 것은, 물리적 폭력이 없는 소극적 평화를 의미할 뿐이다. 그러나 평화는 소극적 평화를 넘어선 적극적 차원, 즉 구조적이고 문화적인 폭력을 제거하는 차원에 이르려는 총체적 노력을 포괄해야 한다. 이러한 주장을 통해 갈퉁은 평화를 군사안보의 문제로만 제안하려는 인식의 틀을 확장하여, 물리적 폭력을 정당화하는 구조적이고 문화적인 폭력에 대한 비판으로 평화연구 담론이 확대될 수 있는 발판을 마련했다. 이와 같은 이론적 견지에서 볼 때 베게티우스의 저 격언이 의미하는바 '공포의 균형'을 통한 전쟁억제론이 우리 시대 평화에 관한 현실주의적 지배관념으로 받아들여지고 있는 현실 그 자체가, 전쟁의 불가피성을 주장하는 구조적·문화적 폭력의 성당화 과정을 통해 현실로 자리매김하게 된 것이라는 추론이 가능하다. 달리 말하면 그것은 생태계에서 생명이 군집을 이루는 세 가지 방식-경쟁, 포식, 공생-에 있어 공생을 배제한 채 경쟁과 포식을 '본성적'이라고 가르치고 믿어 온 오랜 교육의 결과이기도 할 것이다.

## 공생(共生)의 삶

마태복음에 나오는 밀과 가라지의 비유(마 13:24-30)는 타자와의 평화적 공존을 위한 현대적 의미 고찰에 도움을 준다. 적대자가 밀밭에 뿌리고 간 가라지를 당장에 뽑아버리겠다는 일꾼들의 열심을 만류하며 주인은 "추수 때까지 둘 다 함께 자라도록 내버려 두어라"고 말한다. 가라지를 뽑다가 생김새가 비슷한 밀까지 뽑을까 염려했기 때문이다. 일꾼들에게 있어서 밀과 가라지의 공존방식에 관한 이해는 제한적이다. 그들은 밀과 가라지의 공생을 염두에 두는 대신 경쟁과 포식(독식)을 제한된 공간 안에서의 유일한 생존방식으로 여기는 것처럼 보인다. 반면 주인은 다른 선택을 한다. 밀과 가라지의 공생을 택한 것이다. 주지하다시피 공생의 방식은 상호이익이 되는 상리공생(相利共生, mutualism)만 있지 않다. 한편에게 이익이 되거나 손해가 되는 편리공생(片利共生, commensalism)과 편해공생(片害共生, amensalism)도 공생의 방식에 속한다. 심지어 기생(寄生, parasitism)노 공생의 한 방식이다. 가라지를 뽑아버리지 않고 그냥 두기로 한 주인의 결정은, 생존을 위한 선택지가 경쟁 아니면 포식밖에 없다고 생각하는 이들의 사고를 뒤집으면서, 가라지의 타자성과의 공생을 모색하는 방향으로 문제의 성격을 전환하였다. 말하자면, 이 비유는 "평화를 원하면 전쟁을 준비하라"는 베게티우스의 격언과는 다른 길을 지향한다. 그것은 평화를 명분으로 가라지(타자)를 뽑아버리는 폭력을 자연스럽고 선택으로 정당화하는 대신, 타자와의 평화적 공존이라는 '좁은 길'로 청중들을 안내한다. 이 점에서 예수의 평화(*Pax Christi*)는 로마의 평화와 그 내용과 방법에 있어 다르다.

예수의 평화는 '샬롬'(shalom)에 기초한 평화다. '안녕'을 뜻하는 샬롬은 '정의'(mishpat), '의로움'(tsedeqah), '인애'(hesed), '진실'(emet) 등을 포괄하는 낱말이다. 예수가 상상한 평화는 '정의 없는 의', '진실 없는 인애'가 아니었다. 평화를 개인의 내면적 상태로 이해하거나, 전쟁이 없는 상태로만 인식하는 것은 예수의 평화가 지향하는 온전성에 이르지 못한다. 예수의 평화는 '정의로운 의'를 추구한다. 의(義)를 죄로부터 해방된 개인의 내면적 상태로 정의해 온 신학은, 의의 문제에 있어 정의(正義)를 배제하는 오류를 범해왔다. 논쟁의 와중에 고통당하는 이들의 편에 서는 위험과 불편을 감수하지 않는 이들이 주장하는 의, 갈등 당사자 간 기계적 균형에 머무는 이들이 주장하는 의는, 예수가 말한 의로부터 거리가 멀다고 말해야 할 것이다. 예수의 평화는 '진실을 추구하는 인애'를 지향한다. 평화는 단순히 갈등이 없는 인애(仁愛)를 의미하지 않고, 진실에 이르는 인애를 추구한다. 진실에 대한 추구가 예상치 못한 갈등을 불러일으킬 수 있지만, 그럼에도 불구하고 인애와 진실의 추구는 분리될 수 없다. 이렇듯 샬롬은 단순히 내적인 평화만을 의미하거나 전쟁이 억제된 소극적 상태를 의미하는 것이 아니라, 하나님 나라의 '정의로운 의', '진실에 이르는 인애'가 추구되는 과정 전체를 일컫는 말로 이해되어야 한다.

## 평화를 원하면 평화를 준비하라

그리스도교 평화전통에는 크게 두 갈래의 흐름이 있다. 하나의 예수의 평화를 지향하는 절대적 평화주의의 전통이고, 다른 하나는 정당전쟁론(just war theory)으로 대표되는 현실주의적 평화주의의 전통이다. 평화를 이루는 데 있어 절대적 원칙을 고수할 것이냐 현실주의적 선택에 따를 것이냐의 차이가 있지만, 평화를 타자와의 관계에 있어 그리스도인들이 취해야 할 절대원칙으로 정한 데 있어 이 둘은 차이가 없다. 처음 3세기 동안 그리스도인들은 적극적으로 평화주의의 원칙을 고수했고, 따라서 전쟁을 반대하며 군 입대를 거부했다. 그러나 4세기 콘스탄티누스 황제가 그리스교인이 됨에 따라 초기의 평화주의 원칙을 계속 고수하기 어려운 상황에 직면하게 되었다. 로마제국은 더 이상 그리스도교의 적대자가 아니었을 뿐만 아니라, 로마제국이 곧 그리스도교왕국(Christendom)이 되었기 때문이다.

정당전쟁론은 그리스도교 초기의 절대적 평화주의의 원칙을 고수하기 어려워진 상황에서 (로마의 평화가 아닌) 예수의 평화라는 그리스도교의 궁극적 지향을 상실하지 않기 위한 신학적 고뇌로부터 출현한 것이라고 이해되어야 할 것이다. 정당전쟁론은 불가피한 상황 하에서 폭력 사용을 '정당화'하는 이론이 아니다. 그것은 오히려 평화를 정당화하기 위해 폭력 사용에 엄격한 윤리적 제한을 두려는 시도이다. 정당전쟁론은 신학적으로 정당화될 수 있는 폭력 사용의 범위를 제한함으로써 최후까지 폭력이 아닌 비폭력을 통한 문제해결을 지향한 그리스도교의 평화주의적 전통에서 출현한 것이다. 그럼에도 불구하고 오늘날 에큐메니컬 진영에 속한 교회들은 더 이상 정당전쟁론을 지지하지 않는다. 정당전쟁론이 역사 속 무수한 전쟁을 막는 데 실패했을 뿐만 아니라, 전쟁을 정당화하는 담론으로 계속 오용됨으로써 결과적으로는 전쟁의 확산과 신성화(神聖化)에 기여했다고 보기 때문이다. 오늘날의 평화신학은 폭력의 현실주의적 사용을 정당화하려는 일체의 시도를 철회하고, 평화적 수단에 의한 평화정착, 직접적·물리적 폭력의 극복을 위한 구조적·문화적 제도와 정신의 구축에 초점을 맞추고 있다.

샬롬은 갈등이 없는 상태 이상을 의미한다. 예수의 평화는 압도적 무력을 바탕으로 타자성을 소거함으로써 이룩되고 유지되는 '로마의 평화'와는 분명 다른 길을 지향한다. 예수의 평화는 '가라지'와 공생을 택함으로써 이룩되는 평화라고 말해야 할 것이다. 그것은 타자와의 관계에 있어 경쟁과 포식이라는 선택지만이 놓여있다고 여겨지는 세상에서 공생을 택한 용기 있는 이들에게 주어지는 평화다. '가라지'와 같은 타자로 인한 불편과 손해 그리고 위험까지도 기꺼이 감수하며 타자로부터 열리는 은총의 세계에 자기를 내맡긴 이에게 허락되는 평화, 그것이 로마의 평화와 다른 예수의 평화다. 샬롬을 향한 긴 여정의 종착지에 이르러 예수는 고뇌에 찬 기도를 드렸다. 누가는 "예수께서 고뇌에 차서, 더욱 간절히 기도하시니, 땀이 핏방울같이 되어서 땅에 떨어졌다"(눅 22:44)고 했다. 예수의 평화는 '땀'으로 상징되는 자기노력의 결실마저도 타자 앞에서 포기할 수 있을 때 이룩된다는 뜻이 아닐까. '땀'을 지켜내기 위해서는 아마도 전쟁을 준비해야 할 것이다. 그러나 예수께서는 '땀'을 지켜내기 위한 투쟁 대신 자기를 내어주는 길을 택하셨다. 예수의 평화를 세속의 윤리로 강요할 수 없는 이유다. '땀'이 '핏방울'이 될지언정 타자와의 공생을 포기하지 않겠다는 사랑의 결단만이 그리스도인들을 예수의 평화로 이끌 것이다. 평화를 원하면 평화를 준비해야 한다.


**참고문헌**

디터 젱하스/김민혜 옮김.『지상의 평화를 위하여』. 아카넷, 2016.
세계기독교교회협의회/기독교평화센터 옮김.『정의로운 평화 동행』. 대한기독교서회, 2013.
요한 갈퉁/이재봉 외 옮김.『평화적 수단에 의한 평화』. 들녘, 2000.


홍 정 호

(신반포감리교회 담임목사, NCCK 신학위원)

# 포스트모더니즘과 영성의 시대

기상청에서는 오늘 아침에는 비, 비가 온 후에 불볕더위라고 했다. 북태평양 고기압의 가장자리에 들어서게 되는 긴 장마 이후 예상되는 더위다. 그런데 문제가 있다. 비는 오는데 기온이 떨어지지 않는다는 것. 오후가 되도 여전히 비가 내린다. 기상청의 비 예보는 빗나갔지만, 기온이 오후에 올라갔다는 것은 맞았다. 오후가 되면 기온이 올라간다는 것은 경험적으로 알고 있다. 물론, 내 경험이 절대적이지 않기에, 비가 옴에도 불구하고 더워지는 그 이유가 궁금하다. 속는 셈 치고, 인터넷 TV를 보니, 나보다 기상에 대해 더 배운 사람이 나와서 이야기하길, 비가 장마전선에 걸쳐 일률적으로 오지 않고 국지적으로 오다 보니, 비가 안온 지역의 열기가 습기와 더해져 기온을 상승시키고, 불쾌지수도 비가 그친 이후 보다 더 높아진다는 것이다. 뭐 그럴 수도 있다. 또 다른 채널을 보니까, 서해상 쪽으로 고온 다습한 공기가 계속 유입되고 있어 비에도 불구하고 기온이 떨어지지 않는다 했다. 이 두 가지의 이론을 결합하여 비속에서도 기온이 올라가고 특별히 나의 불쾌지수가 높아지는 이유를 계산을 해야 애초에 가졌던 궁금증이 풀릴 것이다. 희한한 날씨에 기분도 나빠지는데, 궁금하기까지 하니, 더 괴롭다. 궁금증이 풀린다면 기온이 떨어질까?

혹여 동남아 같은 날씨는 기후변화 때문이 아닐까? 기후변화를 예측하고 임상적으로 증명하는 다양한 이론들에 의거하면, 대기 중 이산화탄소의 양과 지구의 기온상승이 정비례 한다는 것이다. 크게 보면 지구온난화, 작게 보면 국지성 장마와 잘 이해 못하는 서해상으로 돌아 뒤통수치는 북태평양 고기압까지. 아마 이것이 참아내기 힘든 습기와 더위를 만들어내는 것일 것이다.

조선시대에는 비가오지 않는다 하여 태종이 하늘에 기우제를 드린 적이 있었다. 이때 신하들은 "전하께서는 천자(天子)도 아니신데, 왜 하늘에 제사를 드리십니까?"라고 하였다. 얼마 전까지만 하더라도 땅은 평평하다 생각하였는데, 이 평평한 땅의 한 가운데 중국이 있었다. 그리고 중국의 한 복판에 천자(天子)가 살고 있었다. 고대 샤먼들이 다스리던 세상에서는 하늘 한 가운데 움직이지 않는 북극성이 있고, 이를 중심으로 천체가 운행하는 것을 육안으로 확인했다. 마찬가지로 이 땅에도 하늘의 북극성과 통하는 움직이지 우주의 기운이 집중되는 장소가 있고, 이를 Axis Mundi 곧 세상의 중심이라고 한 것이다. 사람이란 모름지기 '이야기'(narrative)를 교환하며 살아간다. 그리고 이 이야기가 머리에 정리되어 들어갔을 때 이것은 세계관이 된다. 실제, 세계를 보는 것이 아니라 세계관을 보는 것, 나아가 바깥세상을 보는 것이 아니라, 사실은 자신의 머리 혹은 마음 안에 비추어진 상(象)을 본다는 것은 이미 칸트가 밝힌 바 있다.

## 동양적 사유로 시대를 읽다

사실 칸트보다 훨씬 이전, 동양에서는 왕양명이 심즉리(心卽理) 곧 마음이 이치다 하여 이미 마음 안에 모든 것이 들어 있다고 했다. 맹자가 말한 네 가지의 선한 마음, 곧 측은지심(惻隱之心), 수오지심(羞惡之心), 사양지심(辭讓之心), 시비지심(是非之心)이 그것이다. 사물의 있음은 사실 내가 인식하는 것이라고 일찌감치 파악한 불교는 반야심경에서 조견오온개공 도일체고액(照見五蘊皆空 度一切苦厄)이라고 했다. 오온이 모두 공하다는 것을 밝히 보고, 일체의 고와 액 곧 괴로움을 건넜다고 말한다. 오온이란 색수상행식(色受想行識)이다. 색이란 사물의 외형이고, 수는 붙드는 것이며, 상은 이 붙드는 것의 일차적 생각이요, 행은 일차적 생각과 결합된 수많은 생각들이고, 식은 수많은 생각 중 법칙이 되어 내 마음에 머무는 것이다. 내가 돌덩이를 보았다고 하자. 돌덩이(色)를 '본'것은 수(受)요, 이에 일차적 생각, 곧 저건 돌덩이구만 하는 것이 상(想)이다. 그리고 이 돌덩이에 관한 수많은 생각들이 솟아오른다. 지난여름 보았던 자갈보다 더 큰가? 저것으로 무엇에 쓰지? 발로 한번 차볼까? 이런 잡다한 돌덩이에 관한 생각들이 행(行)이다. 그리고 이 중 가장 강렬한 느낌이 법칙이 되어 내가 돌덩이를 정의하고 이해하는 것이 된다. 사물의 법칙이 되는 식(識)이 되는 것이다. 결국 내가 사물을 인식하는 것은 이런 잡다한 '마음의 작용'인데, 이것이 모두 공(空)하다고 선언하고 있다. 그러니 결국 모든 것은 마음에 달렸다고 하는 원효의 일체유심조(一切唯心造)가 나오게 된다. 모두가 그저 내가 그렇게 보는 것이니, 이것에 자유할 때(空), 고와 액을 넘어간다. 곧 고통을 벗어난다는 것이다.

고대와 중세까지 사람들의 마음을 지배하던 세계관은 움직이는 것과 움직이지 않는 것이었다. 움직이지 않는 북극성과 움직이는 천체였다. 왕은 움직이지 않으나 신하와 백성은 움직인다. 움직이지 않는 북극성이 왕이요, 천체가 신하다. 이런 사물에 대한 관찰로 신(神)을 파악한 아리스토텔레스와 그의 사상을 받아 중세의 세계관을 정리하고 만들었던 토마스 아퀴나스는 신을 부동의 동자(Unmovable Mover)라고 하였다. 그리고 이 부동의 동자와 소통하는 존재는 고대에는 샤먼이었다면 그 이후, 군사력을 지닌 선무당인 왕이 이를 빼앗았으나, 서구의 중세에서는 교황이 이를 신과 소통하는 존재였던 것이다. 그런데 요즘 이걸 누가 믿나? 그런데 그 흔적은 여전히 남아 있다.

과거 이덕화 씨가 주연한 〈개벽(開闢)〉이라는 영화에서, 고종의 치하 조선시대에 국가에 콜레라가 돌자, 국사당에서 대규모의 굿을 하였다. 조상신을 숭배하며 마음을 닦던 주자학으로는 콜레라를 이길 수 없었던터… 미국의 민속학자 켄달이 우리나라의 조선시대는 유교와 샤머니즘이 공존했다고 말했듯, 조상에 대한 예의와 마음을 닦는 데는 유교가 그리고 복을 빌 때에는 무속이 그 역할을 음양(陰陽)적으로 담당하였다고 한다. 곧 한 가정에 두 전통이 있었던 것이다 조상에 대한 예의와 극단적 감정으로 빠지지 않으려는 중용(中庸)만으로는 삶의 불확실성에 응답하지 못하였으리라. 고결한 마음 한 켠에 자리 잡고 있는 길흉화복(吉凶禍福)에 대한 두려움과 집착은 조상신과 사서삼경이 아닌 여성과 이들이 섬기는 귀신이 잡고 있었던 것이다. 여하간 나라에 콜레라 귀신이 퍼지자 국사당에 용한 무당이 굿을 했는데, 이것이 효험이 있었나? 개벽에서는 이덕화 씨가 분한 해월 최시형이 "미신에 빠지지 말고 찬밥과 더운밥을 섞지 말고, 집안의 모든 옷가지를 끓여서 빨아라"고 말한다. 콜레라를 이길 수 있는 힘은 굿에서 나오지 않고 위생에서 나온 다는 '합리적' 발언이다. 영화 개벽의 시나리오를 김용옥이 썼다고 한 다. 나름 우리나라에 근대적 정신을 일본이나 기독교가 아니라 동학 곧 한민족 스스로 찾아냈다는, 민족주의까지는 아니라고 하더라도 자긍심 정도는 갖자고 주장하는 사람이다. 곧 신화의 시대에서 합리의 시대 곧 이성의 시대로 전환되어 나타나는 것, 바로 이것이 근대정신이요. 우리 가 알고 있는 모더니즘, 곧 현대주의라는 말이며, 우리나라도 이런 근 대성의 힘이 자생적으로 발현했다는 주장이다. 뭐 좋은 말이니 굳이 반 대할 이유는 없다.

## 기독교 이후 시대의 출현

서양에서는 기독교가 대단히 오랫동안 힘을 가지고 있었다. 부동의 동자인 하나님과 소통할 수 있는 유일한 존재가 교황이라 했으나, 1517년 루터가 비텐부르크성당에 95개조를 붙이고 교황의 권력과 그 가 발행한 면죄부에 대해 저항했다. 교황의 권위 곧 사람들의 '중심'을 허물어뜨린 것이다. 하늘이 하나님 중심으로 돌고, 세상이 교황 중심으 로 도는데, 교황을 깨뜨렸다면, 루터는 그 위치에 누구를 혹은 무엇을 위치시켰을까? 루터는 교황에서부터 내려오는 교회의 권력 대신, '오 직' 믿음, 오직 '성서', 오직 '은총'을 갖다 놓았다. 하나님은 교황과 소통 하는 부동의 동자가 아니라, 믿음과 성서와 은총을 통해 '모두와 함께하 는' 존재다. 부동의 동자가 아니다. 이에 맞춰 조어(造語)해 보자면, '신 비의 동자'다. 동자(動者) 곧 움직이는 존재, 신학적으로는 '임재하시는 존재'다. 하나님께서는 임재하심과 동시에, 이를 넘어선 신비적 존재라는 말이다. 나나 너에게 누구에게나 임재하시지만, 나나 너나, 누구든지 하나님을 독점할 수 없다. 임재하심과 동시에 넘어선 신비이시기 때문에. 혹여 현대의 과정신학자 중 찰스 핫손은 di-polar God, "두 축의 하나님"이라고 했다.

　교황의 권위가 깨지고, 그 권위는 신앙을 가진 각 사람에게 돌아갔다. 그리고 이성이 신학에 복종하여 신앙적 세계관을 형성한 스콜라 철학은 특히 루터로 인해 해체가 됐다. 루터는 광범위하게 이성이 사용된 스콜라철학을 증오하고 있었다. 새로운 시대의 새로운 철학 곧 유명론을 공부한 그였기 때문이다. 그는 사변과 추론의 중심은 이성은 은총, 성경, 믿음과 관련된 부분에만 국한시켰고(오캄의 면도칼: 복잡하고 난해한 것은 잘라내고, 명석 타당한 것에 초점을 두는 것), 특히 철학과 같은 관찰이성, 나중에 출현할 과학이성, 곧 실험이성을 교회 밖으로 몰아내게 된 것이다. 여기에는 좋은 점도 있었고, 나쁜 점도 있었다. 좋은 점이란, 이성이 이제 교회의 신부들과 교황의 간섭과 무관하게 자기 목소리를 낼 수 있었다는 점이었다. 갈릴레오를 생각해 보라. 지동설을 주장했다고 목숨이 왔다 갔다 하지 않았는가? 종교개혁 이후, 특히 종교개혁자들과 관련된 과학자들은 이런 걱정은 하지 않아도 됐다. 그런데 나쁜 점이 있었다. 신앙에 관련된 이성만 인정을 하니, 합리적 이성주의자는 교회에 머물 수 없게 된 것이다. 지금 교회에서 인본주의, 신본주의란 말은 그 뜻도 모르고 자주 하지 않는가? 합리적으로 생각하면 인본주의적이고 신앙이 없는 사람이고, 비합리적으로 "믿습니다"를 연발하는 목이 쉰 사람은 믿음 좋은 하나님의 사람 아닌가? 그런데 이제 점점 더 합리의 목소리가 커지는 세상에 우리가 살고 있다. 합리적 이성인 과학이 세상의 학문 중심이 된지 이미 오래다. 박사학위를 받으면 과거에는 철학박사(Ph.D.)라고 했다. 신학 이외의 모든 학문은 다 철학이었으므로, 이공계에서 박사학위를 받아도 아직 보수적 학교에서는 철학박사다. 그런데 학문의 분야는 완전히 다르다. 인문과학, 사회과학 등등, 학문의 뒷부분에 '과학'이라는 용어를 붙인다. 글을 써도, 서론, 본론, 결론이다. 가설, 실험, 증명이다. 과학적 방식인 것이다.

현대는 이성의 시대다. 병이 걸리면 더 이상 굿을 하거나 예배를 드리지 않는다. 병원에 가고, 약을 처방 받는다. 역사적으로 볼 때, 이성이 교회에서 해방된 이후, 교회가 우리를 구원하는 것이 아니라, 이성이 우리를 구원해줄 것이라고 믿었다. 그리고 이 이성의 아들들 중 자본주의가 나왔고 그 이후 사회주의가 나왔다. 이성의 시대, 종교를 대신하는 것은 '이념'이 된 것이다. 과거에는 종교 간에 내가 맞고 네가 틀렸다고 싸웠다. 종교 안에서도, 내가 정통이고 네가 이단이라고 했다. 그런데 근세 말 현대초기 이간은 이념 가지고 싸웠다. 그런데 국가사회주의가 무너진 오늘날, 이념의 중심은 자본주의다. 이성이 종교에 해방되면서 이념을 만들었다. 그리고 이념 대결에서 살아남은 자본주의는 이성을 독점하게 된 것이다. 과거 부동의 동자가 교황 위에서 돌며 계시를 내렸다면, 이제는 이성이 부동의 동자가 되어 이를 학습한 사람의 주위를 돌며 계시를 내린다. 신화의 세계가 사라졌다 해도, 그 틀은 여전히 진행형이다.

자본주의가 독식하고 이성의 연료를 먹으며 세를 확장해 나가는 자본주의는, 학교에 들어가기 전 5-6살짜리 아이들에게 선행학습을 시킨다. 그리고 고등학교 때까지의 유일한 목표는 좋은 대학 가는 것, 좋은 대학가서 유일한 목표는 대기업 들어가는 것이다. 대기업 들어가서는 오래 버티거나 임원이 되는 것이다. 혹은 나를 괴롭혀 왔던 이런 세계에서 벗어나 다른 삶을 살고 싶지만, 이 자본주의 안에서 자본주의를 벗어나려는 꿈만 꾸고 있을 뿐이다. 벗어나려 해도 돈이 필요하다.

종교가 지배했던 신화적 세계관 그리고 이 신화를 자신에게 유리하도록 조작하여 사람들을 통제하고 억압하던 시절, 다행히 종교개혁이 나타나 이성이 교회 밖에서 실험이성(과학)과 관찰이성(철학)이 분리되어 그동안 꿈꾸었던 인간의 자유와 해방에 대해서 연구하고 토론하였으나, 이 연구와 토론의 정점이 자본주의라는 또 다른 종교로 귀결된 오늘, 사람들은 또 다시 자유를 외치고 있다. 종교시대가 끝이 나고, 이성의 시대가 오면 좋아질 것이라고 생각했다. 그런데 이성의 시대, 종교를 대체한 이념의 시대가 왔다. 이성에 의해 사람들을 더더욱 통제하고 감시하고 조작하는 시대가 온 것이다. 이 이성의 시대 모두들 "안녕" 하신가?

폴란드 출신의 사회학자 지그문트 바우만은 『현대성과 홀로코스트』라는 책에서, "홀로코스트를 반유대주의라고 설명하는 시도가 제대로 해명하지 못하는 문제가… 있다. 반유대주의는… 수천 년 동안 거의 보편적인 현상이었다. 그러나 홀로코스트는 전례가 없는 사건이었다." 제목이 암시하듯, 홀로코스트는 현대성, 곧 '합리성'과 '이성'이 지배하는 이 현대에 나타난 사건이라는 것이다. 이 책에서 바우만은 기능적 분업이 강화되면 도덕성이 상실된다고 한다. 네이팜탄을 만들기 위해 분업화된 노동자들이 그 폭탄이 사용되는 현장을 보고 죄책감을 느낄까? 그렇지 않다. 이성에 의해 극도로 분업화된 지금, 우리가 책임져야 할 윤리의 반경은 내 생활 속에서 옆집에 피해주지 않고, 좋은 아빠, 좋은 친구가 되는 것이다. 네이팜탄을 만든 노동자들 역시 옆집에 피해를 주지 않는 좋은 아빠, 좋은 친구일 것이다. 또한 바우만은 이 이성의 시대

"관료적 대상들의 비인간화"가 홀로코스의 원인이라고 한다. 관료적 비인간화란 사람 사이의 거리두기라고 말하고 있다. 사람과 사람이 관료적, 사무적이 되면 이는 사람과 사람 '사이'의 관계—한자로는 어질 仁이 사람 人과 사람 人이 겹친 말로 관계 사이의 윤리이며, 요즘에는 사랑 love으로 번역된다—가 무관심으로 해체되어 버린다. 현대성 이후에 나타난 분업주의와 관료성은 결국 다른 이들의 죽음과 아픔에 무관심하게 하며, 이 현상이 독일에서 일어났다는 것이다. 분업과 관료제에 의한 사회가 지속되는 한, 홀로코스트는 언제든 일어날 수 있다는 것이 바우만의 말이다. 2000년도 판『현대성과 홀로코스트』에서 바우만은 홀로코스트는 "범주적 학살"이며 "질서구축으로의 대량학살"이라고 했다. 범주적이라는 말은 이성적 '구분'을 전제로 한 말이다. 인간의 사유가 구성되기 위해서는 나와 다른 대상이나 나의 개념과는 다른 개념이 존재해야 한다. 데리다가 말한 바와 같이 개념의 사전은 항상 '반대' 말을 전제로 생겨난 것이다. 이로써, 우리의 사유 역시 '반대'편을 전제로 하지 않는 한 성립되지 않는다. 이 '범주'는 "질서-구축"을 위해서 희생당하거나 폐기처분 돼도 되는 물질개념으로 바뀌게 된다.

이성에 의한 현대주의는 아예 '계몽주의'(enlightenment)혹은 '깨달음'이라는 말로 칭송됐었다. 계몽은 물론 '무지'로 부터의 계몽이요, 이 무지의 원천은 종교적 신화체계다. 중세의 종교적 신화는 신에 대한 상징적 설명이나 인간의 삶과 운명에 대한 이야기였지만, 현대의 신화, 특히 홀로코스트의 신화는 나와 다른 범주를 만들어 이성을 구축하는 과정에 신화를 만들고, '다름'에 대해 폭력을 가하는 방법으로 발전해 온 것이다.

## 이성 이후 시대를 살다

포스트모던주의란 '이성 이후주의'다. 그런데 문제는 이런 시대 우리는 무엇을 어떻게 해야 할지, 무엇을 해야 할지 그리고 그 이성 이후의 세계가 어떤 세계인지 아직 잘 모른다. 그리고 이성에 의해 자본주의적 삶의 양식이 우리의 일거수일투족을 통치하며, 극단적인 분업화와 관료화 범주화와 질서유지를 하면서 폭력과 절망을 만들어 내는 이때, 바우만도 '도덕성 회복'만을 이야기 할 수 있을 뿐이다. '도덕성 회복', 싱거운 이야기인 것 같지만 신에 의한 절대은총을 통해 구원받을 수 있다는 신학적 범주 안에서 살아온 기독교에게는 도전이 될 수 있는 말이다. 나에게 이 말은 은총을 통한 인간의 '수동성'만을 주장했던 과거에서 이제 곧 '수행'적 삶이 필요하다는 것으로 들린다.

바우만의 말을 받아, 수행이 가능하기 위해서는 자신의 비도덕성을 볼 수 있는 열린 '눈'이 필요하다. 열린 눈이야 말로 개명이요 진정한 계몽(enlightenment)이다. 이 수행을 통해 사물을 보는 눈, 아니 '내가 사물을 인식하는 법'을 성찰할 수 있는 '눈'이 열리고, 내가 타자를 범주화하여 세계관을 구축하거나, 남에 대한 무관심과 냉담함을 바라보는 '눈'이 열린다. 발터 벤야민은 현대자본주의 밖에 있는 구경꾼들은 이 사회에 묻어갈 수 있고, 때로 전복할 수 있다고 했다. 묻어가는 사람은 이성이 만든 이 사회의 신화와 환상에 자신을 빼앗겨 사는 사람이요, 전복하는 사람은 자기 개성을 지키며 보는 사람이라고 했다. 그는 밖의 세계에 딸려가지 않고 지키며 보는 '눈'을 가진 사람이다. 우리 모두는 나면서부터 장님인 사람이다. 우리는 분업화된 세상 속에서 사신의 역할놀이를 하고 있으며, 이로써 사람들 간의 관계는 관료적/사무적으로 바뀌고, 다름을 중심으로 세상을 보다. 이에 무관심하거나 아니면 이들을 증오하는 이 사회에 그냥 태어났다. 나면서부터 이 사회가 전부인 줄 알았던 것이다. 그런데 이것 역시 내가 만들어 가고 있는 줄을 모른다. 그리고 이것이 거대한 폭력으로 흘러갈지 아무도 모른다. 장님인 것이다. 나면서부터 장님인 사람이 예수와 만나 눈을 떴듯이, 새로운 눈을 얻는 것이다. 종교학자 오강남은 이를 "상생의 세계관, 세계를 신묘막측한 것으로, 은혜스러운 것으로, 선한 사람이나 악한 사람 모두에게 때를 따라 비를 주시고 햇빛을 주시는 사랑의 하느님이 보살피시는 세계로 보는 태도는, 종교적 실천과 수행을 통해 새로운 관(viso)을 얻는 것"이라고 했다. 이 성찰의 눈이 열리고 나를 비워 수행하는 것, 열린 자세로 다양한 글들을 읽어내고 반성하고 다시 생각하는 것이다. 바로 이것을 수행이라 하며 기독교 안에서는 '영성'이라고 한다. 인문학에서 최대한도 이 현대성의 억압을 넘어서는 힘을 도덕성이라 했다면, 우리는 이를 영적 수행이라 할 수 있는 것이다.

이제 비가 멈췄다. 남쪽으로 장마전선이 내려가서 그런지, 아직 견딜만한 더위다. 나는 집중호우를 장마전선의 영향이라고 생각하지, 하나님께 죄를 지은 형벌의 결과라고 보지 않는다. 신화의 세계에서 신을 찾는 것이 포스트모던 시대의 신앙이 아니다. 이것은 우리가 살던 이전 세계, 근세이전, 중세로의 퇴행일 뿐이다. 이 합리의 세상에서 나를 비워 하나님께 찾아가다 결국 그 길 역시 하나님의 은총이었다는 사실을 깨닫는 순간, 수행이 곧 은총이며, 은총이 있어야 수행의 '눈'이 열린다는 고백을 하게 될 것이다. 포스트모던을 향한 시대, 그 길은 이성 뒤에 숨겨진 폭력성을 밝히 보는 눈을 얻는 시대 그리고 이를 인정하고 회개하고 내려놓는 시대, 그래서 더 나은 세상을 소망하는 시대, 그래서 마침내 찾아가는 수행이 곧 은총임을 깨닫는 시대, 포스트모던의 시대는 곧 영성의 시대가 될 것이다.


**참고문헌**

바우만, 지그문트/정일준 옮김.『현대성과 홀로코스트』. 새물결, 2013.
오강남. "표층믿음에서 심층믿음으로", 한자경 편집,『믿음: 디딤돌인가 걸림돌인가』. 운주
　　사, 2012.


최 대 광

(정동감리교회 부목사, 감리교신학대학교 강의교수)

# 한국 기독교와 문화

여기서 말하는 기독교는 개신교를 일컫는다. 신앙유비(*Analogia fidei*)에 근거하여 배타성을 근본 에토스 삼는 개신교 풍토에서, 본 지면을 통해 기독교(성서)와 문화의 상관성이 긴 세월 탐구되었다는 사실에 경의를 표한다. 초자연에 대해 자연을, 하느님에 반해 인간을, 복음에 비춰 문화를 대립시켰고 뭇 종교에 대한 기독교의 배타적 우월감을 앞세운 것이 종교개혁 500년 역사였으며 이곳 개신교의 실상이었다. 여타 종교를 뜻하는 영어 단어가 한결같이 '...ism' 으로 마무리된 것은 계시 종교인 기독교와의 선험적 구별 탓이다.

하지만 기독교 이후 시대를 살면서 복음과 문화 혹은 기독교와 문화 간 상관성을 되묻는 시도가 생겨났다. 여러 유형들로 설명되었으나 지금껏 복음으로 제 문화(종교)를 변혁시켜야 한다는 이론이 대세이다. 여전히 순수, 절대적인 복음과 오염되고 불순한 문화라는 차등적 상대 가치가 근간을 이룬 것이다. 배타주의를 넘어 포괄주의를 표방하는 가톨릭 자연신학 전통에서도 정도 차가 있었을 뿐 이런 기조를 벗을 수 없었다. 다행히도 감리교신학대학교의 토착화신학 전통에서 이에 대한 문제 제기가 있었고 복음과 문화 간의 불이(不二)적 특성을 논하는 이론들이 계발되었다. 때론 혼합주의란 오해를 받으면서까지 토착화론을 전개한 이들의 생각을 짧게 정리해본다.

## 복음과 문화의 관계를 말하다

이들 토착화 신학자들은 일단 서구 문화의 옷을 입은 기독교를 복음과 구별했다. 서구에서 유입된 기독교는 서양적 기성품일 뿐 성서의 종교와 동일시 할 수 없었던 것이다. 그래서 서구 근본주의 신학을 통째로 들여와 그것을 복음이라 여겼던 이들 '화분론'에 대해 '종자(씨앗)론'으로 맞섰다. 서구 문화 속에 뿌리내린 기독교가 아니라 발아(發芽) 이전 상태로서의 복음을 우리 풍토에 이식할 생각에서다. 이들 토착화신학자들은 이 땅에서 싹튼 복음은 맛과 향과 색깔에 있어 서구의 그것과 다를 수밖에 없다고 믿었다. 여기서 중요한 것은 복음이 뿌려진, 혹은 뿌려질 우리 문화(풍토)에 대한 자각이다. 풍토가 달라지면 기독교의 모습 역시도 달라지는 바, 이미 가톨릭(희랍 풍토), 개신교(독일 풍토) 그리고 정교회(러시아 풍토)를 통해서 입증되었다. '종자론'으로 인해 복음만큼이나 고유문화 역시 소중하다는 자각은 기독교와 문화를 말함에 있어 큰 수확이었다.

'종자론'을 넘어 '접목론'의 이론도 계발되었다. 복음과 문화를 저마다 살아있는 주체로서 이해했기에 '종자론'보다 진일보되었다. 무생명(토양)의 생명력과 생명체의 생명력은 질에 있어서나 뜻에 있어서 그 차(差)가 상당하다. 그렇기에 생명체와 생명체가 만나 이룰 결과는 기독교 서구로선 낯설 수 있다. 동서양이 만나는 것이자 다른 역사끼리 조우하는 것이기에 전개의 끝이 가늠키 어려운 것이다. 여기서 강조점은 뿌리 생명력으로서 우리 문화가 된다. 하지만 뿌리에 응축된 생명력에 복음이 접목(接化群生)되어야 그 힘이 표출될 수 있다. 즉 뿌리의 생명력 없으면 복음의 내용 없고, 복음 없으면 뿌리의 생명력은 만개할 수 없다는 것이다. 따라서 문화의 잠재력을 힘껏 표출시키는 것이 이 땅에 유입된 기독교의 사명(선교)이라 하겠다. 이런 '접목론'의 신학적 전제는 하느님은 선교사의 등에 업혀 오지 않았고 5천 년 역사 속에서 활동해왔다는 소위 탈(脫)선교사관이다. 여기서 우리 문화는 최소한 구약성서를 대신할 수 있다. 서구인들이 구약성서를 통해 복음을 만나듯 우리는 유불선 종교 문화를 거쳐 예수에 이를 수 있다는 말이다. 따라서 '접목론'은 그 이질적인 특징으로 서구 기독교의 지평을 넘을 수 있다. 서구적 인습을 떠나 창조적인 한국 기독교를 정초할 여지를 남긴 것이다.

## 종교다원주의를 넘어

종교다원주의 혹은 탈(脫)식민적 시각에서 보는 또 다른 관점도 있다. 주지하듯 기독교 복음은 반드시 서구 문화에 담겨 들어올 수밖에 없다. 물그릇 없이 물만 가져올 수 없다. 이것은 신학자 틸리히의 종교 문화론의 핵심이다. 이점에서 '종자론'이나 '접목론'은 문화 없는 복음을 상정할 때 가능하다. 하지만 복음은 필히 서구 기독교의 한 모습으로 전해질 수밖에 없다. 이점에서 서구 기독교는 아시아의 가난과 종교에 세례를 받아야 한다는 주장이 설득력 있다. 서구 기독교가 이 땅의 문화 속에서 해체되어 총체적으로 재구성되어야 한다는 것이다. 배타적 기독교가 포용적 기독교가 될 것이며 아버지 종교에서 어머니 종교로 달라져야 하고 부르주아 종교에서 민중, 서민 종교로 다시 태어나야 마땅하다는 말이다. 하늘의 종교가 땅의 종교로 변형될 수도 있을 것이다. 한마디로 서구 문화의 옷을 벗고 이 땅의 문화 속에서 이곳의 종교가 되란 뜻이다. 앞선 두 유형에 비해 본 시각은 아시아적 주체성, 곧 지역문화의 토발성(土發性)이 강조된다. 이것은 문화 위의 그리스도(Christ above Culture), 나아가 문화 변혁자로서의 기독교 이해와 내용적으로 맞서는 개념이겠다.

본래 한 종교를 이해함에 있어 중요한 것은 세계관이며 그의 핵심은 자연환경, 곧 풍토에 있다. 처한 풍토에 따라 인간의 자기이해 방식이 달라지며, 초월 내지 종교적 표상도 변별되게 생기하는 법이다. 수용적 인간 이해를 낳은 몬순형 풍토에서 불교가 나왔고, 의지적 존재를 강조하는 사막형 풍토에서 초자연적 신 이해가 비롯한 것이다. 사막형 풍토에서 업(業)이나 윤회 사상이 나올 리 없고, 몬순형 기후에서 초자연적 신관을 기대할 수 없다. 이렇듯 생존의 토대인 풍토와 환경에 맞게 종교가 생겨났고, 그것이 4대 문명 발생지와 중첩되었다. 사막형 풍토의 기독교가—비록 유럽을 거치면서 순화되긴 했으나— 아시아 풍토에 유입될 시(時), 의당 서구와 다른 옷을 입은 형태가 되어야 한다. 이분법적 차별주의에 입각한 기독교가 일원론적 상대주의에 터한 모습의 종교로 그 형태를 달리 해야 옳을 것이다. 우리는 이것을 '토착'(土着)을 넘어선 '토발'(土發)이라 부르고자 한다. 이런 차원에서 한국에서도 엔도 슈사쿠의 소설 〈침묵〉과 〈깊은 강〉 같은 기독교 소설이 등장할 필요가 있다.

한국 기독교와 문화, 이 주제는 그러나 한 두 사람에 의해 짧은 시간에 이뤄질 수 있는 과제가 아닐 것이다. 수천, 수만 개의 교회들이 있으나 이 땅의 정서와 문화적 가치에 부합되는 건물 하나 찾기 어려운 상황이다. 간혹 조각이나 그림 그리고 음악 등에서 탈(脫)서구적인 시도가 눈에 띄나 여전히 희소하다. 기독교인들 의식이 서구만을 바라보고 뿌리에 대한 의식을 실종시킨 탓이다. 우리들 문화가 보편적 가치를 지닐 수 있는 가능성을 우리는 한류(韓流)를 통해서 충분히 경험했다. 이 땅의 기독교도 한류의 한 장르가 되면 좋겠다. 양적으로가 아니라 질적인 측면에서 서구 기독교를 능가하는 한국적 기독교의 출현을 기대한다. 필자는 풍류신학과 함께 다석(多夕)학파의 기독교 이해에서 그런 가능성을 본다. 바로 이런 작업이 기독교와 문화의 상관성을 지속적으로 연구해온 본 잡지의 공헌이자 열매가 될 것이다.

## 참고문헌

이정배. 『신학의 재이미지화와 아시아적 상상력』, 감신대출판부.
이정배. 『신학, 타자의 텍스트를 읽다』. 모시는사람들, 2015.

이 정 배

(NCCK 신학위원장, 현장아카데미 원장)

# 사랑을 선택하는 삶

혐오(嫌惡)는 현대사회의 일상을 진단하는 감정의 키워드 가운데 하나다. 오늘날 사람들은 선한 것보다는 좋은 것, 옳은 것보다는 유쾌한 것에 이끌리는 경향이 있다. 혐오의 일상화는 탈근대적 자본주의정신의 전지구적 확산과 더불어 선과 악, 옳고 그름에 대한 종래의 윤리적 판단이 호(好)/불호(不好), 쾌(快)/불쾌(不快)와 같은 심미적 반응으로 전환되는 과정과 관련 있다. 20세기 인류를 가르던 국가와 민족의 높은 장벽이 낮아진 오늘날, 사회연결망서비스(SNS)를 매개로 전개되는 사회적 인정투쟁의 장에서 혐오는 '좋아요'에 귀속되지 못한 이들을 통합하고 분할하는 새로운 삶의 존재 양식으로 자리매김하고 있다.

혐오는 지역적 차원을 넘어선 세계적 현상이다. 유럽은 무슬림과 난민에 대한 혐오로 몸살을 앓고 있다. 유럽의 극우파 정당들은 테러의 근본원인과 그 식민주의적 역사성에 대한 자기반성적 성찰을 간과한 채 테러의 당면 위협만을 강조하며 이주민들에 대한 무차별적 혐오를 정치적 결집의 계기로 활용하고 있다. 이에 영국이 논란 끝에 유럽연합

(EU)에서 탈퇴하는 등 혐오의 정치는 현실에서 이미 일정한 효과를 거두고 있다. 동아시아에서도 혐오는 강력한 문화이데올로기로 작용하고 있다. 중국과 일본 내 극우파 민족주의 세력의 결집을 위한 혐한(嫌韓) 정서의 확산 그리고 남북갈등을 둘러싸고 벌어지는 혐오의 정치는, 오늘날 혐오가 개인과 특정한 지역의 문제가 아닌 전 지구적 차원에 걸친 문제임을 여실히 보여주는 단편적 예에 불과하다고 해야 할 것이다.

## 혐오의 정치와 표현의 자유

혐오는 대상에 투사된 부정적 감정이라고 간단히 정의할 수 있다. 배설물이나 체액, 혈액 등 특정한 대상에 대해서는 모든 문화에서 공통적으로 혐오감을 느낀다는 '원초적 혐오'에 대한 주장이 있지만, 그런 주장의 타당성 여부는 확정적이지 않다. 더욱이 문화마다 공유하는 어떤 보편성의 토대가 있을 것이라는 전제 자체가 시대 문화적 편견에서 비롯된 것이라는 문제제기는 여전히 유효하다. 이런 점을 고려할 때 혐오가 인간이 갖는 '본질적'이거나 '자연스러운' 감정이라고 말하기에는 무리가 따른다. 혐오는 타자와의 관계를 통해 '형성되는' 사회적 감정이라는 점에 주목해야 한다.

타자에게 투사된 부정적 감정으로서의 혐오는 사회·정치·문화·종교적 이데올로기의 역할을 함으로써 "싫어하고 미워하는" 대상의 내용과 범위를 무한히 확대한다. 그렇기에 혐오는 장애인, 여성, 이주민, 성소수자, 노인, 심지어 지역주민과 유가족에 이르기까지 그 대상을 무차별적으로 확대한다. 혐오는 한국 사회의 구성원들을 범주화하던 혈연, 지연, 학연 따위의 전통적 공통기반이 약화된 상황에서 사람들을 새롭게 범주화하고 결속시키는 강력한 사회문화적 이데올로기로 작용하고 있는 것이다. 문제는 이러한 혐오가 주로 약자에게 투사되는 감정이라는 데 있다. 혐오는 사회문화적으로 타자화된 이들, 도움을 호소할 곳이 마땅치 않은 이들, 그래서 보복하기 힘든 위치에 있는 이들을 주로 겨냥함으로써 '내부'로 지칭된 이들의 통합과 결속을 다지는 통치의 행위로 기능하기도 한다. 혐오를 통해 작동하는 '혐오의 정치'(The politics of disgust)의 악마성은 여기에 있다. '혐오의 정치'는 혐오라는 부정적 감정을 전면에 내세우는 대신 자유, 정의, 인권, 민주주의와 같은 긍정적 가치가 담긴 낱말들을 전면에 내세우면서 혐오를 지속하도록 만드는, 정교한 통치의 기술인 것이다.

보다 구체적으로, '혐오의 정치'는 혐오 발언(hate speech)과 혐오 범죄(hate crime)를 통해 개인과 사회에 해악을 끼친다. 혐오 범죄의 경우에는 특정 집단에 대한 증오심이 바탕이 된 구체적 범죄행위로 드러나기 때문에, 혐오 발언에 비해 그 해악성을 판단하는 데 있어 논란의 여지가 적다고 할 수 있다. 그러나 혐오 발언은 표현의 자유 문제와 맞물려 어느 선까지를 표현의 자유로 인정하고, 혐오 발언으로 규제할 것인지에 대한 명확한 기준을 마련하는 일이 쉽지 않다. 예를 들어, 극우주의 성향의 인터넷 커뮤니티 '일베'(일간베스트)의 활동에 대한 인정 여부가 대표적이라고 할 수 있다. 2014년 9월 6일 '일베' 회원 등 100여 명의 사람들은 세월호 참사 유가족들이 진상 규명과 특별법 제정을 요구하며 단식하고 있는 광화문광장에 나타나 피자와 치킨 등을 먹는 이른바 '폭식투쟁'을 감행했다. 언론 보도에 따르면, 이날 한 50대 남성은 광장에 모인 젊은이들에게 "많이 먹고 행복하게 지내고 계속 나라를 지켜달라"고 격려하면서 피자 100판을 돌리기도 했다. 이 사건은 그동안 표현의 자유 문제를 군사독재와 권위주의적 시민사회 문화 타파를 위한 진보적 자유주의 진영의 독점적 의제(agenda)로 간주해 온 이들을 충격과 혼란에 빠뜨렸다. 표현의 자유 문제만으로는 상대방이 혐오감을 느낄 만한 발언과 행위를 규제할 마땅한 법적, 담론적 근거를 마련할 수 없었기 때문이다.

혐오 발언은 인종, 민족, 국적, 성별, 성적지향 등을 이유로 인간의 존엄성을 부정하는 언어폭력의 일종으로서 혐오 대상에 대한 차별과 폭력을 정당화하는 말을 총칭한다. 또한 혐오발언은 사회, 문화, 역사, 종교적 차이 등 다양한 이유로 차별받는 처지에 있는 소수자들에 대한 물리적 폭력과 구조적 폭력을 묵인하고 정당화하는 문화적 폭력(cultural violence)으로 작용하기도 한다. 그렇기 때문에 국제사회는 혐오발언을 여러 규약들을 통해 금지하고 있다. 1965년 인종차별철폐국제조약(International Covenant on the Elimination of All Forms of Racial Discrimination)과 1966년 시민적 및 정치적 권리에 관한 국제규약(International Covenant on Civil and Political Rights, ICCPR) 등은 혐오 발언이 공공성에 미치는 유해성을 인식하여 이를 법률로 금지한바 있다.

민주주의 택한 사회에서 표현의 자유를 규제할 방안을 마련한다는 것은 원천적으로 어려운 일일지 모른다. 그러나 그 표현의 자유가 타인의 자유나 인권을 침해하는 경우라고 한다면, 더욱이 사회적 약자들에 대한 모욕과 조롱을 통해 획득되는 자유라고 한다면, 일정한 제재를 가하는 것이 마땅하다고 보는 것이 국제사회의 공론이다. 그러므로 '일베'를 중심으로 한 이들의 이른바 '폭식투쟁'은 표현의 자유 존중에 방점이 찍혀야 할 사안이라기보다는 혐오발언 규제를 통한 사회적 공공성의 확보가 더 중요한 의제가 되어야 할 사안이라고 할 수 있다. '폭식투쟁'이 표현의 자유라고 주장하기에 앞서, 약자들이 혐오의 대상이 되지 않도록 법적, 제도적, 담론적 차원에서 보호책을 마련하는 것이, 약자들을 혐오함으로써 누리는 표현의 자유 확대보다 민주주의 사회의 공공성 증진에 기여하는 일이 될 것이기 때문이다.

## 여성 혐오와 인간 혐오

(여성) 혐오에 (남성) 혐오로 맞서는 문제도 같은 맥락에서 생각해 볼 수 있다. 2016년 5월 강남역 여성 살해사건에서 보듯 한국 사회에서 여성은 단지 '여자라서' 살해될 위험에 처해 있는 사회적 약자다. 일각에서는 페미니즘 담론의 '과잉'을 우려하는 이들도 있지만, 한국 사회의 여성들이 겪고 있는 계속적인 위험과 불평등, 부정의의 문제를 생각할 때 이런 우려는 지나친 감이 있다. 담론의 과잉을 우려하기보다는 여성들이 일상에서 맞닥뜨리는 차별과 부정의를 없애기 위한 노력이 더 시급한 과제가 되어야하기 때문이다. 그렇다고 해서 여성을 혐오하는 남성에 대한 혐오가 정당화될 수는 없다고 본다.

'메갈리아' 사태를 통해 혐오를 혐오하는 흉내내기(mimicry) 전략으로서의 '미러링'(mirroring) 효과에 대한 논쟁이 있었다. '미러링'은 여성주체들이 남성들과 똑같은 혐오의 언어를 사용함으로써 남성들의 언어가 얼마나 폭력적인 것이었는지를 돌아보게 만드는 일종의 충격요법을 의도한 전략이었다. 이 전략은 한국 사회 내 여성 혐오의 문제를 표면화하고, 약자로서의 여성을 저항의 주체로 호명하는 데 있어 일정한 효과를 거뒀다. 그럼에도 불구하고 '미러링'은 혐오의 악순환을 끊는 근원적 방식이 될 수 없다. 그것은 혐오라는 감정을 둘러싸고 벌어지는 복잡한 사회·정치·경제·문화적 관계를 성별의 대립구도로 '말끔히' 환원하는 동시에, 타자에 대한 혐오를 원동력으로 삼는 '혐오의 정치'를 계속해서 작동시키는 '혐오-자본'의 증식에 기여하기 때문이다. 요컨 대 여성 혐오(misogyny)에 대한 반대는 '미러링' 등을 통한 여성 혐오 극복이라는 목표에서 한 걸음 더 나아가, 여성을 포함한 모든 인간을 대상으로 하는 인간 혐오(misanthropy)에 대한 근원적 문제제기가 될 때 '혐오의 정치'에 맞서는 연대의 한 축으로 구성될 수 있을 것이다.

## 인간 혐오에 대한 그리스도교적 성찰

인간 혐오에 대한 성찰에 있어 그리스도교의 역사는 중요한 참조점 을 제공한다. 그리스도교는 혐오의 대상에서 혐오의 주체로 변화해 온 역사를 간직하고 있다. 예수는 로마의 식민 지배 세력과 유대교의 종교 적 기득권 세력 모두에게 두말할 나위 없는 혐오의 대상이었다. 혐오의 대상과 경계를 끊임없이 확장함으로써만 식민 지배의 억압적 체제를 유지할 수 있었던 1세기 팔레스타인의 정치·경제·문화적 상황에서, 예수는 혐오 대신 하나님의 가없는 사랑과 자비를 증언한 대가로 처형 당했다. 하나님의 사랑과 자비를 삶으로 증거한 예수가 왜 혐오의 대상 이 되었을까? 그것은 예수의 말과 행동이 타자에 대한 혐오를 매개로 작동하는 거대한 시스템에 오작동(malfunction)을 일으켰기 때문일 것 이다. 율법이 지향하는 바 인간 사랑의 실천을 바로 그 율법을 이유로 들어 가로막는 타락한 종교 문화 체계와 이를 분할 통치(divide and- conquer)의 계기로 적절히 활용하는 식민지배 세력의 관점에서 볼 때,

하나님의 자비와 사랑의 눈높이에서 차이를 없애고 온갖 경계선을 초월하는 예수의 말과 행동이야말로 '정상적' 통치체제의 위협으로 간주될 만한 것이었다. 다시 말해 예수가 지배체제의 혐오의 대상이 될 수밖에 없었던 이유는 그분의 무한한 인간 사랑이 혐오를 매개로 작동하는 거대한 폭력의 체제에 균열을 내고, 그곳에 하나님 나라의 새 생명이 움트는 공간을 마련했기 때문이다.

그러나 역사적 종교로서의 그리스도교는 '콘스탄티누스적 전환'(Constantinian shift) 이후 예수가 추구해온 길과는 다른 길을 걸어왔다고 말해야 할 것이다. 종교와 제국의 인간 혐오에 반대하면서 몸소 혐오의 대상이 되신 예수를 따르던 초기 그리스도인들은, 그리스도교에 호의적으로 변화된 시공간 속에서 예수의 삶과 본래적 가르침을 배반하는 방식으로 '정통'그리스도교의 체계를 수립하고 그 경계를 확장해 나갔다. 콘스탄티누스의 회심 이후 유대교와 로마에 관용을 요구하던 그리스도인들이 관용을 베푸는 자리에 올라서게 되었다. 혐오의 대상이던 예수와 그를 따르던 무리들은 이제 혐오의 주체이자 막강한 제국종교권력의 대리인으로 스스로를 자리매김하는 지경에 이르렀다. 그렇기에 중세 십자군전쟁을 통해 정점에 이른 그리스도교의 타자 혐오는 이미 예견된 결과였다고 말할 수 있을 것이다. 십자군전쟁을 거치면서 인간 혐오는 회개해야 할 죄악이 아니라, 죄악을 회개하는 수단으로 바뀌었다. "너희 원수를 사랑하고 너희를 박해하는 사람을 위하여 기도하라"(마 5:44)는 예수의 가르침은, 이제 '누가' 원수인지, '누가' 그리스도교의 적인지를 규정하면서, 어떻게 원수를 응징하는 것이 '성경적'인지를 고민하는 상황에 이르게 된 것이다.

그렇다면 오늘의 상황은 어떤가? 예수로부터 2,000년이 지난 오늘날에도 인간 혐오를 매개로 작동하는 거대한 악의 체계는 여전히 건재한 듯하다. 달라진 점이 있다면, 서양의 근대를 지나며 누가 혐오의 대상인지를 일러주던 그리스도교의 교권체계가 약화된 대신, 세속화된 국가이성의 주권체계가 그리스도교의 전통적 교권을 대신하여 혐오의 대상을 지목하고 있다는 사실에 있을 뿐이다. 누가 이단인지를 규정하던 이들은 오늘날에도 여전히 타자를 향해 같은 질문을 던지고 있다. 누가 자유의 적인지, 누가 인권과 민주주의를 말살하는 악의 집단인지를 끊임없이 규정하면서 타자를 악마화(demonization)하면서 통치하는 그 '기술'은 중세 천년을 지나 후기 근대사회에 이른 오늘날에도 전혀 빛이 바래지 않은 것으로 보인다. 요컨대 혐오를 통해 작동하는 종교문화의 확산과 신식민주의적(neocolonial), 혹은 신자유주의적 자발적-착취시스템의 결합은 오늘날 전 지구적 자본주의 세계의 '정상적' 작동을 위한 조건으로 여전히 자리매김하고 있는 것이다.

혐오를 매개로 정치와 미디어와 산업이 결합한 군산복합체(military-industrial complex)의 활동이 대표적이다. 무기 산업으로 막대한 이익을 얻는 일이 혐오의 종교·문화적 이데올로기의 뒷받침 없이 가능한 일인가? 타자를 '괴물'로 재현해내는 '혐오의 정치'와 미디어의 조력 없이 폭력의 체계를 지속하기란 불가능하다. 더욱이 오늘날 신자유주의 사회의 통치는 정치와 미디어를 '동원'하던—그래서 기획자의 의도를 비교적 손쉽게 포착할 수 있었던— 근대적 전략에서 한 걸음 더 나아가, 시민 개개인이 안전(security)을 욕망하도록 만드는 미시적 장치들을 일상에 배치하는 방식을 통해 이루어진다는 점에 주목할 필요가 있다. 현대사회의 시민들은 주권자의 강압이 아닌 자율적 규범에 의한 자기통치(self-government)의 결과로, 즉 주체적 판단이라는 미명 아래에서 안전을 끊임없이 욕망한다. 혐오를 매개로 한 군산복합체의 활동은 신자유주의저 안전의 욕망에 부합하는 동시에 이 욕망을 거스르는 주체들의 대안적 활동을 체제의 바깥으로 밀어내버리는 방식으로 혐오의 증식에 기여한다.

이러한 혐오를 통해 작동하는 체계 내에서 그리스도교 신학은 어떤 역할을 할 수 있을까? 신학은 급진적 사랑을 통해 혐오의 고리를 끊어내는 데 기여해야 한다. 혐오는 "혐오를 혐오하는" 방식만으로는 극복될 수 없다. 그것은 혐오문제의 일시적 해결에 도움이 될 수 있지만, 궁극적으로는 '혐오의 정치' 확산에 기여한다. 신학은 예수의 눈으로 타자를 바라보는 방식의 중요성을 더욱 적극적으로 주장할 필요가 있다. 그리스도인들은 "악한 사람에게나 선한 사람에게나 똑같이 해를 떠오르게 하시고, 의로운 사람에게나 불의한 사람에게나 똑같이 비를 내려주시는"(마 5:45) 예수의 하나님에 대한 굳건한 믿음으로, 혐오가 아닌 사랑을 선택하는 삶을 지향해야 한다. 혐오라는 부정적 감정을 체화하며 폭력의 체계를 내면화하는 데 이르는 긴 시간보다 더 오랫동안, 혐오하는 자의 부정성을 감싸고 남을 만큼의 더 큰 사랑을 통해서만 혐오는 극복될 수 있다. 그러므로 혐오를 극복하기 위한 노력은 정의에 대한 추구만으로는 불가능하다. 혐오극복을 위한 정의를 추구하되 모든 것을 인간에 대한 사랑 안에서 하려는 노력이 필요하다. 혐오하는 인간과 혐오당하는 인간 모두가 '하나님의 사랑받는 자녀'라는 초월의 관점을 떠나지 않으면서 혐오하는 자의 세계와 혐오당하는 자의 세계 사이의 화해를 추구해야 할 사명이 그리스도를 따르는 교회와 신자들에 있다고 해야 할 것이다. 당연히 이것은 쉽지 않은 일이다. 한편의 지시를 온전히 얻어낼 수 없는 일일뿐더러, 피해자는 물론이고 때로는 가해자로 지목되는 이들 편에서 그들의 사정도 헤아려보아야 하는 고된 과정이기 때문이다. 그러나 혐오와 맞서 싸우는 길은 자기와의 싸움을 우회할 수 없다. 혐오는 그것에 굴복하지 않으면서 인간 사랑의 길을 삶의 이정표로 삼은 이들의 진실한 자기 극복 행위를 통해서만 부분적으로 극복될 수 있을 뿐이다.

**참고문헌**

마사 누스바움/강동혁 옮김.『혐오에서 인류애로』. 뿌리와 이파리, 2016.
마커스 J. 보그/ 김준우 옮김.『기독교의 심장』. 한국기독교연구소, 2009.
모로아카 야스코/조승미 · 이혜진 옮김.『증오하는 입』. 오월의봄, 2015.

홍 정 호

(신반포감리교회 담임목사, NCCK 신학위원)

# 자연(생태)을 성서적으로 이해하기

자연재앙이 닥칠 때마다 기독교인들은 창조신앙을 생각한다. 하느님께서 선(善)하게 창조한 세상에 이처럼 무질서한 악(惡)이 발생한 것에 대한 답을 얻기 위함이다. 신학은 이를 신정론(Theodizeefrage)의 주제로 삼고 오랜 시간 숙고해 왔다. 초기에는 인간 자유의지의 오용과 남용이 관건이었으나 점차 자연의 카오스(혼동)가 신정론의 주제로 부각되는 상황이다. 그만큼 자연이 인간에게 역습하는 빈도가 높아진 탓이다. 이에 대한 답이 궁하다 보면 아전인수 격의 해석이 난무하게 된다. 수만 명의 생명을 앗아간 강도 9가 넘는 이웃나라의 대지진을 접하면서 그것이 한반도에서 빗겨간 것에 안도하며 그를 기독교인의 공로로 여기는 목회자가 있을 정도가 되었다. 신앙적 관점에서 기독교인 탓에 한반도가 보호되었다는 언술은 실상 불가능하지는 않다. 하지만 남의 불행을 동일한 관점에서 재단하는 것은 객관적일 수도 신앙적이지도 않다. 그것이 오히려 하느님을 욕보이는 것임을 교계지도자라면 거듭 숙고할 일이다.

## 하느님 계시의 두 지평: 성서와 자연

기독교 역사 속에서 성서와 자연은 본래 하느님을 알리는 두 지평이 었다. 성서와 자연이 함께 계시공간이었다는 사실이다. 필자는 이것을 적색은총과 녹색은총이란 말로 재(再)언표 한 적이 있다. 궁극적으로 예수 그리스도를 알리는 '성서'와 그것 없이는 삶 자체가 성립될 수 없는 '자연'이 각기 최상의 은총임을 적시할 목적에서다. 하여 중세 가톨릭교회에서는 자연 자체가 하느님께 영광 돌리는 합목적성을 띠고 있음을 강조했다. 자연의 능동성이 강조된 것도 이런 합목적성에 대한 신뢰 때문이었다. 인간 이성 그리고 여타의 종교문화 역시 이런 합목적성의 구조에서 긍정되었고 그로부터 가톨릭 자연신학의 토대인 '존재유비'(*Analogia Entis*)가 발원되었다. 하지만 17세기 초엽 자연의 합목적성을 붕괴시키는 대지진이 경건한 가톨릭 신앙지역인 포루투갈 리스본 지역에서 발생했다. 당시로서는 상상할 수 없는 인명피해를 초래한 까닭에 사람들은 더 이상 자연의 유기체성을 신뢰할 수 없었고 지배해야 할 물질로 여기기 시작했다. 소위 근대의 기계론적 세계관의 탄생이 여기에 바탕한 것이었으며 일체 자연의 능동성을 거부하고 오직 은총. 오직 믿음을 강조한 종교개혁의 신학의 토양이 된 것이다. 개신교 신학이 정체성이 '존재유비'의 자연신학에 있지 않고 일차적 자연을 송두리째 부정하는 '신앙유비'(*Analogia Fidei*)에 있음이 이를 증명한다. 기계론적 세계관과 종교개혁 신학의 동거로 근대과학 문명이 시작되었다고 해도 과언이 아닐 만큼 양자의 관계는 남달랐다. 자연을 창녀의 메타포로 읽고 과학 기술의 힘으로 자연을 개조하는 것이 '땅을 지배하라'는 그리스도의 구원을 완성시키는 일로 이해할 정도였으니 말이다. 하지만 이로부터 기독교는 자연이 애초부터 하느님의 계시공간인 것을 망각했다. 기독교는 오직 인간의 종교였고 인간의 영혼만 관심하는 사적종교로 축소되어간 것이다. 기독교는 결국 자연, 곧 창조공간을 과학에게 내맡겼고 과학자들은 가치로부터 자유한 과학, 결코 미래를 책임질 수 없는 위험한 학문으로 과학을 전락시켰다. 이점에서 신학의 직무유기가 과학의 타락을 가져왔다는 사실은 개신교 신학이 크게 유념할 부분이다.

20세기에 들어 과학자들에 의한 과학비판이 제기된 탓에 신학이 과학에 종속되는 누를 벗어날 수 있었고 자신의 본래 영역인 창조(자연)를 되찾을 수 있었다. 자연 자체가 인과율로 해명될 수 있는 기계와 같지 않고 여전히 불확실한 존재인 것이 밝혀진 까닭에 기독교 신학은 그 불확실성을 신적 활동의 여백으로 생각할 토대를 얻은 것이다. 물론 틈새의 신(神)으로 오독될 수 있는 개연성이 있었지만 그보다 중요한 것은 인간 중심주의를 벗고 하느님과 자연의 관계성을 신학이 재사유할 수 있게 된 점이다. 최근의 과정신학에 의하면 하느님은 인간과는 인격의 방식으로 관계하나 자연과는 자연의 방식, 즉 지렁이에게는 지렁이의 방식으로, 참새에게는 그들의 방식으로 교제하는 분이시다. 물론 인간은 참새도 지렁이도 아니기에 그들과 관계하는 하느님의 방식을 알 수 없다. 하지만 그렇다고 하느님이 그들의 하느님이 아니라고 말할 수 없는 것도 분명한 사실이다. 이렇듯 자연은 인간의 처분에 좌우되는 물질이나 소유물이 아니라 참새 한 마리도 그분 뜻 없이는 떨어지지 않고 들의 백합화 속에 하느님의 영광이 있다고 보아야 옳다. 하느님이 만물 위에만 계시지 않고 오히려 만물을 통해 일하시며 만물 안에 있다고 보는 성서의 하느님은 진화의 신(神)이기도 하며 그 긴 여정 속에서 우리는 그가 여전히 우리 인간에게 '숨어 계신 존재'(Deus Absconditus)로 함께하고 있음을 알 수 있다. 그렇기에 바로 이 지점에서 우리는 납득할 수 없는 대지진과 자연재해 같은 불가항력적 사건들을 이해할 수 있을 것이다.

## 자연의 생명성

하느님이 인간에게 자유의지를 주셨던 것처럼 자연에게도 임의(활동)성이 존재할 수 있다. 자연이 더 이상 기계가 아니며 결정적 실체 역시 자연에 대한 오독이란 지적이다. 달리 말하면 자연은 단순히 부분의 합이 전체란 등식을 넘어서 있다는 것이다. 이런 자연의 임의성은 종종 인간에게 혼동(카오스)으로 인식될 수밖에 없다. 수만 명이 죽고 애써 모은 전 재산을 졸지에 쓰레기로 만들어 버린 자연재해인 탓에 어찌 달리 부를 방도가 없을 것이다. 하지만 아우슈비츠 경험이후 신학은 하느님을 필연이상의 존재로 고백했고(Gott ist mehr als notwendig), 자신 속에 임의성, 혼동, 악 등을 품고 있는 이런 하느님을 필연이상의 존재로서 사랑이라 부를 수 있다고 하였다. 인간이 범하는 악, 자연 속에서 발생하는 뭇 혼동이 하느님 자신의 본성 속에 내포되었다는 확신이다. 하느님의 전능성이 십자가에 달린 예수 속에 있듯이 금세기에 자주 발생되는 지진, 해일 역시도 하느님을 떠나서는 이해할 수 없다는 것이다. 그럼에도 그것으로 하느님 전능성 자체를 무화(無化)시킬 수 없고 오히려 그것 자체를 달리 해석하는 것이 옳다고 보았다. 자연 역시도 인간처럼 자유가 있어 혼동을 자초하며 하느님은 그 자유 때문에 스스로 고통하시는 바 그것이 바로 그의 사랑이며 전능성의 새로운 이해란 말이다.

이처럼 하느님은 과거에서만 아니라 역사와 우주의 전 과정 속에서 거듭 십자가를 지시는 분이다. 그렇다면 하느님은 자연이 일으키는 카오스를 어떻게 인내하며 미래를 향하시는 것일까? 주지하듯 우리 기독교인들은 하느님의 새 창조를 믿는 사람들이다. 하나 뿐인 지구를 멸망시키는 존재가 아니라 이를 전혀 다른 세상으로 만드시는 분을 신뢰하여 왔다. 그렇기에 기독교는 부활의 세계를 새 창조의 비전으로 제시해 왔다. 부활을 미래에 이뤄질 세상에 대한 예시라 생각했던 것이다. 하지만 현금의 자연재해는 이렇게만 보기에는 뭔가가 부족하다. 오히려 인간들이 자연 피조물에 가한 폭력으로 야기된 피조물의 탄식이라 보는 것이 적실한 해명일 것인 바, 인간에 대한 뭇 자연의 역습이라 보는 것이 정확할 듯싶다. 그럴수록 인간은 자연 피조물에게 영광된 미래를 선사하기 위해서 피나는 노력을 하지 않을 수 없다. 종래와는 다른 마음과 태도로 자연을 바라보고 성찰하는 인간 자신에 대한 이해가 필요한 시점이 된 것이다. 분명 탄식하는 그들이 바라는 것은 성서의 증언대로라면 이전과는 다른 가치관으로 사는 신(新)인간의 출현일 것이다. 외형상 자연 재해가 인간에게 폭압적인 듯하지만 자연은 결코 인간만큼 악하지 않다. 인간은 자신만을 위해 자연을 탐하지만 자연은 스스로를 희생시켜 인간의 미래를 경고하는 까닭이다.

## 생태맹에 대한 경고: 생태적 수치심

최근 주변에서 접하는 자연의 'dying Message'에 인류는 촉각을 세워 그 의미를 포착해야만 한다. 우선 한국의 자연 생태계에서 토종벌들의 실종을 눈여겨보아야 한다. 청정지역에서만 생존하는 벌들이 사라진다면 그것은 인류의 미래가 없음을 적시한다. 이미 90%의 꿀벌이 자취를 감추었다하니 그들이 주는 'dying Message'가 참으로 중대하다. 여러 원인이 있겠으나 시골 곳곳에 이르기까지 휴대폰 사용이 보편화된 탓에 전자파의 과용으로 지구자장이 교란되어 일어난 현상이라 하니 결국 인간이 그들을 죽인 셈이다. 동물생태학자들은 바다에서 일어난 고래의 떼죽음 역시 예사롭게 보지 않는다. 원자력 방사능 물질을 비롯한 오염된 강물의 바다 유입, 석유개발로 인한 바다오염 등의 이유로 바다 생태계가 교란되어 어류감소, 산호초 폐사가 정도를 넘어서 있는 반증인 까닭이다. 향후 지구 온난화가 바다 생물을 멸종시킬 것이고 그럴수록 지진, 해일 등의 폐해가 가중될 것이란 것이 그들의 전망이다. 최근 백두산 인근 야산에서 수천마리 뱀 떼가 출현한 것 역시 대재난의 징조로 읽혀지고 있다. 남북한이 공동 관심을 보이고 있는 백두산 화산 폭발의 전초라 여겨지기 때문이다. 본래 뱀은 땅 속 변화에 민감한 동물이다. 뱀의 출현은 그렇기에 인간의 무분별한 개발로 땅 속 면역력이 급속히 저하되고 있음을 뜻한다. 이로 인해 바다나 땅이 스스로를 통제하고 정화하는 임계점을 넘어서 있고 그것이 바로 지진, 화산폭발과 같은 형태로 지구에 적신호를 보내고 있는 것이다. 이뿐 아니라 소 돼지를 비롯하여 닭, 오리 등의 조류의 집단 폐사 및 살(殺)처분으로 인해 인수(人獸) 공용 바이러스들이 얼마나 창궐하게 될지 가늠하기 어렵다. 이미 A1 조류독감이 인수공용인 것이 밝혀졌던 것인 바, 인간은 아직도 그것이 주는 교훈을 실감치 못하고 있다. 21세기 인류가 당면할 가장 큰 위협이 바로 이런 진화된 바이러스에 있으며 그 원인이 동물복지에 둔감한 인간의 탐욕의 탓이란 것을 직시할 때가 되었다.

사실 이런 실상은 이미 성서가 이미 충분히 고지해 주고 있다. 기독교인들조차 성서를 읽지만 성서를 제대로 읽지 못했음을 실토해야만 하다. 교회성장과 영혼구원이란 이념에 매달려 세상을 온전히 보지 못했고 창조질서가 파괴되는 것을 방조했던 까닭이다. 성서근본주의를 금과옥조로 받들면서 정작 성서의 가르침에 무지한 우리의 실상을 작금의 현실 앞에서 크게 뉘우칠 수 있기를 희망한다. 주지하듯 성서는 인간이 하느님께 범죄하면 인간 간에 갈등이 생기고 그 결과 자연이 인간을 어머니처럼 품지 않는다는 천지인 상관성의 진리를 담고 있다. 하느님처럼 되려는 인간의 오만이 인간 간의 평계와 반목을 낳았고 인간이 땀을 흘렸으나 자연이 엉경퀴와 가시덤불만 내었다는 창세기의 내용이 그것이다. 또한 인간이 하느님께 돌아올 때 대머리 같은 민둥산에서도 물이 샘솟곤 한다는 기사도 여럿 있다. 이를 역으로 말한다면 오늘날의 자연파괴 및 자연의 역습은 인간이 하느님께 죄지은 결과이며 인간 간의 반목과 투쟁의 실상이란 말이다. 자연과의 잘못된 관계를 하느님에 대한 반역이라 믿는 것이 성서의 올바른 가르침임을 명심할 때가 된 것이다. 재차 강조하지만 자연은 죽어서 인간을 회개시키는 하느님 마음을 닮았다. 인간처럼 자유의지를 지녔으나 자연은 그와 달리 인간과 지구를 위한 분명한 'dying Message'를 남기고 있기 때문이다. 이런 메시지를 듣고도 여전히 인간중심주의를 비롯한 일체의 '-중심주의'라는 욕망의 자폐증에서 헤어 나올 수 없다면 그것은 하느님의 미래를 더디 만드는 반(反)신학적, 반(反)기독교적 행태임이 틀림없다. 오늘 우리 기독교인들에게는 이점에서 생태적 수치심이 오히려 은총인 것을 크게 자각할 필요가 있다. 생태적 수치심이야말로 피조물이 고대하는 인간의 변화의 첫걸음인 까닭이다.

구약성서의 창조신앙에 해당되는 신약의 내용으로 흔히 산상수훈을 꼽는다. 미래에 대한 걱정과 근심이야말로 세상을 창조하신 하느님 신앙에 대한 도전이란 것이다. 그렇기에 예수는 들의 백합화와 공중 나는 새를 보라고 하셨다. 길쌈도 하지 않고 농사짓는 수고도 없이 가장 좋은 옷을 입고 넉넉한 양식을 취하는 모습을 보고 하느님을 느끼라는 것이었다. 이점에서 자연 피조물은 결코 하느님은 아니나 하느님을 감(感)하여 지(知)하도록 하는 없어서는 아니 될 매개물이다. 그러나 점차 주변에서 이런 예수의 확신을 무색하게 만드는 일들이 빈번하게 일어난다. 오늘 하루에도 신종(新種)이 출현하는 속도보다 멸종(滅種)의 속도가 100배 빠르다고 하니 자연에서 하느님 숨결을 느끼기에는 힘겨운 현실이 되었다. 자연을 하느님의 계시 지평으로부터 탈각시킨 근대의 잔재가 지금껏 수정되지 않은 채 정도를 더해갔던 탓이다. 필자가 생태적 수치심을 기독교적 영성의 출발점으로 삼자고 제안한 것도 이런 이유에서다. 피조물의 탄식, 곧 그들의 'dying Message' 앞에서 기독교가 향후 어찌 달라져야 할지를 깊게 생각해 보자는 것이다.

## 생태적 성서읽기

우선 교회는 성도들의 눈길을 자연으로 향하게 하는 시도를 거듭 시도해야만 한다. 모이는 교회, 그 교회에서 모든 것을 줄 수 있다고 생각해서는 안 된다. 자연이 목사의 설교보다 더 큰 메시지를 줄 수 있음을 겸허히 인정하란 말이다. 필자는 그것을 녹색은총이라 부른 바 있다. 지난해 있던 풀이 올 해 보이지 않는 것이 무엇인지를 함께 발견하는 일도 중요하다. 산과 바다, 들판에서 피고 지는 풀, 꽃 그리고 그를 토대로 생존하는 뭇 곤충들의 이름을 불러주는 일들도 기독교적 교회교육으로서 손색없이 중요하다. 이런 일들을 바탕하여 뜻있는 성도들을 기독교 환경연대를 비롯한 건전한 지역 환경 단체로 파송하여 자연을 중심으로 세상을 보는 시각을 전문화시킬 필요가 있다. 우리가 자연을 하느님의 계시지평으로 인식, 고백 한다면 말이다. 환경단체가 의미 있는 정책을 펼친다면 그곳으로 교회가 하느님의 돈을 기부할 수도 있지 않겠는가? 인간을 위해 아낌없이 자신을 내어주고 심지어 죽으면서까지 인류와 지구의 미래를 위해 메시지를 전하는 가난한 자연을 위해 선교하란 말이다.

매년 4월 22일은 지구의 날이며, 6월 첫 주는 세계 환경주일이다. 이때 자연환경을 주제로 제대로 된 메시지 하나 선포치 못한다면 그들의 교회는 교회로서 자격을 의심받을 수 있다. 그렇다고 어느 목사처럼 함부로 하느님 재앙 운운하는 누를 반복해서는 아니 될 것이다. 하느님께서 일하시는 것은 결국 인간을 통해 일하신다는 말도 있다. 하느님 일과 우리 의 일이 처음부터 달리 있지 않다는 것이다. D. 죌레란 신학자는 인간의 일이 하느님 일이 되는 세 조건을 다음처럼 제시 했다. 일상적 일 속에 자신의 본질이 표현되어 있는가? 그 일이 공동체를 위하고 있는가? 그리고 그것이 자연을 지키는 일인가? 이 조건들에 부합된다면 인간의 일은 곧 하느님의 일이 될 것이다. 그러나 오늘 우리의 일은 어떠한가? 죽어가는 자연의 소리를 듣지 못한 채 우리가 하는 일이 과연 하느님의 일이 될 수 있을지 의문이다. 모두가 성직을 잘 수행하고 있다고 믿고 싶겠으나 환경재앙이란 '불편한 진실' 앞에 불편한 심기만을 표출한다면 그것은 성직에 대한 모독이다. 자연의 죽음이 주는 메시지에 귀 기울인다면 오히려 그것이 선교의 기회가 될 수 있다는 것이 필자의 확신이다.

## 참고문헌

이정배. 『생태학적 상상력과 기독교의 재주체화』. 동연, 2010.
이정배. 『이정배의 생명과 종교 이야기』. 모시는사람들, 2013.

이 정 배

(NCCK 신학위원장, 현장아카데미 원장)